냐나띨로까 스님의 생애

냐나띨로까 스님의 생애

- 한 서양불교 개척자의 전기 -

미주현대불교

씨아이알

19세기 중엽 비스바덴의 공중목욕탕(spa)

카이져 빌헬름 2세

마리아 라흐, 베네딕시네 수도원

"유럽의 인민들이여, 그대들의 성물을 지켜라."
다가오는 "황색 위험물"을 가리키는, 카이져 빌헬름 2세가 주문한 석판화

칼 노이만

쇼펜하우어

리하르트 바그너

짐머만

E. F. 포이크테르스레번

칼 세이덴스튀커

파울 달케와 수리야고다 수망갈라

마스터 찰스 마리 위도르

구스타브 나겔

프릿츠 슈탕게 / 수마노

아난다 멧떼야

라 옹 여사

아난다 멧떼야 미얀마, 1901~1902

냐나로까, 베르겐달
쭐라 랑카, 1906

실라짜라, 담마누사리(발트그라프), 냐나띨로까
양곤, 미얀마, 1907

프리스당 줌사이/지나와라왐사
쭐라 랑카, 1906

R. A. 베르지에, 1909

꼰단뇨, 냐나띨로까, ?, R. A. 베르지에, 카리타스 위하라, 1910

알렉산드라 데이빗-닐

카리타스 위하라, 로잔, 1910

시킴의 시드컹 왕

시킴에서 야크에 탄 데이빗 닐, 시드컹, 실라짜라, 19

도단두와를 지나가는 밧디요, 1912 데이빗 닐 제공

호주에서 하선하는 독일 승려들, 1915

호주에서 전쟁 포로로서의 왓뽀

트라이얼 만 감옥, 1915년경

트라이얼 만 감옥의 전쟁 포로들, 듀트와 제공

냐나띨로까를 호주로 이송한 크르스크함

양쯔강, 중국

한커우의 외국인 거주지, 20세기 초

중국, 20세기 초

충칭의 사원, 20세기 초

왓쯔, 일본, 1920년대

관동 대지진에 뒤따른 35,000명의 희생자

희생자의 화장 후에 남은 유골

대화재

섬 암자, 1928

냐나로까와 왓뽀, 섬 암자, 1928

공양하는 승려들, 섬 암자, 1928

하선장, 섬 암자, 1936 또는 37

냐나뽀니까와 가우리발라의 사미 수계식, 섬 암자, 1936. 6. 4.

냐나말리따, 냐나띨로까, 냐나뽀니까, 1937. 2. 19.   자신의 오두막에서 냐나띨로까, 1930.

수계식을 위해 섬 암자로 가는 배, 1936. 6. 4.

냐나띨로까, 1938   위뿔라냐나의 수계식을 위해 가는 배, 1930년대.

냐나다라의 임종과 화장, 모곡, 미얀마, 1935

웃빨라완나: 1912, 1938, 1976.

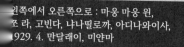

왼쪽에서 오른쪽으로 : 마웅 마웅 윈,
쪼 라, 고빈다, 냐나띨로까, 아디나와이사,
1929. 4. 만달래이, 미얀마

파울 데베스
앞: 냐나켓따, 냐나시시,
뒤: 냐나삐야, 냐나로까,
    냐나띨로까, 냐나뽀니
    1936. 4.

데라 둔, 1993

냐나삿따, 케민다, 냐나뽀니까, 소마, 1940

냐나뽀니까, P. 숀펠트, 고빈다, U. 엑스너, 냐나말리따.
데라 둔, 1943. 1.

개인 거처에서의 냐나띨로까, 모라와까, 1935

냐나띨로까, 숲 암자, 1955

왼쪽에서 오른쪽으로: ? , F. 묄러, 아소카 위라라트나,
냐나띨로까, 냐나뽀니까, G. 아누룻다(?), 콜롬보,
스리랑카전법협회, 1953. 6월과 1955. 10월 사이

스와미 가우리발라와 그의 형제

냐나로까, 냐나띨로까, 냐나뽀니까, 섬 암자, 1952

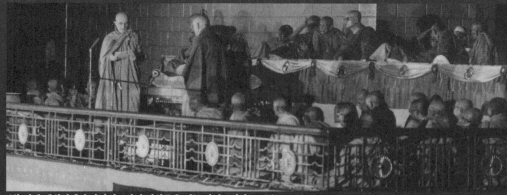

6차 결집 개회식에서 냐나띨로까의 연설문을 읽는 냐나뽀니까, 1954. 5. 18.

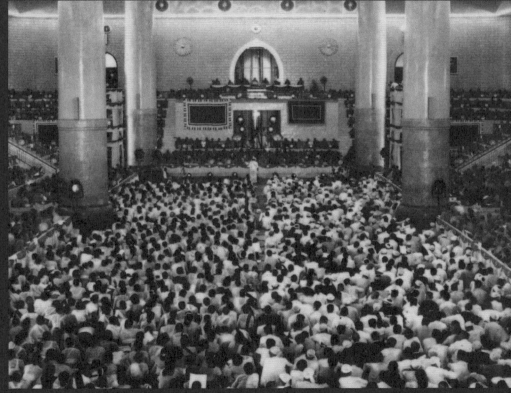

마하빠산다 동굴에서 6차 결집 개회, 아래: 동굴의 외부 모습

세계평화파고다 쪽에서 동굴로 들어가는 재가신자들

빠알리 삼장을 암송할 수 있는 위찟따사라 스님.
결집 동안, 스님은 질문에 대해 대답을 하였다.

거주 지역에서 동굴로 들어가는 승려들

동굴의 중앙 좌석에 앉아 있는
결집 대회장 냐짠 사야도.
그는 1955년 81세에 국사(國師)가 되었다.

결집에 참석한 승려들

스님들에게 예경을 올리는 우 누 수상

냐나띨로까의 장례식, 1957. 6. 2.

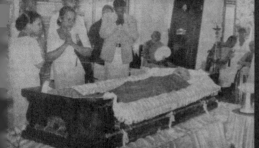

마지막 예경을 올리는 신도들과 승려들

냐나위라, 냐나몰리, 냐나뽀니까, 1950년대 초반

냐나띨로까의 사리탑

냐나위말라, 압지라라마, 1980년대 후반

압지라라마의 섬 앞자 승려들의 탁발 냐나띨로까 스님의 추도식인 듯함

머리말

냐나띨로까 스님은 현대 불교의 선구자 가운데 한 분이며, 서양인으로 최초로 마하테라(법랍 20년 이상인 불교 승려)가 된 분이다. 그는 독일 비스바덴에서 1878년에 안톤 귀트Anton Gueth라는 이름으로 태어나, 1957년 스리랑카의 콜롬보에서 입적했다. 그의 다비식은 국장으로 치러졌고, 그는 53년 동안 비구였다.

젊었을 때 귀트Gueth는 재능 있는 바이올리니스트이자 작곡가였으나 유망한 음악적 경력을 포기하고 미얀마로 여행을 갔고, 1904년 26세의 나이로 그곳에서 영국인 아난다 멧떼야Ananda Metteyya/Allan Bennett에 이어 유럽인으로 두 번째로 테라와다 불교 승려가 되었다.

7년 후인 1911년, 그는 스리랑카에 섬 암자(Island Hermitage)를 설립했다. 이곳은 초기에 불교 사원에 끌렸던, 소수지만 증가하는 서양인들을 위한 중심지가 되었다. 그는 고대 빠알리어 문헌의 광범위한 번역과 법(Dhamma)에 대한 자신의 명쾌한 해석을 통해 20세기 전반에 불교 사상과 수행을 서구에 소개하는 핵심 인물이 되었다.

그러나 이 작업의 대부분은 엄청난 고난의 조건에서 이루어졌다. 독일 국민으로서 그는 두 차례의 세계대전 중에 영국 당국에 체포되어 억류되거나 추방되었다. 스리랑카로부터 망명하는 동안, 그는 종종 비위생적이고 혼잡한 환경에서 살아야 했다. 그는 천연두와 말라리아에 걸렸던 적도 있다. 그러나 호주와 인도의 수용소에 수감되어 있거나 일본에서 대학 교수로 교육을 할 때나, 이 어려운 시기에 그는 불교 승려로서의 소명에 대한 헌신에 흔들리지 않았다. 종종 최소한의 자원으로 학문적 활동을 꾸준히 이어갔다. 전쟁의 혼란과 불확실성을 경험하지 않고, 인터넷을 통한 즉각적인 정보 접근에 익숙한 사람들에게 냐나띨로까 스님의 업적은 그 무엇보다 놀라운 일이었다.

유럽인과 미국인이 일상적으로 불교 승려가 될 수 있는 시대에 살고 있는 우리는 냐나띨로까 스님이 서구 전통과 결별해야 했던, 근본적인 단절을 이해하기 어렵다. 20세기 초반에 기독교는 대다수의 유럽인들에게 여전히 논쟁의 여지가 없는 문명 세계의 종교였다. 철학자 쇼펜하우어나, 당시 유행하던 신지학회의 지지자들과 같이, 기독교에 대한 동정적인 비판 때문에 불교를 향하게 되었을지라도, 그들 중 누구도 승려가 되는 것을 고려하지 않았을 것이다. 붓다가 얼마나 고상하게 묘사되었는지(에드윈 아놀드 경의 "아시아의 빛"에서

처럼)와 상관없이, 불교를 신앙하는 사람들에게도 불교는 여전히 낯설고 이국적이었다. 냐나띨로까 스님은 불교 승려가 되는 매우 눈에 띄는 절차를 밟음으로써, 자신의 기독교 정체성을 포기했다. 이것은 엄청난 문화적, 종교적 편견에 직면할 용기뿐만 아니라, 서구 세계가 거의 알지 못하는 인간 경험의 한 분야로 여행을 떠날 의지를 필요로 했다.

냐나띨로까 스님의 인생 이야기는 문화적 의심과 망설임을 버리고 비서구의 가치관, 사상, 실천 체계를 진심으로 포용하는 한 사람의 능력을 보여주는 고무적인 예를 제공한다. 1904년, 이 일은 미지의 대륙의 심장부로 가는 것과 같은 영적인 것이었을 것이다. 보잘것없는 장비와 가장 작은 지도를 가지고 말이다. 미지의 땅을 탐험하는 탐험가들과 마찬가지로, 그는 무엇이 그를 기다리고 있는지, 혹은 그가 가는 길에 어떤 장애물을 만나게 될지 거의 알지 못했을 것이다. 하지만 그의 이야기를 읽었을 때 인상적인 것은, 개척자에게서 기대할 수 있는 극단주의나 고집은 그에게서 전혀 없는 것처럼 보인다는 점이다. 그의 태도는 일관되게 침착하고, 예민하고, 인내심 있고, 친절하다. 아마도 그가 이룰 성취가 그의 머리에 떠올라서, 가장 큰 고난도 그를 단념시키지 못했던 것 같다.

세계적으로 가장 법랍이 많은 서양 비구로서 냐나띨로까 스님은 많은 제자들을 끌어모았고, 그의 저술을 통해 그의 영향력은 그가 죽은 지 50년이 지난 지금도 여전히 느껴지고 있다. 그는 저명한 학자이자 번역가인 냐나뽀니까 스님Nyanaponika Thera(Siegmund

Feniger, 『불교 명상의 핵심』*Heart of Buddhist Meditation*의 저자)과 냐나몰리 스님 Nyanamoli Thera(Osbert Moore, 『청정도론 영역자』)의 스승이었다.

이 책의 핵심은 냐나띨로까 스님이 48세 때 독일어로 쓴 자서전을 번역한 것이다. 1926년부터 1957년까지의 그의 남은 31년의 생애는 다른 자료에서 인용한 전기적인 내용에 의해 제시된다. 이 책 『냐나띨로까 스님의 생애』는 유럽과 담마가 만나는 형성기에 대한 매혹적인 통찰력을 제공한다.

2008년 11월
아키텐, 프랑스
스테펜 베첼러 Stephen Batchelor

서문

최초의 독일 불교 승려인 냐나띨로까 스님에 대한 이 저술은 성인聖人의 전기가 아니라 진솔한 역사 기록이다. 이 책의 목적은 유럽 대륙 출신의 근대 최초의 비구인, 서양불교 개척자의 삶을 소개하는 것이다. 영적 탐구에서 엄청난 어려움을 겪었지만, 그럼에도 불구하고 선구자, 교사, 신뢰할 수 있는 불교 경전 번역가, 사원의 설립자 등 불교 승려의 다음 세대들을 위한 기초를 만드는 데 성공한 한 남성의 이야기를 제시한다.

냐나띨로까의 자서전은 많은 장애와 불확실성에도 불구하고 불교 승려가 되겠다는 그의 결심을 보여준다. 독일 국민으로서 냐나띨로까는 두 차례 세계대전 동안 포로수용소에서 몇 년을 보내야 했다. 1차 세계대전 후 그는 영국 식민지인 스리랑카에 다시 들어가는 것과 다른 불교 국가에 정착하는 것이 몇 년 동안 금지되었다. 유럽에서 최초의 불교 사원을 세우려는 그의 시도는 실패했고, 그 결과 스리랑카 남서부의 호수 가운데 있는 작은 섬에 위치한 최초의 서양인을 위한 사원인 섬 암자를 세우는 데 성공했다고 그는 설명한다.

냐나띨로까는 여권도 없고 대륙간 비행기 여행이 아직 없었던 세계로 들어가는 창문을 제공한다. 서구의 영적 구도자들이 배를 타고 아시아로 여행을 가야 하는 세계, 그곳에 가면 큰 불편과 고난, 말라리아 같은 당시 흔한 불치병에 걸려 그로 인해 죽을 수도 있었고, 냐나띨로까의 몇몇 서양 제자들도 겪었다. 그는 중국, 일본과 같은 아시아 국가와 문화에 대해 글을 썼다. 그는 1923년 도쿄 지역을 강타한 끔찍한 관동 대지진에 대해 직접 기록하였다. 그는 또한 1차 세계대전 중에 자신과 독일 제자들이 억류되었던 호주의 수용소 생활에 대해서도 기록하였다.

이 책은 여러 저자가 작성하고 다른 출처에서 얻은 여러 자료의 조합으로 간주될 수 있지만, 모두 냐나띨로까와 직간접적으로 관련되어 있다. 책은 크게 세 부분으로 구성되어 있다. 1부는 독일 저널리스트이자 함부르크 불교회(BGH)의 공동 창립자이자 후에 독일 불교회(BGD)의 지도자인 발터 페르시안Walter Persian이 쓴 독일 불교의 초기 역사에 대해 쓴 에세이다. 2부는 자서전이다. 3부는 냐나띨로까의 제자들에 대한 간략한 전기와 얽혀 있는 후반부의 전기이다. 냐나뽀니까 스님의 전기가 포함된 부록과 냐나띨로까가 저술한 모든 작품에 대한 광범위한 참고 문헌이 포함된 부록이 있다.

독일 불교의 초기 역사에 대한 페르시안의 에세이는 일찍이 불교 저널[1]에 실렸다. 냐나띨로까와 그의 문화적 배경을 소개하기 위해 1부에서 그것을 다시 사용했다. 2부를 구성하는 냐나띨로까의 자서전은 1878년 독일에서 태어난 이후, 유배 후 1926년 스리랑카로 돌아올 때까지 그의 생애 전체를 다루고 있다. 헥커 박사의 작업을 기반으로 한 3부의 전기는 1926년 이후 30년을 다루며 일부 냐나띨로까의 제자와 동시대인의 설명으로 보완된다.

냐나띨로까는 자서전을 끝내지 않았기 때문에 다소 다듬어지지 않았으며 여러 면에서 개선될 수 있었다. 예를 들어, 그는 자신이 불교 승려로서 유럽에서 비불교인들에게 어떻게 대우받았는지에 대해 언급하지 않았다. 그러나 냐나띨로까가 자서전의 맨 처음에 썼듯이, 그가 자서전을 쓴 목적은 단지 그의 삶에 대한 몇 가지 사실을 제공하는 것이었다. 이러한 결함에도 불구하고 자서전은 불교의 초기 서구 수용에 대한 정보의 원천으로서 본질적으로 흥미롭고 가치가 있다.

자서전의 독일어본은 헬무스 헥커Hellmuth Hecker 박사가 편집한 『최초의 독일인 비구』*Der Erste Deutsche Bhikkhu*(Konstanz, 1995, EDB로 약칭)에 처음 출판되었다. 이 책에 대한 인쇄본으로 나온 첫 번째 번역이 여기 실려있다. 콘스탄쯔Konstanz 판의 자서전 부분의 번역 초안은 안알라요Analayo가 준비했다. 여러 교정자의 제안으로 부분적으로 수정된 이 번역은 결국 나에게 전달되었다. 독일어 번역본과 비교하며 많은 수정과 개선을 했다. 3부에서 나는 1926년 이후 냐나띨로까의 생애에 대한 설명인 EDB의 두 번째 부분에서 발견된 전기 자료의 일부를 추가로 번역하여 첨가했으며, 이 자료는 그의 제자 및 그를 아는 다른 사람들의 기록 및 전기와 얽혀 있다. 나는 또한 독일에서 번역한 아이들릿쯔Eidlitz와 빌쯔Wirz의 작품과 같이, 헥커의 작품에서 발견되지 않은 다른 자료와 불교 리뷰와 같은 오래된 불교 저널에서 찾은 일부 공지 사항 등을 추가했다. 이 자료 중 일부는 알로이스 페이여Alois Payer 박사의 광범위한 신불교 Neobuddhismus 웹사이트(www.payer.de/neobuddhismus)에서도 찾을 수 있다.

3부 전기에서는 냐나띨로까에 초점을 덜 맞춘다. 그 이유는 이 기간 동안 냐나띨로까의 삶이 그렇게 다사다난하지 않았기 때문이고 냐나띨로까 자신의 자료가 없기 때문이다. 이 부분을 더 흥미롭게 만들고 냐나띨로까의 교육 노력의 중요성과 결과를 보여주기 위해 아이들릿쯔Eidlitz와 빌쯔Wirz의 설명과 냐나몰리Ñāṇamoli와 같은 냐나띨로까의 후기 제자들의 간략한 전기로 보충되었다.

비구 보디가 저술한 냐나뽀니까 스님의 전기가 부록으로 추가되었다. 냐나뽀니까와 냐나띨로까가 오랫동안 함께 지냈고, 냐나뽀니까가 냐나띨로까의 지정된 상속인이기 때문에 냐나뽀니까의 전기를 포함시킬 가치가 있다고 생각했다. 냐나뽀니까는 불교출판협회의 공동 창립자이자 오랫동안 회장으로 활동하면서 영향력 있는 불교 작가이자 출판인이 되었다. 부록 2는 냐나뽀니까와 관련된 서지 정보로 구성되어 있다.

처음에는 자서전 전체를 출판해야 할지 말아야 할지 막막했다. 하지만 냐나띨로까가 쓴 이야기를 그대로 표현하기 위해 다른 사람들과 상의한 끝에 빼지 않기로 했다.

독일어로 된 원본 자서전은 1995년까지 출판되지 않았다. 몇 년 동안 도단두와의 섬 암자에 보관되어 있었고, 1948년에 활자화되었다. 그 후 냐나띨로까가 이사한 캔디의 숲 암자에 보관되었다. 그 텍스트는 얇은 항공 편지지에 쓰여 있었고 바퀴벌레가 가장자리를 먹어버렸기 때문에 여러 페이지, 특히 처음 두 페이지에서 일부 단어가 손실되었다. 1990년에 비구 보디가 원고를 헥커 박사에게 보냈고 헥커 박사는 철저하고 세심한 방법으로 수집한 방대한 양의 추가적인 전기 정보와 함께 그것을 출판했다.

헥커 박사가 받은 원고에는 3~4페이지 및 46페이지가 부족했다. 헥커 박사는 해당 페이지를 본 마이클 캐리터스Michael Carriters가 『스리랑카의 숲속 승려들』Forest Monks에서 부분적으로 영어 번역을 독일어로 다시 번역하여 이 두 페이지를 보충했다. 헥커는 각주에서 누락된 세 번째 내용을 간단히 추측했다. 처음 두 페이지는 베네딕토회 수도원으로 도피한 것을 포함하여 냐나띨로까의 청소년기의 일부를 설명한다. 세 번째 누락된 페이지는 1919년 중국에서 독일로의 송환에 대해 설명한다.

나는 2006년 숲 암자 기록보관소에 들러 두 가지를 발견했다. 먼저 나는 1956년 냐나뽀니까가 만든 냐나띨로까 자서전의 일부 영어 번역본을 찾았다. 이것은 원고의 첫 번째 장의 일부일 뿐이다.

이 페이지들은 냐나틸로카가 불교에 대한 강의를 들은 후 인도에 가기로 결심한 시기까지, 즉 헥커 박사가 쓴 독일판 10페이지의 두 번째 줄까지를 다루고 있다. 그러다가 얼마 후 숲 암자 기록 보관소에서 석 장의 너덜너덜한 종이를 발견했다. 그들은 원고의 누락된 페이지로 밝혀졌다. 이러한 발견을 이용하여 나는 영어 번역을 냐나뽀니까 번역과 비교하고 미번역 구절을 영어로 번역했다. 1907년 냐나틸로까의 미얀마에서 보낸 시간에 대한 두 개의 짧은 일화는 냐나뽀니까의 번역에 대한 주석으로 첨부되어 있다. 이 책에도 편입되었다.

숲 암자, 섬 암자, 함부르크 불교회 등의 기록보관소에 보존된 냐나틸로까와 그의 제자들의 사진이 추가되었다.

BPS를 대신하여 교정, 번역 지원, 조사, 사진 스캔 등 어떤 식으로든 이 출판을 가능하게 해주신 모든 분들께 진심으로 감사드린다. 편집자로서 나는 남아 있는 모든 오류와 함께 이 작업에 대한 최종 책임자이다.

냐나뿌시따 비구

Bhikkhu Ñāṇatusita

한국어 번역 서문

김재성 교수가 『냐나띨로까 스님의 생애』를 한국어로 번역하여 곧 출간할 예정이라는 소식을 듣게 되어 기쁩니다. 이번 번역을 통해 서구 불교의 위대한 선구자의 생애를 한국 독자들이 접할 수 있게 될 것입니다. 냐나띨로까는 현대 불교 발전의 획기적인 인물로, 그가 승려로서 대부분의 삶을 살았던 스리랑카는 물론 서구에서 존경받는 만큼, 동아시아의 불자들에게도 높이 평가받게 된 것은 시의적절한 일입니다.

냐나띨로까 스님은 1957년에 입적하셨고, 저는 1972년에 스리랑카에 처음 왔기 때문에 냐나띨로까 스님을 개인적으로 만난 적은 없습니다. 그럼에도 불구하고 저는 그의 영적 계통과 매우 밀접한 관계를 맺고 있습니다. 스리랑카에서 저의 스승이었던 냐나뽀니까 스님(1901~1994)은 냐나띨로까 스님의 제자이자 저술의 계승자였습니다. 따라서 저는 냐나뽀니까 스님을 저의 "영적 아버지"라고 생각하며, 그의 스승이었던 냐나띨로까 스님은 저의 "영적 할아버지"입니다.

저는 또한 거주지를 통해 냐나띨로까 스님과 연결되어 있습니다. 냐나띨로까 스님은 1951년 캔디의 우다와타켈레 산림 보호구역에 숲 암자를 설립했습니다. 저는 1994년 냐나뽀니까 스님이 입적하실 때까지 12년 동안 캔디의 숲 암자에서 스님과 함께 생활할 수 있는 특권을 누렸습니다. 저는 숲 암자에서 20년 동안(1982~2002년) 냐나띨로까 스님이 머물렀던, 2층 앞방에서 지냈기 때문에, 그의 생애 마지막 기간 동안 그가 살았던 세상을 매우 잘 알게 되었습니다. 제가 그곳에 살 때 암자 밖에서 놀던 원숭이 무리는 냐나띨로까 스님이 암자에서 살 때 본 원숭이들의 후손이었을 것입니다.

냐나띨로까 스님은 테라와다 불교 승단에 입문한 최초의 서양인은 아니었지만, 유럽 대륙에서 온 최초의 입문자였을 것입니다. 어쨌든 서양인이 불교 승가 생활을 시작한 첫 번째 물결에서, 그는 아마도 불교가 서양에 전파되는 데 가장 큰 영향을 끼친 사람일 것입니다. 영어 독자들은 그의 두 선집, 『붓다의 말씀』과 『붓다의 해탈의 길』로 그를 가장 잘 알고 있습니다. 독일 독자들은 전체 『앙굿따라 니까야』, 『위숫디막가』(청정도론), 『밀린다 빵하』(밀린다왕문경)의 독일어 번역본을 통해 그를 알고 있습니다.

그러나 그의 저술 업적보다 제 마음속에 가장 강하게 남는 것은 그의 삶의 모범입니다. 오늘날에는 서양인이 불교 승려가 되고자 할 때 서양에 있는 사원을 쉽게 찾아 수계를 받을 수 있습니다. 아시아 사원에서 수련하고 싶은 사람은 비행기를 타고 몇 시간 만에 스리랑카, 태국, 미얀마로 갈 수 있습니다. 아시아에서 수계할 수 있는 기회에 대한 정보를 제공하는 온라인 간행물도 있습니다.

하지만 20세기 초에는 이러한 편의가 존재하지 않았습니다. 안톤 귀트(미래의 냐나띨로까)가 처음 불교 승려가 되겠다고 생각했을 때, 그는 따를 만한 선례가 없었습니다. 지적 배경이 탄탄하고 콘서트 바이올리니스트로서 유망한 경력을 쌓은 독일 청년이 모든 것을 포기하며 익숙한 세상을 뒤로 하고 먼 아시아로 가서 승려가 된다는 것은 거의 상상할 수 없는 일이었습니다. 하지만 젊은 귀트는 수도승이 된다는 것이 어떤 의미인지 매우 분명한 생각을 가지고 있었고 그렇게 했습니다.

이 책의 핵심인 그의 자서전에는 그의 영적 여정에 대한 간략한 설명이 담겨 있습니다. 담마를 만나자마자 그는 수도승이 되고 싶다는 것을 깨달았고, 거의 아무런 안내 없이 유럽에서 머나먼 아시아로 출발했습니다. 여러 단계를 거치면서 그는 많은 어려움을 겪었고, 때로는 비좁은 숙소에서 농민들과 함께 잠을 자기도 하고 강도의 습격을 받기도 했습니다. 하지만 그는 낙담하지 않았고, 승가 입문의 꿈을 향해 마음을 오롯이 쏟았으며, 마침내 1903년 미얀마에서 그 꿈을 이루었습니다.

승려가 된 후에도 그는 계속해서 어려운 도전에 직면했습니다. 1차 세계대전 중 영국 식민지 실론(현 스리랑카)에 거주하던 독일 국적의 그는 체포되어 호주의 수용소로 보내졌고, 그곳에서 독일인 제자 승려들과 함께 가혹한 대우를 받았습니다. 석방된 후 그는 중국에서 투옥되고 일본에서 가르치는 등 10년 넘게 전 세계를 떠돌다가 사랑하는 스리랑카의 섬 암자로 돌아갈 수 있게 되었습니다. 2차세계대전이 발발하자 그는 다시 인도 북부에 있는 수용소로 보내졌습니다. 하지만 이러한 고난에도 불구하고 그는 저술 작업을 계속했고, 이러한 장벽에 직면한 그의 저작은 정말 감탄할 만합니다.

저에게 냐나띨로까 스님의 이야기에서 가장 눈에 띄었던 것은 그의 저술보다 그의 인격입니다. 그의 삶은 부처님의 길을 따르고 세상에 담마를 전하고자 하는 강한 믿음, 결단력, 인내심, 용기, 헌신을 가진 한 인간의 삶을 증언하고 있습니다. 이제 그의 인생 이야기를 한국어로 만나볼 수 있게 되어 기쁩니다.

김 교수의 『냐나띨로까 스님의 일생』의 한국어판 출간을 축하드리며, 이 책이 한국 독자들에게 존경과 찬사를 받을 수 있기를 바랍니다. 냐나띨로까 스님의 입적 후 거의 70년이 지났지만, 여전히 서양의 가장 위대한 법의 선구자 중 한 사람으로 빛나고 있습니다. 그는 서양 불자들만큼이나 아시아 불자들 사이에서도 불교계 전체에서 존경받을 자격이 있습니다.

2024년 2월 26일
비구 보디 Bhikkhu Bodhi

Foreword to the Korean Translation

I am pleased to learn that Professor Kim Jae Sung has translated *The Life of Nyanatiloka Thera* into Korean and will soon have it published. This translation will make the life story of this great pioneer of Western Buddhism available to Korean readers. Nyanatiloka was a groundbreaker in the modern development of Buddhism, and it is timely that he comes to be appreciated by Buddhists in East Asia as much as he is esteemed in the West and in Sri Lanka, where he lived most of his life as a monk.

Since Ven. Nyanatiloka passed away in 1957, and I first came to Sri Lanka in 1972, I never met Ven. Nyantiloka personally. Nevertheless, I have a very close connection with his spiritual lineage. My own mentor in Sri Lanka, Ven. Nyanaponika Thera (1901–94), was a pupil of Ven. Nyanatiloka and his literary heir. Thus, since I consider Ven. Nyanaponika to be my "spiritual father," Ven. Nyanatiloka, his teacher, is my "spiritual grandfather."

I am also connected with Ven. Nyanatiloka through the place of residence. Ven. Nyanatiloka established the Forest Hermitage in the Udawattakele Forest Reserve in Kandy in 1951. I had the privilege of living with Ven. Nyanaponika for twelve years at the Forest Hermitage in Kandy, where I attended on him up to the time of his death in 1994. During the twenty years I lived at the Forest Hermitage (1982–2002), I stayed in the same room where Ven. Nyanatiloka stayed - the front room on the second floor - and thus I became very familiar with the world he inhabited during the last period of his life. The troops of monkeys that played outside the hermitage when I lived there must have been the descendants of the monkeys that Ven. Nyanatiloka saw when he lived at the hermitage.

Although Ven. Nyanatiloka was not the first Westerner to enter the Theravada Buddhist order, he may have been the first from Continental Europe to do so. In any case, from the first wave of Westerners to take up Buddhist monastic life, he is probably the one who has had the strongest influence on the spread of Buddhism to the West. Readers of English know him best for his two anthologies, The Word of the Buddha and The Buddha's Path to Deliverance. German readers know him through his German translations of the entire Anguttara Nikaya, the Visuddhimagga, and the Milinda-panha.

Yet, more than his literary contributions, it is the example of his life that stands out most strongly in my mind. Today, when a Westerner wants to become a Buddhist monk, he can easily find monasteries in Western countries to receive ordination. Those who want to train in an Asian monastery can simply get on a plane and fly to Sri Lanka, Thailand, or Myanmar in a matter of hours. There are even publications online that provide information about opportunities for ordination in Asia.

At the beginning of the twentieth century, however, such conveniences did not exist. When Anton Gueth (the future Nyanatiloka) first thought of becoming a Buddhist monk, he had no precedents to follow. It seems almost inconceivable that a young German man with a strong intellectual background and a promising career as a concert violinist would give up everything and leave behind his familiar world to go to distant Asia to become a monk. Yet that is exactly what young Gueth did, and he did so with an extremely clear idea of what it means to become a monk.

His autobiography, the heart of the present book, provides us with a brief account of his spiritual journey. Almost immediately upon meeting the Dhamma he realized that he wanted to become a monk, and with hardly any guidance, he set out from Europe for far-off Asia. Traveling in stages, he faced many hardships, sometimes sleeping in cramped quarters with peasants and even being attacked by robbers. He was not discouraged, for his mind was fully set on his dream of entering the Sangha, which he finally realized in Myanmar in 1903.

After he became a monk he continued to face difficult challenges. During World War I, as a German national living in the British colony Ceylon (now Sri Lanka), he was arrested and sent to an internment camp in Australia, where he and his German student-monks were treated roughly. After his release, he spent over a decade wandering over the world - including a period of imprisonment in China and of teaching in Japan - before he was allowed to return to the Island Hermitage in his beloved Lanka. When World War II broke out, again he was sent to an internment camp, this time in northern India. Yet, despite these hardships, he continued with his literary work, and his output in the face of these barriers is truly admirable.

For me, what stands out in the story of Nyanatiloka Thera, more than his writing, is his character. His life testifies to a man of strong faith, determination, patience, courage, and commitment fully intent on following the Buddha's path and sharing the Dhamma with the world. I am glad this story of his life is now being made available in Korean. I congratulate Professor Kim on publishing this work, and I hope it will be received by Korean readers with respect and admiration. Although almost seventy years have passed since his death, Nyanatiloka Thera still shines brightly as one of the foremost Western pioneers of the Dhamma. He deserves to be honored throughout the Buddhist world - among Asian Buddhists as much as among Western Buddhists.

Feb. 26, 2024
Ven. Bhikkhu Bodhi

추천사 1

성오 스님/ 근본불교 수행도량 홍원사 주지

　부처님의 근본불교를 전하고 있는 빠알리어 삼장과 주석문헌을 인도에서 전승받아 현대에까지 전하고 있는 테라와다불교의 고향, 스리랑카는 저에게도 의미 있는 국가입니다. 1988년도에 스리랑카에서 공부와 수행을 하시다 귀국하신 현음 스님의 권유로 마하라가마라는 사원으로 가서 빠알리어와 근본불교를 배웠고, 고엔까 위빠사나를 접하게 되었습니다. 1990년 스리랑카 내전이 일어나 외국인은 출국할 수밖에 없어, 1990년에 인도 뿌나대학으로 가서 석사과정을 마치게 되었습니다. 이처럼 테라와다불교 전통이 시작된 스리랑카에서 2년간 지내면서 근본불교 교학과 수행을 탁마할 시간을 가졌습니다.

　스리랑카를 발판으로 활동한 20세기 초의 대표적인 불교학자와 승려는 빠알리성전협회를 창립한 영국인 리스 데이비스와 도단두와에 설립한 섬 암자와 숲 암자를 중심으로 활동한 냐나띨로까 스님을 들 수 있습니다. 한 분은 세계에 빠알리 문헌을 널리 알려 빠알리어로 전승된 근본불교의 학문적 연구에 기여하였고, 한 분은 20대에 테라와다 승려가 되어 평생을 번역과 수행과 후학을 지도하여 서양승가의 토대를 만든 분입니다. 냐나뽀니까 스님과 비구 보디 스님, 그리고 활발하게 활동 중인 안알랴요 스님이 스리랑카와 인연이 깊은, 영향력 있는 서양스님들이라고 할 수 있겠습니다.

이번에 정원 김재성 교수가 번역한 『냐나띨로까 스님의 생애』는 스리랑카에서 출가한 서양불교 승려들의 삶과 수행, 불전 번역을 보여주는 좋은 책입니다. 냐나띨로까 스님은 미얀마에서 비구가 되셨지만, 스리랑카를 고향처럼 생각하며 스리랑카 시민으로 생을 마친 분입니다. 서양인으로 20세기 초에 테라와다 비구가 되어 독일어와 영어로 남긴 번역과 저술은 여전히 읽을 가치가 높은 저술로 평가 받고 있습니다.

이 책을 통해 한국인 불자들도 부처님의 법을 구한 한 명의 진지한 구도자의 삶을 본보기로 삼아 교학과 수행에 매진할 수 있기를 바랍니다. 이 책의 번역을 기획하신 미주현대불교의 김형근 사장님께도 감사 말씀드립니다.

추천사 2

미산 스님/ KAIST 명상과학연구소 소장, 하트스마일명상 개발자

37년 전, 스리랑카 페라데니아대학교에서의 유학 생활은 나에게 소중한 인연을 맺어주었습니다. 보디 스님, 그리고 그의 스승 냐나뽀니까 스님과의 만남은 내 마음속에 깊은 인상으로 남아있습니다. 캔디 불치사 뒷산 숲 암자에서 지내시던 냐나뽀니까 스님의 잔잔한 미소와 보디 스님의 헌신적인 모습이 아름다웠습니다. 서로 다른 국적의 스님들이 붓다의 가르침 아래 깊이 교류하는 선지식과 제자 사이의 진지한 눈빛에서 두 구도자들의 맑고 따스한 향기를 느낄 수 있었습니다. 이 경험은 기쁨과 공경의 느낌으로 이 몸과 마음속에 아직도 남아있습니다.

당시 참고하던 『불교사전』의 저자가 냐나뽀니까 스님의 스승인 냐나띨로까 스님이었다는 사실을 알게 되었고, 서양에 불교를 전하는 데 그들이 어떤 역할을 했는지에 대한 궁금증이 커졌습니다. 『냐나띨로까 스님의 생애』를 통해, 이 궁금증은 많이 해소되었습니다. 특히, 냐나뽀니까 스님의 『불교명상의 핵심』*The Heart of Buddhist Meditation*은 현대 명상과학의 아버지로 불리는 존 카밧진 박사에게 깊은 영감과 통찰을 주었습니다.

냐나띨로까 스님의 생애를 통해, 우리는 불교가 서양에 전파되는 과정 속에서 인간의 정신적 성장과 문화적 교류의 아름다움을 엿볼 수 있습니다. 그의 삶은 우리에게 극복 불가능해 보이는 문화적 장벽

을 넘어 서로를 이해하고 긍정적인 변화를 이끌어낼 수 있는 방법을 가르쳐 줍니다. 냐나띨로까 스님, 냐나뽀니까 스님, 그리고 보디 스님을 통해 이루어진 교류는 불교가 단순한 종교를 넘어 인간의 깊은 내면을 이해하고 세상에 선을 실천하는 방법을 제시합니다.

　이 책은 독자들에게 초기 서양 불교가 어떻게 뿌리내리고 성장해왔는지, 그리고 그 과정에서 발생한 다양한 문화적, 정신적 도전들을 이해하는 데 도움을 줄 것입니다. 냐나띨로까 스님의 경험은 인내, 열정, 이해의 중요성을 가르치며, 다양한 배경을 가진 사람들이 공통의 가치를 공유하며 어우러질 수 있는 방법을 제시합니다.

　냐나띨로까 스님의 삶과 가르침은 현대 사회에 중요한 의미를 가지며, 우리 각자의 삶에 어떻게 적용될 수 있는지 탐색하고자 하는 이들에게 좋은 길라잡이가 될 것입니다. 그의 삶에서 우리는 문화적 다양성과 정신적 성장의 가능성을 발견할 수 있으며, 이는 우리 사회가 직면한 많은 도전들을 지혜롭게 해결할 실마리를 제공할 수 있습니다. 냐나띨로까 스님의 삶은 깊은 영감을 주며, 그의 가르침은 시간이 흘러도 변치 않는 진리와 지혜를 담고 있습니다.

　이 소중한 책을 번역해주신 김재성 교수님과 수고해주신 출판 관계자 여러분께 감사의 마음을 드립니다.

추천사 3

일중 스님/ 동국대학교 강사, 문사수명상연구원장

　지금껏 서양인을 가슴 깊이 존경했던 적은 없었다. 그런데 냐나 떨로까 스님의 생애를 읽어보면서 그분에 대한 무한한 존경심과 경 외심이 가슴속으로부터 우러나왔다. 2차 세계대전이라는 굴곡진 시대를 살았던 한 독일인이 붓다의 진리를 구하려는 구도의 열정은 참으로 드라마틱하다. 또한 초기경전과 주석서를 번역하고 저술하 며 제자들을 가르쳤던 출가자로서의 삶은 아름답고 숭고하기까지 하다. 이번에 김재성 교수님의 번역서를 읽으며 냐나떨로까 스님의 생애에 두 손 모아 합장을 올린다.

　필자는 1990년 초기불교와 빨리어 원전을 공부하기 위해서 스 리랑카로 갔다. 그곳에서 10년을 머무는 동안 냐나떨로까 스님이 만들었다는 아일랜드 섬 암자(Island Hermitage)를 두세 번 방문했다. 스리랑카 남서 해안지방 도단두와에 있는 허미티지는 서양 스님들 의 멋진 수행처이다. 아마라뿌라종파 소속이었던 냐나떨로까 스님 이 1911년에 개원한 곳이다. 내륙의 큰 호수에는 두 개의 섬이 있 다. 하나는 비구 섬(Monk's Island)이고, 또 하나는 비구니 섬(Nun's Island)이라고 부른다. 호수에 둘러싸인 그곳은 명상수행을 하려는 출가 수행자들에게는 너무나 안성맞춤이고 이상적인 곳이다.

　비구 섬에는 열다섯 채의 꾸띠(kuti)가 있고, 도서관, 식당, 며칠간

머물 수 있는 방사 건물, 몇몇 스님들의 유골이 묻혀있는 부도 등이 있다. 도서관에는 많은 책이 있었는데, '수행처에 웬 도서관이며 책이 이렇게 많은가?'하고 의아해했다. 꾸띠는 4~5평 정도의 오두막과 같은 스님들의 거처이자 명상실이다. 방과 목욕탕, 베란다와 걷기명상을 할 수 있는 경행대로 이루어졌다. 그 당시 일곱 명의 서양 스님들이 정진하고 있었다. 한 달에 두 번 포살을 하고 매일 오전 신도들이 음식을 가지고 와서 점심 공양하는 일 외에 별다른 신도 행사는 없었다. 비구 섬 옆에는 비구니 섬이 있다. 그곳에도 일곱 개의 꾸띠와 방사 건물, 도서관, 그룹명상실 등이 갖추어져 있고, 몇 명의 서양 비구니들이 정진하고 있었다. 필자도 그곳에 며칠간 머물면서 독인, 네덜란드 비구니들과 대화를 하고 함께 콜롬보로 나온 적이 있다.

냐나띨로까 스님에겐 서양인 제자들이 많다. 그중에 가장 잘 알려진 분이 바로 냐나뽀니까 스님이다. 필자는 1991년 9월에 그분을 찾아갔던 적이 있다. 캔디 불치사 뒤편에는 아름다운 숲이 있는데, 옛날 왕궁의 일부로 사용했던 곳이라 한다. 우거진 숲속 공원 안에 아란냐가 있는데, 바로 그곳에 냐나뽀니까 스님과 비구 보디 스님이 살고 있었다.

냐나뽀니까 스님은 독일 분이다. 냐나띨로까 스님을 스승으로 모시고 스리랑카에서 출가한 후 45년간을 계속 살아오셨다. 냐나띨로까 스님처럼 번역과 저술, 강의 등으로 서양에 불교를 널리 알린 선구자적인 인물 중 한 분이다. 그 당시 90세였는데 시력과 청력도 희미하시고 다리의 힘도 없으셨다. 보행기와 같은 지팡이를 의지하여 걸어오셔서 나의 인사를 받아주셨다. 절을 올리고 노스님의 얼굴을 뵈니 가슴이 찡했다. 무슨 말인가 하시려고 입술을 자꾸 움직이셨으나 말이 밖으로 잘 나오질 않았다. 반세기를 스리랑카에서 사셨다며 요새는 눈이 나빠 경전을 볼 수가 없다고 하셨다. 손등의 피부가 갈라진 논바닥처럼 들고 일어났다. 미국인 보디 스님이 모시고 있었는데 두 분의 모습이 보기 좋았다.

냐나뽀니까 스님은 헤어질 때 당신의 책 다섯 권을 선물로 주셨다. 스님의 따스한 마음에 감사를 올리며, 노스님을 가만히 바라보니 왠지 모를 눈물이 핑 돌았다. 보디 스님께 빠알리(pali) 원전 공부에 대한 조언과 책 소개를 받고, 노스님의 천진하신 모습을 카메라에 담았다. 다음에 찾아뵐 땐 노스님께 필요한 뭔가를 준비해야겠다고 다짐했으나, 아쉽게도 냐나뽀니까 스님은 94년에 입적하셨다.

이번에 냐나뽀니까 스님의 스승이신 냐나띨로까 스님의 생애가 책으로 나온다 하니 기대가 크다. 이 책이 불교를 공부하는 많은 분들에게 영감을 주고 삶의 방향성을 찾는 데 빛이 되어 주리라 믿는다. 이 책을 지인들에게 많이 권장하고 추천해야겠다고 다짐해보며, 김재성 교수님의 열정과 부지런함, 수행과 전법을 위한 보살행에 힘찬 박수와 응원을 보낸다.

일러두기

* 『냐나띨로까 스님의 생애』의 원서 *The Life of Nyanatiloka : The Biography of a Western Buddhist Pioneer*. Transl. by S. Analayo & Bhikkhu Nyanatusita는 BPS에서 2008년에 처음 출간되었고, 본 역서는 BPS의 2008년 판을 저본으로 하였다.

* 편집자이자 역자인 비구 냐나뚜시따Bhikkhu Nyanatusita가 붙인 미주는 원본과 같이 책의 뒤에 실었다. 역자의 주는 역주로 본문 속에 표기하였다.

* 책 속의 사진은 별도로 구할 수 없어 원서 사진을 사용하였다.

* 빠알리어 법명은 빠알리 표기법에 따랐고, 그 외 인명은 해당 국가의 발음을 따랐다.

* 비구 보디 스님께 추천사를 부탁했는데, 보내주신 글의 성격상 서문으로 하는 것이 적절하다고 여겨 스님과 상의하여 이 책의 '한국어판 서문'으로 넣었다.

1부

독일의 불교

발터 페르시안
1931년 [2]

독일의 거의 모든 불교도는 불교의 근본 형태인 '테라와다'를 지지하지만, 가르침의 세부적인 점에 대한 견해가 상당히 다를 수 있으며 실제로 종종 그러하다. 여기에서 우리는 불교가 아시아 불교 공동체의 어떤 전법 활동을 통해서가 아니라 문학을 통해 독일에 도입되었음을 기억해야 한다.

다양한 종류의 상당히 많은 순수 문학 모음집은 독일인들에게 불교 사상을 전파하는 데 크게 기여했으며, 불교에 대한 일반적인 관심을 불러일으켰다. 더욱이 독일 철학은 이미 불교 사상[3]으로 가득 차 있다. 쇼펜하우어는 이미 지난 세기의 처음 30년 동안, 열린 열정으로 붓다의 종교를 옹호했고, 이로써 독일 안팎에서 불교의 전파자가 되었다. 그는 불교를 가장 완벽한 종교로 이상주의적일 뿐만 아니라 "비관주의적"이며 무신론적 가르침이라고 생각했다.

그에게 신약성경의 기독교는 인도(India) 정신적이며, 따라서 인도 기원으로 보였다. "실제로는 유대교가 아니라 불교와 브라만교가 정신과 경향에서 기독교와 관련되어 있다. 종교의 본질을 구성하는 것은 정신과 윤리적 경향이지 신화가 아니다. 그러므로 나는 기독교 교리가 이 두 고대 종교에서 어떻게든 파생되었다는 확고한 믿음을 포기하지 않는다." 쇼펜하우어가 그런 말을 한 후, 불교의 내적 우월성과 압도적인 수의 추종자 때문에 그가 불교를 지상에서 가장 숭고한 종교로 여겼던 것은 전혀 놀라운 일이 아니다.

또한 쇼펜하우어를 통해 유행하게 된 『우파니샤드』Upanishads의 페르시아어 번역 『오프네카트』Oupnekat가 프랑스어로 번역된 이후, 불교에 관한 논문과 기사의 수는 꾸준히 증가했다. 여기에서 그 저술들에서 북부, 특히 티베트와 중국의 자료가 독점적으로 사용되었으며 가장 중요한 학자인 J. J. 슈미트Schmidt가 불교를 브라만교 이전 시대에 두었다는 사실을 언급해야 한다. 쇼펜하우어에게조차 불교와 브라만교 사이에 뚜렷한 구별이 아직 존재하지 않았다. 쇼펜하우어의 철학은 불교와 브라만교의 체계적인 통합에 불과하다. 그의 윤리는 불교적이지만 그의 형이상학은 브라만교적이다.

불교에 대한 쾨펜Koeppen의 기념비적인 독일어 저술(1859)은 전적으로 부탄, 네팔 등의 인도 북부 지방의 출처에 기반을 두고 있다. 이 저술에서 저자는 불교 윤리를 에너지(노력)가 아닌 부정적, 즉 포기의 도덕이라고 부른다.

따라서 불교 분야에서 가장 지칠 줄 모르는 선구자 중 한 명인 옥스퍼드 대학의 위대한 독일 학자 막스 뮐러의 태도를 이해할 수 있다. 1869년 킬Kiel에서 열린 문헌학 학술회의에서 뮐러는 처음으로 불교가 허무주의적이라는 생각에 맞서 싸웠고 불교와 상키야 Sankhya 철학이 엄격하게 분리되어야 한다는 사실을 강조했다.

다음 수십 년 동안 인도북부 출처의 영향을 받아, 불교에 대한 신비로운 개념이 두드러지게 나타났다. 이러한 밀교의 영향을 받은 철학자 필립 메일렌더Philip Mailaender는 1876년 『해탈의 철학』The

*Philosophy of Deliverance*이 출판된 다음 날 스스로 총을 쏘아 목숨을 끊었다.

그러나 학문적, 철학적 세계는 불교 사상뿐만 아니라 예술에도 영향을 끼쳤다. 그리고 불교 지혜의 심오한 목소리에 귀를 기울인 예술가 중 한 명이 리하르트 바그너Richard Wagner이다. 가장 깊은 내면의 필요 때문에 바그너는 인도의 해탈의 교리를 붙잡았다. 그는 마틸드 베센동크Mathilde Wesendonck에게 보낸 편지(1859년 2월 22일)에서 "내가 어떻게 본능적으로 불교도가 되었는지 알잖아요."라고 썼다.

가르침의 다양한 점을 바그너가 납득하지는 못했지만, 그럼에도 불구하고 지난 세기의 우울한 50년대에 태어나 그의 삶의 더 행복한 시기인 말년에도 상당히 지배적이 된 그의 큰 열정은 결코 사라지지 않았다는 것은 확실하다. 1856년 5월 16일, 바그너는 오페라 '승리자(The Victor)', 즉 붓다에 대한 아이디어를 구상했다. 그가 죽은 지 30년이 지난 후 대략적인 스케치가 발견되었다. 이러한 불교적 세계관에서 그는 쇼펜하우어의 편에 서 있다. 바그너는 후기 작품에서 쇼펜하우어의 철학적 관점을 아주 공개적으로 따르고 있다. 그의 불교 정신의 가장 큰 특징은 "신들의 여명"의 두 가지 결론이다. 처음에 브룬힐덴Brunhilden의 노래는 매우 낙관적으로 끝났고 다음 구절에서 생명으로 가득 차 있었다.

기쁨과 슬픔 속의 축복
오직 사랑만이 줄 수 있네.

그런 다음 낙관주의는 사랑 자체도 슬픔이라는 불교적 통찰로 바뀌었다. 북유럽-독일의 발키르Valkyr는 불교 지혜의 마지막 완성을 다음과 같이 선언한다.

내가 없애려고 한 것을 그대는 아는가?
욕망의 집에서 나는 떠나네.
영원히 빈집을 떠난다.

끊임없는 생성의 열린 문
내 뒤에서 닫아버리네:
가장 신성하고 선택된 땅으로
소원과 허영심으로부터 멀리 있는 곳,
세계로의 이주의 끝까지,
영원히 재생에서 벗어나네
아는 사람은 잘 안다네.
영원한 것들의 축복에 찬 종점.
내가 어떻게 찾았는지 그대는 아는지?

애도하는 사랑의 가장 깊은 슬픔
나는 눈을 떴다네
세상의 끝을 나는 보았네.

쇼펜하우어를 통해 첫 번째 자극을 받은, 불교에 대한 이러한 열광은 에두아르트 폰 하르트만Eduard von Hartmann의 무의식의 철학

이 불교의 비관주의와 금욕주의적 비관주의가 일종의 영웅적 비관주의라고 선언했을 때 점차 사라지고 있었다.

더 나아가 이렇게 대중화된 비관주의는 지난 세기의 80년대에 출판된 비관적 서정시에 대한 세 종류의 큰 독일어 선집에서 증언한 바와 같이 문학, 특히 서정시에서도 유행이 되었다는 사실을 언급해야 한다. 영어로 번역된 그들의 제목은 옷토 켄너Otto Kenner의 〈비관주의 가사집〉*Pessimistic Song-book*, 막스 셀링Max Selling의 〈비관주의 세계 개념 자료〉*Sources of Pessimistic World-conception*, 페레우스Fereus의 〈세계의 슬픔의 목소리〉*Voices of the World-woe*이다.

동시에 불교적 향방에 대한 또 다른 충동은 비록 그 자신은 불교도가 아니었지만 올덴베르크Oldenberg의 저작인 『붓다, 그의 가르침』*Buddha, seine Lehre* 등에 의해 제시되었다. 1881년에 출판된 이 책은 당시의 어떤 책보다 독일에서 불교의 급속한 대중화에 기여했다. 붓다의 인격과 가르침에 대한 고도의 예술적 묘사는 비판적 명료성뿐만 아니라 그 스타일에 있어서도 능가할 수 없는 상태로 남아 있다. 올덴베르크는 불교가 전체적으로 윤리적이며 모든 형이상학적 사변과 이론이 붓다에 의해 거부되었음을 증명하려고 노력했다. 나아가 그는 불교도에게 윤리는 목표에 도달하기 위한 수단일 뿐임을 보여준다. 그러나 올덴베르크에 따르면 불교 도덕은 확실히 자기중심적이고 부정적이며 조용하다. 그러나 그가 막스 뮐러와 마찬가지로 비관적이라는 일반적인 비난에 맞서 자신을 변호한다는 점을 언급해야 한다.

철학자 니체Nietzsche조차도 자신이 헬레니스트이지만 그의 안티

그리스도Antichrist에서 불교가 기독교보다 백 배는 더 현실적이라고 말한다. "불교는 우리가 역사상 유일하게 아는 실증주의적 종교이다."[4]

그 시절 독일 불교계는 기독교에 대한 공개적인 투쟁으로 변했다. "독일 불교도" 테오도르 슐츠Theodor Schultze가 영어로 번역한 『법구경』*Dhammapada*(1885)은 이미 그러한 경향을 보여주었다. 이러한 논쟁은 정확하게 말해서 이미 루돌프 세이델Rudolf Seydel과 함께 시작되었는데, 그는 기독교 복음이 유대교가 아닌 모든 것, 특히 그들의 시적인 부분이 불교에 빚지고 있다는 사실을 강조하면서 가장 폭넓은 관심을 끌었다. 이것은 우리 시대에 유명한 독일 장군의 아내인 마틸데 루덴도르프Mathilde Ludendorff가 그녀의 저서 『예수 그리스도로부터의 해방』*Deliverance from Jesus Christ*에서 강력하게 옹호하는 이론이다.

위에 언급한, 불교에 대한 뛰어난 사상가이자 열렬한 투사인 슐츠Schultze는 인도-유럽 문화의 영역 안에서 종교적 마음의 미래의 재건을 위한 발효물로서 『베단타와 불교』라는 제목의 책을 저술했다. 더욱이 슐츠는 기독교에서 볼 수 있는 독실한 어린이 같은 경건과 애정이 불교에 없다고 불평한, 유명한 인도학자 레오폴트 폰 슈뢰더의 공격에 맞서 불교를 옹호했지만, 반면에 슐츠는 바로 거기에 불교의 우월성이 있음을 보여주었다. 슐츠는 오늘날 기독교를 단지 이름뿐인 종교라고 불렀다. 그리고 그는 불교를 무신론이라고 부르는 대신 불교의 신으로부터 자유로움을 강조한다.

이기적인 기독교의 사랑 대신에 그는 불교의 자애(maitri, metta) 즉 모든 중생에 대한 보편적인 선한 의지의 감정을 옹호했다. 그는 예수가 자신에 대한 제자들의 사랑을 거두면서, 기독교는 어린이, 심령이 가난한 사람들을 위한 믿음이라고 주장하지만, 오늘날의 성숙한 사람에게는 불교만이 만족을 줄 수 있다고 주장했다. 기독교 낙원은 주관적으로 이상적이며 어린이에게만 적합하지만, 불교의 열반(Nirvana)은 성숙한 마음에 평화를 줄 수 있는 객관적으로 실재적인 형이상학이다.

이 붓다되기(깨닫기) 운동은 예수회 달만Dahlmann이라는 가장 가혹한 상대를 만났다. 달만은 위에서 볼 수 있듯이 이미 올덴베르크와 막스 뮐러가 옹호한, 소위 불교의 약한 측면을 다시 공격했다. 그와 다른 사람들의 공격에도 불구하고 불교는 독일에서 점점 더 많은 기반을 확보했다.

과학적 탐구와 함께 불교 사상은 독일인의 종교적 욕구를 통해 점점 더 퍼졌다. 아시아 국가의 불교 공동체의 자극과 격려 없이도 기독교에서 얻을 수 있기를 바라는 것보다 불교에서 종교적 감정에 대해 더 큰 만족을 느끼는 독일인이 많이 있다. 그들은 지성인 계층일 뿐만 아니라 사회적 투쟁에 종사하는 많은 사람들로 구성되어 있으며, 이들은 자신의 힘든 직업적 노동 외에도 종종 집중적으로 붓다의 가르침을 공부한다. 여기서 우리는 한편으로 신지학, 신비주의, 염세주의 또는 소위 응접실-불교와 세상의 삶을 포기하고 노숙자의 고귀한 길을 단호하게 따르고 있는 존경할 만한 영웅적인 사람들을 잘 구별해야 한다.

그리고 독실하고 올곧은 평신도들이 있으며, 부처님과 그의 교리에 대한 깊은 존경심으로 가득 차 있다. 그들의 집에는 명상하는 붓다의 평화로운 이미지가 영예의 자리를 차지하고, 많은 기독교 가정에는 십자가에서 고통받는 구세주의 이미지가 그 자리를 차지하고 있다.

여기서 언급할 수 있는 것은, 처음에는 불교에 대한 독일인의 대부분의 저술이 대승불교에 기반했지만, 당시 독일인들은 아시아 남부 국가들에서 따랐던 원래의 테라와다 불교에 더 깊은 관심을 보이기 시작했다는 점을 언급할 수 있다.

그 무렵 리하르트 바그너 지지자인 안젤로 노이만Angelo Neumann의 재능 있는 아들인 칼 오이겐 노이만Karl Eugen Neumann에 의해 분량이 작은 불교 선집이 출판되었고(1892), 1년 후에는 그의 『법구경』 *Dhammapada* 번역이 출판되었다. 인도 철학과 빠알리어를 공부한 후 노이만은 당시 독일에서 가장 영향력 있는 불교 문헌 번역가가 되었다. 그의 불교 경전 번역은 기념비적인 일생의 작품을 대표한다. 그 자신이 불교의 진정한 정서와 정신에 젖어 있었기 때문에, 노이만은 자신의 번역을 독일어의 정신과 형식에 맞추는 데 성공했다. 14세기 빠알리어 문헌인 『사라상가하』*Sarasangaha*에 대한 에세이와 함께 노이만은 위대한 번역가의 반열에 올랐다. 그 후 『맛지마 니까야』(중부), 『테라가타』(장로게), 『테리가타』(장로니게), 『숫따니빠따 및 디가 니까야』(장부) 번역이 이어졌다. 노이만이 성취한 것은 붓다의 설법에 대한 그의 깔끔한 작은 책을 읽은 사람만이 이해할 수 있다. 그의 번역 덕분에 불교에 동조하는 많은 사람들이 함께 모여서 크고 작은 연합을 형성할 수 있었다.

따라서 칼 자이덴슈튀커Karl Seidenstücker 박사가 1905년 독일 최초의 불교 잡지이자 유럽 최초의 불교 잡지인 〈불교도〉를 출판했을 때 큰 센세이션을 일으켰다. 1903년 라이프치히에서 불교전도협회가 설립되어 독일어가 사용되는 땅에서 불교의 출판과 전파, "불교학" 연구의 촉진을 목표로 선포했다. 이 목표를 실현하기 위해 (1) 불교 서적, 논문 및 소책자의 발행 (2)잡지 발행 (3)불교에 대한 강의 개최 등의 활동이 계획되었다.

1906년에 지금은 "불교협회"라고 불리는 불교전도협회는 독일에서 최초의 불교대회를 개최했다. 독일 불교 운동의 전반적인 발전에 힘입어 〈불교 전망대〉*Die Buddhistische Warte*, 〈불교계〉*Buddhistische Welt*, 〈불교도의 길〉*Der Buddhistische Pfad*, 〈신불교지〉*Neubuddhistische Zeitschrift*, 〈모음집〉*Brockensammlung*, 〈세계거울〉*Weltspiegel*(그림Grimm 박사), 〈붓다의 길과 불교도〉*Der Buddhaweg und Wir Buddhisten*(마틴 슈타인케 도준 Martin Steinke Tao Chun)과 같은 여러 잡지가 탄생했지만, 전쟁 도중과 그 후에 불리한 조건으로 인해 출판을 중단해야 했다.

1908년 냐나띨로까의 제자인 발터 마크그라프Walter Markgraf에 의해 독일 빠알리 협회가 설립되었으며 냐나띨로까는 명예 회장이 되었다. 그 후 본Bohn 박사는 "불교생협"을 만들었다. 그러나 전쟁으로 인해 둘 다 사라졌다. 위에서 언급한 마크그라프는 브레스라우Breslau에서 첫 번째 불교출판사를 시작했으며, 전쟁 후 슈로스 베르락Schloss Verlag이 그 뒤를 이었다. 현재 베나레스 베르락Benares Verlag이라고 불리는 이 출판사는 빠알리 문헌의 역사적 저술과 학술 번역 외에 불교사상계에 대한 일련의 훌륭한 입문서와 관련 주제에 관한 책을 출판하는 독일 유일의 불교 출판사이다. 이 출판사의 가장 저명한 협력자는 빌헬름 가이거Wilhelm Geiger(『상윳따 니까야』(상응부), 1권)와 칼 자이덴슈튀커(『빠알리 불교, 쿳다까빠타』(소송경), 『우다나』(감흥어), 『이띠웃따까』(여시어경) 등) 외에 잘 알려진 독일 불교 승려인 스리랑카의 냐나띨로까이다.

1903년에 냐나띨로까는 불교 사미승이 되었고, 이듬해에는 유럽 대륙의 첫 번째 비구가 되었다. 그 이후로 그는 점차 자신의 모국에서 불교 운동과 밀접하게 관련되었다. 이제 불교학자들이 거론될 때마다 무엇보다 그의 이름을 거론할 만하다. 그를 바르게 판단하기 위해서 그의 작품을 소개하려면 특별한 참고 문헌이 필요할 것이다. 그의 이름은 독일에서 거의 신화처럼 들린다. 독일에서는 그가 누구이며 어디에서 왔는지 정확히 아는 사람이 거의 없지만 많은 "불교학" 저술에서는 그를 저명한 학자로 언급한다.

그의 작품을 통해 불교에 대한 독일인의 시각은 상당히 넓어졌다. 그가 다른 어떤 작가보다 더 많이 번역한 빠알리어 문헌에 대한 많은 번역은 단지 저명한 문헌학적 공헌으로 평가되는 것이 아니다. 동시에 그 번역들은 그의 가장 깊고 깊은 존재로부터 태어났다. 냐나띨로까의 주요 작품 중에는 『앙굿따라 니까야』(증지부, 5권), 『밀린다 빵하』(밀린다 왕문경, 2권), 『뿍갈라 빤냐띠』(인시설론), 『위숫디막가』(청정도론) 등이 있다.

가장 엄격한 비평가인 달케Dahlke 박사는 이미 1920년(신불교지)에서 이렇게 말했다. "냐나띨로까는 우리 시대 최고의 불교 전문가 중 한 명으로 간주될 수 있습니다. …… 그의 번역은 우리 문학의 최고봉에 속하며 모든 사람에게 추천되어야 합니다. ……"

맛지마 니까야 번역 서문에서 노이만K. E. Neumann은 "빠알리어를 아는 사람은 빛을 빌릴 필요가 없습니다. 해가 비출 때 우리는 달이 필요하지 않습니다." 이 말은 냐나띨로까 비구의 수고를 통해 작지 않은 성취를 발견했다는 의미이다. 그는 조국의 열렬한 불교도들을 위해 독일어로 알아들을 수 있는 빠알리 문법과 빠알리 사전과 함께 빠알리 선집을 최초로 준비했다. 근면함과 공부로 독일 불교도들은 이제 붓다 자신의 말씀에서 붓다의 원래 가르침을 읽을 수 있다.

항상 신선한 활력으로 우리가 존경하는 테라와다의 큰스님은 여전히 지칠 줄 모르고 자신의 작업을 하고 있으며, 특히 독일 전체 불교계로부터 높은 존경을 받고 있음을 알 수 있다.

불행히도 너무 일찍 세상을 떠난 베를린 불교의 집(Buddhist House)의 설립자인 고(故) 달케 박사의 저술들은 불교에 대한 최고의 학술적이며 정통적인 연구성과라고 긍정적으로 말할 수 있다. 그 저술들은 의심할 여지 없이 지적으로나 영적으로 가장 저명한 출판물이기도 하다. 단순한 철학자나 해석가가 아니라 불교도라고 주장하는 달케는 처음부터 붓다의 가르침에는 형이상학적이고 초월적인 사색이 없음을 단호히 주장한다.

달케에게 붓다의 가르침은 순수한 개인주의이다. 달케의 출발점은 세계관('Weltanschauung')으로 간주되는 불교이다. 그의 작업의 목적은 믿음과 과학의 중간인 "황금 중도" 위에서 붓다의 가르침이 만족스럽고 논리적이며 현명한 세계관을 제공함을 증명하는 것이며, 그 근원으로 부터 진정한 도덕과 윤리가 흘러나오고 있다. 이 증거는 달케의 공로로 증명되었다. 그러나 그의 공로를 충분히 이해하기 위해서는 그가 유명한 베를린 불교의 집 설립자였으며 그의 작업을 완성하고 보호하기 위해 생애의 마지막 순간까지 그의 모든 건강과 부를 희생했다는 사실을 결코 잊어서는 안된다. 따라서 1923년에서 27년 사이의 가장 어려운 기간 동안 그는 자신의 작업에 자금을 조달한다는 단 하나의 목적으로 의사로서 하루 종일 일했다.

불교의 집은 언덕에 서 있다. 두 마리의 작은 코끼리가 떠 받치고 있는 인도 장식품으로 장식된 대들보가 있는 문을 통해 집안으로 들어서면. "여덟 단계의 길"이 있다. 성스러운 팔정도(8단계)를 상징하는 8단계의 돌계단(총 73개의 계단)이 언덕 정상까지 이어진다. 본관에서는 달케 박사가 직업으로서 동종요법을 시행하여 건강을 되찾기 위해 가까운 곳과 먼 곳에서 많은 사람들이 그를 찾아왔다. 거주하는 집 옆에는 유럽에서 가장 큰 도서관이 있었다. 1층에서는 틈새의 여명으로 신비롭게 반짝거리는 스리랑카의 칼라웨와에서 모셔온 불상을 보면 사람들은 압도된다. 넓은 본관 뒤에는 사원이 우뚝 솟아 있고, 홀 주위에 세로로 늘어선 채광창으로 둘러싸인 두 개의 지붕이 서로 지탱하고 있으며, 극동지역의 종교 건축의 특징인 상향 곡선을 보여준다. 벽에는 오직 하나의 문이 있다. 채광창 외에 다른 창은 없다. 내부는 채색된 모자이크 바닥과 황토색 사암 벽으로 된 작은 방들이 있다. 전면에는 소박하지만 가치가 있어 보이는 홀에는 꽃으로 장식된 부조 불상이 있고 양쪽에는 『법구경』과 다른 경전의 말씀이 적힌 금빛 돌판이 있다. 오늘날에도 여기에서 포살일에 법회를 연다. 그러나 외부인은 달케가 그의 스승인 붓다의 가르침을 설명할 때 그 엄숙함을 거의 상상할 수 없었다. 그는 이 사원에서 신도들과 방문객들을 강단 앞까지 인도했는데, 지평선 저 멀리에서 막 떠오르는 보름달이 나타났다. 이곳에서는 다른 건축 작품도 볼 수 있다. 스리랑카 양식의 건축인, 두 개의 추가적인 입구인, "귀의의 문Door of Refuge"과 "법륜의 문Door of the Wheel"이다. 여기저기 흩어져 있는 작은 건물들과 조용히 숲 속에 숨어 있는 개인용 숙소를 볼 수 있다.

같은 도시 베를린에는 10년 넘게 또 다른 불교모임이 있었다. 마틴 슈타인케Martin Steinke(비구 타오 춘Tao-Chun)를 지도자로 하는 "붓다를 둘러싼 공동체"이다. 보름날에는 정기적으로 강의와 토론을 하고 있다. 한달에 두 차례 〈붓다의 길과 불교도〉*Der Buddhaweg und Wir Buddhaen*를 발행한다. 이 모임의 사람들은 모두 진정한 불교도이며 어떤 형태의 종교적 혼합 또는 외부 교리나 정치와의 연결을 용납하지 않으며, 오직 붓다의 가르침대로 생활하여 붓다가 가르친 목적을 실현하려고 노력한다. 또한 그러한 다른 종교의 전도와 같지 않다는 것을 잘 알면서도, 이른바 전법이나 포교활동도 하지 않는다. 불교 사상이 독일에서 호의를 얻고 퍼졌지만, 그것은 전적으로 불교 문헌, 특히 지칠 줄 모르는 불교학자들의 저술과 번역 덕분이었다.

뮌헨에 자리를 잡은 또 다른 불교모임인 "삼보의 집"Loge zu den drei Juwelen이 있다. 이 단체에서는 회원들에게 일상생활에서 준수해야 할 불교의 윤리적 원칙을 지키라고 한다. 이 단체의 창시자이자 지도자는 유명한 책 『붓다의 가르침, 이성의 종교』*The Doctrine of the Buddha, Religion of Reason*의 저자인 게오르그 그림Georg Grimm 박사이다.

이 책은 엄청난 성공을 거두었다. 이는 작가가 불교와 서양철학의 절충을 시도함과 동시에 일관되고 절대적 헌신으로, 유일하고 완전한 절대 진리로서 불교의 해탈의 진리를 제시하고 있기 때문인 듯하다.

따라서 쇼펜하우어, 니체, 하르트만과 같은 철학자들과 음악가인 리하르트 바그너가 불교의 진리를 소개한 전조가 된 반면, 막스 뮐러, 올덴베르크, 칼 오이겐 노이만, 냐나띨로까 스님, 카리 자이덴스튀커, 파울 달케, 막스 와레저와 같은 학자들과 다른 많은 사람들은 근본에서부터 불교를 파고 들었다. 그리고 파울 달케, 쿨트 피셔, 게오르그 그림 및 기타 많은 해석자들은 서양 사상가들의 입장에 따라 해석했다. 마지막으로 중요한 사람들은 (후에 노벨 문학상을 받은) 카를 겔러룹Karl Gjellerup(『순례자 카만티아』*Pilgrim Kamanita* 등 저술)과 같은 시인들과 많은 사람들은 모든 계층의 독일인에게 불교사상을 대중화하는 데 기여했다.

여기에서 우리는 독일에 어떤 불교협회나 모임에 참여하기를 원하지 않는 많은 성실한 불교도들이 있음을 언급할 수 있다. 그러나 그들은 붓다의 진정한 제자처럼, 모든 모임에서 멀리 떨어져 있으면서도 독일에서 스승이 선포한 더 고귀한 삶의 실현을 위해 노력하고 있다.

그러한 사례는 1928년 7월 6일자 함브르크 공보에 "초원의 붓다Buddha in the Heath"라는 제목으로 다음과 같이 보고되어 있다. "루도빅 스툴이라는 사람이 31세에 고향인 실레시아를 떠나 뤼네부르크의 초원(함부르크 근처)으로 이주했다. 퇴핑겐 근처, 솔타우 지역에서 그는 자신을 위해 작은 오두막을 짓고 가장 원시적인 방식으로 꾸민 다음, 작은 벽난로를 만들고 테이블, 의자 및 다루기 힘든 침상을 만들었다. 칠판에는 칼 오이겐 노이만의 『디가 니까야』 번역인 『고타마 붓다의 대화』*The Dialogues of Gotamo Buddha* 5권이 놓여있다. 이것들은 그의 영적 도구이다. 이 은둔자는 추수기에 히스 지역 농부들과 함께 일하여 생계를 유지한다. 처음에 그 히스 거주자들은 이 과묵한 사람을 불신하였다. 사실, 그의 손은 거칠고 단단하고, 그의 얼굴은 열려 있고 강인했지만, 이 흰색의 뒤로 넘어간 이마를 가진 이 남자에 대해 어떤 수수께끼가 있는 것 같았다. 그러나, 바쁜 농민들은 오직 하나만을 생각했다. 즉 일이었다. 그리고 루도빅 스툴은 자신이 일하는 사람임을 보여주었다. 그는 현금이 아니라 빵 한 덩이나 우유 한 병을 위해 일하고, 건초를 뒤집고, 밀짚단을 들어 올리거나, 감자를 실어 날랐다. 그를 인간 사회로 데려간 것은 음식과 음료가 필요할 때 뿐이었다. 그 외 시간에 그는 홀로 앉아서 자신이 따랐던 위대한 인도 현자의 목소리를 듣곤 했다. 작은 굴뚝에서 나오는 연기에 매료된 낯선 사람이 예기치 않게 그의 오두막에 들어갈 때마다, 그를 환영하는 쾌활하고 열린 마음을 가진 사람을 발견했다. 루도빅 스툴은 소작농의 상속인이었고, 군 복무를 마치고 집에 돌아온 후 과부였던 어머니가 재혼한 것을 발견하고, 그의 계부가 농장 상속인이었던 그를 떠나게 할 계책을 꾸몄다. 그때 이미 그는 붓다의 발자취를 따라 걸으며 집과 가정을 떠나

고요한 고독속으로 들어가 고요한 넓은 초원을 거처로 삼았다. 이제 얼마 전에 이 작은 붓다가 운명을 달리했다. 한 농부가 그가 가부좌를 하고 오두막 앞에 생명 없이 누워 있는 것을 발견했다."

따라서 이 사람은 기독교인의 미신과 성경과 신도 없고, 혹독한 겨울 밤 동안 그의 오두막을 오르락내리락 하면서 평생을 고독하게 보냈다. 그는 수천 마일 떨어진 불교도들이 한 명의 거룩한 제자라고 부를지도 모르며, 실제로 그들 중 한 명이었을 것이다. 그리고 그와 같은 사람들이 많았을 것이다.

이제 독일의 불교가 대중의 사상에 침투하여 영향을 미칠 것인지에 대해 디가 니까야 번역 및 편집자인 노이만은 서문에서 다음과 같이 썼다.

"마치 기독교에 대해서 그랬던 것처럼, 더 이상 누구도 불교 교리를 아시아적인 것으로 간주하지 않을 때가 올 것이다. 그리스도는 공간적으로는 더 가까웠지만 유럽땅에 발을 디딘 적이 없었다. 그의 가르침이 보편적으로 유효했기 때문에, 수세기 동안 모든 유럽 국가가 그리스도께서 마치 자기 나라 사람인 것처럼 말하였다. 이제 얼마 지나지 않으면, 붓다도 독일인들에게 독일어를 말하는 분으로 생각될 것이다. 오늘날에도 여전히 낯선, 인도라는 외부 세계는 그들에게 그리스도의 주변보다 더 동양적으로 보이지 않을 것이며, 더 친숙해지거나 심지어 더 이상 특별하게 보이지 않게 될 것이다. 그리고 아직 붓다의 우화와 이미지를 형성하는 것으로 시작하지 않은 조형예술은 인도적 양식 없이 그것을 이해하는 법을 배우게 될 것이다. 그리고 오래된 인도풍 복사본의 형태가 아니라, 내부에서 잉태된 상당히 독립적이고 독창적인 형태로 붓다는 유럽 예술의 모델이 될 것이다.

서양의 법률과 관습에 대한 붓다의 영향력은 불교 사상이 여러 세대에 스며들어, 적대적인 책들[5]의 홍수에도 불구하고 서양의 자산이 될 때까지 끝없이 논의될 것이다."

2부

냐나띨로까 스님의 생애

인간의 가장 깊은 부분은 표현할 수 없는 상태로 남아 있습니다. 그래서 내 인생을 돌아볼 때 내 외적 경험과 내적 경험의 몇 가지 개요만 제시하는 것으로 만족할 것입니다.

1장: 소년기

나는 1878년 2월 19일, 독일 중심부에 있는 유명하고 아름다운 휴양지인 비스바덴에서 태어났습니다. 내 본명은 안톤 발테르 플로루스 귀트Anton Walther Florus Gueth이고, 내 수호 성인은 은둔자 안토니우스Antonius였습니다. 우리 아버지 안톤 귀트Anton Gueth는 교사[6]였으며 나중에는 비스바덴 시립 김나지움Gymnasium[7]의 교장이자 추밀원 의원이었습니다. 그는 항겐메일리겐에서 태어났으며 지주이자 시장 안톤 귀트Anton Gueth의 아들이었습니다. 어머니의 이름은 파울라Paula였습니다. 그녀는 쿠르헤센Kurhessen 지방의 헤르스펠트Hersfeld 마을에서 온 지방 행정관 아우팔트Auffahrt의 딸이었습니다.

나는 두 명의 형과 한 명의 누나가 있었는데, 가족 중 넷째이자 막내였습니다. 변호사인 큰형 아르민Armin은 1938년에 사망했습니다. 나보다 4살 많은 다른 형 오스왈트Oswald는 공학자였으며 한동안 워싱턴 대학의 교수였습니다. 그는 미국 시민권을 취득했지만 대학에서 교수직을 사임한 후 독일에 장기 또는 단기로 자주 왔습니다. 그는 미국인이었음에도 불구하고 2차 세계대전 동안 그가 살았던 비스바덴에 집이 있었습니다. 내 누나 리아Ria도 비스바덴에 살았고 지역 김나지움 교장인 시만스키Symanski 박사와 결혼했습니다.

우리가 다소 두려워했던 아버지는 매우 엄격하면서도 공정했습니다. 가끔 화를 내기도 하지만, 그는 매우 공감적이고 부드러운 성격을 가졌습니다. 가족의 자녀들 중에서 그를 가장 잘 이해한 사람은 나였던 것 같습니다. 매일 저녁, 그는 숲으로 산책을 갔습니다. 때로는 고도로 학식 있는 수학 및 물리학 교사나 의사와 함께 하기도 했지만 대부분은 혼자 가곤 했습니다.

만약 그가 산책을 할 때 동료가 있었다면, 산책에서 돌아왔을 때 그는 자신의 산책이 동료를 가짐으로써 내적 자질을 얻는 것이 아니라 잃을 것이라고 말할 것입니다. 나는 고독을 사랑하는 특성을 아버지와 공유했습니다. 송아지들의 눈들이 아름답다는 그의 말에서도 그의 감성은 드러납니다. 그는 분명히 이 동물들의 눈에서 한없이 온화하고 어린애 같은 표정을 언급하고 있었습니다.

나는 나의 후기 저술에서 나에게 계속해서 영향을 미쳤던 짧은 에피소드 하나를 잊은 적이 없습니다. 아버지는 그 당시 학교에서 수학 수업에서 내가 무엇을 배웠는지 물으셨고, 나는 우리가 배우고 있는 특정 공식에 대해 아버지에게 말했습니다. 그런 다음 그는 내가 말한 것을 이해하지 못한다고 말했습니다. 이 공식이 어떻게 생겼는지 그에게 말할 수 없었습니다.

나 자신의 명료한 상상력과 이해력을 발전시키려는 이 호소는 내 성격에 매우 강한 영향을 끼쳤고 지금도 영향을 끼치고 있으며, 모든 고정관념을 포기하고 공식, 슬로건, 공허한 개념에 대한 모든 집착을 없애고 생생한 그림과 모든 것에 대한 명확한 개요를 얻도록 합니다. 내 번역과 다른 작업에서 내가 이것을 얼마나 할 수 있었는지 모르겠습니다. 이것은 독자의 판단에 달려 있습니다.

스위스 로잔에서, 한 번은 기독교 잡지의 기자로부터 신을 믿느냐는 질문을 받았습니다. 나는 그에게 간결하게 대답을 했습니다. "잘 모르겠습니다. 먼저 '신'이라는 개념이 무엇을 의미하는지 설명해주세요." 훨씬 후에 2차 세계대전 중에 인도에서 전쟁 포로 생활을 할 때, 한 독일인은 나에게 "영혼"을 믿느냐는 또 다른 질문을 했습니다. 나는 그에게 그 표현이 무엇을 의미하는지 물었습니다. 확실히 나는 인간 안에서 작용하는 선의 법칙으로 이해된다면 신을 믿었고, 그것이 무의식적인 삶의 과정을 의미한다면 "영혼"을 믿었습니다. 우리는 항상 그러한 용어의 명료화를 주장해야 합니다. 그렇지 않으면 사람들은 토론에서 서로를 오해할 것입니다. 중요한 것은 단어 자체가 아니라 의미와 내용입니다.

단어를 명료하지 않게 사용하면, 두 사람이 같은 것을 의미하지만 다른 단어를 사용하거나 같은 단어를 사용하지만 완전히 다른 것을 의미할 수 있습니다. 무슨 말을 하는지 명확히 하지 않으면 상대방이 이해하지 못한 채 대화가 끝날 수 있습니다.

우리 모두에게 큰 사랑을 받았던 우리 어머니는 온화하고 이해심이 많았습니다. 때때로 그녀는 우리 아버지의 성미 때문에 상당히 괴로워했습니다. 그녀는 젊었을 때 매우 아름다웠을 것이고, 나이 들어서도 당당한 인물이었습니다.

카셀Kassel에서 기숙 학교를 다니는 동안 어머니는 왕립 궁정 극장Royal Court Theatre의 오케스트라 감독인 레이스Reiss 아래에서 피아노와 노래를 공부했습니다. 그녀는 리하르트 바그너의 절친한 친구인 바바리아의 루드비히 왕[8]이 바트 키싱엔에게 상당한 관심을 보였고 그녀를 무도회에 초대했다고 우리에게 말한 적이 있습니다. 그녀가 우리 아버지와 결혼한 이유를 우리들에게 다음과 같이 이야기 했습니다.[9] 그는 엄격하고, 그때도 꽤 질투심이 많은 성격이었고, 그래서 그녀가 다른 남자들 앞에서 더 이상 노래하는 것을 허락하지 않았기 때문이었습니다. 이 때문에 그녀는 많은 고통을 겪었습니다. 그럼에도 불구하고 그녀는 자신에게 구애하는 다소 엉뚱한 사촌[10]을 외면했습니다. 그는 나중에 이탈리아의 공주와 결혼하여 슈타이어마르크의 포니클 성에 정착했습니다.

1848년 혁명이 일어났을 때, 지방 행정관인 그녀의 아버지는 음식을 요구하기 위해 그의 집 앞에 모인 군중의 위협을 받았습니다. 마을은 사방이 둘러싸여 있었지만 그와 그의 가족은 간신히 탈출했습니다. 헤센의 황태자가 프로이센과의 전쟁 중 카셀에서 포로 생활을 했을 때 할아버지가 그를 풀어주려 했지만 성공하지 못했습니다.

아버지는 암 수술 이틀 후인 1913년에 정말 평화롭게 세상을 떠났고, 어머니는 나의 누나와 함께 스위스로 여행을 떠날 계획을 의논하고 있었습니다. 4년 후인 1차 세계대전이 끝나기 전인 1918년에 어머니도 돌아가셨습니다. 그녀는 의사의 과실로 사망했습니다.

유럽에서 나의 교육은 이랬습니다. 나는 1884년부터 1888년까지 중등학교에 다녔습니다. 그런 다음 1888년부터 1896년까지 코니글리히Konigliche 왕립 김나지움을 다녔습니다. 1896년부터 1898년까지 나는 음악 이론과 작곡, 바이올린, 피아노, 비올라, 클라리넷에 대한 개인 교습을 받았습니다. 1889년부터 1900년까지는 프랑크푸르트의 호흐세Hoch'sches 고급 음악 아카데미에서 음악 이론과 작곡을 공부하고 바이올린과 피아노를 공부했습니다. 그리고 1900년부터 1902년까지 작곡을 공부하기 위해 파리의 음악원에 다녔습니다.

어린 시절과 학창 시절은 행복했고 아무 병도 없었습니다. 이미 10살이 되기 전에 영적인 삶에 완전히 헌신하려는 열망이 내 안에 일어났습니다. 나는 심지어 "원주민"을 개종시키기 위해 아프리카에 가고 싶었고 그곳에서 순교자의 죽음을 당할 준비가 되어 있었습니다. 나는 가톨릭 신자로 자랐기 때문에 사제에게서 받은 가톨릭 가르침의 영향을 받아 "가까운 친척의 죽음, 특히 천국에 확실하게 갈 어린아이의 죽음을 애도하는 사람은 누구든지 참된 믿음이 없다."고 말하곤 했습니다. 내 조숙한 시절의 발언이 논리적으로 상당히 옳았다는 것을 인정해야 할 것입니다. 그러나 아버지는 이론상으로만 가톨릭 신자였지 실제로는 그렇지 않았습니다. 그의 일상은 1년에 단 한 번, 보통 밤 11시 30분에 소위 "게으름뱅이의 미사"라고 불리는 미사에 참석하는 것이었습니다.

어린 시절부터 나는 자연, 숲속의 고독, 종교적 철학적 사고를 아주 좋아했습니다. 나는 특히 신의 본성, 별이 총총한 밤하늘의 광활함, 모든 생명체의 형제애, 그리고 이와 유사한 다른 주제에 대해 생각하는 것을 좋아했습니다. 나의 큰 소망은 은둔자나 수도사로

사는 것이었습니다. 그러므로 나는 수도사와 관련된 모든 것에 대해 큰 존경심을 가지고 있었습니다. 나는 한때 교회에 서서 세상의 무상함과 허영심에 대해 설교하고, 세상 모든 것이 무의미하다고 확신하는 내 말을 들었던 모든 사람들이 교회를 떠날 때 보석과 다른 장신구를 벗는 모습을 상상했습니다.

나는 당시 법학을 공부하고 있던 형 아르민이 수도사가 되기를 남몰래 바랐고, 실제로 법학을 마치기 얼마 전에 그는 카푸친 수도회에 입회하기로 결심했습니다. 그럼에도 불구하고 얼마되지 않아 그는 다소 성급한 계획을 포기했습니다. 나 자신은 점점 더 종교적으로 되었지만 동시에 모든 외적인 의식주의를 점점 더 거부하고 있었습니다. 나는 더 이상 교회에서 무릎을 꿇지 않았고, 성수를 받지도 않았으며, 공공장소에서 성호를 그리지도 않았습니다. 나는 또한 "내 탓이오.(mea culpa)"라고 말하면서 내 가슴을 치는 것을 그만두었습니다.

한편 한동안 나는 아무도 없을 때 저녁마다 교회에 가서 토마스 아 켐피스Thomas a Kempis의 『그리스도를 본받아라』는 책에 몰두했습니다. 내가 12세인가 13세의 첫 영성체 때 나의 종교 교사였던 베데베르Wedewer로부터 받은 그 책은 항상 내 코트 주머니에 있었습니다. 그러나 숲의 고독에 대한 매력은 내 평생 동안 실처럼 꿰뚫었습니다. 그리고 오늘도 나는 내 섬의 숲 속에 홀로 살고 있습니다.

1897년에 나는 수도원으로 탈출하려는 오랜 계획을 실행에 옮겼습니다. 나는 부모님에게 편지를 남기고 기차역에서 가장 친한 친구와 작별 인사를 하고 기차를 타고 슈발바흐 마을로 갔습니다. 거

기에서 나는 홀쯔하우젠Holzhausen, 엠스Ems 및 코블렌쯔Koblenz
를 거쳐 유명한 베네딕토회 수도원인 아름답고 한적한 마리아 라
흐Maria-Laach까지 눈길을 걸었습니다. 문고리로 문을 세 번 두드린
후, 나는 문이 열릴 때까지 설레는 마음으로 기다렸고, 그들이 나를
들여보내주었습니다. 그런 다음 종교 교사 베데브르Wedewer 박사가
쓴 추천서를 건넸습니다. 그러나 결국, 종속과 자유의 결핍은 내 취
향이 아니라는 것을 알았기 때문에 나는 수도원에 아주 짧은 시간만
머물렀습니다. 나는 재빨리 울고 있는 부모님에게로 돌아갔습니다.

그때부터 인격신에 대한 나의 이전 믿음은 점차 일종의 범신론
으로 변했습니다. 지난 세기말 지배적인 세계의 고통(Weltschmerz)의
분위기가 나를 사로잡았고 나는 고통에 허덕거리기 시작했습니다.
나는 음악 작곡을 통해 이와 같은 우울한 정신과 호흡을 맞추었습
니다.

내가 위대한 음악가들, 특히 작곡가들을 가장 숭고하고 고상한
것의 현현으로 여겨서 그들을 거의 신성한 숭배의 대상으로 느끼기
시작한 것은 대략 15세 때였습니다. 한번은 어머니와 함께 바이올
리니스트의 연주를 들으러 갔는데, 연주에 감동을 받아 그런 식으
로 연주할 수 있는 사람은 틀림없이 고귀한 사람이라고 말했습니다.

나중에 나는 많은 바이올린 연주자들과 좋은 친구가 되었습니
다. 왕립 극장과 시립 스파 호텔(치료원)에서 열린 심포니 콘서트에
서 사라사테Sarasate[11] 같은 세계 최고의 음악가의 연주를 들었습
니다. 휴식 시간에 무대 커튼 뒤(내가 들을 수 있었던 곳)에 그들이 앉
았을 때 얼마나 행복했는지 모릅니다. 나는 또한 나중에 최고의

오케스트라 지휘자가 된 뮤지컬 신동인 에드가르트 볼간트Edgard Wollgandt와 칼 쉬리흐트Carl Schuricht[12] 등을 좋아했고, 끈질긴 인내심을 발휘해서 그들을 가장 사랑하는 친구로 만들었습니다.

볼간트Wollgandt, 호아킴스Joachims, 그리고 당시 이미 유명한 막스 레거Max Reger[13]라는 좋은 친구와 함께 나는 1894년경 아첸Aachen에서 나중에 음악 감독을 맡은 포흐함머Pochhammer의 지휘 아래 뛰어난 하이든 4중주를 처음으로 연주했습니다. 그 후 나는 종종 4중주나 피아노 트리오에서 연주했습니다. 나는 나중에 지방 학교 평의원이 된 카이저Keizer(첼로)와 내 아버지와 함께 베토벤의 피아노 트리오를 연주했습니다. 오랫동안 나는 시립 치료원 오케스트라와 왕립 극장 오케스트라에서 연주했습니다. 1897년에 "전설 Legende"이라는 나의 첫 번째 (현악기를 위한) 작곡은 치료원 오케스트라에서 연주되었습니다. 나는 또한 김나지움 오케스트라와 함께 연주했는데, 그곳에서 내가 작곡한 ""빌헬름 1세 황제 탄생 100주년 기념 행진곡", "콘서트 왈츠"와 가보트를 연출했습니다. 또한 이번에는 관현악을 위한 "영웅 서곡", "7개의 뮤지컬 악보" 가곡 등을 작곡했습니다.

종교적인 열정으로 고무된 나의 사랑에 대한 생각은, 호프만 폰 팔레스레벤Hoffmann von Fallersleben이 쓴 시, "나는 하느님 안에서 당신을 사랑하고, 당신 안에 있는 하느님을 사랑합니다. 당신이 어디 있거나 당신은 나와 함께 있습니다."에 뮤지컬 곡을 붙여서 분명하게 표현했습니다.

큰 열정을 가지고 나는 베토벤 교향곡 9번의 악보를 연구했습니다. 그것은 리하르트 바그너Richard Wagner 자신의 손에 있는 여백 노트와 함께 빨간색 플러시 천으로 제본된 사본이었습니다. 페릭스 모텔Felix Mottel은 그것을 바그너로부터 물려 받아 그의 제자이자 내 친구였던 게르하르트 교수에게 선물했습니다.

거의 동시에 나는 철학에 대한 큰 사랑을 품었습니다. 나는 숲 속 벤치에 앉아 몇 안 되는 친구와 함께 나의 첫 작품으로 플라톤의 『파이돈』을 읽었습니다. 데카르트가 그 뒤를 따랐고 나중에 칸트의 『순수이성비판』, 『하르트만』 등을 읽었습니다. 하지만 무엇보다 『쇼펜하우어 전집』 6권을 철저히 연구했습니다. 언어, 외국, 민족에 대한 관심도 컸습니다. 무엇보다 독일의 여러 지역을 돌아다닐 수 있게 해준 걷기에 대한 사랑이 컸습니다.

스리랑카와 인도의 더운 기후 속에서도 나는 걷는 것을 좋아했습니다. 김나지움의 첫해에 나의 첫 번째 위대한 걷기를 달성했습니다. 나는 뤼데스하임에 있는 국립 기념물National Monument까지 걸어서 하루 만에 돌아왔습니다. 그것은 약 60킬로미터-당일 여행을 위한 나의 통상적인 최소 거리-였습니다. 1899년, 프랑크푸르트 음악원에서 휴가를 보내는 동안 나는 스위스와 이탈리아로 멋진 하이킹 여행을 떠났습니다. 나는 하루에 60킬로미터를 걸었고 이탈리아 토리노 근처까지 완주했습니다. 로카르노에서 사진사를 가장한 남자가 나와 합류했습니다. 그는 밀라노의 한 호텔에서 밤중에 내 소지품을 모두 훔쳐갔는데, 기차를 타고 스위스로 돌아오던 중 붙잡혔습니다. 그는 징역 1년과 벌금 60리라를 선고받았습니다.

열일곱 살쯤부터, 몸과 마음과 도덕성을 해친다고 생각되는 술과 담배를 완전히 삼가했습니다. 나는 모든 상황에서 이 원칙에 충실했습니다. 집에서뿐만 아니라 최고의 생선과 고기 외에도 맥주와 포도주가 항상 제공되었던 베네딕토회 수도원인 마리아 라흐에서도 지켰습니다.

1898년, 나는 프랑크푸르트로 가서 호흐 음악원(고급 음악 아카데미)에서 음악 이론, 작곡, 바이올린, 피아노를 공부했습니다. 윤리적 이유로 채식주의자가 된 것은 1899년 초 그 시기였고, 불법Dhamma 을 처음 만난 것도 채식 식당에서였습니다.

역설적으로 들릴지 모르지만, 내가 승단에 들어간(빠알리어로는 우빠니사야) 이유와 불교로 개종, 인도 여행, 출가, 그리고 마지막으로 스리랑카로 귀화한 '이유'는 귀리죽에 대한 나의 사랑이었습니다. 음악을 사랑하는 채식주의자 가족과 음식섭취에 대해 이야기를 나누는 도중, 귀리죽에 대한 나의 사랑을 언급하자 그는 언제든지 귀리죽을 먹을 수 있는 채식 식당에 대해 이야기했습니다.

그 채식 식당에서 유명한 신지학 강사인 에드윈 뵘Edwin Böhme[14] 이 불교에 대해 강연하는 것을 들은 적이 있습니다. 처음에는 이성적인 이해보다는 감정적인 반응에서 더 많이 다녔지만, 그 이야기를 듣고 나는 열성적인 불교도가 되었습니다. 다음날 나는 바이올린 선생님 바셀만Bassermann 교수에게 그 강연에 대해 말했더니 그는 나에게 수바드라 빅슈[15]의 『불교 교리문답』을 주었습니다. 그는 또한 풍스트Pfungst[16]가 번역한 『붓다의 일생과 업적』을 읽어보라고 권했습니다. 그가 내게 『불교 교리문답』을 주면서 그는 내가 정신이 나가서도 승려가 될 생각을 해서는 안 된다고 말했습니다. 그러나 바셀만 자신은 인도의 은둔 생활 방식에 다소 열광했습니다.

그때부터 불교의 승려가 되기 위해 인도로 여행하겠다는 나의 목표는 분명했지만, 그것을 달성하기 위해 다음 단계를 밟는 방법에 대해서는 전혀 확신하지 못했습니다. 인도 여행은 경제적으로 불가능해 보였습니다. 그런 여정에 필요한 수천 독일 마르크를 어디에서 얻을 수 있었겠습니까?

1900년, 나는 빈에 있는 유명한 작곡가로부터 그의 콘서트 오케스트라와 비올라 독주 연주자로 일자리를 제의받았지만 거절했습니다. 대신 파리로 갔는데 그곳에서 마세네Massenet[17]의 도움으로 음악 아카데미에서 작곡을 공부할 수 있었습니다. 그리하여 나는 세인트 설피스St. Sulpice에서 유명한 교향악 연주자, 오페라 작곡가, 오르간 연주자인 마스터 샤를르 마리 위도르Maitre Charles-Marie Widor[18] 아래에서 공부할 수 있었습니다. 나는 빔Beam 백작부인의 궁전에 있는 그의 교향악단에서 정기적으로 비올라를 연주했지만 다른 곳에서도 연주했습니다. 1908년 12월까지 연장된 휴가 동안, 나는 처음에 릴Lille에서 연주를 했고 그곳에서 오케스트라와 함께 덩케르케Dunkerque 근처의 말로-레-방Malo-les-Bains으로 갔습니다. 그러다 알제리 콘서트 투어 초청으로 파리와 마르세유를 거쳐 북아프리카로 떠났습니다. 알제리의 여러 도시에서 나를 고용한 히스테릭한 알코올 중독 예술가 부부와 함께 겪은 터무니없고 비극적이고 희극적인 모험은 말로 표현할 수 없으며 차라리 혼자 간직하고 싶습니다.

알제리의 본Bone에 머무는 동안 나는 아랍인에게서 아랍어로 매일 수업을 들었고, 얼마 지나지 않아 그 언어로 꽤 잘 구성된 편지를 쓸 수 있었습니다.

1901년 말, 나는 파리로 돌아왔고 현재 미국에서 잘 알려진 집시 이야기의 작가와 분명히 동일한 인물인 루마니아계 유대인 친구 콘라드 베르코비치Konrad Bercovici[19]를 통해 또 다른 루마니아계 유대인 알레쿠 징거Aleku Zingher와 친밀한 우정을 쌓았습니다. 나는 그들과 함께 톨스토이, 플라톤 등을 읽고 있었습니다. 우리는 또한 나의 삶과 생각에 가장 깊고 가장 변용적인 영향을 남긴 책인 포이크테르스레번Feuchtersleben[20]의 『영혼의 영양학』The Dietetics of the Soul을 읽었습니다.

모든 정신적인 고통이 우리 자신의 잘못된 사고방식에 의해서만 좌우된다는 것과 따라서 짜증을 내거나 화를 내는 것은 대단히 어리석은 일이라는 것을 매우 분명하게 이해하는 데 그 책은 도움이 되었습니다. 붓다는 모든 욕망의 완전한 소멸을 통해 모든 고통으로부터 자유를 찾을 것이라고 말했을 때, 정확히 똑같은 것을 가르쳤습니다.

또 다른 친구인 요하네스 스칼라테스코Johannes Scarlatesco[21] 역시 루마니아인이지만 유감스럽게도 매우 반유대주의자였습니다. 나는 음악 아카데미에서 초창기에 이미 그를 만났습니다. 분명히 그는 루마니아 왕자의 사생아이자 카르멘 실바Carmen Sylva[22]의 제자였으며, 그녀를 위해 몇 곡의 노래를 작곡했습니다. 그는 고도로 교육받은 사람이었고 철학적으로 교육을 받았으며 시인, 철학자 및 작곡가로서 큰 재능을 보였습니다. 그는 나에게 꽤 애착을 가지고 있었습니다. 그런데 그는 나에게 자신이 불교도라고 고백한 첫 번째 사람이었고, 우리 회동 첫날 즉시 나를 그의 가장 친한 친구로 만들었습니다. 심지어 내가 나와 연계된 모든 다리를 부순 후에도 그는 부모님에게서 이집트에 있는 내 주소를 알아내고 그곳으로 편지를 보냈습니다. 그는 이제 일흔여덟 살쯤 되었을 것입니다.

파리에서 나는 유명한 작곡가인 모즈코브스키Mozkzowski[23]를 알게 되었고, 벨기에의 바이올린 거장 이자예Ysaÿe[24]로부터 추천서를 받았습니다. 그는 엄청난 예술가적 자만심에 사로잡힌 듯 보였기에 내 마음이 편치 않았습니다. 격의 없고 매우 호감이 가는 찰스 마리 위더Charles-Marie Widor는 얼마나 달랐겠습니까? 그는 심지어 거리를 걸으면서 나에게 그의 최신 스톰Storm 심포니의 악보를 설명하고 휘파람으로 불었습니다.

내 마음은 내가 프랑크푸르트에서 이미 세웠던 계획, 즉 인도에 가서 그곳에서 승려가 되겠다는 계획을 마침내 실현하도록 점점 더 재촉했습니다. 이 계획을 실현하기 위한 첫걸음으로 당시 터키에 속해 있던 테살로니키에서 바이올린 연주자로 참여하게 되었습니다. 그때 나는 아직도 그런 여행을 하려면 수천 마르크가 필요할 것이라고 생각했습니다. 물론 부모님은 내 실제 계획에 대해 아무것도 모르셨습니다.

1902년 5월 나는 눈물을 흘리며 루마니아 친구 두 명과 헤어졌고, 기차를 타고 마르세유를 거쳐 테살로니키로 갔습니다. 두 친구는 나중에 따라오겠다고 약속했지만 그런 일은 없었습니다.

2장: 동양으로
1902 ~ 1903년

테살로니키에서 어느 정도 불교에 대해 믿음이 있는 사람은 단 한 사람뿐이었습니다. 그는 저명한 바이올린 거장인 드럭커Drucker 교수였습니다.

한번은 테살로니키 바로 외곽에서, 대낮에 칼을 든 강도들의 공격을 받았습니다. 내가 그들에게 주머니에서 돈을 주려고 했을 때, 헌병이 나타나자 강도들은 달아났습니다. 그러자 경찰관들은 강도들을 잡기 위해 걷거나 말을 타고 추격전을 벌였습니다. 그들은 산까지 일대를 수색하고 마침내 강도들을 잡았습니다. 그들은 1년형을 선고받았습니다. 테살로니키에서, 나도 첫 번째 지진을 경험했고, 그 후 우리는 14일 동안 밖에서 잠을 자야 했습니다. 신문에서 지진 소식을 접한 어머니는 걱정이 되어 당장 독일로 돌아오라는 편지를 보냈습니다.

마침내 약 9개월 후, 즉 1902년 11월 말, 정말 추워지기 시작했을 때, 나는 일을 그만 둔 후에 테살로니키를 떠날 수 있었고, 이집트로의 여정을 시작했습니다. 이렇게 나는 목표에 조금 더 가까워졌습니다. 기회를 잡은 후, 나는 주머니에 단 200프랑만 가지고 떠났습니다.

먼저 콘스탄티노플(이스탄불)로 항해했습니다. 거기에서 나는 오스트리아인 로이드Lloyd와 함께 스미르나Smyrna(이즈미르Izmir), 미티리니Mitilini(미틸렌Mytilene), 사모스Samos, 알렉산드레트Alexandrette(이스겐데룬Iskenderun), 사이프러스Cyprus, 트리폴리Tripoli를 거쳐 베이루트Beirut까지 항해했고 약 14일이 걸렸습니다. 나는 베이루트에서 배를 타고 하이파로 갔고 그곳에서 말을 타고 예루살렘까지 여행을 할 수 있을 것이라고 생각했습니다.

콘스탄티노플에 이르기까지, 나는 배에 실린 가방들 위에서 그리스와 터키의 농민들과 함께 잠을 청해야 했습니다. 통조림캔의 정어리처럼 꽉 끼어서 다리도 쭉 뻗지 못한 채 잠을 잤습니다. 베이루트로 가는 여정의 다음 구간에서, 나는 쌓인 상자 몇 개 위에서 잤다가 나중에 데크 위의 테이블에서 잤습니다. 베이루트에서 하이파까지 나는 양 떼 한가운데에 머물렀습니다. 우리가 상륙정을 타고 해안에 막 도착하려고 할 때, 엄청난 폭풍이 일어났고 그 후 3주 동안 어떤 배도 육지에 댈 수 없었기 때문에 나는 배에 남아 있어야 했습니다. 그 지역에서 발생한 콜레라로 인해 나는 예루살렘으로 가는 여행을 취소해야 했고, 그래서 나사렛으로 짧은 여행을 가서, 그곳에 있는 가톨릭 수도원에서 3일 동안 머물렀습니다.

돌아오는 길에 나는 그리스 사제 두 명과 함께 여행하였습니다. 우리는 마차를 타고 이동했는데, 안타깝게도 진흙탕에 자주 빠지는 바람에 마차보다 발로 걷는 경우가 더 많았습니다. 때때로 우리는 직접 마차를 끌어야 했습니다.

하이파에서 나는 "자연인"이자 나중에 독일 의원 후보가 된 구스타브 나겔Gustav Nagel[25]을 만났습니다. 그는 즉시 와서 "동포여, 어떻게 지내십니까?"라는 말로 인사했습니다. 나는 그와 함께 며칠을 살았고 그가 나에게 정말 연민 어린 인상을 주었습니다.

세관에서 내 짐을 돌려받을 때까지 3주를 기다려야 했습니다. 비록 매일 짐을 풀어달라고 압박을 가했지만 말입니다. 그러던 어느 날 그곳에서 일하던 한 남자가 내게 다가와 감독님에게 팁을 주면 즉시 내 물건을 나눠주겠다고 말했습니다. 나는 그가 말한 것을 반복하게 한 다음, 그를 감독에게 데려갔습니다. 나는 그들에게 독일 대사관에 가서 항의하겠다고 말했고, 그들은 한 푼도 받지 않고 즉시 내 모든 것을 주었습니다. 테살로니키에서 나는 파리에서부터 가져온 거대한 여행용 바구니를 사슴 가죽으로 덮인 큰 나무 여행 가방으로 바꿨습니다. 다음에 하이파에서 이것을 내 모든 소지품을 넣은 두꺼운 담요로 바꿨습니다. 이 공 모양의 짐묶음을 앞으로 굴리면서 승선했습니다.

1902년 12월 31일, 배는 알렉산드리아에 도착했습니다. 우리는 콜레라 감염 지역에서 왔기 때문에 8일 동안 격리되어 있어야 했습니다. 우리 모두는 큰 방 하나에 함께 있었습니다. 거기에서 나는 카이로로 갔고, 주머니에 겨우 20프랑을 가지고 도착했습니다. 운 좋게도 게지라Ghezira 궁전에서 연주하는 벨기에 오케스트라와 함께 비올라 연주자로 즉시 일자리를 찾을 수 있었습니다. 그러나 한 달 후 호텔은 문을 닫았습니다. 경찰은 당시 이집트에서 금지됐던 룰렛을 한 사실을 알아냈습니다. 그럼에도 불구하고 다음날 전보를 통해 나는 이미 사이드Said 항에서 바이올리니스트로서 새로운 일자리를 확보했습니다. 그리하여 나는 인도에 조금 더 가까이 다가갈 수 있었습니다.

사이드 항에서 나는 몇 주 후에 일을 그만두고, 트리에스테Trieste에서 온 이탈리아-오스트리아 바이올리니스트와 계속 여행했습니다. 우리는 봄베이에 갔고 카페에서 듀오로 콘서트를 열었습니다.

나는 두 대의 바이올린으로 연주할 수 있도록 내가 가지고 있는 모든 악보를 변경해야 했습니다. 나는 첫 번째 악보를 연주했고 그는 두 번째 악보를 연주했습니다. 충분한 돈이 생겼을 때(아마도 1903년 7월경이었을 것임) 투티코린(투투쿠디)에서 스리랑카까지 여행을 계속했습니다. 그 당시에는 마음에 들지 않는 여권 제도가 아직 존재하지 않았고 러시아와 터키를 제외하고 비자도 필요하지 않았습니다.

3장: 스리랑카와 미얀마
1903 ~ 1910년

스리랑카에 잠시 머무는 동안, 캔디 호수에 있는 말바타 사원을 방문했는데, 이곳은 스리랑카에서 가장 유명한 사원입니다. 그곳에서 나는 사원 도서관 사서인 실라난다Silananda 스님을 만났습니다. 그는 즉시 나를 승려로 받아들일 준비가 되었다고 말했습니다. 그는 당시 승려들 사이에서 드물게 훌륭한 영어를 구사했습니다. 나는 이 출가문제를 내가 이전에 들은 적이 있던 스코틀랜드 사람과 먼저 논의하고 싶다고 답했습니다. 그는 아난다 멧떼야Ananda Metteyya[26]라고 불렸고, 미얀마에 살고 있었습니다. 실라난다 스님은 아난다 멧떼야의 정확한 행방을 알지 못했기 때문에, 나를 밤발라뽀띠야[27]에 있는 감독관 리차드 페레이라Richard Pereira에게 보냈습니다. 그는 카시우스 페레이라Cassius Pereira 박사(1947년에 승단에 출가해서 깟싸빠 비구Kassapa Bhikkhu가 됨)의 아버지였습니다. 그곳에서 나는 불과 1~2년 전에 실제로 승려가 된 아난다 멧떼야의 주소를 알게 되었습니다. 나는 또한 미래 미얀마에서의 주된 후원자가 된 라 웅Hla Oung[28] 여사의 주소도 얻었습니다.

남은 돈이 거의 없었기 때문에, 가장 원시적인 방법으로 투티코린과 마드라스를 거쳐 미얀마의 랑군(양곤)까지 여행했고, 여행 도중에 들렀던 곳에서는 땅바닥이나 벤치에서 잠을 잤습니다. 오늘도 나는 기차의 3등석, 심지어 가능하다면 4등석을 타고 가장 원시적인 방법으로 여행합니다. 배를 타면, 선실도 아니고 침대도 없는 갑판에서 잠을 잡니다. 나는 어떤 식으로든 편안함에 대해 관심을 가져본 적이 없습니다.

미얀마에서 처음 15일 동안, 나는 미얀마인들 사이에서 평판이 좋은, 아주 친절한 라 옹 여사의 별장에서 살았습니다. 그녀는 탈레인Talein(몬 Mon) 왕자의 후손이었으며 대부분 캘커타에 살았던 인도 재무장관 라 옹Hla Oung과 결혼했습니다.

나는 그곳에서 아난다 멧떼야Ananda Metteyya와 그의 친구이자 후원자인 로스트Rost[29] 박사를 알게 되었습니다. 그는 정부 병원의 주치의였으며 나중에는 대령[30]이 되었습니다.

큰 관심을 가지고 나는 『민중의 영혼』*The Soul of the People*[31]이라는 멋진 책을 읽었습니다. 이 책에서 저자는 미얀마 사람들의 성격과 풍습, 생활 방식을 훌륭하게 묘사하고 있습니다. 라 옹 여사의 집에서 나는 또한 빠알리 삼귀의와 내가 승단에 들어갔을 때 암송해야 했던 사미승을 위한 10가지 계를 암송하는 법을 배웠습니다. 나는 또한 거기에 있는 동안 젊은 미얀마 여성이 불러준 노래를 피아노 반주를 하며 옮겨 적었는데, 리듬이 불명확해서 연주할 때 약간의 문제를 일으켰다는 점을 언급하고 싶습니다.

나는 1903년 9월 우 아사바U Asabha 마하테라(큰스님)의 지도하에 다키Ngda Khi 파고다에 있는 사원에서 사미승이 되었습니다. 그후 나는 아난다 멧떼야Ananda Metteyya와 함께 단칸방에서 한 달 동안 살았습니다. 나중에 나는 당시 여전히 숲과 경계를 이루고 있던 근처의 쭌도Kyundaw 사원으로 갔습니다. 약 4, 5개월 후(1904년 1월 또는 2월) 나는 냐나띨로까Ñāṇatiloka[32]라는 이름으로 승가에서 구족계를 받았습니다. 나는 우 꾸마라 마하테라(큰스님)U Kumara Mahathera 밑에서 비구가 되었습니다. 따라서 불교사에서 나는 유럽 대륙 출신으로 최초로 불교승단에 들어갔습니다.[33]

미얀마에서 나는 아름다운 황금빛 쉐다곤Shwe Dagon 파고다에 매일 꽃 공양을 하고 고귀한 스승인 부처님께 경의를 표하는 매우 친절한 사람들에게 깊은 인상을 받았습니다.

아난다 멧떼야는 나에게 빠알리어를 배우지 말고 미얀마어를 집중적으로 공부하라고 조언했지만 나는 빠알리어를 집중적으로 공부하고 미얀마어를 배우는 것을 자제하고 싶었기 때문에 정반대로 했습니다. 4년 후 나는 빠알리어를 아주 잘 할 수 있었을 뿐만 아니라 특별한 노력을 기울이지 않고도 구어체 미얀마어에 대한 실용적인 지식을 습득했습니다. 미얀마어는 중국어와 관련이 있고 티베트어와 밀접한 관련이 있는 매우 간단한 언어입니다. 그것은 단음절 언어이며 배우기 가장 쉬운 언어 중 하나라고 생각합니다. 미얀마인의 친근함과 의사소통에 대한 의지, 특히 어린이들 때문에 배우기가 상당히 쉬웠습니다.

나의 수계사(upajjhaya, 화상)는 아비담마에 대한 철저한 지식이 있었고 『발취론』*Patthana*(조건 관계)이라고 하는 아비담마Abhidhamma 여섯 권을 암송할 수 있었습니다. 엄밀히 말해서 나는 정해진 스승 없이 아비담마 뿐 아니라 빠알리도 배웠습니다.

사실, 혼자서는 그렇게 하기가 쉽지 않은 경우가 많았지만, 얼마 후에는 미얀마와 스리랑카 스님들과 함께 빠알리어로 매우 쉽게 불법의 어려운 쟁점을 토론할 수 있었습니다. 이 토론은 내가 불법을 깊이 이해하는데 큰 도움이 되었습니다. 이미 1907년에 나는 몰메인(Moulmein) 근처의 탑에서 많은 군중들에게 사성제(四聖諦)에 대해 빠알리어로 예정에 없던 법문을 했습니다.

1904년에 나는 스리랑카 조력자(까삐야)와 함께 배를 타고 싱가포르로 갔습니다. 그곳에서 처음에는 평판이 좋지 않은 아일랜드 승려인 우 담마로까U Dhammaloka와 머물렀고, 그 후 매우 우호적이고 결혼한 일본인 승려와 약 2주 동안 머물렀습니다.

기대했던 배를 싱가포르에서 계속 기다리지 않기 위해, 말레이시아 셀랑고르주의 수도인 쿠알라룸푸르로 갔습니다. 그곳에서 나는 당시 비어 있던 스리랑카 사원에서 약 한 달 동안 살았습니다. 거기에서 일부 스리랑카인들의 초청으로 마을에서 약 5km 떨어진 바투 동굴을 방문했습니다. 두 동굴의 입구는 숲이 우거진 산의 경사면에 있었습니다. 아래에서 접근하여 도달하는 첫 번째 동굴은 밝고, 건조하며 거대한 성당처럼 상당히 높았습니다. 앞뒤가 트여 있고 바닥은 위아래로 걷기 좋게 만들어진 듯 부드러웠습니다. 더 높은 곳의 일부 천연 틈새와 구멍에서 우리는 몇 년 전에 그곳에 살았던 불교 승려들이 남긴 대나무 침대들을 발견했습니다.

다른 동굴은 폭이 약 20~40m입니다. 그것은 매우 높고 길며 너비가 약 10m인 비교적 작은 입구가 있습니다. 이 동굴에 들어간 직후, 우리는 스리랑카 친구들과 우리와 함께 온 몇몇 중국인들이 가져온 횃불에 불을 붙여야 했습니다. 그런 다음 우리는 더 용기를 내어 계속 들어갔습니다. 때때로 우리는 수백 미터 깊이의 깊은 구멍에 직면했습니다. 횃불의 도움이 없었다면 분명히 끔찍한 죽음을 맞이했을 것입니다.

완만한 내리막 길을 계속 내려가니 해변의 바다 소리와 비슷한 소리가 점점 더 강하게 들렸습니다. 우리는 모두 다소 무서웠습니다. 그후 우리는 박쥐 배설물 속을 점점 더 깊이 걷고 있었고, 결국 무릎 높이까지 도달했습니다. 동시에 우리 머리 위로 수백만 마리의 박쥐가 공중을 날아다니는 것을 볼 수 있었습니다. 이 박쥐 동굴을 지나고 나자 길은 바위 위로 내려갔습니다.

승복을 입고 올라가기가 어려웠기 때문에, 손에 불을 붙인 횃불 하나를 들고 뒤에 남아서 다른 사람들이 돌아오기를 기다렸습니다. 나는 다른 사람들이 계속해서 아래로 내려가는 것을 보았고 얼마 후 멀리서 다시 위로 걸어오다가 마침내 왼쪽으로 사라지는 것을 보았습니다.

기다림에 지쳐 가까이 있는 바위에 기대어볼까 생각하던 순간 다행스럽게도 이 바위 위에서 거대한 뱀이 자고 있는 것을 발견했습니다. 돌아보니 내 주변의 거의 모든 바위 위에 연한 녹색의 뱀들이 또아리를 틀고 있는 것을 보았습니다. 약 30분 후, 다른 사람들이 마침내 돌아왔을 때, 나는 다시 더 자유롭게 숨을 쉴 수 있었습니다.

1904년 말, 내가 없는 동안 인도를 방문했던 나의 인도인 친구이자 승려 코삼비 담마난다Kosambi Dhammananda[34]와 함께 양곤을 떠났습니다. 우리는 사가잉 산맥의 동굴에서 살았던 북부 미얀마로 함께 갔습니다. 그곳에서 우리는 성인(아라한)으로 알려진 승려의 지시에 따라 집중명상(사마타)과 통찰명상(위빠사나)을 수행했습니다. 담마난다Dhammananda는 나중에 승복을 벗고 미국 하버드 대학교의 교수가 되었습니다. 그는 빠알리 주석문헌인 『청정도론』 *Visuddhimagga* 편집본과 여러 중요한 책들을 썼습니다.

1906년[35]에 나는 빠알리어와 경전을 철저히 연구하는 데 전념하기 위해 스리랑카로 갔습니다. 같은 해에 나는 이미 1907년에 첫 번째 책을 출판한 『앙굿따라 니까야』(증지부)의 번역을 시작했습니다. 『붓다의 말씀』*The Word of the Buddha*은 이미 1906년에 출판되었고 그 이후로 많은 언어로 번역되었습니다. (역주: 한국어 역은 김재성이 2002년 고요한 소리에서 『붓다의 말씀』으로 출판했다. 이 번역은 고요한소리 홈페이지 www.calmvoice.org에 공개됨)

나는 1906년에 태국 왕자인 프리스당 줌사이Prisdang Jumsai를 알게 되었습니다.[36] 그는 이전에 유럽 주재 태국 대사였습니다. 시암(오늘날 태국)으로 돌아온 후 그는 출라롱꼰 왕을 전복시키고 스스로 왕좌에 오르려고 시도했습니다. 그는 태국을 탈출해야 했고 결국 스리랑카에 와서 승단에 들어갔습니다.[37] 콜롬보에서 그는 코타헤나에 있는 유명한 디파두타라라마 사원의 책임자가 되었다. 그와 함께 나는 마타라Matara 근처의 작은 갈고디야나Galgodiyana 섬에 정착했는데, 그는 그것을 쭐라 랑카Culla-Lanka ("작은 랑카")라고 불렀습니다. 우리는 코코넛 잎으로 만든 작은 오두막에서 살았습니다.[38]

어느 날 암스테르담 출신의 부유한 사업가 아들인 베르겐달Bergendahl이라는 20세의 네덜란드인이 우리를 방문했습니다. 그는 수줍음이 많았지만 승려가 되겠다는 생각을 가진 좋은 사람이었습니다. 나중에 슈탕게Stange라는 이름의 독일인이 왔습니다. 그는 나중에 소브작Sobczak[39] 박사라는 이름으로 알려진 폴Pole과 함께 왔습니다. 나는 베르겐달과 슈탕게를 순뇨Suñño와 수마노Sumano[40]라는 법명으로 사미승이 되도록 도왔습니다. 많은 축하 행사가 준비되었습니다.

얼마 후 순뇨는 인도로 가서 마드라스Madras 근처 아디야르Adyar에 있는 신지학회Theosophical Society 회장인 애니 베산트Annie Besant[41] 여사를 방문했습니다. 아디야르에 머무는 동안 그는 정신병적인 상태로 인해 일련의 의아한 환각을 경험했습니다. 그는 이러한 환각을 진짜로 받아들였지만, 곧 내가 그에게 그에 대해 일깨워 주었습니다. 어렸을 때부터 순뇨는 폐소공포증 문제가 있었습니다. (내 제자들의 다른 병리학적 사례에 관해서는, 나는 침묵을 유지하는 것을 선호하지만, 이것은 정신과 의사에게 흥미로운 연구 분야가 될 것입니다.)

반면에 수마노는 폐병 때문에 힘들어했습니다. 이런 상태는 아마도 그가 승려가 되기 전에도 있었을 것입니다. 따라서 그는 스리랑카를 떠나 유럽으로 돌아가야 했습니다. 독일 대사는 선박 여행을 위한 돈을 선불로 지급했습니다(당시 180루피에 불과했습니다). 태국 왕자는 그 돈에 대한 보증인 역할을 했습니다.

나도 수마노가 떠난 직후 스리랑카를 떠났습니다. 부모님의 권유로 나는 3개월 동안 비스바덴을 방문하기 위해 돌아왔습니다. 수마노는 모범적인 방식으로 그를 돌봐준 불교신도인 의사와 함께 슈타이어마크Steiermark에서 살고 있었습니다. 추운 계절이 시작되면서 수마노는 의사의 추천에 따라 스리랑카로 돌아갔고 나도 그와 함께 독일을 떠났습니다.

우리 둘 다 제노아Genoa에서 배를 타고 출발하여 스리랑카에 도착하자마자 콜롬보의 마이트레야 홀에서 머물렀습니다. 이곳은 내가 자주 머물렀던 곳이었고, 리차드 페레이라 Richard Pereira 감독관의 지원을 받았습니다. 나중에 우리는 고지대에 있는 핫톤Hatton으로 갔습니다. 기차역 근처에서 우리는 불교 학교에 머물렀는데, 그 위층은 승려들의 거처였습니다. 여기서 나는 기관지염에 걸렸고, 그 병은 여러 해 동안 계속되었습니다. 이것은 매우 추운 어느 날 밤에 내가 한 장밖에 없었던 담요를 수마노에게 주었기 때문입니다. 그의 폐병 때문에 그는 특히 조심해야 했습니다.

1906년 당시, 나의 첫 번째 저술인 『붓다의 말씀』[42]이 막 출판되었고, 한 권이 나에게 보내졌습니다. 1906년 말, 나는 홀로 미얀마로 돌아갔고 그곳에서 쭌도 사원Kyundaw Kyaung과 고지의 매모 Maymo에 머물면서 『앙굿따라 니까야』 번역 작업을 계속했습니다.

그곳에서 두 번이나 뱀과 마주쳤습니다. 첫 번째는 뱀 보호 게송[43]을 암송한 직후였습니다. 왔다 갔다 하면서 걷다가 무심코 무시무시한 코브라를 밟았습니다. 두 번째는 저녁에 목욕하고 돌아올 때였습니다. 나는 시종 역할을 하는 어린 왕자와 함께 작은 숲을 걷고 있었습니다. 큰 비단뱀을 나의 샌들로 밟았을 때 소년은 큰 소리로 외쳤습니다. 내가 뱀을 발견했을 때, 그 뱀 앞의 땅에 엎드렸습니다.

쭌도 사원으로 돌아가는 길에 라 옹 여사는 아난다 멧떼야와 저를 위한 집을 지었습니다. 그것은 꽤 외딴 지역에 있었습니다. 내가 사미승으로 받아들인 실라짜라Silacara[44]도 나와 함께 살고 있었습니다. 얼마 지나지 않아 발터 마크그라프Walter Markgraf가 왔는데, 나는 그를 사미승으로 받아들였고, 그는 나의 네 번째 유럽 출신 승려 제자가 되었습니다. 이 네 제자 중 스코틀랜드 실라짜라만이 현재(1948년) 살아있고 나머지 세 사람은 죽은 지 30년이 넘었습니다. 수마노는 반다라왈라Bandaravala[45] 근처에서 1910년 1월에 사망했고, 마크그라프(담마누사리 Dhammanusari)는 전쟁 중 1914년에 사망했으며, 순뇨는 1915년에 사망했습니다[46]. 실라짜라는 일련의 불교서를 저술했으며 작가로 잘 알려져 있습니다. 수마노는 『출가』 *Pabbajja*[47]를 썼기 때문에 알려졌습니다. 마크그라프는 불교 출판인이 되었고 불교에 관한 서적도 저술했습니다. 또한 그는 독일 빠알리 협회(Deutsche Pali Gesellschaft)를 설립했고, 나는 명예 회장이 되었습니다.

1907년에 나는 미얀마에서 열린 대규모 모임에서 빠알리어로 사성제에 관해 법문하도록 요청받았는데 어떤 식으로든 준비할 기회조차 없었습니다. 몰메인Moulmein의 파고다 앞 연단에서 법문이 진행되었고 참석한 미얀마의 빠알리어 전문가가 통역을 맡았습니다.

어느 날, 양곤에 있는 아름다운 쉐다곤 파고다에서 한 젊은 미얀마 남자가 저에게 말을 걸었습니다. "오, 우리 종교는 확실히 세계 최고입니다! 그렇죠?" 나는 "당신은 세상의 모든 종교를 알고 있습니까?"라고 대답했습니다. 나는 곧 그가 자신의 종교인 불법(Buddha-Dhamma)도 잘 모른다는 것을 알게 되었습니다.

확실히, 나는 또한 붓다의 가르침에 무르익은 사람들에게 불법은 해탈에 이르는 최선의 유일한 길이라고 믿습니다. 그러나 나는 이 경우와 같이, 무지가 수반된 헛된 자랑을 고마워하지는 않습니다.

또 한번은 말이 끄는 마차에 앉아 양곤의 거리를 지나갔습니다. 담마누사리Dhammanusari가 나와 함께 있었고 우연히 생선을 파는 생선 장수를 보았습니다. 그는 그에게 소리쳤습니다. "어떻게 살아 있는 생명을 죽일 수 있습니까? 살생은 금지되어 있지 않습니까?" 그 남자는 "오, 저는 기독교인입니다."라고 대답했습니다. 담마누사리 사미는 반년 동안만 승복을 입고 있었습니다. 내면의 불안 때문에 그는 다시 유럽으로 돌아갔습니다. 따라서 그는 승려로 있었을 때보다 더 많은 일을 할 수 있었습니다. 이 기간에 아난다 멧떼야는 불교 전법을 위해 영국으로 갔고 마크그라프는 스위스 남부에 불교 사원을 세울 계획이 있었습니다.[48]

이때 〈코에노비움 : 자유 연구 국제 저널〉*Coenobium : rivista internazionale di liberi studi*[49]의 출판인인 루가노 씨(가리발디Garibaldi[50]의 친구)와 연락을 취하고 있었습니다. 그는 나를 위해 아름다운 고산의 산장을 찾아주었습니다. 보바기오Novaggio 뒤로 20분 정도의 거리에 있는 몽테 레마Monte Lema 산기슭에 있었고 해발 약 800m였습니다. 나는 유럽으로 떠났습니다.

4장: 유럽과 튀니지
1910 ~ 1911년

    독일에서는 승려들을 지원하기 위해 작은 불교 단체가 결성되었습니다.[51] 이 단체의 정기적인 기부자 중 한 명은 "카마니타 순례"(The Pilgrim Kamanita)를 작곡한 시인이었습니다.[52] 내가 루가노에 도착하자마자, 나는 처음에는 비그나니 씨와 함께 지냈습니다. 그는 나의 절친이 되었습니다. 그곳에 있는 동안, 나는 수바드라 비구(짐머맨Zimmermann)와 내 형제 및 다른 사람들도 방문했습니다. 수바드라 비구의 『불교 교리 문답』[53]은 실제로 내가 불교에 관해 읽은 첫 번째 책이었습니다. 산에 있는 알프스 오두막에 실제로 한 달에 10프랑을 지불해야 했습니다. 샌들을 신고 다녔기 때문에 추위와 눈으로 고생이 많았습니다. 추위 외에도 음식은 매우 일방적이어서 지속적인 기관지염 외에도 끔찍한 종기가 머리와 얼굴, 가슴에 생겨서 잠을 잘 수가 없었습니다.

    여기 눈 덮인 오두막에 앉아 『빠알리 문법』*Pali-grammatik* 저술과 『인시설론』(인간유형론)이라는 아비담마 문헌 번역 작업을 했습니다. 그러나 오랫동안 기다려온 새로운 승려 지망자가 도착했을 때, 저의 원시적 상황은 상당히 개선되었습니다. 루드비히 스톨쯔Ludwig Stolz[54](후에 왓뽀 스님Venerable Vappo)는 음식 분야의 전문가이자 요리도 잘했습니다.[55]

나의 유럽 체류는 모든 신문에서 다루어지고 큰 센세이션을 일으켰습니다.[56] 스위스, 이탈리아, 독일 등에서 온갖 기자들이 나를 찾아와 사진을 찍는 등의 일을 했습니다. 나는 또한 영매, 사이코패스 및 이와 유사한 종류의 사람들로부터 환상적인 편지를 많이 받았습니다. 프랑스 백작, 가출한 밀라노 출신의 12세 남학생, 이미 많은 일을 이뤘다고 말하는(바로 이 이유 때문에 나는 그를 데려가지 않았습니다) 오스트리아인, 한 여성 영매가 그녀와 그녀의 영매 중독자 아들에게 영적 지원을 해달라고 간청했습니다. 그녀는 불행하게도 내가 이미 떠난 후에 나를 보기 위해 독일에서 왔습니다. 심지어 이탈리아의 여교사가 신들과의 화해를 통해 그녀에게 의치를 구해 달라고 부탁했습니다![57]

종종 신지학자 블라바츠키[58]를 개인적으로 알고 있는 영국 대령과 나의 동생 아르민도 나를 방문했습니다. 둘 다 마을 뒤에 있는 호텔에 살고 있었는데 그곳에서 내 알프스 산장까지는 도보로 10분 거리에 있었습니다.

믿을 수 없는 추위[59]와 그로 인한 힘든 생활 때문에 나는 슈톨쯔 Stolz와 함께 더 남쪽으로, 아마도 북아프리카까지 가서 거기에 정착할 수도원을 세우기로 결정했습니다. 첫째, 오컬티즘을 실천하던 변호사인 코스타 교수의 초청으로 우리는 토리노 근처 코스타의 고향으로 갔습니다.

그는 그곳에서 승려들을 위한 정착지를 시작할 생각을 하고 있었습니다. 승려들은 하모니움(건반악기)을 생산함으로써 필요한 물품을 얻을 수 있을 것입니다. 얼마 지나지 않아 그는 토리노 반대편에 있는 자신의 목공 공장을 소개하여 우리가 요구하는 돈을 벌게 하려고 했습니다.

얼마 후 나는 계속해서 더 남쪽으로 가서 내 행운을 찾기로 결정했습니다. 그리하여 우리는 로마에 도착했습니다. 그곳에서 우리는 기차역에서 가까운 호텔에 머물렀고 불교 관련 저술로도 잘 알려진 유명한 음악 교수인 알레산드로 코스타[60]를 방문했습니다.

그는 프라우 헬쯔Frau Herz가 그를 위해 만든 거대한 오르간이 있는 콘서트홀을 우리에게 보여주었습니다. 그는 사랑스럽고 매우 재능이 있고 철학적인 사람이었습니다. 로마에서는 성 베드로 대성당도 방문했습니다. 그런 다음 우리는 계속해서 나폴리로 갔고 그곳에서 팔레르모를 거쳐 튀니스로 가는 배를 탔습니다.

알렉산드라 데이빗-닐 부인[61]이 우리의 도착 소식을 들었습니다. 그 당시 그녀는 불교 서적을 집필하느라 바빴고 나와 서신을 주고받고 있었습니다. 우리는 여권이나 비자가 없었기 때문에 어렵게 입국이 허용되었습니다. 데이빗-닐 부인과 토목 기사인 그녀의 남편 집에서 8일을 머문 후, 우리는 몇몇은 기차로, 몇몇은 낙타를 타고 가베스Gabes로 계속 이동했습니다.

가베스에서 우리는 곧 오아시스에 가까운 도시 가장자리에 있는 집을 찾았습니다. 다음날 나는 우리의 체류에 대해 매우 만족스럽지 못한 지방 당국으로 갔습니다. 우리는 공중화장실 바로 옆에 있는 기둥 위에 있는 일종의 창고에 머물고 있었는데, 바닥에서 보면 우리 방과 분리되는 벽이 없었습니다. 모든 배설물은 우리의 눈과 코 가까이에서 흘러내리고 메스꺼운 냄새를 풍겼습니다.

어느 날 한 무리의 경찰이 말을 타고 와서 우리들이 튀니지를 떠나야 한다고 말했습니다. 실제로 우리를 많이 신뢰하는 아랍인들과 지내는 것이 오히려 편해서, 그 나라를 떠나는 것은 쉽지 않았습니다. 우리는 로잔느를 향해 여행하기로 결정했습니다. 그곳은 베르지에 씨가 이전에 도시 근처에 지은 "카리타스"라고 불리는 그의 불교 암자에 머물도록 우리를 초대했던 곳입니다. 우리는 가베스를 떠나 배를 타고 튀니스로 여행했고, 다시 한 번 데이빗-닐 부인[62]을 방문했습니다. 그런 다음 마르세유, 리옹, 제네바를 거쳐 로잔느로 여행했습니다.

베르지에 씨는 진정한 파리 사람이자 사랑스러운 사람[63]인 것 같았습니다. 그는 기차역으로 우리를 마중 나와 자기 집에서 점심을 제공했습니다. 그런 다음 그는 우리를 루 데샬렌Rue d'Echallens에 있는 카리타스로 데려갔습니다. 매주 일요일 많은 사람들이 근처를 지나가며 이국적으로 보이는 평평한 지붕과 황금 불상이 있는 작은 2층집에 감탄했습니다. 그들은 벽에 붉은색과 금색 글씨로 쓰인 부처님의 가르침을 읽었습니다.

제가 로잔느에 머무는 동안 베르지에 씨의 훌륭한 지원을 받았고, 많은 사람들이 나를 방문했습니다. 그중에는 우리 친구인 베르지에, 식자공 밀리우드, 비오네 목사, 시장, 이집트인, 제네바에서 온 신지학 대표, 기자들 등이 있었습니다. 나의 〈자애경〉 낭송을 축음기 밀랍판에 녹음한 것이 로잔느 기록 보관소에 나를 기억하기 위해 보관되었습니다.

나는 또한 코스타Costa 교수의 절친한 친구인 페라리Ferrari 씨가 담당하고 있는 베르가모Bergamo 근처의 과수원을 방문하기 위해서 독일 여성의 초대를 수락했습니다. 페라리 씨는 그의 친구 코스타 교수와 함께 페루지아Perugia 근처 코스타 소유의 땅을 사용하여 승려의 정착을 시작하도록 나를 설득하고자 했습니다. 그러나 모든 승려들은 그곳에서 하루에 10시간씩 일해야 했을 것입니다. 편견이 없는 사람이라도 그러한 계획은 비천한 착취라는 강한 의심을 불러일으켰을 것입니다. 어쨌든 그러한 종류의 준비는 불교 승려에게 전혀 가능하지 않습니다. 그래서 나는 왓뽀Vappo와 함께 밀라노와 토리노를 거쳐 피드몽Piedmont의 아름다운 지역에 있는 아오스타Aosta로 갔고, 에바리스토 쿠아즈Evaristo Cuaz 씨의 집에서 와뽀Vappo를 만나기 위해 에바리스토 쿠아즈 씨와 편지를 주고받았고 그는 불교에 관심이 있었습니다. 이튿날 아침 우리가 떠날 때 그는 나를 따르고 싶었지만 기혼자였기 때문에 눈물을 흘리며 헤어졌습니다.

우리는 성 베르나르St Bernard 산을 올랐습니다. 나는 맨발로 얼음 땅을 걸었고 내 옷은 매우 얇았습니다. 나는 추위에 떨며 저녁에 수도원에 도착했습니다. 나는 바로 잠자리에 들었지만 30분 동안 계속 떨고 있었고 다른 사람들은 나를 마사지하여 따뜻하게 해주려고 했습니다. 다음날 이른 아침에 우리는 스위스쪽 산을 내려갔습니다. 우리는 기차를 타고 로잔느로 돌아가기 위해 마르티니에 도착했습니다.

얼마 후 유리 화가 바텔 바우어Bartel Bauer[64]는 아시시와 페루자 (로마 북부)에서 얼마동안 나를 찾지 못하다가 결국 나를 만났습니다. 나의 작은 소책자인 『붓다의 말씀』은 그에게 강한 영향을 미쳤고 그에게 불교의 진리를 확신시켜 주었습니다.

결과적으로 그는 확실히 세속의 삶을 떠나고 싶어했습니다. 만일 내가 그를 거절할 경우를 대비하여 그는 독일에서 출가해서 수행자로 살기로 결정했고, 그곳에서 매일 음식을 구걸할 생각이었습니다. 그는 밀리우드Millioud 씨와 함께 살고 있었고 나는 그를 파리에서 매일 가르쳤습니다. 나는 그에게 빠알리어 회화를 외우게 한 다음, 그를 스리랑카로 보냈습니다. 그곳에서 그는 한 단어의 영어도 모른 채, 그의 5페이지 분량의 빠알리 회화만 외우고 있었습니다. 물론 처음에는 나는 꼰단뇨Kondanno[65]라는 법명으로 그를 사미승으로 받아들였습니다.

그리하여 그는 노란 가사를 입고 유럽 땅에서 승가에 받아들여진 최초의 승려로 떠났습니다. 이 모든 것은 1910년 말에 일어났습니다. 꼰단뇨는 프레드리히 베크Friedrich Beck와 스판링Spannring이라는 젊은 독일인이 나타났을 때 막 떠났습니다.[66]

꼰단뇨는 스리랑카에 도착하자마자, 배에 있는 동안 내 후원자 중 한 사람의 환영을 받았습니다. 나중에 수메다 비구가 된 이 후원자는 갈레Galle의 화강암 기둥 위에 지어진 건물에 그를 묵게 했습니다.[67] 이 건물은 그의 이름을 따서 꼰단뇨 홀이라고 불렸습니다. 와뽀와 나도 스리랑카로 돌아가는 여행을 위해 짐을 준비하고 있었습니다. 책이 담긴 거대한 상자는 남겨져 나중에 스리랑카로 보내졌습니다.

당시 우리는 코스타 교수의 친구인 신지학자 미글리오레Migliore 박사의 초대를 받아 나폴리 근처의 산타 마르타 비코에 있는 그의 오렌지 농장을 방문했습니다. 그는 그곳을 불교도 주거지로 만들고 싶어하는 척했습니다. 내가 잘못 기억하지 않는다면 그것은 1911년 1월이었습니다.[68] 나는 그곳에 있던 위험하고 거대한 두 마리의 개만 기억하는데, 그들은 마른 피만 먹고 살았습니다. 우리가 그곳에서 한 달 동안 머문 것은 전혀 성과가 없었습니다. 그곳에서 나는 베수비오 화산을 방문했고 또 다른 화산인 카프리산을 방문했습니다. 제노바에서 콜롬보로 가는 도중 나폴리를 경유하는 동안 우리의 배에 싣는 노르도이첸 로이드 선박회사에 짐을 맡긴 후, 우리는 나폴리를 떠나 로잔느로 갔습니다. 여기에서[69] 비구가 될 예정인 스팬링를 만났고, 며칠 후 귀화한 미국인 프리드리히 벡을 만났습니다. 마크그라프의 친구였던 벡은 비구 밧디요Bhaddiyo가 되었습니다.[70]

이 여행 중에는 항상 영적인 도움을 요청하는 사람들이 있었습니다. 예를 들어, 어느 날 한 영매가 나에게 와서 계속해서 악마가 자신을 사로잡고 있다고 말했습니다. 그는 나에게 이 끔찍한 상황에서 벗어날 수 있도록 도와달라고 부탁했습니다. 나는 그에게 모든 생명체에 대한 자애를 계발해야 한다고 말했습니다. 그가 이렇게 온 세상을 사랑으로 가득 채우면 어떤 악마도 그에게 어떤 일도 할 수 없을 것이며 모든 끔찍한 환상은 사라질 것입니다.

우리 친구였던 폴란드의 한 여성 과학자가 또 다른 요청을 했습니다. 그녀는 화학에 관한 책을 쓰기 시작했지만 열등감 때문에 집필을 마무리 하지 못해 출판하지 못했습니다.

우리가 출발할 때 베르지에씨, 와쁘, 밧디야, 스판링과 내가 기차역으로 가서 기차를 탔을 때, 이 폴란드 부인이 와서 나에게 아름다운 꽃다발을 출발 선물로 주었습니다. 이전에 그녀는 노란색 가사를 만들었습니다. 그런 다음 밀라노를 거쳐 제노아로 가서 콜롬보로 가는 배를 탔습니다.[71]

5장: 섬 암자
1911 ~ 1914년

콜롬보에서 우리는 나중에 수메다 비구가 된 위라라트나 Weeraratna 선생님의 환영을 받았습니다. 갈레로 가는 기차 여행에서 우리는 칼루타라를 떠나 소달구지로 여행을 계속해야 했습니다. 우리는 많은 군중 앞에서 담마에 대해 이야기해야 했던 큰 사원 앞에서 멈췄습니다. 거기에서 우리는 꼰단뇨가 기차역에서 우리를 간절히 기다리고 있는 갈레까지 기차를 타고 계속 여행했습니다.

꼰단뇨 홀에서 우리는 많은 후원자들, 특히 마힌다 대학 이사와 불교 작가이자 유명한 변호사 A. D. 자야순데라의 영접을 받았습니다. 꼰단뇨는 아주 편안하게 지냈습니다. 비록 처음에 그가 아직 영어를 몰랐을 때, 그를 찾아온 사람들 앞에서 말 없는 불상처럼 앉아 있어야 했지만, 빠알리 회화 다섯 장을 암기한 덕분에 다른 승려들과 적어도 어떤 형태의 대화가 가능해졌기 때문입니다.

그때 우리는 매일 저녁 위라라트네와 함께 해변으로 목욕하러 갔습니다. 나는 빠알리어와 담마에 대해 매일 수업을 했습니다. 왓뽀는 가까운 사원에서 수행자로서 큰 축하를 받으며 받아들여졌습니다. 베크와 스판링은 팔계를 지키는 재가신도로 남았습니다. 나중에 스판링은 무슨 이유에서인지 다시 독일로 돌아가야 했습니다.[72] 한편, 내 기억이 맞다면 나는 우리 섬으로 이사한 뒤에야 베크를 밧디야[73]라는 법명의 사미승으로 만들었습니다.

후원자들은 꼰단뇨를 위해 홀에서 멀지 않은 정글에 작은 진흙 오두막을 지었습니다. 나는 종종 그와 함께 거기에 머물렀습니다. 어느 날 그는 도단두와 근처의 사원(다갈라)에 머물고 있을 때 다른 승려들과 함께 카누를 타고 완전히 정글로 뒤덮인 섬으로 갔었다고 말했습니다.

그는 이 섬이 아마도 암자(은둔지)로 아주 적합할 것이라고 생각했던 것 같습니다.[74] 나는 우리에게 필요한 이 섬을 얻기 위해 즉시 그 문제를 알아보기로 했습니다. 나의 후원자 위라라트나는 도단두와에서 폴가스두와Polgasduva[75]라고 불리는 섬에 대해 더 많은 정보를 줄 수 있는 한 남자를 알고 있었습니다. 그는 위제세케라Wijeyesekera 검시관이었고 그의 아버지는 공증인 멘디스 위제세케라Mendis Wijeyesekera였으며 이전에 이 섬의 소유자였습니다.

우리는 소달구지를 타고 그를 만나러 갔습니다. 처음에 우리는 어느 정도 의심 속에서, 꽤 공식적이며 뻔하게 받아들여졌습니다. 그러나 섬 암자의 아이디어는 주민들에게 좋은 일이어서 시도하기로 결정했습니다. 우리는 카누를 타고 섬으로 갔고 동쪽 기슭에서 적절한 정박 장소를 찾았습니다. 곧 우리는 섬을 탐험하기 시작했습니다. 도끼를 든 몇몇 강한 남자들은 정글을 통해 작은 길을 열 수 있었습니다. 반가운 신호로 코브라가 좌우로 미끄러지는 것을 보았지만 최악은 둥지를 틀고 있던 가지 위에서 우리의 상체로 쏟아지는 큰 붉은 개미의 공격이었습니다.

천천히 우리는 섬의 동쪽과 서쪽 사이의 중심 부근에 도달할 때까지 계속 갔습니다. 우리는 여기에 공터가 열릴 것이고 5개의 단순한 나무 오두막을 지을 수 있다고 들었습니다.

며칠 후, 즉 1911년 승려의 우안거가 시작되기 직전에 우리는 암자로 이동할 수 있었습니다. 오두막이 준비되었고 우물도 팠습니다. 그 이후로 나는 그것을 "섬 암자"Island Hermitage라고 불렀고 이 이름으로 서양 불교도들에게 잘 알려지게 되었습니다. 따라서 섬 암자는 1911년 7월 9일에 설립되었습니다.

우리는 이미 오두막에 살고 있었지만 아직 주인으로부터 적절한 허가를 받지 못했습니다. 이것은 마침내 1914년 베르지에 씨가 소유주인 네덜란드인 스리랑카 사람으로부터 섬을 구입하면서 획득했습니다.

그 당시 섬은 여전히 뚫을 수 없는 관목 숲으로 완전히 덮여 있었습니다. 하지만 이 정글은 세월이 흐르면서 서서히 변해 숲이 되었습니다. 이것은 높은 나무가 점점 더 커짐에 따라 더 작은 나무와 덤불이 죽었을 때 발생했습니다. 이러한 이유로 오늘날 이 섬은 처음보다 훨씬 통풍이 잘되고 그늘지고 시원합니다.

섬에는 많은 종류의 동물들이 살고 있었습니다. 독사 중에는 특히 코브라와 화끈한 성격 때문에 매우 위험한 티크 폴롱가(러셀 독사)가 있었습니다. 1926년부터 1938년까지 14마리의 개가 이 두 종류의 뱀에게 물려 죽었습니다. 만약 개가 계속해서 뱀을 공격하지 않았다면 뱀은 개에게 아무 짓도 하지 않았을 것입니다. 또한 카라웨라karawela 같은 작지만 매우 독이 있는 뱀도 있었습니다. 또한 손에 쥘 수 있는 크지만 무해한 게렌디야(쥐뱀)와 가늘고 날렵

한 밝은 녹색 나무뱀인 애스굴라("눈 포식자")가 있었습니다. 비단뱀 (pimbura)도 대부분의 뱀처럼 수영을 잘하기 때문에 우리를 자주 방문했습니다.

위험으로 화가 나지 않은 채 사람이나 개를 공격하는 뱀은 없습니다. 한번은 내가 앉은 의자 밑에서 거대한 코브라가 나와 목을 쳐들고 목을 벌린 채 수비적인 자세로 내 주위를 10분 이상 조용히 맴돌다가 사라졌습니다. 사실, 그렇게 한 유일한 이유는 내가 그녀에게 너무 큰 소리로 인사를 했기 때문입니다. 꽤 귀여웠던 쥐 사슴이 12마리 정도 있었습니다. 그들은 자주 우리 식당에 와서 먹이를 받아 먹었습니다. 그러나 감히 고양이들과 놀다가 개들에게 죽임을 당했습니다.

또한 큰 도마뱀(kabra-goya)도 있는데 표면적으로 보면 악어처럼 보입니다. 이 도마뱀은 육지뿐만 아니라 물이나 집에도 있습니다. 더 작은 종류의 도마뱀(thala-goya)은 육지에서만 삽니다. 그리고 몽구스(소위 "뱀 사냥꾼"), 수달, 산토끼, 기타 도마뱀, 카멜레온, 숲 쥐와 박쥐가 있습니다. 셀 수 없이 많은 날여우박쥐(mavarula)는 망고나무와 다른 과일나무의 열매를 먹기 위해 밤에 다닙니다. 게다가 꿀새, 매, 왜가리, 물총새, 앵무새, 부엉이 등 셀 수 없이 많은 크고 작은 새들이 있습니다. 물론 여기에 세계적인 까마귀는 없습니다. 마지막으로 전갈, 크고 작은 지네, 모기와 같이 사랑받지 못하는 동물들이 있습니다. 다행히 이곳에는 말라리아 모기가 없습니다.

섬에는 많은 과일나무가 있습니다. 아름다운 망고나무, 코코넛 야자수, 캐슈넛과 파파야 나무, 잭프루트와 빵나무, 그리고 수많은 야생 과일과 딸기류 덤불이 있습니다.

섬에 살고 있는 개와 고양이에 관해서는, 그들은 모두 더 이상 동물에게 먹이를 줄 수 없거나 다른 이유로 그들을 없애고 싶어하는 사람들에 의해 비밀리에 이 섬에 보내졌을 것입니다. 때로는 최대 16마리의 개가 있었습니다. 어쨌든 이곳에서 굶주리는 사람은 아무도 없었습니다. 심지어 동물들도 마찬가지였습니다.

1911년 10월 8일 웨스트팔렌Westfalen에서 온 화가 칼 힐리게스 Karl Hilliges[76]와 약국 소유주인 빅토르 스톰프스Viktor Stomps[77]가 도착했습니다. 얼마 지나지 않아 그들은 둘 다 8계를 받았습니다. 그 당시 유럽에 대한 강력한 견인력이 있었기 때문에 스톰프스는 10월 29일에 떠났습니다. 처음에 그는 이집트까지만 갔다가 마침내 이탈리아로 가서 코스타 교수와 함께 지냈습니다. 그곳에서 그는 곧 여기가 더 낫다는 것을 깨닫고 우리에게 돌아왔다고 말했습니다. 그러나 1911년 11월 4일 마하나모라는 이름으로 사미승이 된 힐리게스는 12월 26일 브레멘호라는 배를 타고 유럽으로 영원히 돌아갔습니다. 꼰단뇨에 따르면, 그는 네 가지 선정(jhanas)에 도달했다고 주장했습니다. 그는 신지학에 전념했고 극도로 오만했으며 누군가 그와 담마에 대해 토론할 때 그는 매우 격렬하고 독단적이 되었습니다. 그는 신심있는 스리랑카 사람이 주는 음식이 너무 많고 풍성하다고 불평하곤 했습니다. 나중에 마하나모[78]가 된 스톰프스는 그 반대였습니다. 매우 느리고 편안했으며 가래가 많았습니다. 그는 수년 동안 나무랄 데 없고 겸손한 행동을 보여주었습니다.

알렌산드라 데이빗-닐 부인이 와서 우리의 수석 후원자인 위제세케라 검시관과 함께 지낸 것은 1912년 말쯤이었던 것 같습니다.[79] 그녀는 숲에서 내 앞에 앉아 내 가르침에 따라 빠알어를 배우기 시작했지만 편두통 때문에 곧 더 시원한 산간 지방으로 가야 했습니다.

1912년 2월 12일에 나의 오두막이 완공되었습니다. 그것은 섬에서 가장 높은 호수 둑 바로 뒤에 있었고 정글을 통과하는 작은 길을 통해서만 도달할 수 있었습니다. 1차 세계대전 이전에 지어진 오두막은 모두 백색의 석회암을 햇볕에 말린 벽돌로 만들고 지붕은 현지에서 만든 타일로 덮었습니다. 두 개의 창과 문을 만드는 데 사용된 목재는 가장 좋은 종류인 열대 뽕나무였으며 바닥은 대부분 타일로 덮여 있었습니다.

5월 9일, 유럽 최초의 불교도인 C. T. 스트라우스Strauss[80]와 그의 친구 아나가리까 담마빨라Anagarika Dhammapala[81]가 방문했습니다. 5월 1일, 노년의 미국인 프랭클린은 앗사지Assaji라는 이름으로 사미승이 되었습니다. 6월 23일 미국 외교관이자 모험가인 헨리 클라크가 도착했습니다. 그는 흰 옷을 입은 재가신도[82]로서 잠시 섬에 머물렀습니다. 1913년 2월 16일 파나두바의 제레미아스 디아스 Jeremias Dias 부인이 식당 건축을 위한 초석을 놓았습니다. 그런 경우에는 초대받은 많은 승려들이 모여 음식을 제공하는 큰 홀이 항상 임시로 세워졌습니다. 종종 섬에는 최대 3,000명의 사람들이 있었고 호수 전체는 아침부터 저녁까지 큰 범선으로 뒤덮였습니다. 특별 열차도 마련되었습니다.

나는 1913년에 쿠레이Cooray 선생님과 스리랑카 출신 네덜란드인 냐나위뿔라Nanavipula(나중에 내 지도 아래 승려가 됨)와 함께 소위 "불가촉천민"(rodiya)을 위한 포교 사업을 시작했다고 생각합니다. 먼저 우리는 카두간나와 지역에 있는 사람들을 위한 포교부를 설립했습니다. 우리는 기독교 선교사들이 지은 학교 오두막을 불교 암자로 바꾸었고 그 후 불가촉천민들은 우리에게 작은 집을 지어주었습니다. 나중에 우리는 산의 가파른 비탈에 조금 더 높은 곳에 돌로 집을 지었습니다. 우리는 모아둔 돈으로 이 일을 했습니다.[83]

이 불가촉천민 중 일부는 우리 섬에서 살며 공부했습니다. 족장 훌라발리야의 아들인 13세의 라자싱하는 1914년에 히말라야로의 여행을 마치고 나에게 사미승으로 받아들여졌습니다.[84] 오늘날 그는 48세의 냐나로까Nanaloka 장로이며 여전히 나의 충실한 제자 중 한 명입니다. 그는 모두에게 사랑받고 존경받습니다. 그러나 이전에는 우리의 카스트 평등주 때문에 많은 비난이 있었습니다.

1913년 5월 24일, 빅토르 스톰프스는 사미승 승인을 받고 마하나모Mahanamo라는 법명을 얻었습니다. 6월 3일 꼰단뇨는 미얀마에서 돌아왔습니다. 7월 8일, 아더 피츠Arthur Fitz 박사[85]가 도착했습니다. 7월 11일, 조아니스 드 실바Joanis de Silva가 아웃트리거 카누를 기증했습니다. 8월 18일, 아방가마 후원자가 큰 행렬을 이루어 아웃트리거 카누를 가져와 기증했습니다. 9월 27일 피츠Fitz 박사는 소노 사미승으로 받아들여졌습니다. 이 때 수천 명의 사람들이 섬에 왔고 여분의 기차 등이 준비되었습니다. 프로이덴베르히Freudenberg 독일 대사도 그 행사에 참석했습니다.[86]

6장: 시킴
1914년

1914년 4월 또는 5월에 나는 티베트로 가려고 마드라스, 캘커타, 다질링, 시킴을 여행했습니다. 나는 14세가량의 어린 싱할라족 소년과 동행했습니다. 그의 이름은 아페리스Aperis이고 그는 도단두와의 철도원의 아들이었습니다.

다질링역에서 우리는 영국 비밀 경찰 요원의 심문을 받았고, 그들은 티베트로 들어가지 말라고 말했습니다. 보통 이런 종류의 사람들은 처음에는 매우 친절하게 인사하고 당신을 알게 되어 매우 기뻐하는 것 같이 보입니다. 그런 다음 그들은 당신이 어디에서 왔는지 등을 묻습니다. 그러면 그들은 보통 부끄러워하며 더 이상 나를 괴롭히고 싶지 않다고 말했습니다.

다질링에서 나는 티베트 수도원 부티야 반티Bhutiya Banti에서 머물고 있었는데 그곳에서 티베트인 쉠파Schempa가 내 후원자가 되겠다고 제안했습니다. 나는 영국 차관(공무원)과 그의 아내를 방문했고 매우 진심 어린 환대를 받았습니다. 시킴으로 가는 통행증을 받은 후, 나는 왓뽀에게 가능한 한 빨리 젊은 스리랑카인 라자싱하(나중에 냐나로까)와 함께 다질링으로 오라고 전보를 보냈습니다.

그러는 동안, 나는 티베트어를 배우기 시작했습니다. 심라Simla 지역의 한 학식있는 라마가 시킴과 티베트 여행에 우리와 함께 가고 싶어 했고, 그런 다음 내 학생으로서 나와 함께 스리랑카로 돌아가고 싶어 했습니다. 그는 힌디어를 알고 있었기 때문에 빠알리어를 배우는 것은 어렵지 않았습니다.

왓뽀는 그의 도착 시간에 대해 나에게 전보를 보냈습니다. 나는 그를 맞이하기 위해 라마와 함께 역으로 갔지만 라마에게 경건한 '혀 인사'를 사용하여 왓뽀를 맞이하지 말라고 말했습니다. 그러나 그는 너무 익숙해서 멈출 수 없었기 때문에 정중하게 왓뽀를 향해 긴 혀를 내밀었습니다.

사원에서 우리는 말로 형언할 수 없는 광경을 보았습니다. 아래쪽으로 우리는 계곡과 작은 마을로 가득 찬 온 세상을 볼 수 있었습니다. 그 위로 산이 두드러지고 큰 구름이 그들을 둘러쌌습니다. 우연히 더 높은 곳을 보면 구름 위로 높이 뻗은 캉인칭(Kangyinching, K2) 봉우리가 항상 눈으로 덮여 있었습니다. 세계에서 두 번째로 높은 산입니다.

얼마 후 우리는 떠났습니다. 휴대용 장대의 도움으로 우리는 티스타Tista 강 옆의 만지타르Manjitar까지 짐을 번갈아가며 옮겼습니다. 대부분의 경로가 아래쪽으로 이어졌기 때문에 이것은 실제로 그리 어렵지 않았습니다. 티스타 다리를 통해 국경을 넘어 시킴으로 가기 30분 전에 무장한 사람들이 우리를 제지했습니다. 경찰이라고 말하는 남녀는 다리를 건너려면 돈을 내야 한다고 말했습니다. 그들이 우리를 공격하겠다고 위협했기 때문에 우리는 그들에게 약간의 돈을 주고 계속 갔습니다.

우리는 휴게소에서 밤을 보냈습니다. 저녁에는 두 소년이 다음

날 아침에 먹을 감자, 말린 빵, 설탕 등을 샀습니다. 우리는 보통 아침에만 식사를 했습니다. 그때만 휴게소에서 요리를 할 수 있었기 때문입니다. 우리는 스리랑카에서 가져온 우유, 잼, 케이크를 먹었습니다. 12시 이전이고 물이 있는 곳에서 멈출 수 있을 때 음식을 먹었습니다.

그런 다음 짐을 운반할 사람을 고용했습니다. 매일 다른 사람이 었습니다. 짐꾼들은 하루에 4센트만 요구했는데, 때때로 30km를 걸어야 했고, 돌아올 때 다시 같은 거리를 이동해야 했습니다. 나는 보통 그들에게 조금 더 주었지만 그들이 그것을 요구하지는 않았습니다. 휴게소는 보통 숲속에 있었기 때문에 우리는 실제로 마을을 보지 못했습니다. 히말라야인과 티베트인을 제외하고는 네팔 출신의 구르카족 사람들이 거주하는 오두막을 흔히 볼 수 있었습니다.

저와 편지로 연락을 취했던 유명한 학자 카지 산드업Kaji Sandup은 우리가 시킴의 수도인 강톡Gangtok에 도착했다고 알렸습니다. (그의 두 형제는 나중에 스리랑카에서 나의 제자가 되었습니다.) 강톡에서 우리는 티베트 학교를 숙소로 삼았습니다. 그곳에서 나는 선생님과 영어로 대화할 수 있었습니다. 다음날 아침, 우리가 밤에 도착했다는 소식을 들은 마하라자Maharaja[87]는 나에게 하인을 통해서 음식과 편지를 보냈습니다. 그의 편지를 보니, 그는 내가 도착한 정확한 세부 사항을 몰랐기 때문에 나에게 말을 보낼 수 없었던 것에 대해 먼저 변명했습니다. 그런 다음 그는 나를 초대했습니다.

그를 찾아갔을 때 우리는 은항아리에 담긴 차와 은쟁반에 담긴 케이크를 대접받으며 여러 가지 이야기를 나누었습니다. 여기서 나는 또한 알렉산드라 데이빗-닐 부인과 실라짜라 스님이 그녀의 후원을 받으며 티베트 국경 근처의 툼롱Tumlong에서 20km 떨어진 곳에 살고 있다는 것도 알게 되었습니다.

여기서 언급해야 할 것은 시킴 사람들은 티베트어를 사용하고 마하라자 역시 티베트인이었다는 것입니다. 말을 타고 툼롱 근처의 사원으로 가는 여정은 짙은 구름을 뚫고 지나야 하는 길이었습니다. 이를 알고 두꺼운 옷을 입고 신발과 양말을 신었습니다. 길은 산의 경사면을 따라 내려갔습니다. 길의 왼쪽에서는 측량할 수 없는 깊이의 계곡이 있었고, 길의 오른쪽에는 돌출된 바위들이 있었습니다. 말이 내 말에 순종했다면 나는 이 바위에 머리를 부딪쳤을 것입니다. 그러나 나는 항상 길의 가장 바깥쪽 가장자리를 따라 걷기를 고집하는 영리한 말에 순종해야 했습니다.

사원에 도착했을 때 나는 실라짜라를 만났습니다. 나는 말에 대해 아는 것이 거의 없었기 때문에 즉시 그 말을 그에게 넘겼습니다. 내 기억이 맞다면 알렉산드라 데이빗-닐 부인은 일종의 (불교) 신도 옷을 입고 있었습니다. 사원의 모든 창문은 일본과 마찬가지로 유리 대신 종이로 만들어졌습니다. 나는 승려들과 대화할 기회가 없었습니다. 왜냐하면 그들은 보통 가족과 함께 농업과 그와 유사한 일을 하면서 생계를 꾸려가며 포살일(Uposatha)에만 사원에 오기 때문입니다.

내가 아는 한 알렉산드라 데이빗-닐 부인은 그곳에서 아주 편안하게 살고 있었습니다. 그녀는 새로운 음식을 얻기 위해 매일 짐꾼을 강톡으로 보냈습니다. 요리사는 강톡 학교 출신의 잘생긴 청년으로 나중에 생긴 양아들과 똑같이 생겼는데 그녀의 지도 아래 프랑스 요리를 아주 잘 배웠습니다.[88] 나는 사원에서 하룻밤만 머물고 나서 다음날 말을 타고 강톡으로 돌아왔습니다.

여기의 미신은 대단했습니다. 예를 들어, 어느 날 도걀 카지 Dowgyal Kadji 선생님과 나는 티베트인의 미신에 대해 이야기하고 있었는데 들판에 서서 칼을 휘둘러 우박 신을 파괴하는 소위 "우박 사제"에 대해 이야기했습니다. 우박이 내리지 않고 옥수수가 잘 자라면 이 우박 사제들은 정부로부터 특별한 포상을 받습니다. 반면에 우박은 형벌을 받는 것을 의미했습니다. 선생님이 내 말을 가로막으며 미신이 많은 것은 사실이지만 이 경우에는 우박 사제들은 미신이 아니라 사실이었다고 말했습니다.

이 선생님의 아버지는 알코올 중독자였습니다. 그는 술을 마실 때도 온종일 은으로 된 기도 바퀴를 돌렸습니다. 돌아오는 길에 나는 룸텍Rumtek 사원에서 거대한 기도 바퀴를 보았습니다. 법당 앞에는 사람 키만 한 6개의 기도 바퀴가 있었습니다. 나의 두 스리랑카 소년은 큰 소리로 웃으며 "옴 마니 반메 훔"을 외우면서 그들 모두의 마음을 동요하게 했습니다. 나는 지역 주민들을 화나게 하는 것을 피하고 싶었기 때문에 즉시 그들을 중단시켰습니다.

여기 학교에서 아침, 점심, 저녁으로 우리는 벽돌 형태로 포장 되어 있는 유명한 "벽돌 차"를 제공 받았습니다. 이 차는 소금과 버터를 섞은 다음 큰 대나무 조각에 넣어 휘젓습니다. 약간 육수와 비슷한 맛이 났습니다.

출발하기 전에 나는 넓은 영국식 공원에 방갈로가 있는 영국 정치인을 방문했습니다. 나는 맨발로 걷고 있었지만(스리랑카를 떠난 이후로 샌들을 신지 않았습니다) 그는 매우 환영했고 2시간 정도 불교에 대해 이야기했습니다. 내가 떠날 때 그는 나에게 모든 휴게소에 대한 무료 패스를 주었습니다.

히말라야 산길은 여전히 높은 눈으로 막혀 있고 재정도 바닥나고 있었기 때문에 스리랑카로 돌아가기로 결정했습니다. 약간의 작은 모험 후에 우리는 다질링으로 돌아와 그곳에서 캘거타로 갔습니다. 캘커타에서는 치타공 출신의 승려들이 세운 사원의 거처에서 며칠간 머물렀습니다.

이때, 우리는 옷에 있는 이를 제거해야 했습니다. 우리 모두 티베트 침대에서 이가 옮아와서 괴로워했습니다. 아침부터 우리는 모든 옷을 몇 번이고 빨아서 햇볕에 널어 말렸습니다.

실제로 이가 없는 티베트인은 없습니다. 다질링에서 쉠파는 티베트 라마가 그를 찾아왔다고 말했습니다. 라마가 쉠파와 이야기를 나누는 동안 라마는 계속해서 손을 얼굴에 대고 난 후 조심스럽게 코트 속으로 넣었습니다. 다소 놀란 쉠파는 그에게 왜 그러느냐고 물었습니다. 라마는 자신의 얼굴이 이 생명체들에게 적합한 장소가 아니라고 대답했습니다.

이 시점에서 우리는 새로운 문제에 직면했습니다. 어떻게 우리 6명(왓뽀, 나, 스리랑카인 2명, 티베트인 2명) 모두가 스리랑카로 갈 수 있을까?라는 문제였습니다. 우리에게는 한 사람의 여행비를 지불할 수 있는 돈밖에 없었습니다.

그래서 나는 비구 싯닷타에게 가서 나에게 필요한 돈을 미리 달라고 요청했지만 그는 담마빨라로부터 한 달에 12루피만 받고 있기 때문에 나에게 돈을 미리 줄 수 없다고 대답했습니다.

왓뽀는 독일 대사에게 시도했지만 성공하지 못했습니다. 사원으로 돌아가는 길에 미얀마에서 수행생활을 할 때부터 알게 된 치타공 출신의 뿐냐만다 스님[89]을 만났습니다. 그는 최근에 스위스에서 도단두와를 경유하여 나에게 750루피가 도착했다고 말했습니다. 가베스Gabes와 나플레스Naples에서와 마찬가지로 이것은 나의 "수호천사"인 베르지에 씨가 보낸 것이었습니다. 사실 나의 인생에서 마주한 모든 어려움은 결국에는 항상 축복으로 전환된 것 같습니다.

스리랑카에서 두 티베트인은 갈색 옷과 조개껍데기로 장식된 둥근 모자 때문에 큰 소동을 일으켰습니다. 몇 달 후 내가 카두간나와Kadugannava에 머무는 동안 셀키Serki라고 하는 뿐나지Punnaji의 11세 또는 12세 가량의 남동생이 승려인 나의 책임하에 맡겨지게 되었습니다. 1차 세계대전 중과 그 이후에 내가 없는 동안 셀키는 마힌다Mahinda[90]라는 이름을 가진 최고의 스리랑카 시인 중 한 명이 되었습니다. 그가 여전히 티베트어를 잘 알고 있는지는 잘 모르겠습니다.[91]

7장: 폴가스두와에서의 감금
1914년

    1914~1917년에 대한 다음 회고록은 1차 세계대전이 끝나기 전에 내가 쓴 것으로 전체에 비해 다소 지나치게 광범위하지만 이 내용은 아무런 피해를 끼치지 않습니다.

    1914년 8월, 1차 세계대전이 발발했습니다. 마타라Matara의 전후원자였던 로버트 드 소이사Robert de Soysa가 나에게 기증한 갈두와Galduva 사원으로부터 돌아오다가, 나는 암바랑고다Ambalangoda에서 도단두와로 가는 마지막 기차를 타기 전, 소이사에게 작별인사를 하려고 그의 집 앞에 서 있다가 한 탐정에 의해 체포되었습니다.

    내 요청에 따라, 나는 기차역 근처의 큰 사원에서 하룻밤을 묵을 수 있었습니다. 나는 다음 날 아침 경찰에 신고한 다음 도단두와에서 올 것으로 예상되는 다른 독일 승려들과 함께 이른 아침 기차를 타고 콜롬보로 가기로 약속해야 했습니다. 우리는 그곳에서 중립 선언에 서명하려고 했습니다. 처음에는 내가 사원에서 감시받고 있지 않다고 생각했지만, 밤새도록 경찰이 가까이 있었던 것 같습니다.

    다음 날 아침, 나는 경찰서에 갔다가 거기에서 기차역으로 갔는데 경찰이 계속 뒤따라왔습니다. 나의 후원자인 소이사 변호사는 나와 함께 기차로 왔고 다른 승려들은 이미 거기에 있었습니다. 그는 마치 우리 모두가 총에 맞거나 교수형에 처해질 것을 두려워하는 듯 눈물을 글썽이며 절박한 눈초리로 나를 바라보았습니다.

콜롬보에 도착하자마자 우리는 군사기지[92]에 있는 경찰청장에게 함께 갔습니다. 그는 매우 환영했고 심지어 우리에게 의자를 제공하기도 했습니다. 나중에 우리가 감금되어 있는 동안에는 이런 일이 다시는 일어나지 않았습니다. 그때부터 우리는 의자나 침대나 테이블을 본 적이 없었습니다.

우리는 날짜와 이름을 적고 대사[93]와 중립 계약을 체결하기로 되어 있었습니다. 이미 오전 11시 30분이었고 승려인 우리는 12시 이후에 식사를 할 수 없었기 때문에 경찰청장이 친절하게도 근처 식당에서 정부 비용으로 식사를 제공해주었습니다. 그후, 우리 모두는 택시를 타고 대사관으로 가서 문서에 서명한 다음 경찰청장에게 다시 가져다 주었습니다. 도단두와로 돌아올 때까지 우리는 마라다나에 있는 경찰서에 머물렀습니다. 그곳의 매우 친절한 현지 경찰관들은 우리에게 탄산음료를 권했습니다. 4시에 기차를 타고 도단두와로 돌아갔습니다.

그때부터 우리는 매일 아침과 저녁 두 번, 지역 경찰서에 신고해야 했습니다. 우리가 사용하도록 허용된 지역은 도단두와 다리에서 긴토타 교차로와 바다까지였습니다. 모든 독일 승려들은 우리의 섬에서 살아야 했습니다. 다른 모든 독일인들은 심지어 카톨릭 사제들까지도 라가마[94]에 있는 수용소에 있었습니다.

왓뽀는 캔디에서, 마하나모는 반달라왈라에서, 꼰단뇨는 마타라 근처의 쫄라 랑카섬에서 체포되었습니다. 소노는 배에서 구금되었습니다. 독일 대사는 소노가 오스트리아인이었기 때문에 보증인이 되어줄 의사가 없었습니다.

나중에 그는 다른 모든 사람들과 마찬가지로 라가마 수용소로 이송되었습니다. 주지사의 요청에 따라 로버트 찰머스Robert Chalmers 경[95]과 내가 동의한 후 소노는 경찰에 의해 섬으로 이송된 후 섬에서 살 수 있게 되었습니다. 또한 쭐라 랑카와 안켄브란드Ankenbrand[96]에서 이미 알게 된 소브작Sobczak 박사는 경찰에 의해 섬으로 이송되었습니다.

밧디야는 미국 시민이었기 때문에 여권이 몇 년 전에 만료되었음에도 불구하고 이 모든 일들이 일어나는 동안 혼자 남겨졌습니다. 또한 섬에는 스리랑카 사미승인 냐나로까, 티베트 사미승 뿐나지Punnaji (이전 뾀빠 튄룹), 시킴의 렙차Lepcha[97] 출신 사미승 수바후(젬빠 린진), 뿐나지의 남동생(이전에 언급한 셀키Serki), 우리의 옛 도우미 와투왈라Vaturala 그리고 한, 두 명의 스리랑카 소년이 있었습니다.

2~3주 후에 독일인 불교인들만이 섬에 머물러야 한다는 명령이 내려졌습니다. 독일인이 아닌 모든 사람들은 섬을 떠나야 했습니다. 그러나 우리는 사미승들이 남을 수 있는 허가를 받을 수 있었습니다.

그 섬에 살고 있던 그 누구도 섬을 떠날 수 없었습니다. 매일 경찰이 와서 확인하고 후원자들이 준 음식을 가져다 주었습니다. 아무도 섬을 방문해서는 안 되었지만, 일부 신자와 친구들은 종종 경찰과 함께, 때로는 혼자서 섬에 오기도 했습니다.

그러나 이 모든 것이 끝나게 되었고, 기독교 사제들과 마찬가지로 우리도 결국 라가마 수용소로 보내졌습니다. 경찰에 따르면 천주교 사제들의 질투 때문이었다고 합니다.

11월 1일과 2일 사이의 자정 무렵, 모두가 깊은 잠에 빠져 있을 때 갑자기 식당의 종이 울렸습니다. 우리가 이것을 예상하고 있었음에도 불구하고 모두가 놀라서 침대에서 뛰어내렸습니다. 몇 분 후 우리는 사람들이 손에 등불을 들고 식당으로 오는 것을 보았습니다. 그곳에서 경찰들이 기다리고 있었고, 그들은 우리에게 미래의 운명을 알려주었습니다. 한 시간 안에 우리는 섬을 떠나야 했습니다. 도서관과 쁀나지 집에 있는 그 많은 책들을 어떻게 할까요? 너무 오래 생각하지 않고 나의 가장 중요한 책들(약 90개의 가죽으로 묶인 빠알리어 경전과 미얀마 문자의 주석서)을 무슈 베르지에가 나에게 준 거대한 상자에 담았습니다.

이 일을 끝내고 상자를 배로 옮기려는데 경찰은 아무도 이 상자를 옮길 수 없다고 말했습니다. 폭풍우가 치고 비가 내리고 파도가 너무 높아서 상자를 배로 실을 수 없었습니다. 그래서 나는 작은 꾸러미만 가져가야 했습니다. 그 안에는 내 작업의 연속성에 가장 필요한 것만 있었습니다. 흰개미로부터 큰 상자 안의 책을 보호하기 위해 나는 석유에 적신 큰 수건 두 개를 책 위에 올려 놓았습니다.

소노는 경찰의 도착에 너무 흥분한 나머지 신경증 상태가 되어 일부 경찰의 감시를 받으며 물러나야 했습니다. 나머지 우리는 물건과 소지품을 배에 싣고 기차역으로 건너갔습니다. 그곳에서 경찰 조사관은 갈레로 전화를 걸어 소노가 당분간 도단두와의 경찰서에 머물 수 있는지 물었습니다. 답장을 기다리다가 아침 기차를 놓치고 오후까지 기다려야 했습니다. 그런 다음 우리는 마을 길을 통과해 경찰이 지키고 있는 기차역까지 걸어갔는데, 내 기억이 맞다면 경찰은 마을 사람들이 지켜보는 가운데 총검을 총에 꽂고 있었습니다.

8장: 디야탈라와 수용소
1914 ~ 1915년

우리가 마라다나에 도착했을 때 이미 엄청난 인파가 모여 있었습니다.[98] 우리는 다른 기차로 갈아타야 했고, 한 시간도 채 안 되어 라가마 수용소에 도착했고, 무기와 신문 등을 찾기 위해서 우리의 모든 소지품을 수색했습니다. 울타리로 구분되어 있는 모기장이 설치된 충분한 침대와 테이블과 벤치도 있었습니다. 모든 일이 여전히 매우 친절하고 예의 바른 방식으로 이루어졌습니다.

내가 이미 미얀마에서 만난 로빈슨 소령은 미얀마 불교도들 사이에서 한동안 살아본 적이 있는 유럽인만이 할 수 있는 방식으로 매우 환영했습니다. 그의 동반자이자 대변인인 중위도 매우 친절하고 정중했습니다. 그들은 전쟁 영웅은 아니었지만 선량하고 친절한 사람들이었으며 그것이 훨씬 더 중요합니다.

나는 우리 병영 입구의 왼쪽 모퉁이를 노란 승복을 이용해 칸막이로 삼았습니다. 음식은 모든 사원에서 하는 것처럼, 사람들이 매우 정중하게 요리하고 가져왔습니다. 그러나 우리 승려 중 일부는 이 시점부터 승가의 계율을 더 이상 따를 필요가 없다고 생각하는 것 같았습니다. 이들 가운데 참된 가르침에 대한 믿음은 빠르게 사라지고 있었습니다. 그들에게는 채식이 관념으로만 남았고 결국 그들이 승단을 떠날 것이라는 것을 이미 알 수 있었습니다.

그들의 일상적인 대화는 정치, 전쟁, 군대, 모파상이 가져온 읽을 거리 등에 관한 것이었습니다. 부처님 말씀을 인용하면 큰 스님이라도 비웃음을 당하고 맹목적인 믿음이라고 비난을 받았습니다.

소노의 초조함은 날이 갈수록 심해져 광기에 휩싸이는 것 같았습니다. 그는 우리 모두가 총에 맞을 것이라는 생각을 가지고 있었습니다. 그래서 어느 늦은 저녁 나는 이전에 반다라왈라에 머물렀던 소노의 신경증적 방식을 알고 있던 남인도인 수용소 의사를 방문해야 했습니다. 마침내 더 시원한 고지대에 있는 디야탈라와 캠프로 출발하는 날짜가 정해졌습니다. 라가마에서는 특히 주름진 철제 막사가 엄청나게 더웠습니다. 실수로 주름진 철제 벽에 기대어 있으면 팔이 타는 듯한 느낌이 들었습니다.

출발하는 날 우리는 새벽 3시 반쯤 잠에서 깼습니다. 우리는 규정에 따라 침대에서 벌떡 일어나 침대와 침대 시트를 포장했습니다. 우리 짐은 이미 전날 보내졌습니다. 5시에 우리는 기차까지 한 줄로 행진했습니다. 그 동안 우리 승려들을 제외한 모든 수감자들은 "라인강의 경비병"("The Guard on the Rhein")을 부르고 있었습니다. 기차를 탔습니다. 우리 승려들은 사회적으로 하층민으로 여겨져서, 검은 피부색의 싱할라족과 동등한 입장에 있었기 때문에 콜롬보 독일인들은 1등석으로, 우리는 2등석으로만 여행할 수 있었습니다.

총에 총검을 고정한 편잡인들이 기차를 감시했습니다. 기차 여행 동안 우리는 기차에서 내리는 것이 허용되지 않았기 때문에, 우리 중 많은 사람들이 창문을 통해 소변을 봐야 했고, 그것은 싱할라인들에게 끔찍한 인상을 주었음에 틀림없습니다. 많은 역에는 우리를 보러 온 엄청난 인파가 있었습니다. 기차가 몇 분 동안 멈춘 카두간나와Kadugannava 역에서 나의 사미승 냐나로까는 마지막으로 나를 보기 위해 기다리고 있었습니다. 또한 카두간나와에서 추방된 일부 사람들도 정중한 인사를 하기 위해 기차역에 있었습니다.

이날 우리가 먹을 수 있는 유일한 음식은 출발 전인 오전 4시 30분에 빵과 차가운 차, 그리고 여행하는 동안 적은 양의 버터와 부분적으로 고기 페이스트를 바른 빵 한 조각이었습니다.

저녁 7시, 디야탈라와 수용소[99]에 도착했을 때, 우리는 매우 피곤한 12시간의 여행을 마친 상태였지만 더 이상 음식을 얻지 못했습니다. 우리는 전날 잠을 제대로 못 자서 몸이 많이 약해 있었습니다.

우리는 부대 바깥쪽 가장자리에 있는 주름진 철제 막사로 끌려갔고 이 막사의 3분의 1을 받았습니다. 얇은 나무 벽으로 막은 나머지 부분은 하루 종일 고함을 지르며 싸우는 시끄러운 선원들로 가득 차 있었습니다. 대부분의 엠덴[100] 선원들은 이 캠프에 머물고 있었습니다.

다음으로 우리는 짐을 되찾아야 했습니다. 도와주는 사람이 없어서 우리가 직접 짊어졌습니다.(그러나 이 모든 일은 나중에 호주로 여행하는 동안 우리에게 일어난 일에 비하면 아무것도 아닙니다.)

매트리스가 깔린 9개의 철제 침대가 있었고 모든 침대에는 3개의 검은색 덮개와 흰색 이불이 있었습니다. 의자는 없었지만 섬에서 해먹 의자를 가져왔습니다. 지친 소노가 의자에 기대어 쉬고 있을 때, 옆 칸 선원들 사이에서 싸움이 벌어졌습니다. 요란한 함성은 소노의 자포자기에 빠진 공격성을 자극했습니다. 그는 미친 사람처럼 원을 그리며 뛰어다니기 시작했고, 옷을 벗고 팔짱을 낀 채 "살려줘, 살려줘!"라고 외쳤습니다. 나는 라가마에서 알게 된 독일 의사 하이네만 박사에게 전화를 걸었습니다.

소노는 그가 가까이 오는 것을 보고 사방팔방으로 내달리며 도망쳤습니다. 사령관은 그의 뒤를 따라 달려들어 두 팔로 그를 뒤에서 끌어안았습니다. 그런 다음 그는 언덕에 있는 수용소 병원으로 이송되었습니다.

몇 주 후 소노를 캠프에 수용하려는 시도가 다시 있었습니다. 이를 위해 두 개의 작은 구획이 군인 경비실에서 나무벽으로 분리되어 있었는데, 하나는 소노를 위한 것이고 다른 하나는 소노에 대한 책임을 맡은 나를 위한 것이었습니다. 그러나 2, 3일째 되는 날, 나는 사령관에게 소노가 계속해서 자살을 시도하고 유리창 밖으로 몸을 던지려했기 때문에 더 이상 그를 지켜볼 수 없다고 말해야 했습니다. 계속해서 그를 붙잡아야 했기 때문에 잠시라도 그를 내버려둘 수 없었습니다. 나중에 병원에 있는 동안 그는 어느 날 나에게 비밀 통신이 있다고 말했습니다. 그는 목소리를 듣고 있었고 이 목소리는 곧 우리 모두가 총살당할 것이라고 그에게 말하고 있었습니다.

두 번째 날, 우리 모두는 식욕을 돋우는 음식을 보기를 바라며 일어났지만, 모든 기다림은 허사였습니다.

도움을 주는 기관이 없었습니다. 우리는 어디선가 말린 빵을 구했습니다. 아무도 음식을 어디서 어떻게 구하는지 알려주지 않았습니다. 재가신자 시멀Upasaka Siemer은 말린 빵 껍질을 구걸했고 그것이 우리가 점심으로 얻은 전부였습니다. 일찍이 콜롬보 출신 독일인과 함께 이곳에 온 스리랑카 하인들이 우리의 사정을 듣고 밤늦게 쌀과 채소를 가져다주었습니다.

다음날도 그리 좋지 않았습니다. 아무도 우리를 신경 쓰지 않는 것 같았습니다. 그 후 매일 아침 우리는 1인당 생고기 한 조각과 빵 한 덩이를 받았습니다. 그러나 우리 중 네 명은 채식주의자였습니다. 어쨌든 어떻게 요리할 수 있었을까요? 우리에게는 벽난로도, 통도, 장작도, 성냥도 없었습니다. 그래서 우리는 바닥에 큰 돌 세 개를 깔고 어딘가에서 용기를 빌려 빵 국물, 즉 물에 빵을 넣고 끓였습니다. 그러나 곧이어 폭풍우가 몰아치자 모든 것이 쓸려갔습니다.

나는 내 후원자인 리차드 페레이라Richard Pereira와 바스티안 Bastian에게 전보를 보내 감자, 쌀, 렌틸콩, 밥솥을 구할 수 있도록 도와달라고 요청했습니다. 얼마 후 우리는 채소통조림, 잼, 분말 우유, 쌀을 받았습니다. 그렇게 해서 우리는 한동안 계속 지낼 수 있었습니다. 네 명의 채식주의자는 부엌으로 사용할 작은 막사를 가지고 있었고 나머지는 작은 화로에서 요리를 했습니다.

12월 12일, 나의 전 제자인 아페리스Aperis가 왔습니다. 나는 그가 식자공이 되도록 도왔고 그는 마하보디 출판사에서 일하고 있었습니다. 그는 캠프에서 나를 돕기 위해 휴가를 받았습니다. 그는 3월까지 우리와 함께 있었고 냐나로까가 와서 우리가 호주로 떠날 때까지 음식을 요리해 주었습니다.

내가 디야탈라와 집단수용소에서 머물던 어느 날, 사령관으로부터 감히 그의 행정부에 반대하는 말을 한 마디 더 하면 즉시 처형하겠다는 위협을 받았습니다. 이것은 스리랑카 승려가 철조망 너머로 나에게 말하고 싶어하는 것을 본 그의 편잡 군인 중 한 사람의 잔인함에 대해 공개적으로 불평했기 때문에 일어난 일입니다. 스리랑카 스님은 캠프 규칙에 대해 몰랐고 편잡어도 이해하지 못했습니다. 그 편잡 군인은 소총 개머리판으로 그를 때리고 밤새 감옥에 가두었습니다.

우리가 디야탈라와 수용소에 머무는 동안 밧디야는 수용소에서 약 3km 떨어진 고나마타라 수도원에서 사망했습니다. 나는 쾌적한 기후 때문에 초기에 이 사원에서 자주 머물렀었습니다.

그 사원의 나이 든 주지스님은 나의 아주 좋은 친구였습니다. 우리는 화장실에 가는 것이 허용되지 않았습니다. 단 한 번, 왓뽀와 나는 총에 총검을 고정한 네 명의 편잡 군인의 호위를 받아 사원을 방문할 수 있었습니다.

나는 대강당에서 불교 강연도 했습니다. 또 한 번은 내 노래 중 하나인 "걸인의 사랑"("Begger's love")을 콘서트에서 연주하였습니다.

9장: 호주 강제 수용소
1915 ~ 1916년

1915년 7월 우리는 "쿠르스크Kursk"[101]라는 군함을 타고 호주로 이송되었습니다. 배가 항구에 있는 동안, 계속해서 비행기나 증기선에 둘러싸여 있었습니다. 이 배에서 우리는 이제 호주인의 손에 들어갔기 때문에 모든 계급 차이가 사라졌습니다. 우리 모두는 차별 없이 화물칸으로 보내져 해먹에서 잠을 잤습니다. 게다가 호주군도 함께 사용하는 화장실은 불교 승려와 기독교 성직자를 포함해 모두가 예외 없이 청소를 해야 했습니다.

아침 저녁으로 두 번, 나팔 소리를 듣고 점호를 하러 윗층으로 올라가야 했습니다. 저녁 6시부터 아침 6시까지 우리는 상부 갑판에 갈 수 없었습니다. 17일 후에 우리 배는 아름다운 항구가 있는 시드니에 도착했습니다. 짐꾼이 없었기 때문에 우리는 짐을 직접 운반해야 했습니다. 나는 여행 중에 죽은 불쌍한 가톨릭 사제들이 익숙하지 않은 이 두려운 일을 어떻게 수행했는지 아직도 생생히 기억합니다. 도착 후 우리는 기차역으로 이동한 다음 기차로 리버풀로 이동했습니다.

기차를 타는 동안 모든 칸막이가 완전히 닫혀 있었기 때문에 우리 승려 중 일부는 열차 안의 짙은 담배 연기로 인해 아팠고 구역질을 했습니다. 다른 사람들과 너무 가까워질 때 내가 겪는 가장 큰 어려움 중 하나는 흡연자들이 자신의 건강이나 다른 사람의 건강을 전혀 돌보지 않고 흡연 습관에 빠지는 일입니다. 리버풀 역에서 우리는 수용소[102]에 도착할 때까지 약 8km를 철저한 감시 속에 행진했습니다. 우리가 도착했을 때 너무 실망스러워서 단테가 지옥을 보았을 때 쓴 글이 생각났습니다. "여기에 들어오는 자여, 모든 희망을 버려라"("speranza, voi ch'entrate")[103]

수용소 앞 풀밭에 앉은 우리 수감자들은 각자 짚으로 채운 낡은 감자 자루를 하나씩 받아 잠을 잤습니다. 우리는 양철 접시, 컵, 나이프, 포크, 스푼, 담요 석 장도 받았습니다. 남반구에 있기 때문에 7월은 아열대 지역에 있는 호주의 가장 추운 달입니다.

우리가 도착했을 때, 수용소에는 3천 명의 수감자가 있었습니다. 나중에 그 수는 6천 명으로 늘어났습니다. 대부분의 수감자들은 수상쩍은 인물과 범죄자들이었습니다.[104] 그들은 주로 호주 출신 독일인이었고 싱가포르, 홍콩, 스리랑카에서 온 일부 독일인, 엠덴 선원 및 다른 나라에서 온 많은 사람들이 있었습니다. 이들 모두 창문이 없고 벽이 매우 얇은 이중 막사에 수용되었습니다. 각 막사는 낮은 주름진 철제 지붕을 가지고 있었고 100명을 수용했습니다. 각병영의 완전히 열린 전면에는 비와 폭풍우가 닥쳤을 때 끌어내릴 수 있는 돛으로 만든 천이 있었습니다.

우리 각자의 방은 잠자기 위한 감자 자루와 샌들을 놓기에 충분했습니다. 분명히 테이블, 의자, 짐이나 상자를 둘 공간이 없었습니다. 누군가가 더 많은 공간을 원하면 경비원의 감시를 받으며 숲으로 가서 두세 사람을 위한 오두막을 짓기 위해 스스로 나무를 베어

낼 수 있었습니다.

밤에는 몹시 춥고 바람이 많이 불었습니다. 나는 왓뽀가 내 이불로 나를 위해 만든 가방을 사용하여 상단을 당겨 머리 아래에 베개로 두었습니다. 화장실 상태는 끔찍했습니다. "화장실"은 지면과 평행한 145cm 높이의 막대였으며 그 뒤에 양동이가 있었습니다. 차가운 바람, 날씨, 비에 대한 보호 장치 없이 완전히 개방된 상태였습니다. 그것은 다른 사람들이 잘 볼 수 있는 곳에 있었기 때문에 나는 밤에만 거기에 갔습니다.

그러나 밤이 깊으면 길을 찾기가 어려웠고 샌들이 진흙에 빠졌기 때문에 신들을 벗고 맨발로 가야 했습니다. 볼일을 마친 후에는 발에 진흙을 가득 묻힌 채 수제 침낭으로 돌아가야 했습니다.

운 좋게도 얼마 후 스리랑카, 싱가포르, 홍콩에서 온 약 150명의 수감자들과 함께 우리는 배를 타고 뉴캐슬 북쪽의 트라이얼만Trial Bay[105] 근처에 있는 새로운 수용소로 이송되었습니다. 이곳은 바다로 둘러싸인 곳 꼭대기에 아름답게 자리한 오래되고 버려진 감옥이었습니다. 아침부터 저녁까지 우리는 해변에서 시간을 보낼 수 있었습니다. 왓뽀가 매일 내 점심을 먹었기 때문에 나는 작업을 위해 일몰까지 하루종일 작업할 수 있었습니다. 불교에 관심이 많은 러시아인이 내가 가장 좋아하는 장소에 일종의 해변 오두막이라는 작은 오두막을 만들어 주면서 상황은 더욱 좋아졌습니다. 그의 오두막을 보고 곧 다른 사람들이 따라했고, 일부는 결국 실제 건물을 지었습니다. 트라이얼만에 머무는 동안 본Bonn의 그루브너Grubner 교수에게서 그리스어를 공부했고 그 대가로 그에게 빠알리를 가르쳤습니다.

　수감자들 중 일부는 가장 놀라운 탈출을 호주 억류 중에 생각하였습니다. 예를 들어, 리버풀 수용소의 일부 수감자들은 철조망 밖에 도달할 때까지 텐트에서 지하 터널을 파서 탈출했습니다.

　그러나 숲속에서 몇 달을 보낸 후, 사냥으로 겨우 살아남은 그들은 스스로 수용소로 되돌아왔습니다. 홍콩 수용소에는 시멘트로 보강된 터널이 만들어졌습니다. 어느 날 저녁, 연극 공연이 끝난 후 연기를 하던 수감자들과 의상을 입은 수감자들을 포함한 모든 수감자들이 여행 가방 등을 들고 이 터널을 나갔습니다. 그런데 지도자가 터널 입구에 도착해서 자신을 따라오도록 여행가방을 던졌을 때 밖에서 총소리가 났습니다. 모두들 즉시 텐트와 막사로 서둘러 돌아갔습니다. 그 모든 계획은 배신당했는데 그것도 독일인에 의해서였습니다.

　트라이얼만에서 세 친구, 즉 칼 폰 코셀Carl von Cosel 백작[106]과 왓뽀와 내가 탈출을 계획하고 있었습니다. 경비원이 계속 오르락 내리락 하는 거대한 바위가 쌓여있는 방파제 깊은 곳에서 우리는 노란색 승복으로 만든 돛이 달린 큰 배를 비밀리에 건조했습니다. 코셀은 초콜릿, 우유, 말린 빵과 같은 통조림 음식을 쌓아두었습니다. 우리가 탈출하는 가장 어려운 부분은 밤에 전체 벽이 경비병들에 의해 순찰되고 있을 때, 감옥의 거대한 벽을 넘는 것이었습니다. 우리는 집에 불이 났을 때 사용하는 것처럼, 캔버스로 슬라이드를 만들 생각을 했습니다.

　나중에 코셀 백작은 일부 독일 해군 장교를 참여시켜 대형 범선

이 만에 정박해있고 감옥 벽을 성공적으로 통과하였을 때 장교가
배를 납치해서, 죄수들과 함께 미국으로 항해할 수 있었습니다.

10장: 호놀룰루를 지나 상하이로
1916년

탈출 계획을 실행하기 전에 모든 사제와 승려들이 미국을 거쳐 독일로 돌아갈 수 있도록 허가를 받았습니다. 이것은 부분적으로 나의 많은 청원 때문이었습니다. 조건은 우리가 여행 비용을 직접 지불한다는 것이었습니다. 얼마 전에 나는 스리랑카 주지사에게 연락하여 스리랑카에 살게 해달라고 요청했습니다. 심지어 수용소에서도요. 그는 친절하게 대답했지만 지금은 환영받지 못한다고 말했습니다.

이제 나는 갑자기 독일로 돌아갈 수 있게 되었습니다. 그러나 나는 그럴 생각이 조금도 없었습니다. 나는 먼저 호놀룰루로 가서 그곳의 일본 사원에서 살기로 결정했습니다. 그래도 안 되면 유명한 불교 자선가이자 스리랑카의 담마빨라의 친구이자 확고한 지지자였던 메리 포스터 여사를 방문하여 중국의 윈난성과 미얀마와 접해 있는 중국 샨 지역을 여행할 수 있도록 해달라고 부탁할 참이었습니다. 거기에서 나는 테라와사 수도원 중 한 곳에 머물 수 있습니다.

나는 호주에서 돈이 없었기 때문에 실라짜라 비구의 선물인 내 멋진 언더우드Underwood 타자기를 독일군 사령관 코삭Kosak에게 5 파운드에 팔았습니다. 게다가 나는 빠알리어를 가르쳤던 샴 태국계 독일인으로부터 200파운드를 받았습니다. 그리하여 1916년 11월 15일에 나는 소브작 및 몇몇 다른 독일인들과 함께 시드니를 떠났습니다. 우리는 미국 배 시에라호에 승선했습니다.

그 당시 미국 대사는 독일의 이익을 대변하는 역할을 하고 있었습니다.[107] 그는 우리가 출발하기 직전까지 짧게 배에 머물면서 나한테서 노란 승복을 강제로 벗기려고 했는데, 그런 옷차림으로는 미국 입국이 허용되지 않을 것이라고 생각했기 때문입니다. 그러나 이것은 전혀 그렇지 않았습니다. 그 사이 우리와 함께 떠나는 렝가(야사)와 두 명의 바우어(꼰단뇨와 위말로)는 이미 오래 전에 옷을 벗고 돈을 벌었습니다. 돈이 없었던 왓뽀와 마하나모는 따라서 떠날 수 없었고 전쟁이 끝날 때까지 수용소에 머물렀습니다.

1916년 11월 27일 우리는 호놀룰루에 도착했습니다. 나는 즉시 일본 사원 중 한 곳에서 숙소를 찾으려고 노력했지만 매번 친절함과 유감스럽다며 거절당했습니다. 그 이유는 일본 승려들이 대개 결혼하여 아내와 아이들과 함께 살기 때문입니다. 게다가 일본은 독일과 전쟁 중이었습니다. 그래서 소브작과 함께 매리 포스터 부인 Mrs Mary Foster[108]에게 갔습니다.

우리는 가장 친절하게 대접받았고 그 부인은 나에게 그녀의 전적인 지원을 약속했습니다. 그래서 나는 소브작에게 5파운드를 주고 그가 미국으로 여행을 계속하도록 했습니다. 나는 매저스틱 호텔에 묵었습니다. 포스터 부인의 집에서 나는 디신스Dishins라는 독일 여성을 만났고 그녀의 집에 초대되어 점심식사를 했으며 그곳에서 독일 대사를 만났습니다.

나는 독일 대사를 통해 주미 독일 대사 폰 베른스도르프 백작[109]에게 7페이지 분량의 편지를 보냈습니다. 나와 왓뽀와 마하나모의 중국 여행 경비도 도와달라고 요청했습니다. 12월 28일 나는 대사가 중국 여행 경비를 빌려주겠다는 전보를 받았습니다.(나중에 알고 보니 이 800마르크 여행경비는 어머니가 갚았습니다.) 바로 다음 날 상해로 가는 배가 도착했는데 내가 이전에 탔던 배였습니다.

독일인으로서 나는 일본에 상륙하는 것이 허락되지 않았지만, 그곳에 있는 사원에 머물면서 대학에서 빠알리어 강의를 하고 싶었습니다.(이것은 몇 년 후에 일어났습니다.) 나는 계속해서 중국에 가서 상하이나 베이징 지역에 있는 수도원에 머물기로 결정했습니다.

수리 때문에 배는 며칠 더 항구에 머물러야 했습니다. 나는 2등석이 꼭 3등석 같아서 계속 있기가 어려웠습니다. 더우기 옆 객실에는 일본인 아기 7명, 성인 남성 2명, 일본인 여성 1명이 있었습니다. 아기들의 울음소리에 밤새 잠을 이루지 못하고 숨도 제대로 쉴 수 없었습니다.(여기서 몇 명의 아기가 죽었습니다.) 그래서 나는 대사에게 1등석 숙소를 요청했습니다.

마침내 1917년 1월 1일 우리는 출발했습니다. 1등석에 탄 승객들은 대부분 나와 불교에 대해 많은 대화를 나눴던 장로교 선교사들이었습니다. 그들은 내가 그들의 평범한 구세군 노래에 참여하게 하려고 노력했지만 성공하지 못했습니다. 라이샤우어Reisschauer[110]라는 이름의 선교사 중 한 명은 분명히 독일계 미국인이었습니다. 그는 일본 불교에 관한 책을 쓰려고 했습니다. 다른 승객들 중에는 완고한 반독일적인 젊은 네덜란드인, 유명한 중국 장군 리훙창의 조카 그리고 상하이에서 파트너를 만나 그곳에서 결혼할 젊은 독일인들이 있었습니다. 또 비만한 몸과 예쁜 딸의 춤 실력으로 상당한 돈을 벌었던 거대한 미국 여성도 있었습니다. 3등칸에서는 자정이 훨씬 넘도록 많은 소동이 있었습니다. 도처에 전기 조명이 켜진 카지노 테이블과 진미 음식 가판대 등이 있었습니다.

일본을 지나며 아름다운 눈 덮인 후지산을 볼 수 있었습니다. 날이 갈수록 추워졌습니다. 요코하마, 고베, 나가사키의 일본 3개 항구에 기착하는 동안 우리의 서류는 경찰의 검열을 받았습니다.

11장: 중국
1917 ~ 1919년

상하이

나는 1917년 1월 21일에 상하이에 도착했습니다. 도시, 특히 중국 지역은 나에게 환상적인 인상을 남겼습니다. 나는 두 대의 인력거를 이용했고, 그중 한 대에 내 짐을 실었습니다. 아무도 영어를 알아듣지 못하는 중국 호텔로 갔습니다. 의사소통이 거의 불가능했습니다. 거대한 도시를 걷는 동안, 나는 하루 종일 단 한 명의 유럽 인도인을 만나지 못했습니다.

가는 길에 작은 천 조각으로 만든 옷을 입은 거지 여성들과 아이들에게 괴롭힘을 당했습니다. 여러 조각의 두꺼운 천을 함께 꿰매었기 때문에 그것들은 거의 공처럼 보였습니다. 그들은 매우 집요했고, 내가 빨리 갈 수 있도록 경찰관에게 도움을 요청한 다음에도 계속해서 내 앞 땅바닥에 몸을 던졌습니다. 재빨리 나는 인력거를 탔습니다. 계속해서 그들은 무릎을 꿇고 "제발, 제발, 음식을, 음식을"이라는 말을 반복했습니다. 마침내 영어를 할 줄 아는 젊은 중국 남자가 도착했고 그가 나를 데리고 갔습니다. 설날이라 호텔에서 음식을 먹을 수 없었습니다. 그런 날에는(스리랑카처럼) 아무도 요리를 하지 않았습니다. 그는 나를 식당으로 데려갔습니다. 식당에 있는 다른 모든 사람들을 즐겁게 하기 위해, 나는 젊은 가이드의 지도 아래 좋든 싫든 젓가락을 사용하려고 노력해야 했습니다.

중국인은 아름답게 옷을 입었고, 남녀 모두 같은 종류의 모피, 코트, 바지와 함께 재킷, 꽃무늬 코트, 둥근 모자, 펠트 신발을 신었습니다. 겨울에는 중국인의 모든 의복이 일본과 마찬가지로 모직으로 안감이 잘 처리됩니다. 나는 얇은 가사 안에 속바지와 속 자켓만 걸치고 있어서 추위에 몹시 시달렸습니다. 거대한 도시의 거리를 걸으며 특이한 사람을 구경하면서 중국인들도 내가 입은 얇은 옷을 보고 웃을 정도로 괴로웠습니다. 거의 모든 곳, 거의 모든 거리에서 지나가는 사람들 사이에 일렬로 서 있는 매춘부들을 볼 수 있었습니다. 이것은 확실히 내 인생에서 가장 기이하고 놀라운 날 중 하나였습니다. 모든 것이 꿈만 같았습니다.

저녁에 호텔에서 영어를 할 줄 아는 중국인에게 배를 타고 광둥(Canton)까지 갈 수 있다는 말을 들었습니다. 증기선을 타고 한커우(Hankow)까지 갈 수 있었고, 거기에서 다른 증기선을 타고 허난(Honan)까지 가서, 거기에서 범선을 타고 6달러를 내고 6일 만에 광둥까지 갈 수 있었습니다. 거기서 나는 이 여행을 하기로 결정했습니다.

다음 날 아침, 나는 독일 은행에 가서 가지고 있던 환어음 430을 중국 달러(호놀룰루에서 이 환어음에 지불한 290달러에 해당하는 금액)로 어떻게 교환할 수 있는지 알아보았습니다. 내 환어음의 보유자인 홍콩 상하이 은행이 독일인에게 돈을 주지 않는다는 말을 들었지만 독일 은행에서 어쨌든 시도해 보라고 조언했습니다. 다행스럽게도 홍콩 상하이 은행에서 근무하던 영국인은 나를 독일인으로 인정하지 않았고 국적을 묻지 않았습니다. 그래서 선박회사에 가서 홍콩 행 1등석 티켓을 살 수 있었습니다.(나는 3등석 표를 얻기 위해 최선을 다했지만 유럽인에게는 허용되지 않았습니다.)

배를 타고 한커우까지

배는 새벽 2시에 출발할 예정이었습니다. 저녁에 배를 타니 눈이 내리고 있었습니다. 내가 지나쳐야 했던 작은 연못의 물은 완전히 얼었습니다. 설날이었고 모든 곳에서 화약과 함께 중국인의 발명품인 폭죽 소리가 들렸습니다.

객실에 누워있었는데, 독일 승객들이 육지에 있는 친구들에게 "안녕"이라고 말하는 소리를 들었습니다. 다음 날 아침 나는 상하이 근처의 공과대학에서 일하고 있는 젊은 독일인 선박 기술자를 아침 식사 때 만났습니다. 그는 설 연휴를 맞아 아내와 함께 여행을 하고 있었습니다. 그는 터보건을 가져왔고 주장(九江)에서 눈썰매를 타고 싶어했습니다. 그들은 둘 다 내가 독일인들 가운데 몇 년 동안 만난 적이 없는 꽤 순진한 어린아이처럼 보였습니다. 우리는 유일한 1등석 승객이었기 때문에 살롱 전체를 마음대로 사용할 수 있었습니다. 1월 23일과 24일에 우리는 몹시 추운 날을 보냈고 추위가 내 얼굴을 깨물고 있었습니다. 독일 엔지니어는 내 옷이 얇다며 외투를 빌려주었습니다.

양쯔강의 두 제방은 상당히 평평하고 불모지였습니다. 강은 때때로 너무 넓어서 반대편 기슭조차 보이지 않았지만, 곧 눈 덮인 작은 언덕과 더 멀리 있는 산도 볼 수 있었습니다. 여기 저기 언덕 꼭대기에 사원을 볼 수 있었습니다. 마을에 도착할 때마다 새해 폭죽 소리가 들렸습니다. 그들은 서로 발화하도록 대나무 막대기를 따라 화환처럼 배치되었습니다. 얼마 지나지 않아 거지 가족들은 일반적으로 세탁에 사용되는 큰 타원형 통을 타고 노를 저어 나올 것입니다. 그들은 긴 막대기에 끼워진 작은 구걸 가방을 사용하여 승객들에게 구걸을 시도했습니다.

1월 26일 아침, 우리는 하선할 수 없는 모래톱에 부딪혔습니다. 배는 약 2.5피트 깊이의 모래 속으로 갇혔습니다. 배의 엔진이 너무 열심히 작동하여 터빈이 폭포를 일으켰습니다. 다른 배들은 우리를 둑에서 끌어내려고 했습니다. 온갖 수단을 동원했지만 모두 허사였습니다. 그러나 그날 저녁 6시경 배가 갑자기 모래톱에서 빠져나와 우리는 여행을 계속했습니다.

멀리 검고 노랗게 물든 산들이 보였습니다. 해안에는 작은 진흙 오두막 마을이 있었습니다. 지난 이틀 동안 나와 좋은 친구가 된 두 명의 독일인이 주장 근처에서 하선했습니다. 그리하여 나는 집도 없이, 이해도 받지 못한 채, 불확실한 미래와 함께 외롭게 홀로 여행을 계속해야 했습니다. 그런 불확실한 상황에서의 이별로 마음이 아팠습니다.

많은 도자기 상인들이 승선했습니다. 해안에서 징 소리가 들리고 많은 사람들이 가마에 실려 왔습니다. 배는 다음날 아침 9시 30분 한커우에 도착하기로 되어 있었습니다! 시베리아에서 온 명랑한 러시아인이 승선했는데, 그는 나에게 영국 스포츠 사냥꾼으로 처음 나타났습니다. 그는 전직 그리스 정교회 사제였습니다. 나는 그에게 처음으로 중국어 표현을 배우고 싶었지만 그는 "차우"(음식)와 같은 피진어(서로 다른 글과 말이 섞인 혼성어) 표현만 가르쳐주었습니다. 그는 또한 중국의 믿을 수 없을 정도로 복잡한 금융 시스템을 이해하도록 도와주려고 노력했습니다. 제가 실제로는 전혀 이해하지 못했기 때문에 그것에 대해 아무 말도 하지 않는 것이 좋았을 것입니다.

저녁 8시가 되자 배는 다시 모래톱에 좌초했고, 어떤 이들은 배가 상하이로 돌아가야 할지도 모른다고 말하기도 했습니다. 그러나 1월 27일 아침에 예인선이 우리 앞의 왼쪽면으로 통과할 수 있을 것이라고 말했고 우리는 그렇게 하는데 성공했습니다.

점심시간의 대화는 점점 더 친근해지고 있었습니다. 내 왼쪽에는 영국에서 온 엔지니어가 있었고 오른쪽에는 미얀마와 스리랑카에서 오랫동안 살았던 스코틀랜드인 선장이 있었습니다. 내 맞은편에는 시베리아에서 온 러시아인이 있었고 그 왼쪽에는 역시 스코틀랜드 출신인 부선장이 있었습니다.

오른편으로 우창을 지나니 7층탑이 보였습니다. 이따금 녹색 반점, 아마도 논을 볼 수 있었습니다. 곧 겨울이 끝날 것 같았습니다.

한커우에서의 절망

1917년 1월 27일 저녁, 약 5일간의 여행 끝에 우리는 한커우에 도착했습니다.[111] "나는 인력거를 타고 중국 호텔 중 한 곳으로 안내되었는데, 알고 보니 그곳은 모두 매음굴이었습니다. 나를 잡으려고 온갖 나이와 여러 체구의 여성들이 내 방으로 보내졌으나, 내가 얼음처럼 차갑게 가만히 있자, 그들은 부끄러움을 느끼면서 몰래 문

밖으로 나갔습니다. 새벽 서너 시까지 끔찍한 소란과 비명이 있어서 그곳에서 잠을 잘 수 없었습니다.

아침에 나는 다른 숙소를 찾았지만 작은 호텔 주인들과 불쾌한 말다툼을 했습니다. 그 주된 원인은 중국어에 대한 지식 부족과 무엇보다 중국 관습이었습니다. 그러나 마침내 나는 더러운 골목안에 서 머물 곳을 찾았습니다. 주인에게 즉시 10달러를 주었기 때문에 그곳에 머물 수 있었던 것 같습니다. 그런데 소위 내 방이란 곳에 가려면 공중에 매달려 있는 얇고 구부러진 나무 바닥에 닿기 위해 사다리를 타고 올라가야 했습니다. 테이블, 거울, 매트리스 또는 이와 유사한 것으로 보이는 것은 아무것도 없었고 몹시 추웠습니다.

잠자리에 들 때 지갑을 머리밑에 두어 언제든지 도난에 대비했습니다. 그러나 공격 당한다면 내가 어떻게 할 수 있었겠습니까? 어쨌든 이 마을은 범죄자들이 살고 있는 곳이었을 가능성이 컸습니다.

나는 기침, 재채기, 가래, 가슴 통증, 머리 통증 등 끔찍한 감기에 걸렸습니다. 두터운 옷이 없어 아무것도 할 수 없는 지독한 추위 때문에 모든 것이 더 나빠졌습니다. 그래서 나는 오후 4시에 잠자리에 들고 다음 날 아침 8시까지 잤습니다.

나는 첫날 영사를 방문했지만, 그는 우리의 만남을 매우 조심스러워했고 다음 날 다시 오라고 요청했습니다. 다음날 다시 갔을 때 그는 집에 없었기 때문에 다음날 다시 갔습니다. 얼마 전까지만 해도 그는 내가 말하는 지도를 가지고 있지 않다고 나에게 말했지만, 마침내 오랜 시간을 왔다 갔다 해서 좋은 양쯔강 지역 지도를 얻을 수 있었습니다. 그 후, 나는 중국 통행증을 만들기 위해 개인 데이터를 수집하는 데 도움을 줄 두 명의 젊은 독일인과 함께 다른 방으로 안내되었습니다. 그들 중 한 사람은 스위스에서의 나의 사원 프로젝트에 대해 들었고, 또한 학교 교사인 샤퍼Schafer로부터 나에 대해 들었다고 했습니다. 그는 이전에 비스바덴에서 내 아버지를 잘 아는 제자였으며 1905년 콜롬보에 있는 마이뜨레아 홀(미륵당)로 나를 방문했던 적이 있었습니다.

젊은 독일인은 나에게 건기(乾期) 때문에 운남에는 이창까지 배로만 건널 수 있다고 말해서 나는 다시 갈 수 있을 때까지 사원에 머물기로 결정했습니다.

젊은 독일인은 나를 사원으로 데려가는 것을 좋아했지만 시간이 없었습니다. 그는 나에게 독일 식민지 경찰서장인 그라베Grabe의 추천서만을 받아 줄 수 있었습니다.

이 경찰서장이 나를 사원으로 보냈고, 중국 경찰 한 명은 통역가로, 다른 경찰 한 명은 가이드로 삼았습니다. 그는 나에게 그냥 사원을 방문하고 나서 그에게 다시 오라고 했습니다. 처음에는 인력거를 타고, 그다음에는 마차를 타고, 그다음에는 배를 타고, 마지막으로 들판과 마을을 거쳐 사원까지 걸었습니다. 가장 먼저 내 눈에 띈 것은 60명의 황금 아라한이었는데, 각각 손에 다른 지인(指印)을 하고 있었습니다. 거기서 나는 거대한 불상을 보았습니다. 우리가 도착했을 때 의식이 진행되고 있었고 예복을 입은 모든 승려들이 염불을 하며 동시에 징을 치고 있었습니다. 이 의식은 나에게 가톨릭 교회의 미사를 떠오르게 했습니다.

마음이 맞는 젊은 승려가 나를 영접하고 응접실로 데려갔습니다. 누군가 차와 설탕, 말린 과일 등을 가져왔습니다. 나중에 나이가 지긋한 스님이 오셨습니다. 그는 뾰족한 모자를 쓰고 긴 턱수염을 기른 모습이 어딘지 모르게 중세 기사 같았습니다. 승려들의 행동은 매우 세련되고 교양이 있어서 스리랑카 사원의 행동을 많이 연상시켰습니다.

나는 주지스님에게 그의 사원에 머물 수 있는 허가를 요청했고, 3일 후에 누군가 와서 나에게 대답할 것이라고 들었습니다. 이 일은 예상대로 일어나지 않았습니다. 중국 당국의 허가 없이는 어떤 일도 일어날 수 없었고 이들은 당시 종종 스파이나 비밀 요원으로 의심되는 독일인을 두려워했습니다.

3일 동안, 그라베 경찰서장은 나에게 독일 경찰서 내의 교도소를 제공하고 하루에 세 번 음식과 차를 제공했습니다. 이 사람은 실제로 내 전체 여정 동안 나를 정말로 도왔던 최초의 독일인이었습니다. 그때까지만 해도 나는 "피부가 검을수록 마음은 하얗고, 피부가 하얗다면 마음은 검을 것"이라고 생각했습니다.

다음날 증기선을 타고 이창을 거쳐 광둥으로 가려고 생각했지만 건기 때문에 이창에서 충칭으로 가는 배는 없었습니다. 중국 항해공사(China Navigation Corporation)는 영국 회사였기 때문에 일본 회사를 알아봤습니다.

그러나 건기 때문에 일본 배는 요초Yotscho로 일요일 이른 아침에만 가고, 게다가 배수리가 그때까지 완료되지 않았을 수도 있기 때문에 이것조차 확실하지 않았습니다.

나는 그 때까지 밥을 먹지 않아서 길에서 쓰러질 뻔했고, 여전히 감기에 걸려 상당히 아팠습니다. 열로 머리가 뜨거웠고 기침으로 괴로웠습니다. 나는 재빨리 침대로 돌아갔습니다. 오, 내가 그곳에서 얼마나 많은 고통을 겪었는지. 집도, 친구도, 돈도 없고 언어도 통하지 않는데다 지독한 감기에 걸리고 따뜻한 옷도 없이. 이것이 얼마나 오래 계속 되었는지. 내가 중국어만 알면 2,300km를 걸어서 샨 Shan 지방까지 가는 것도 주저하지 않았을 것입니다. 여행짐에 대해서는, 원고를 제외한 모든 것을 버리는 편이 낫다고 생각했습니다.

행운의 변화

다음 날 아침, 나는 나를 요코로 데려다 주기로 되어 있는 일본 증기선의 3등석 티켓을 받았습니다. 운명의 변화가 있었을 때, 나는 이미 내 오두막의 나무로 된 마루에 짐을 놓았습니다. 오후에는 내가 프랑스인이라고 생각하는 끌레망 씨가[112] 나를 초대했습니다. 도착하자마자 나는 그에게 프랑스어로 말을 걸었습니다. 그러나 그는 위그노Huguenot 혈통의 독일인으로 밝혀졌습니다. 그는 아내와 함께 더 높은 삶을 실현하려고 노력하는 다소 신지학적인 불교도였습니다. 그가 나에게 그 말을 했을 때, 나는 이미 그와 그의 금욕적이고 신성한 결혼에 대해 수마노[113]로부터 들었던 것을 기억했습니다. 그는 또한 카셀Kassel에서 소브작을 알고 있었습니다. 숲에서 은둔 생활을 하고 있었는데, 그곳에서 일본인 여성과 결혼했다는 소식도 들었습니다.

여기에서 나는 샨 지방으로 여행하려는 원래 계획을 다시 시작하기로 결정했습니다. 끌레망이 짐을 맡아줄 수 있다고 제안해서 짐을 맡겼습니다. 저녁에는 항구에 정박해 있는 범선의 옛 선장 로드가 방문했습니다. 그는 즉시 나에게 이창에 와서 그가 돌아올 때까지 그의 집에서 잠시 머물도록 초대했습니다.

그 후 그는 내가 충칭으로 계속 가는 것을 도울 수 있었을 것입니다. 그러나 로드가 떠나자 끌레망은 먼저 건강을 되찾고 추운 계절이 지나가기를 기다리라고 조언했습니다. 그때까지 나는 그와 함께 있어야 했습니다. 나는 망설임 없이 그의 친절한 제안을 즉시 받아들였습니다. 내 짐을 배에서 가져오고 티켓을 환불했습니다. 이제 나는 왕자처럼 살게 되었고, 지독한 기침과 허약함을 극복할 수 있었습니다.

결국에는 모든 일이 나에게 정말 좋게 전환되었습니다. 하지만 처음에는 분명히 시련을 통과해야 했습니다. 사실 그 증기선을 타고 떠났다면 비참하게 죽었을지도 모릅니다. 며칠 동안 눈이 많이 내리고 강 전체가 얼음으로 뒤덮였기 때문입니다.

끌레망과 그의 아내는 또한 다른 두 승려 왓뽀와 마하나모를 초대하여 그들과 함께 머물고 나중에 칙산Chikusan의 피서지에 있는 한적한 산장에 가서 살도록 권했습니다.

이제 시간이 있었기 때문에 더 나은 여행을 위해 상하이에서 더 좋은 지도를 얻을 수 있었습니다. 나는 또한 윈난 서남부로 가는 중국어 통행증을 얻을 수 있었고, 앞으로의 여행에 가장 필요한 중국어 표현도 조금 배울 수 있었습니다. 나는 이 표현들을 한자로 적어두었습니다. 내 발음이 이해되지 않을 때 보여줄 수 있도록 말입니다. 각 중국 성마다 발음이 다르고 때로는 언어가 다르기 때문에 이것은 실제로 필요했습니다! 나는 배낭과 작은 가스레인지(끌레망이 나에게 준 것), 그리고 약간의 옷만 가지고 떠날 생각이었습니다. 책, 원고 및 이와 유사한 것은 나중에 보낼 수 있었습니다. 왓뽀와 마하나모에 대한 소식을 듣고 싶었습니다. 나는 왓뽀가 나와 함께 윈난에 갈 수 있고 마하나모는 끄레망과 함께 머물 수 있다고 생각했습니다.

이창에서 충칭까지의 증기선은 4월에야 시작될 것이기 때문에 나는 그때까지 기다리기로 결정했습니다. 2월의 마지막 날인데도 눈이 많이 내리고 추위가 꽤 오랫동안 이어지니 잘 한 결정이었습니다. 일요일에 끌레망과 나는 자주 그의 대형 범선을 타고 여행을 떠났습니다. 배에는 갤리선과 침실 2개가 있었습니다. 밤에 우리는 배에서 잠을 잤습니다. 한 번은 내가 배를 조종했었는데 우리가 상류로 올라가는 동안 계속해서 배를 조종해야 했습니다. 램프에 사용할 석유를 가져오는 것을 잊어버렸기 때문에 어둠속에서 우리는 증기선 중의 하나에 부딪혀 배가 전복되는 위험에 직면했습니다.

끌레망의 집에서 나는 데일리 뉴스Daily News의 편집자인 네벨Nevel이라는 독일인을 알게 되었습니다. 그는 내가 필요한 지도를 얻을 수 있도록 도와주었고 윈난부를 지나 충칭에서 미얀마로 간 딩글레스Dingles가 쓴 책을 나에게 주었습니다. 따칭(大慶)부를 통해 미얀마로 가는 경로를 택한 헥크만Hackmann의 책은 내가 여행의 가이드로 따라가려고 했던 책이었습니다.

수웨부에서 닝얀부까지 야생의 자치 지역을 가로지르는 구간은 나보다 앞서 다른 유럽인이 해본 적이 없는 여정의 한 부분이었습니다. 독일대사관의 도움으로 별 어려움 없이 중국 통행증을 받았습니다.

끌레망과 함께 지내는 동안 심한 설사와 함께 총에 맞는듯한 복통에 시달렸습니다. 맹장염일 수도 있지만, 2~3일 동안 복대를 착용하고 복부를 따뜻하게 유지함으로써 스스로 치유할 수 있었습니다. 3월의 마지막 날인데 아직도 충칭으로 가는 배의 소식은 없었습니다.

소브작의 도착

끌레망이 소브작으로부터 편지 한 통을 받아 나에게 보여주었습니다. 소브작은 내가 끌레망과 함께 머물고 있다는 것을 몰랐습니다. 그는 미국을 출발해 도착해 있던 상하이에서 글을 쓰고 있었습니다. 그는 미국이 독일에 전쟁을 선포할 것을 두려워하여 미국을 떠났습니다. 그는 내가 아직 호놀룰루에 있다고 생각했습니다. 그의 생각은 한커우를 거쳐 티벳으로 가는 것이었습니다. 우리는 즉시 그에게 답장을 보내 내가 끌레망과 함께 있을 것이라고 알렸습니다. 나는 그에게 우리가 함께 윈난 서남쪽으로 여행을 할 수 있도록 오라고 요청했고 샨 지역에서 테라와다 사원을 찾을 수 있었습니다.

편지를 보내자마자 나는 배가 충칭으로 다시 간다는 것을 알게 되었고 소브작에게 결정사항을 알려달라고 전보를 보냈습니다. 며칠 후 나는 그가 올 예정이라는 전보를 받았지만, 상하이에서 출발하는 것이 지연되었습니다. 그는 기차를 타고 난징으로 올라갔습니다. 그곳에서 누군가 실수로 그를 영국 배로 데려왔고, 배는 그를 독일 포로로 취급하여 우후로 보냈습니다. 그때부터 모두가 그를 독일 스파이로 여겼습니다. 나는 대사관으로부터 스파이로 간주되고 있으며 상하이에 있는 영국 당국이 나의 체류에 대해 알고 있다는 말을 들었습니다.

마침내 소브작이 도착했습니다. 일본인 가정부는 칭찬할 만한 말로 그의 도착을 알렸습니다. 외국인 담당 경찰청의 중국 관리가 동행했습니다. 윈난성 남서쪽에 있는 텐유시Tenyush에 대한 새 통행증이 필요하고 100달러 환어음도 발행해야 한다는 말을 들었습니다.

우리가 여행을 시작하기 직전에 경찰관이 돌아왔습니다. 흥미롭게도 우리를 차례로 찾아온 세 명의 경찰관 중 첫 번째 사람은 독일어, 두 번째는 프랑스어, 세 번째는 영어를 사용했습니다. 우리는 이 여행이 너무 위험하다고 여겨져 당분간 떠날 수 없다는 말을 들었습니다. 왜냐하면, 그때는 몰랐지만 이 무렵 충칭으로 가는 길에는 많은 강도가 있었습니다.

중국과 독일의 외교 관계가 중단된 후,[114] 독일 정착촌은 중국에 넘겨졌고 대사는 중국을 떠났습니다. 자노브스키Janowski 부대사 대행은 한커우에 있는 영국 대사가 소브작과 내가 "의심스러운 분자들"과 "선동자들"이며, 그는 중국 당국에 우리가 윈난성 서부로 가는 것을 허가하지 말라고 압력을 가하고 있었습니다.

이 소식은 나를 번개처럼 강타했습니다. 그렇게 몇 달 동안 가지고 있던 모든 계획을 포기해야 할까요? 그러나 나는 그렇게 쉽게 포기할 생각이 없었습니다. 우리는 부대사의 권유로 충칭으로 가는 통행증을 받기로 결정했고, 별 어려움 없이 통과했습니다. 그러나 나는 원난성으로 계속 가고 싶다는 희망을 포기하지 않았습니다. 나는 접이식 침대와 해시계가 달린 일본식 나침반을 샀습니다.

우리가 광야 지역을 지나가려면 이런 것들이 필요했습니다. 끌레망은 이미 접을 수 있는 가스레인지와 컵을 제공해주었습니다.

나도 왓뽀를 데리고 가고 싶었지만 호주를 떠난 이후로 그에게서 소식을 받지 못했습니다. 나는 호놀룰루와 중국에서 내가 그에게 보낸 모든 편지가 가로채졌을 것이라고 생각했습니다. 날마다, 밤마다, 나는 내 인생의 가장 좋은 시절을 앗아간 이 치명적이고 불행한 전쟁이 끝나기를 간절히 바랐습니다!

이창으로 출발

4월 20일 소브작과 나는 마침내 이창으로 향하는 중국 기선을 타고 떠났습니다. 3등석 표를 가지고 배에 도착한 우리는 우리가 머물도록 허락받기 전에 선원과 오랫동안 말다툼을 했습니다. 우리는 유럽인이었고 1등석 티켓만 사용하기로 되어 있었습니다. 배에서 우리는 앞 갑판을 배정받았습니다. 그곳에서 나는 중국어로 꽤 의사 소통을 할 수 있었던 선박 소년과 즉시 친구가 되었습니다. 중국어는 명사격변화와 동사활용이 거의 없었기 때문에 나에게 매우 쉽게 느껴졌습니다. 나는 중국어 실력을 향상시키기 위해 모든 사람과 계속 대화를 나눴고 모두 친절하고 도움이 되었습니다.

한커우와 이창 사이에는 특별히 볼 것이 없었고, 온통 땅이 평탄했으며, 먼 곳에만 작은 언덕이 있었습니다. 몇 년 만에 처음으로 나는 낙타를 보았습니다. 우리가 정박한 여러 마을에는 군함이 머물고 있었고 배에 탄 군인들이 우리에게 경의를 표하기 위해 총을 쏘고 있었습니다. 우리는 하루에 두 번 약간의 채소와 함께 밥을 받았습니다. 배의 선장과 장교들은 영국인이었습니다. 변기 바닥에는 배설물이 최고 수위까지 차 있어 화장실에 들어갈 수 없었습니다. 한 번도 청소한 적이 없었고 입구에서 바로 쪼그려 앉아야만 사용할 수 있었던 것 같습니다. 나는 알제리에서도 그렇게 더러운 것을 본 적이 없었습니다.

4일 후에 우리는 이창에 도착했고 그곳에서 배를 타고 상륙했습니다. 짐을 뒤로 싣고 우리는 한커우에서 지낼 수 있도록 허락해 준 로드 선장의 집으로 갔습니다. 도중에 우리는 군인들에게 제지당했습니다. 그들은 우리 통행증을 확인하고 기다리라고 요구했습니다. 곧 지역 담당관이 왔습니다. 그는 매우 예의 바르게 방문 카드를 건네주고 사무실까지 따라오라고 했습니다. 그런 다음 그는 나에게 명함을 요구했지만, 나는 명함이 없었기 때문에 그에게 줄 수 없었습니다. 다시 통행증를 확인했고, 우리 배는 약 8일 후에 충칭으로 계속 갈 것이라고 중국식 영어로 들었습니다.

그런 다음 그는 군인들과 함께 로드 대위의 집으로 우리를 데려갔습니다. 그곳의 가정부는 우리에게서 약간의 돈을 벌 수 있을 것이라고 생각했지만 나는 그에게 우리가 머무는 동안 어떤 비용도 지불하지 않겠다고 말했습니다. 매일 맛없고, 묽고, 달지 않은 차와 함께 요리된 밥, 채소, 그리고 양파로 덮힌 팬케이크를 요리했습니다, 첫 날 10펜스, 두 번째 날 30펜스, 세 번째 날 40펜스, 그리고 그 후 50펜스씩 음식값을 받았습니다.

밤에 우리 방 밖에서 잠을 잤던 두 명의 군인은 우리가 가는 곳마다 항상 우리와 함께 있어야 했습니다. 우리가 거대한 도심 성벽을 산책하러 가거나 시장에 가거나, 그들은 어디에서나 우리를 따라다니며 호위, 보호자, 통역가, 가이드, 하인, 운송인 역할을 동시에 수행했습니다. 중국의 내륙 깊숙한 곳으로 들어가는 유럽인은 보호를 위해 군인을 두는 것이 오랜 관습이었습니다. 중국이 독일과의 외교 관계를 단절했기 때문에 독일인에게는 이러한 '보호'가 더 주어졌습니다. 독일인을 특별히 주의 깊게 대해야 한다는 것이 중국 전역에 발표되었습니다.

충칭으로 계속 여행하다

이미 둘째 날, 우리 집의 평평한 지붕 위를 오르락내리락하다가 중국 국기를 달고 오는 배를 보고 우리가 기다리고 있던 배인 줄 알았습니다. 다음날 우리는 배로 차를 몰고 나가 문의했습니다. 배는 이틀 후인 4월 25일 새벽 4시에 충칭으로 갈 예정이었습니다. 그래서 출발 전날 우리는 짐을 가지고 배에 탔고 별 어려움 없이 3등석 표를 얻었지만, 이번에는 매번 20달러를 지불해야 했습니다. 3등칸은 방이 하나뿐이었고 가득 차 있었습니다. 우리 티켓으로는 침대를 이용할 수 없었기 때문에 우리는 2등석 복도에서 잠을 잘 수 있었습니다. 따라서 우리의 접이식 침대는 이 경우에 매우 유용하다는 것이 밝혀졌습니다. 나중에도, 그리고 훨씬 더 나중에 우리를 유럽으로 데려다 줄 배에서 이 접이식 침대를 다시 사용했습니다.

중국 내륙 선교부의 선교사들과 다른 한 여성이 이 배에 탄 유일한 백인이었습니다. 그러나 우리는 그들과 어떠한 접촉도 원하지 않았습니다.

잠을 잘 수 있는 두꺼운 담요가 없었습니다. 그래서 노란색 가사 안에 셔츠, 스웨터 세 벌, 조끼, 재킷, 짧은 맨체스터 바지를 입었습니다. 소브작은 자신을 바라보는 다른 사람들로부터 보호받기 위해 접을 수 있는 침대를 가사로 둘러쌌습니다.

이튿날 아침에 일어나 보니 강 양쪽 기슭 가까이에 초목이 드문드문 있는 가파른 바위산이 보였습니다. 시골은 믿을 수 없을 정도로 아름다웠습니다. 많은 곳에서 산이 강 앞에서 끝나 있어서 멀리 볼 수가 없었습니다. 바위산을 휘감고 굽이치는 강은 호수처럼 뻗어 있는 모습으로밖에 보이지 않았습니다. 급류가 있는 지역에서는 협곡 측면에서 통로와 계단이 끊어졌습니다. 우리는 가난한 어부들이 위험한 여울을 건너기 위해 이 길과 계단을 따라 걷는 동안 긴 밧줄로 큰 주거용 보트와 소형 범선을 끄는 것을 보았습니다. 여러 면에서 이 지역은 나에게 알프스나 히말라야를 연상시켰습니다.

저녁에 우리는 벽으로 둘러싸여 있고 높은 경사지에 위치한 작은 마을인 퀘이푸에 도착했습니다. 이 지역은 분명히 빗 생산의 중심지였습니다. 배에 온 많은 상인들은 포멜로 과일과 나무 빗 외에는 팔 것이 없었습니다. 때로는 바위산이 다소 물러나서, 풀과 나무로 뒤덮인 크고 우뚝 솟은 산들이 우리 앞에 모습을 드러냈습니다.

가난한 중국인과 함께 배에서 먹은 음식은 꽤 괜찮았습니다. 하지만 아직 젓가락질이 서툴러서 숟가락을 사용했습니다. 하루에 두 번 우리는 기름에 튀긴 채소와 함께 밥을 먹었고, 때로는 기름에 튀긴 돼지고기와 상어 지느러미가 들어간 일종의 콩 수프를 받았습니다. 저녁 6시에 우리는 모두 국밥을 받았습니다. 이창에서 우리는 익힌 달걀 36개를 가지고 왔는데, 달걀 하나에 1센트를 지불했습니다. 그러나 외딴 지역에서는 1센트에 달걀 12개를 살 수 있습니다.

두 번째 저녁에 우리는 완 시엔에 도착했습니다. 강 건너편에는 아름다운 옥수수와 채소밭이 보였습니다. 그 수용소에서 옥수수밭과 정원을 지나던 마을을 향해 걸어가던 중 꿈이 떠올랐습니다. 사람들이 저에게 몽골어로 말을 걸었습니다. 그들은 내 앞에 엎드려 나를 지지하고 싶다고 말했습니다. 이 아름다운 꿈이 충칭 다음의 비옥한 붉은 분지 지역에서 현실이 될까요?

때때로 우리는 7층탑과 산꼭대기에 아름답게 자리잡은 절을 보았습니다. 한커우 지역의 더럽고 질퍽한 모습은 이제 옥수수 밭과 산의 무성한 녹색으로 대체되었습니다. 이 시골에서 유일하게 불쾌했던 것은 양쯔강의 변함없는 노란색이었습니다. 완 시엔 반대편의 또 다른 산꼭대기에는 요새화된 산의 궁처럼 보이는 작은 도시가 있었습니다.

우리 배에는 중국계 유태인이 많은 퀘이푸 지역에서 온 중국계 유태인 여성[115]이 몇 명 있었습니다. 완 시엔에서 나는 많은 남자들과 여자들이 이 유대인 여인들과 비슷하게 이마에 같은 종류의 터번 같은 검은 천을 두르는 것을 보았습니다.

이창에서 충칭까지의 전체 여정은 모두 4일이 걸렸습니다. 밤에는 위험한 급류 때문에 배를 멈추고 닻을 내렸습니다. 그리하여 배는 44시간 동안 전체 항로를 달렸습니다. 그것은 최고의 증기선 중 하나였으며 독일인이 건조했습니다.

증기선을 떠나기 전에 영어가 유창하고 중요한 인물처럼 보이는 중국인이 우리 이름을 물었습니다. 누구냐고 물었더니 외무성 직원이라고 했습니다. 그러나 그는 외무성에서 그를 아는 사람이 아무도 없었기 때문에 아마도 영국 스파이였을 것입니다.

충칭에서의 기다림

우리가 배를 떠났을 때 나는 노란색 비단 가사를 입고 있었고 소브작도 그의 유럽식 복장 위에 노란색 가사를 입었습니다. 그는 우리 보트 운송비와 수하물에 대한 지불에 대해 선원과 다투고 나서 나를 따라왔습니다. 이것은 반복적으로 발생하는 정말 번거로운 일이었습니다. 나는 내 짐을 나르는 사람들에게 중국어로 우리를 구청 직원에게 데려다 달라고 부탁했습니다. 우리는 마을의 작은 길을 위층과 아래층으로 계속해서 오르락내리락해야 했습니다. 우리는 성문을 몇 개 통과하고 이것 저것을 통과하며 집 사이를 지나갔습니다. 마침내 약 30분 후에 우리는 지역 관리의 집으로 추정되는 큰 집의 안뜰에 도착했습니다. 그러나 실제 터키인처럼 보이는 중국인인 투르키스탄 출신의 매우 친절한 남자가 우리가 이제 막 무슬림 학교에 도착했다고 말했습니다. 옛 교사도 거기에 있었고 호기심 많은 어린 중국 무슬림 아이들도 많이 있었습니다.

터크Turk는 우리가 그의 형제라고 말했습니다. 그는 우리 둘 다가마에 태워 불교 사원과 구청에 데려다 줄 운송인과 두 사람에게 돈을 지불했으나 우리는 구청에 가지 못했습니다. 우리는 한 사무실에서 다른 사무실로 보내졌고 매번 중국 통행증을 보여줘야 했습니다. 마침내 우리는 담당자가 영어를 말하는 사무실에 도착했습니다. 그는 우리 통행증을 확인한 다음, 군인 두 명의 호위로 병무청으로 가도록 했고 그곳에서 우리는 사원으로 인도될 것을 요청했습니다.

그래서 짐을 나르는 4명의 짐꾼과 함께 병무청까지 여행을 계속했고 그곳에서 사원까지 갔습니다. 사원은 전적으로 군인들이 차지했습니다. 그런 다음 이 병사들의 장교가 누군가에게 전보를 보냈고 마침내 우리는 호텔로 가야 한다는 말을 들었습니다. 나는 그에게 나는 승려이고 사원에 속해 있다고 말했습니다. 우리의 짐들은 계속 갔고 우리는 가마를 타고 그들을 따라갔습니다.

갑자기 누군가 내 뒤에서 부르는 소리가 들렸습니다. "자, 여기 어떻게 오셨어요?" 그는 매우 친절하고 예의 바른 사람인 엔지니어 글라우비츠Glaubitz 대사의 보좌관이었습니다. 자신은 그렇게 하고 싶지만 대사관에 우리의 숙소를 제공하는 것은 당국이 우리를 불신하게 만들 수 있기 때문에 좋은 생각이 아니라고 말했습니다. 영국인은 그가 독일인의 이익을 위해 일하고 있다고 말하면서 이미 여러 번 당국에 그에 대한 의심을 표명했습니다. 그는 하인과 함께 대부분의 유럽인들이 주로 묵는 호텔로 가라고 제안했습니다. 그 호텔은 비참하고 더러운 판잣집으로 판명되었고, 오랜 협상 끝에 우리는 4달러가 아닌 2달러에 1인실을 얻을 수 있었습니다.

"초우 초우"chow chow("음식"을 뜻하는 중국식 영어)를 먹은 후, 우리는 두 개의 접을 수 있는 침대를 놓고 쉬었습니다. 그날 저녁 대사가 와서 우리는 오랫동안 이야기를 나눴습니다. 우리는 그와 다음날 1시에 진료소에서 아스미Asmi 박사를 만나 먼저 우리가 머물 수 있는 사원에 대해 이야기한 다음, 미얀마 국경 근처의 윈난성 남서쪽으로 가는 길에 대해 이야기하기로 되어 있었습니다.

우리 짐은 다음 날 두 개의 가마로 실어왔습니다. 이 지역의 길은 가마로 가득 차 있었습니다. 이 가마에 익숙하지 않은 유럽인은 계단을 오르내릴 때 액체 배설물을 운반하는 짐꾼과 부딪칠까봐 겁을 먹을 수도 있었습니다. 거름으로 사용되는 이 귀한 똥은 짐꾼이 어깨에 짊어진 대나무 장대 끝에 매달려 있는 두 개의 큰 통에 담아 실어나릅니다.[116]

산을 오르락내리락한 끝에 마침내 우리는 대사와 아스미 박사를 만날 진료소에 도착했습니다. 그는 우리를 위층으로 데려가 차와 비스킷을 대접했습니다. 그라우비츠는 우리들에 대해 강한 관심을 보였습니다. 그는 자신의 친구인 장군이 우리를 도울 것이며 한커우로부터 내려온 명령에도 불구하고 우리가 윈난으로 갈 수 있도록 우리에게 통행증을 줄 준비가 되어 있다고 말했습니다. 우리는 독일어와 영어를 구사하는 매우 잘 교육받은 젊은 중국인을 가이드로 삼게 되었습니다. 그는 우리를 마을에 있는 사원으로 데려갔습니다. 우리가 거기에 도착했을 때 우리가 이용 가능한 어떤 방도 없었습니다. 우리는 산 정상에서 강 오른쪽으로 더 위에 있었던 또 다른 사원으로 우리를 안내하기 위해 한 승려에게 인계되었습니다.

쪼그리고 앉아 배설물을 채우는 중국인들 사이를 성공적으로 통과한 후, 우리는 소위 "화단"이 사람들의 배설물로 가득 찬, 이 끔찍한 냄새가 나는 도시를 탈출하기 위해 서둘렀습니다.

우리는 배를 타고 강을 거슬러 올라가 약 1시간 30분 후에 상꾸어스(相國寺) 사원[117]이 있는 산기슭에 도착했습니다. 한 젊은 승려가 상대적으로 큰 사원의 유일한 거주자로서 우리를 영접하고 두 개의 방을 배정했는데, 내 방에서 저 멀리 강과 논과 산이 보이는 아름다운 경치를 볼 수 있었습니다. 배설물 냄새가 매스껍고 시끄러운 동네와 비교할 때 얼마나 다른지 말할 수 없었습니다. 대사가 당일 짐을 보내주었습니다.

다음 날 대사가 보낸 배가 와서 우리를 외무부로 데려갔습니다. 나는 소브작 없이 갔지만, 그의 여권 사진을 가져갔습니다. 여권 사무소에서 나는 전날 우리를 너무 빨리 쫓아냈던 바로 그 남자를 만났지만, 이번에는 몇 개의 넓은 사무실을 거쳐 더 안쪽으로 들어가 가장 안쪽 부분에 이르렀습니다. 거기에서 나는 안락의자를 제공받았습니다.

두 명의 장교가 온 직후, 한 명은 영어를, 다른 한 명은 독일어를 구사했습니다. 둘 다 매우 예의 바르고 실제로 여기에서 거의 항상 그랬습니다. 다소 과체중인 세 번째 남자도 우리와 합류했습니다. 악수를 하면서 유럽식으로 인사를 했습니다. 나는 장군이 우리에게 통행권을 줄 것이라고 들었습니다. 약 30분 동안의 비공식적인 대화와 여권 사진 전달이 끝난 후, 고위 장교가 손에 찻잔을 들고 일어섰습니다. 이것이 인터뷰가 끝났다는 신호였기에 나도 예의상 자리에서 일어나 자리를 떴습니다.

　그 후 나는 가마를 타고 대사를 만나러 갔고 그의 집 뜰에서 만났습니다. 그는 매우 정중하고 친절한 태도로 나를 환영했습니다. 그는 그곳을 여러 번 오가며 장군을 설득하여 통행증을 받았습니다. 우리는 다양한 시중을 받으며 유럽식 식사를 했습니다. 글라우비츠는 나를 친구로 삼았습니다. 그는 심지어 그의 서명이 있는 사진과 여러 중국 사진을 나에게 주기도 했습니다. 그는 나를 마음을 열 수 있는 사람으로 찾은 것 같습니다. 나는 또한 그에게 내 최신 사진을 주었습니다. 그런 다음 그는 대사 비서관을 오라고 했고, 우리 짐을 운반하는 데 필요한 석 대의 운반선에 대해 상의했습니다. 비로부터 보호하기 위해 여행가방은 유포로 싸야 했는데, 유포 두 개를 구입해야 했습니다.

　출입증은 외무부에서 대사관으로 직접 보낼 예정이었습니다. 아마도 다음날 또는 적어도 그 다음날이었을 것입니다. 장관은 당시 우리가 통과해야 하는 수웨푸 지역에서 윈난군과 스촨군 사이에 전투가 벌어지고 있었기 때문에 걱정했습니다. 중국에서는 이전의 독일과 유사하게 종종 하나의 작은 주가 다른 주와 전쟁을 벌였습니다. 그러나 여기에서 우리는 스촨 지방 하나만으로도 독일 전체와 맞먹고 스촨의 수도인 충칭에는 약 60만명의 주민이 거주하고 있다는 점을 추가해야 합니다.

　나는 이번에는 글라우비츠 박사의 노 젓는 배를 타고 사원으로 돌아갔습니다. 내가 도착한 직후, 한 젊은 장교가 통역관과 중무장한 군인 두 명과 함께 나를 찾아왔습니다. 나는 내 방 앞 베란다에서 함께 차를 마시자고 두 사람을 초대했습니다. 둘 다 저를 매우 정중하게 대했습니다. 통역관은 내 수하물을 확인하기 위해 장군이 보낸 장교라고 말했습니다.

나는 계획된 여행 경로가 표시된 중국의 일반지도를 포함하여 모든 것을 꺼냈습니다. 내가 수집할 수 있었던 모든 다른 정보의 도움을 받아 세 부분으로 지도를 그렸습니다. 그는 지도를 가져가도 되는지 허락을 구하고 영수증을 주었습니다. 그는 나에게 이 모든 문제를 안겨준 것에 대해 여러 번 변명했습니다. 나는 그에게 장군이 나에게 통행증을 주고 책임을 져야 한다면 나를 확인해야 한다는 것을 충분히 이해할 수 있다고 대답했습니다. 내 짐을 확인한 후 두 사람은 절을 하고 외출할 때 중국 관습에 따라 다시 절을 하기 위해 때때로 돌아섰습니다.

사찰의 음식은 두세 가지 채소를 물에 불린 밥에 소금만 간을 한 것이 전부였고, 그 다음에는 보통 무가당 차를 마셨습니다. 일본에서 마시는 것과 비슷한 이 차는 매우 건강에 좋은 것 같았습니다.

또 다른 실망

5월 2일은 우리에게 새로운 실망을 안겨주었습니다. 독일어를 매우 유창하게 구사하는 대사의 하인이 윈난과 스촨의 전쟁 때문에 외무부가 당분간 우리에게 통행증을 주지 않을 것임을 알리는 글라우비츠 씨의 편지를 내게 가져왔습니다. 그는 우리에게 삼귀사(三鬼寺)에 당분간 머물도록 요청했습니다. 배후에 영국이 있는지 다시 한번 생각해보게 되었습니다.[118] 우리는 잠시 기다렸다가 글라우비츠 씨를 통해 북경에 있는 네덜란드 장관과 연락을 시도하기로 했습니다. 네덜란드 장관은 중국과 독일 간의 외교 관계가 단절된 이후 독일의 이익을 대변했습니다. 그날부터 우리를 보호하기 위해 (또는 아마도 우리의 "감시"를 위해) 두세 명의 군인이 여기에 머물렀습니다. 저녁이 되자 군인의 수는 6명으로 늘어났습니다.

소브작은 일부 군인과 비밀경찰이 재정 문제를 해결하기 위해 갔던 충칭에서 돌아오는 길에 그를 따라왔다는 것을 알게 되었습니다. 그들은 그의 가마를 따라 배 선착장까지 간 다음 그와 함께 배를 타고 사원으로 왔습니다. 영국이 중국과 어떻게 타협할 수 있었는지 보는 것은 놀라운 일이었습니다. 우리는 작은 것이든 큰 것이든 모든 살아있는 존재에게 어떤 종류의 구별도 없이 자애와 선의를 발산했을 뿐이었습니다. 그러나 우리는 간첩으로 간주되어 사람들을 선동하거나 유사한 일을 할 수 있습니다. 우리는 작은 동물들에게조차 조금도 해를 끼치지 않았습니다. 그럼에도 불구하고 이 시점에서 우리는 영국인이 단순히 비난받아야 할 대상이 아니라는 점을 잊어서는 안 됩니다.

5월 4일 나는 충칭에서 글라우비츠 박사와 아스미 박사를 만났습니다. 거기에 도착하는 것은 다소 어려웠습니다. 우리는 먼저 배를 타고 갔다가 걷고, 그 다음에는 가마를 타고 도시의 더럽고 냄새나는 길을 위아래로 걸었습니다. 전날 저녁에 우리 사원에 주둔하는 군인의 수가 10명으로 늘었기 때문에 나는 글라우비츠 씨에게 우리의 안전에 대해 그렇게 걱정할 필요가 없으며 아마도 두 명의 군인이면 충분할 것이라고 장군에게 알려주도록 요청했습니다. 군인은 승려로서 명상하기를 좋아하는 산꼭대기의 조용하고 고독한 사원에서 어슬렁거리는 것을 좋아하는 사람들이 아닙니다.

글라우비츠가 받은 편지에 따르면, 스촨의 수도인 청두에서 로 장군의 윈난 군대와 류 장군의 스촨 군대 사이에 격렬한 전투가 벌어졌습니다. 우리가 윈난성 남서쪽으로 여행할 때 통과해야 할 가까운 루저우는 많은 군인들이 있었습니다. 다른 독일인도 루저우로 여행할 수 없었습니다. 청두는 여전히 윈난 군대의 공격을 받고 있었고 전체 지역은 참호로 가득 차 있었습니다.

아스미 박사는 우리가 도착했을 때 방문했던 다른 사원의 주지가 이제 기꺼이 우리를 받아들일 것이라고 말했습니다. 그는 원래 우리가 머무르는 것을 허락하지 않았습니다. 독일과 중국의 외교 관계가 단절되었다는 사실에, 이제 그는 당국으로부터 모든 사람이 독일인에게 매우 친절하고 존중해야 한다는 말을 들었습니다.

우리는 두 명의 군인을 따라 다시 마을로 들어갔고, 나는 그들에게 물건을 나르게 함으로써 그들을 이용했습니다. 그들은 실제로 이 매우 복잡하고 제멋대로 뻗어나가는 도시에서 꽤 훌륭한 하인이자 가이드로 밝혀졌습니다. 아스미 박사는 이제 강 상류로 가는 배도 강력한 군 중대가 승선한 경우에만 그렇게 할 수 있다고 말했습니다. 배를 노획한 무장 강도 무리가 여럿 있었는데, 이런 일이 충칭까지 이어졌습니다. 그래서 우리는 우리를 보호하기 위해 정말 많은 군인을 받았습니다.

매일 아침 저녁 6시에 우리가 묵고 있는 사원의 스님은 염불을 했습니다. 그는 법복을 완전히 갖추어 입었습니다. 때때로 그는 우리의 노란색 가사와 비슷한 긴 장삼(토가)을 입고 있었는데, 그 장삼은 버클로 고정되어 있었습니다. 불상 앞에서 기도하는 동안 그는 때때로 북을 치고 때로는 종을 울렸습니다. 이따금 북 하나로 팀파니 소리를 내다가 팀파니를 점점 빠르게 두드리는 소리가 점점 더 빨라져 소용돌이 처럼 변했습니다. 이것은 날마다 반복되었습니다. 그가 독송할 때, 나는 그가 산스끄리뜨어뿐만 아니라 약간 미얀마어 발음으로 말하는 빠알리를 읊는 것 같았습니다. 나는 그에게 내 앞에서 그것을 독송해 달라고 부탁했고, 몇 가지 빠알리어 단어(미얀마에서 삔냐로 발음되는 수빤냐supañña와 데시또desito와 같은)를 인식할 수 있다는 것을 알게 되었습니다. 나는 가까이 통역자가 없었기 때문에 더 이상은 알 수 없었습니다.

매일, 보통 아침에 폭우가 내렸습니다. 하루종일 우리는 안개와 구름에 둘러싸여 있었습니다. 나는 비옥하고 따뜻한 남부를 동경했습니다. 나는 "흐린" 스촨보다 "윈난" 즉 "구름의 남쪽"에 있었으면 좋았을 것입니다. 삼귀사(Three Ghost Monastery)에 머무는 동안 나는 보통 아침부터 늦은 저녁까지 번역 작업으로 바빴습니다. 『앙굿따라 니까야』 6권 번역의 초안을 완성한 곳이 바로 이곳입니다. 한커우에서 돌아온 후 나는 대사관에서 빌린 타자기로 그것을 타이핑했습니다.

한커우로 돌아가기

우리는 윈난성으로 계속 갈 수 있는 희망이 없었기 때문에 한커우로 돌아가기로 결정했습니다. 이 문제를 대사와 상의했을 때 그는 나에게 다음 배를 타지 말라고 강력히 권했습니다. 그 배는 꽤 좋았지만, 그럼에도 불구하고 사고가 날 수 있다는 느낌이 강했습니다. 나는 불길한 예감을 좋아하지 않기 때문에, 그의 말을 듣지 않았고 소브작과 함께 다음날 이창으로 돌아갔습니다. 이창에서 우리는 배를 갈아타고 한커우로 배 한 척을 가져갔습니다. 한커우에 도착했을 때 우리는 충칭으로 돌아가는 여정에서 이창으로 우리를 데려다준 바로 그 배가 모든 짐을 싣고 급류에 침몰했다는 소식을 들었습니다.

중국과 독일의 외교 관계가 단절된 후, 끌레망은 프랑스인 거주지에 있는 집을 떠나야 했고 이제 아주 작은 집만 남았습니다. 그는 우리를 이전 독일 경찰 구역으로 보냈습니다. 소브작은 정원 오두막에 머물렀고, 나는 정원이 내려다보이는 베란다 근처 모퉁이 방에 거주했습니다. 얼마 후 끌레망은 도시에서 조금 떨어진 독일 기술 대학에서 대체 숙소를 찾았습니다. 우리가 도착하기 전에 우리는 기계를 보관하기 위한 큰 방을 받았습니다.

소브작은 위층을, 나는 아래층을 차지했습니다. 나는 접을 수 있는 침대를 세우고 벽을 따라 짐을 놓았습니다. 나는 다른 편에서 매달아 놓은 줄에 내 옷을 걸었습니다.

어느 날 밤, 새벽 2시쯤 이상한 소리에 잠에서 깼습니다. "거기 누구입니까?" 응답이 없었습니다. 나는 침대에서 뒤돌아 내 위에서 자고 있는 소브작일지도 모른다고 생각했습니다.

그런데도 나는 옷을 입은 채로 끈을 주시하며 깨어있었지만 일부러 잠든 척했습니다. 몇 분 후 나는 누군가가 정말로 내 가사 뒤에서 움직이고 있다는 인상을 받았습니다. 나는 이것이 강도라는 것을 깨달았을 때 등골에 서늘한 전율을 느꼈습니다. 나는 침대에서 벌떡 일어나 큰 소리를 지르며 권총을 손에 든 척하며 강도를 향해 돌진했습니다. 도둑은 다행히 옆 창문으로 뛰어내려 사라졌습니다. 창턱에서 나는 불타는 부싯깃과 지렛대 두 개를 발견했습니다. 내가 정말로 첫 번째 도둑을 잡으려고 했다면 다른 강도는 분명 내 머리를 박살냈을 것입니다.

한커우에서의 투옥

나는 중국이 독일에 선전포고를 했을 때, 약 1~2주 동안 공과대학에서 독일어를 가르쳤을 뿐이었습니다.[119] 얼마 지나지 않아 중국 헌병이 나와 소브작을 포로로 데려가라는 명령을 가지고 왔습니다. 나는 군인들에게 나를 쇠사슬로 묶어서 데려가지 않는 한 못 간다고 상관에게 알리라고 말했습니다.

그들은 떠났지만, 나중에 훨씬 더 많은 어려움을 겪게 될 것이기 때문에 자발적으로 헌병대를 따르라고 매우 친절하게 요청한 전 독일 경찰서장 그라베의 편지를 가지고 한두 시간 후에 돌아왔습니다. 그래서 나는 자발적으로 그들을 따라갔습니다.

외무부에서 우리가 독일 스파이나 요원으로 활동했다는 증거가 있다고 들었기 때문에 엄청난 소동이 일어났습니다. 나는 1920년대에 태국에서 끔찍한 말라리아 열병에 걸려 몇 달 동안 투옥되어 있었던 것과 똑같은 비난을 들었습니다. 이것이 이전의 나쁜 업 또는 행위의 작용이라고 하는 것입니다. 그건 그렇고, 나는 확실하게

단언할 수 있습니다: 내가 이런 식으로 고통을 겪어야 했던 것이 무엇이든(이생에서) 순전히 영국인들 때문에 그랬습니다.[120]

우리는 경찰 교도소로 이송되었고 즉시 본관에 있는 일종의 다락방에 수용되었습니다. 총검으로 무장한 경비병들이 이틀 동안 우리 집 문 앞에 서 있었습니다. 그들은 화장실까지 나를 따라올 것입니다! 마침내 우리는 두 개의 방, 부엌, 두 개의 화장실이 있는 한적한 공간을 얻었습니다. 소브작은 작은 공원이 보이는 더 큰 방을 고집스럽게 원했기 때문에 나는 작고 어두운 방을 차지했습니다. 지붕 아래에 아주 작은 창문이 있어서 밖에서는 아무것도 볼 수 없었습니다. 매일 우리는 어린 중국 소년이 가져오는 음식값으로 지불할 중국 달러 1달러씩을 받았습니다. 우리는 이 감옥에 있는 유일한 유럽인(독일인과 폴란드인)이었습니다. 독일 대사가 진행한 모든 협상에도 불구하고 우리는 감옥에서 나갈 수 없었습니다.

1918년 겨울, 나는 두 귀가 동상으로 터지는 등 추위에 시달렸습니다. 이 작고 어두운 방에서 나는 대사관의 타자기로 『앙굿따라니까야』의 독일어 번역 2,000페이지에 달하는 원고 초고를 타이핑했습니다.[121] 복사본은 노란 화장실 종이로 만들었습니다.

나는 종종 세 명의 독일인을 방문했고 그들과 함께 4성 합창단을 위해 노래를 리허설했습니다. 같은 장소에서 저는 4성 합창단을 위해 괴테의 "방랑자의 밤"을 작곡하고 리허설했습니다. 내가 작곡한 이 곡들은 내가 파리에 있을 때 작곡한 세 곡과 함께 나중에 도쿄에서 출판되었습니다.

독일로 송환되기 전날 밤에도 우리는 건물의 평평한 지붕에 서서 "그것은 분명히 신의 계획에 있을 것이다."(Es ist bestimmt in Cottes Rat)라는 노래[122]를 함께 불렀습니다.

우리의 노래는 독일 정착지 전체에서 들을 수 있었고 많은 사람들을 매우 슬프게 했습니다. 특히 아내와 아이들을 남겨두고 떠난 사람들이 그랬는데, 유럽 관습에 따라 결혼한 여성과 법적인 자녀만 동반 여행이 허락되었습니다.

송환되기 전에 나는 천연두에 걸려서 들것에 실려 병원으로 이송되어야 했습니다. 나는 그곳의 고립된 건물에 수용되었습니다. 내 몸은 앞뒤로 온통 흑진주나 작은 포도알처럼 생긴 작은 흑두로 뒤덮였습니다. 손가락 사이에 농포가 너무 많아 더 이상 주먹을 쥘 수가 없었습니다. 나는 약 14일 후, 어떤 종류의 약도 복용하지 않고 실질적인 고통도 남김 없이 완전히 회복했습니다. 나는 나를 지키며 독일어를 조금 하는 헌병과 매우 우호적인 관계를 유지하고 있었습니다. 에스코트 없이 처음 나갔을 때, 나를 따라오거나 지켜주는 사람이 아무도 없어 긴장했습니다. 그러나 그 시점에서 문 앞의 경비원은 나에게 등을 돌리고 매우 조용히 말했습니다. "가세요, 가세요, 나는 보이지 않습니다!"

그의 두 아들을 내가 가르치고 있던 길 건너편 호텔 주인이 나를 그의 호텔에서 살도록 초대했습니다. 경찰서장도 모르게 직접 그곳으로 갔습니다. 경찰 침대까지 호텔로 가져가 중국인 하인에게 주면서 자게 했습니다. 이제 그의 유일한 일은 내 방을 청소하는 것이었습니다. 이후 나는 중국 극장을 방문하고 공중목욕탕에서 목욕을 할 수 있었습니다. 나는 또한 한커우에서 태국 장관 중 가장 중요한 인물인 태국의 담롱Damrong 왕자[123]에게 편지를 보내 내가 태국으로 갈 수 있도록 요청했습니다.

12장: 다시 독일로
1919 ~ 1920년

1918년 가을 독일과의 휴전 협정이 발효되고, 뒤이어 베르사유 평화조약이 체결되어 결국 더욱 악화된 2차 세계대전으로 이어졌습니다. 1919년 2월 또는 3월에 중국에 거주하던 모든 독일인들은 재산을 강탈당하고 강제로 독일로 이송되었습니다. 싱가포르 항구에서 우리 배에서 거의 일어날뻔했던 반란 외에는 여정에 대해 아무것도 기억나지 않습니다. 죄수들은 배에 믿을 수 없는 열기가 있었기 때문에, 선장이 계속 항해하도록 강요하기를 원했습니다.

바람은 조금도 불지 않았습니다. 그러나 지적인 영국 선장은 연설을 하고 자신이 할 수 있는 일은 무엇이든 하겠다고 친절하게 말했습니다.

좁은 식당 안은 섭씨 49도였고 몇몇 독일인들은 열사병에 걸렸습니다. 8일 동안 거의 알몸이던 다른 승객들은 식사 중에도 머리에 물수건을 두르고 더위를 버텼습니다. 큰 주전자에 차가 준비되어 있었고 평소에 차를 잘 마시지 않는데도 더위를 피해 하루에 큰 컵으로 20잔 정도를 마셨습니다.

배 안에서 흥미로운 인물을 만났습니다. 그는 바이에른의 루드비히 2세를 살해한 혐의를 받고 있는 늠름한 수염을 기른 라이히스그라프 폰 파펜하임Reichsgraf von Pappenheim[124]이라는 노신사였습니다. 그는 독일에서 추방되었지만 이제 마침내 돌아올 기회를 얻었습니다. 우리 둘 다 화물 적재 크레인 아래에 침대를 만들었습니다.

유럽에서 우리는 항구 밖에 있는 지브롤터와 도버에 들렀다가 다음 날 아침 목적지인 로테르담으로 향했습니다. 로테르담에 도착한 후 우리는 큰 창고로 옮겨져 콩죽과 다른 음식을 받았습니다. 초콜렛, 담배 등을 우리에게 준 네덜란드 정부와 국민들의 따뜻한 환대와 관대함에 눈물이 날 뻔했습니다. 문제가 많은 고국으로의 행복한 여행을 환영하고 기원했습니다.

독일 국경역인 베젤Wesel까지 우리는 모든 역에서 연설로 인사를 받았고 몇 번이고 초콜릿과 담배 등으로 대접을 받았습니다. 베젤에서 우리는 귀환자들을 위한 숙소에 수용되었습니다. 어머니가 더 이상 살아 계시지 않은 것 같아서 나는 어머니의 안부를 전해 달라는 요청과 함께 추가 주소 없이 함부르크에 있는 남동생에게 편지를 보냈습니다. 함부르크에서 답장이 오지 않았기 때문에 나는 더 이상 기다리지 않기로 하고 브레멘을 경유하여 함부르크로 갔습니다.

나는 함부르크에서 송환자들을 위한 숙소에 며칠 머물렀고 그곳에서 형을 찾았습니다. 마침내 나는 경찰서에서 변호사인 형이 어떤 주소에 거주하도록 등록되어 있다는 것을 알게 되었습니다. 바로 그곳으로 갔는데 주소 문패에서 이상한 이름을 발견했습니다.

그럼에도 불구하고 나는 전화를 걸어 문을 연 청년에게 귀트 변호사가 여기 살고 있느냐고 물었습니다. 그는 그렇다고 대답하고 곧이어 그가 나갔다고 말했습니다. 여기서 기다리겠다고 했더니 언제 돌아올지 모르겠다고 하더군요. 그런데 내가 그를 형이라고 하니 그

청년은 빠르게 상황을 설명했습니다.

나의 형은 병역을 기피했습니다. 형은 기차역 근처 카페에서 일하는 친숙한 웨이터의 집 주소를 위장 주소로 삼았습니다. 그러나 그의 실제 주소는 프로이센에 속한 블랑케네제Blankenese 근처 지역이었습니다. 함부르크 자유주에서 그는 발견되지 않은 채로 있는 것이 꽤 쉬웠습니다. 웨이터가 블랑케네제로 가는 전차 정류장으로 나를 데려오는 동안 나는 그에게서 사랑하는 어머니가 1918년에 돌아가셨다는 것을 알았습니다. 너무나 깊은 슬픔이 몰려왔지만 그래도 나는 나 자신을 통제할 수 있었습니다.

처음에 괴테 거리에 있는 형의 아름다운 별장에 들어갔을 때 나를 반겨주는 여인이 누구인지 몰랐지만 얼마 지나지 않아 그녀가 내 형의 아내라는 사실을 알게 되었습니다. 내가 도착한 날에 형은 헬골란트Helgoland에서 사업을 하고 있었습니다. 그는 보험 회사의 세일즈맨으로 일하고 있었고 종종 단거리 또는 장거리 여행을 해야 했습니다. 나는 한 달 정도 그와 함께 있었습니다.

나는 실업 수당을 받고 있었기 때문에 (실업 기관에) 보고하기 위해 거의 매일 함부르크에 가야 했습니다. 공산주의 봉기 때문에 때때로 길을 나서는 것은 상당히 위험했습니다. 때때로 총알이 내 귀를 스쳐 지나갔고, 나는 피격을 피하기 위해 집으로 도망쳐야 했습니다. 어느날 함부르크시까지 공산주의자들의 손에 넘어가게 되었습니다.[125]

그림 박사는 자신이 저술한 모든 책을 나에게 보냈고 나를 그의 사이비 불교로 끌어들이려고 노력했습니다.[126] 그는 나를 뮌헨 근처 노이비베르크 숲에 있는 그의 별장으로 초대했지만, 그의 모든 노력은 실패로 돌아갔습니다. 그러나 나는 부유한 엘스 부흐홀쯔[127]로부터 게히브 박사[128]가 설립한 유명한 자유 독일 학교 맞은편 오베르함바흐 근처의 베르그스트라세에 있는 아름다운 숲 오두막에서 지내라는 초대를 받았습니다. 독일 전역에 철도, 음식, 숙박을 자유롭게 할 수 있는 송환 통행증이 있었기 때문에, 나는 그 초대를 즉시 수락하고 오베르함바흐로 내려갔습니다.

프랑크푸르트로 가는 길에 나는 약 20년 동안 보지 못했던 예전의 친구 빅토르 헨 대위를 방문했습니다. 과거에 나는 그에게 많은 편지를 보냈는데, 그 편지에서 나는 항상 도덕에 대해 말했습니다. 그는 그것들을 모두 간직하고 있었습니다.

다음날 나는 오베르함바흐로 여행을 계속했습니다. 전쟁 후 도시 인구는 굶주림에 시달렸지만 이곳 시골에서는 매일 우유, 버터, 치즈, 빵, 귀리 죽을 구할 수 있었습니다. 숲속 오두막 근처의 숲에서 나와 합류하기 위해 온 왓뽀와 함께 많은 산딸기, 버섯 등을 발견했습니다. 이 모든 것은 나중에 웃빨라완나 수행녀가 된 엘스 부흐홀쯔의 친절함과 지원 덕분이었습니다. 또한, 하르츠 근처에서의 나의 체류, 베를린에서의 한 달간의 체류, 블랙 포레스트에서의 체류는 모두 부흐홀쯔 양의 친절함 덕분이었습니다. 그녀의 도움이 없었다면 우리는 독일에서 매우 힘든 시간을 보냈을 것입니다.

베를린에 머무는 동안 그곳에서 사업을 하고 있던 형을 방문했습니다. 우리가 안할터Anhalter 기차역 근처에 있었을 때 약 25,000명의 공산주의자들이 현수막을 들고 도시를 통과하여 정부 소재지인 라이히슈타크Reichstag에 접근하는 것을 보았습니다. 레흐터 반호프Lehrter Bahnhof 역에 가려면 라이히슈타크를 지나야 했기 때문에 이것은 좋은 징조가 아니었습니다. 멀리서 우리는 많은 사람들을 만날 수 있었기 때문에 위험을 피하기 위해 다른 길을 택하기로 결정했습니다. 얼마 지나지 않아 수천 명의 사람들이 공포에 질려 큰 소리를 지르며 뒤에서 우리를 향해 달려왔습니다. 그들을 따라 수류탄을 쏘고 터뜨리는 소리가 들렸습니다. 죽음의 공포로 새하얗게 질린 형이 작은 가방을 겨드랑이에 끼고 전력 질주했던 모습이 지금도 생생하게 기억납니다. 결국 그날 114명 정도의 사망자가 발생했고 많은 사람들이 철조망에 갇혔습니다.[129]

베를린에서 출판사는 『밀린다빵하』(밀린다 왕의 질문) 제1권의 번역본과 함께 상자 두 개를 주었습니다. 시립 도서관에서 나는 『밀린다빵하』 번역본 2권을 아침부터 저녁까지 거의 매일 작업했습니다. 나는 7권의 뵈트링과 로스의 산스끄리뜨 사전과 히나리쿰바라 수망갈라Hinatikumbara Sumangala의 스리랑카어 번역본을 가지고 있었습니다.

도서관 목록의 도움으로 나는 내가 쓴 모든 글이 아주 작은 글이라도 정부 도서관에 있다는 것을 알게 되었습니다. 한 달 후에 우리는 남쪽으로 돌아왔습니다. 나는 프랑크푸르트에서 여동생을 만나러 비스바덴으로 갔다가 웃빨라완나를 따라 오베르함바흐로 갔습니다. 1920년 1월의 일입니다.

비스바덴에서 나는 뮌헨의 출판사를 운영하는 내 친구 오스카 슈로스Oskar Schloss[130]를 방문했습니다. 그는 우리가 웃빨라완나와

함께 계획한 인도 여행을 시작하기 전에 노이비버그Neubiberg에서
며칠 동안 함께 머물도록 초대했습니다. 노이비버그는 검은 숲 지역
에 있습니다. 우리는 자정에 뮌헨에 도착했고 모든 것은 눈에 덮혀
있었습니다. 기차역에서 나는 배우 찌히티크Zichtig와 그의 아내에
의해 픽업되어 퓨어스텐호프Furstenhof 호텔로 옮겼습니다. 실수로
화장실만 있는 아주 작은 방을 배정받았습니다. 다음날 슈로스가
와서 우리는 노이비버그의 쇼펜하우어가Schopenhauerstrasse에 있는
삼림 공원에 위치한 그의 아름다운 별장으로 갔습니다. 반대쪽 빌
라는 유명한 인도학자인 가이거Geiger 박사[131]의 소유였습니다. 다
음 빌라는 그림 박사의 집이었지만 어떤 이유로 그림 박사의 정원과
슈로스 사이의 연결 문이 슈로스에 의해 폐쇄되었습니다.

약 15일 후에 왓뽀와 웃빨라완나가 도착했습니다. 이제 출발을
위한 모든 준비가 끝났습니다.

13장: 일본으로
1920년

우리는 작은 짐만 가지고 싱가포르로 가는 배에 오르기 위해 기차를 타고 트리에스테로 갔습니다. 침대 없는 4등석으로 싱가포르까지 가려면 28,000 독일 마르크가 듭니다. 이는 선박 부족과 마르크의 평가절하 때문이었습니다. 나중에 독일 마르크는 빵 한 조각에 4,500만 마르크가 될 정도로 평가 절하되었습니다! 이 평가 절하는 웃빨라완나의 부를 종식시켰습니다.

싱가포르에서 우리는 스리랑카로 가는 것이 허용되지 않을 경우에 대비하여 자바로 갈 계획이었습니다. 최근의 전쟁 상황으로 인해 거의 모든 철도 시스템이 중단되었고 나머지도 엉망이 되었습니다. 첫째 날 우리는 모차르트가 태어난 곳인 잘츠부르크에 도착해서 인 Inn 강둑에 있는 호텔에 묵었습니다.

다음날 우리는 위대한 파라셀수수Paracelsus 박사의 출생지인 빌라흐Villach에 도착하여 길 한복판에 서 있는 그의 동상 근처에 있는 호텔에 묵었습니다. 다음날 기차역에서 독일인 승객과 독일인과 오스트리아인에게 비우호적이고 적대적인 이탈리아 관리 사이에 싸움이 벌어졌습니다. 나는 "멍청이들"이라는 단어를 토해내고, 분노한 경찰에게 거의 구타당할 뻔했습니다. 트리에스테에 도착했을 때 배가 약 8일 연착했기 때문에 우리는 독일어를 사용하는 주인과 함께 소박한 게스트하우스에서 머물렀습니다.

우리가 배를 타고 주위를 둘러 보았을 때, 우리는 훨씬 아래에서 가난해 보이지만 실제로는 매우 부유한 작은 노부인이 여행 가방 위에 앉아 있는 것을 발견했습니다. 일본 정부가 압수한 것으로 보이는 많은 소유물을 가지고 일본으로 돌아가는 사람은 그라우어트 Grauert 부인이었습니다.

배 안에는 선원들이 공산주의자였기 때문에 질서와 복종이 없었습니다. 그들은 심지어 우리에게 접시, 숟가락, 포크를 주는 것을 거부했습니다. 나는 해운 회사 사무실에서 독일 승객의 이름으로 불만을 제기했으며 승무원이 명령을 따르도록 최선을 다하겠다고 약속 받았습니다.

콜롬보에 도착하자마자 나는 카시우스 페레이라Cassius Pereira 박사(후에 깟사빠 비구)로부터 편지를 받았습니다. 그는 영국인 주지사인 W.H. 만니스[132]가 우리의 입국을 허락한다는 것을 확신할 수 없다는 말을 썼습니다. 1920년 부처님 오신 날인 웨삭이었습니다. 그런 다음 나중에 의회 의원이 될 발라피티야Balapitiya의 내 후원자 토베르토 드 소이사Roberto de Soysa의 형제인 우리 친구 아더 드 소이사Arthur de Soysa가 왔습니다. 나는 그에게 내가 번역한 『밀린다빵하』 번역 초판의 복사본 25권을 주었고 F. R. 세나내아케Senanayake(이후 수상의 형제), A. E. 드 실바de Silva 보건부 장관, 헤와비타르네Hewavitarne 외에 그가 떠나자마자 친애하는 학생 냐나코까가 방문했습니다. 열네 살 때 나와 함께 히말라야의 시킴에서 왔고 내가 스리랑카로 돌아오자 사미승이 된 바로 그였습니다. 나는 당분간 그의 카스트에 대해 아무 말도 할 수 없었습니다.

우리는 싱가포르에 도착하자마자 환승 비자를 위해 100 독일 마르크를 지불했음에도 불구하고 하선이 허용되지 않았습니다. 우리는 육지에 내리지 않고 자바 행 네덜란드 배로 직접 가는 것조차 허락되지 않았습니다. 나는 경찰청장과 독일 국익을 대변하는 미국 대사에게 호소했지만 모두 헛수고였습니다. 그래서 우리는 좋든 싫든 여행을 계속하기로 결정했습니다. 상하이로 가서 그곳에서 비자를 받은 후 일본 요코하마로 계속 가기로 결정했습니다.

일본, 1920~1921년

결국 모든 것이 이렇게 흘러간 것은 우리에게 큰 행운이었습니다. 그동안 나는 우리가 일본에 가야 한다는 예감이 있었습니다. 수년 동안 저는 일본의 대학에서 가르치는 것을 생각하고 꿈꿨습니다. 1916년 12월 호놀룰루의 한 일본 승려로부터 나는 이미 스트라스버그Strassburg에서 인도학자 로이만Leuman 교수[133] 밑에서 공부한, 유명한 일본인 승려 와타나베Watanabe 교수[134]의 주소를 받았습니다. 나는 1916년 일본으로 가서 전쟁 중에 그곳에 머물고 싶었지만 당시에는 그렇게 할 수 없었습니다.

주소는 도쿄 시바 공원 근처의 체육 고등학교였습니다. 그곳에서 와타나베 박사를 만났습니다. 그는 독일어로 말을 더듬으며 우리에게 인사했고 우리 일에 큰 관심을 보였습니다. 그는 독일 마르크의 인플레이션으로 인해 우리가 돈이 충분하지 않을 것이므로 모든 호텔 비용을 지불하겠다고 관대하게 제안했습니다.

그는 또한 우리 셋 모두에게 적합한 교사 자리를 찾을 때까지 자신의 절에서 머물도록 초대했습니다.

이렇게 해서 웃빨라완나는 도쿄의 중심인 덴즈인에 있는 여학교에서 처음으로 영어 교사로 취직하게 되었습니다. 왓뽀는 도쿄 외곽의 공립학교에서 독일어 회화를 가르쳐야 했고, 나에게는 다이쇼 Taisho 대학에서 빠알리어 강사 자리가 마련되었습니다. 처음에 우리의 수입은 다소 보잘것없었지만, 나는 무료로 숙식을 제공받았고 게이오 대학, 데이코쿠 대학, 니치렌 대학 및 기타 장소에서 불교 강의를 해서 강의료를 받았기 때문에 몇 달 동안 버틸 수 있었습니다. 영어와 독일어 개인교습를 위한 학생들도 찾았습니다. 일본에 머무는 첫 6개월 동안 나는 완전히 일본인들 사이에서 살았고 다른 유럽인들을 거의 본 적이 없었습니다. 학교 축제 등에 초대되어 일본인의 좋은 면을 알 수 있는 좋은 기회가 되었습니다.

1920년 초겨울, 이미 제법 추워지기 시작했고 도쿄의 도로에는 많은 눈이 내리고 있었습니다. 나는 처음으로 태국 대사에 입국 허가를 받으려고 시도했습니다. 나는 태국 대사와 최근 도착한 독일 대사 솔프Solf 박사[135]를 방문했습니다. 솔프 박사는 전 사모아 주지사였으며 후에 국무장관이 되었습니다. 솔프는 베르사유의 부끄러운 평화조약 서명을 거부했습니다. 이 첫 만남을 통해 우리는 친구가 되었고 그는 종종 나를 점심에 초대했습니다. 그는 또한 저를 독일아시아학회에서 불교 강의를 하도록 초청했습니다.[136]

나는 일본 사원에 머무르는 것을 정말 좋아했습니다. 그러나 이것은 오랫동안은 불가능했습니다. 그곳 사찰에서 주는 음식도 다소 부족하여 비타민이 전혀 없는 백미와 단무지 두 조각뿐인 경우가 많으며 일본의 대승 전통 52개 종파의 거의 모든 승려들이 결혼을 합니다. 그들 모두는 공개적으로 술을 마시고 동물을 죽이는 것을 나쁜 일로 보지 않습니다. 간단히 말해서 그들의 생활 방식은 이론적으로나 실제적으로나 부처님의 원래 가르침과 공통점이 없습니다. 왜냐하면 부처님의 가르침은 바로 계를 기초로 하고 있기 때문입니다. 그러나 여기서 일본인이 이 모든 것에도 불구하고 많은 고귀한 인간적, 사회적 특성과 미덕에 있어서 다른 어떤 민족보다 뛰어나다는 점을 말하고자 합니다.

솔프 박사와 태국 대사는 저에게 태국을 방문할 수 있는 통행증과 비자를 각각 무료로 주었습니다. 대사에게 태국에 가는데 문제가 없느냐고 묻자, 그는 태국에 들어가고자 하는 승려에게 그 누구도 어려움을 주지 않으니 전혀 걱정하지 말라고 말했습니다.

출발하는 날, 왓뽀와 나는 와타나베 박사와 그의 학생 사토[137]와 함께 기차역까지 동행했습니다. 그들은 우리가 배를 탈 고베 항구까지 따라왔습니다. 기차역에는 야마카미 교수가 이끄는 다이쇼 대학과 코마자와 대학의 학생들과 교수들도 있었습니다. 기차가 출발하려고 할 때 그들은 "만세, 만세 냐나띨로까!"라고 세 번 외쳤습니다. 나는 열성적인 군중을 뒤로하고 떠났습니다.

약 12시간의 이동 끝에 이른 아침에 교토역에 도착했습니다. 먼저 우리는 정토종의 본산으로 갔고 그곳에서 와타나베 박사는 종정 스님에게 우리를 소개했습니다. 그곳을 떠날 때 우리는 둘 다 기념품과 선물을 받았습니다. 우리는 정토종 승려의 지도하에 있는 여학교로 가서 학생들에게 강연을 했고 와타나베 박사가 일본어로 통역했습니다. 거기에서 우리는 기차를 타고 오사카를 거쳐 고베로 갔고, 그곳에서 많은 탐색 끝에 마침내 도쿄에서 미리 보내온 짐을 찾았습니다.

14장: 자바를 거쳐 방콕으로
1921년

　우리는 바타비아(네덜란드 동인도 제도의 수도, 지금은 자카르타라고 불림)로 가는 배의 3등석 티켓을 가지고 있었고, 그곳에서 우리는 다른 배를 타고 방콕으로 계속 갈 계획이었습니다. 우리는 포모사(지금의 대만)와 필리핀 마닐라를 경유하였지만 배에서 내릴 수 없었습니다. 독일인으로서 우리는 정치적인 이유로 대만에 들어갈 수 없었고, 마닐라에서는 콜레라 때문에 내릴 수 없었습니다. 대만까지는 조타실에 우리 둘뿐이었고, 1등석과 2등석 승객들은 공간이 좁아 우리를 부러워하기 시작했습니다. 그러나 대만에서 자바로 가는 중국인 가족들로 거의 꽉 찼습니다. 모두 말레이어를 배우느라 바빴습니다.

　1921년 새해 축하 행사는 우리가 자바에 상륙하기 전에 시작되어 거의 모든 일본인, 승무원 및 승객이 '사케'라는 일본 술을 마시며 취했습니다. 승무원은 술에 취한 장교들과 놀고 있었습니다. 그들은 서로를 공중으로 던졌고 다시 잡았습니다. 그런 의심스러운 놀이에 우리를 참여시키려 했지만 다행히 우리는 그것을 피할 수 있었습니다.

　바타비아 항구[138]에 상륙할 때 우리는 2주 안에 자바를 떠날 것이기 때문에 입국자들에게 일반적으로 요구하는 보증금 25길더를

낼 필요가 없었습니다. 방콕행 배는 이미 항구에 와 있었지만 승객들은 14일 만에 수라바야에서 승선할 수 있었고 그 다음에는 1등석 승객만 승선할 수 있었습니다. 우리의 노란색 가사 때문에 바타비아에서 우리를 받아줄 호텔을 찾기가 매우 어려웠습니다.

첫째 날 저녁, 실바라는 이름의 젊은 스리랑카 사람이 우리와 이야기를 나눴고 그의 지도 아래 우리는 신지학 사무실을 방문했습니다. 그곳에서 나는 산스끄리뜨 학자인 랍버튼Labberton 교수가 나를 만나면 매우 기뻐할 것이라고 들었지만, 그 당시 그는 바타비아에 없었습니다.(나중에 도쿄에서 그를 만나기로 했습니다.) 신지학 사무실에서 나는 1913년에 비구 소노라는 이름으로 받아들인 피츠 박사의 주소를 받았습니다. 그는 지금 사서로 일하고 사마랑(마을)에서 살고 있었습니다. 어차피 사마랑을 경유해야 하기 때문에 그를 만나기로 하고 2, 3일을 함께 지냈습니다.

언어에 관한 한 우리 독일인들은 전혀 어려움이 없었습니다. 우리는 방금 독일어로 말했고 네덜란드어로 답변을 받았습니다. 그래서 우리는 도착한 지 사흘째 되는 날 아침 6시에 바타비아를 떠났습니다. 기차에서 우리는 그날 결혼할 매우 친절한 18세의 자바인을 만났습니다. 그는 우리가 전혀 모르는 훌륭한 과일을 제공했습니다.

저녁에 우리는 사마랑에 도착했습니다. 기차역에서 우리는 자비로운 네덜란드인을 만났는데, 그는 친절하게도 짐을 몽땅 가지고 멋진 마차에 태워 멀리 떨어진 피츠 박사의 집까지 데려다 주었습니다. 바타비아에서 전보를 받았을 피츠 박사가 방갈로에서 우리를 보앗을 때 그는 길을 따라 달려와 전통적인 불교 방식으로 무릎을 꿇고 매우 정중하게 인사했습니다. 짧은 체류 후 피츠는 우리를 중국 호텔로 데려갔지만, 불행하게도 그리 매력적으로 보이지는 않았습니다. 호텔에 대한 인상은, 모기로 가득 찬 비참한 작은 방으로 이어지는 계단 옆에 말라리아에 걸린 사람이 누워있는 것을 보았을 때 더욱 악화되었습니다. 피츠 박사는 또한 배부르게 먹을 수 있는 중국 식당으로 우리를 데려갔습니다.

피츠 박사가 도시 외곽 산의 방갈로에 머물고 있는 그의 친구들에게 우리를 그의 차로 데려다 준 것은 둘째 날 또는 셋째 날이었을 것입니다. 그곳에서 우리는 수라바야에 도착할 예정이라는 전보로 통지를 받은 한 신지학파 가족의 주소를 받았습니다. 우리가 수라바야로 출발하는 날, 아침 5시 30분경 방갈로에서 온 한 여성이 자신의 차로 우리를 기차역으로 데려다주었습니다. 저녁에 수라바야에 도착하자 선생님이 작은 마차로 우리를 집까지 데려다 주었고, 매우 친절하게 맞이해 주었습니다. 우리는 방콕으로 떠날 때까지 그와 함께 있었습니다.

드디어 배에 올랐을 때 승객은 우리뿐이었습니다. 우리는 1등석 승객이었기 때문에 장교 및 기장과 함께 식사를 했습니다. 싱가포르에 도착하자 고위 경찰관과 형사가 우리에게 자신을 소개했습니다. 그는 우리를 감시하는 임무를 부여 받았지만 동시에 영국인에 대해 다소 부정적으로 말했습니다. 그는 나에게 다른 배들은 모두 자국의 국기를 자랑스럽게 달 수 있지만 안타깝게도 인도는 여전히 그렇게 할 수 없다고 말했습니다.

왓뽀와 나는 우리의 미래가 불확실했기 때문에 다소 우울함을 느꼈고 경미한 열발작도 잦았는데 이는 우리에게 좋은 징조가 아니었습니다.

1921년 2월 방콕

셋째 날인가 넷째 날인가 저녁에 방콕에 도착했습니다. 당분간 우리는 짐을 배에 두고 작은 사원으로 가서 불상 앞의 광택이 나는 티크 나무 위에서 잠을 잤습니다. 다음 날 아침, 우리는 왕자이자 전 장관인 프리스당 줌사이Prisdang Jumsai[139]의 집에 갔습니다. 가는 길에 우리는 우리에게 왕자의 정확한 주소를 준 예수회 신부를 만났던 예수회 대학을 통과했습니다. 이 기회에 나는 인드라 몬트리 Indra Montri라는 태국 이름을 갖고 있는 영국의 장관 강사 질Gilles 박사도 만났습니다. 1926년과 1927년에 그는 나를 대신하여 왕에게 말해서 태국 문자로 된 빠알리 삼장 전체를 받았습니다. 80세가 되어 거의 시각을 잃었을 때에도 그는 여전히 승려가 되어 내 지도 아래 빠알리어를 배우기를 원했습니다.

1906년 마타라 근처 출라랑카라는 작은 섬에 있는 스리랑카에서 나와 함께 살았던 프리스당 왕자와 이야기를 나누는 동안 고위 경찰 몇 명이 들어와 우리의 신원을 확인하기 위해 지방 관청까지 동행하겠다고 했습니다.(1차 세계대전 중에 프리스당 왕자는 그가 "진실" The Truth이라는 반정부 신문을 발행했기 때문에 체포되었고 그의 소유물이 압수되었다는 것을 여기서 언급해야 합니다.) 그래서 우리는 경찰서에 갔고 그곳에서 기다려야 했습니다. 한동안 그곳에 수감된 죄수들이 갇혀 있는 우리를 볼 수 있었습니다. 그 후 관공서로 가는 길에 꽤 큰 사찰에 들렀는데, 그곳에서 우리는 체류 허가를 요청했지만 허락되지 않았습니다. 분명히 정부에 대한 공포 때문이었고, 승려를 막대기로 때리는 악명 높은 와지라냐나 스님[140]이 두려워서였을 것입니다. 그는 출라롱콘Chulalongkorn 왕과 소위 "상가의 왕"(sangharaja 승왕) 및 "위대한 사문"(mahasamana)의 형제였습니다.

우리는 차를 타고 지방 관공서까지 계속 갔습니다. 부끄럽게도 우리는 두 명의 간첩처럼 취급받았습니다. 나는 이러한 고발에 강력히 항의하며 악의적인 비방과 거짓말이라고 해명했습니다. 독일 대사관과 태국 대사관에서 허가증을 발급받았음에도 불구하고 우리는 체포되어 경찰 훈련 학교의 감옥으로 사용되는 작은 방갈로에 갇혔습니다. 방갈로의 한 방에서 장교 한 명이 우리가 먹고 마시고 목욕하고 몇 시에 잠자리에 들었는지, 화장실에 갔는지 등 밤낮으로 하는 모든 일을 기록하고 있었습니다.

젊은 "1년차" 군의관[141]이 우리를 위해 이 노트의 일부 페이지를 비밀리에 번역했습니다. 그는 재미있게 번역했고, 부당하고 미친 왕[142]에 대한 많은 이야기를 우리에게 들려주었습니다.

이 유감스럽고 매우 더운 날 저녁, 왓뽀와 나는 지쳤고 우리는 열병에 시달렸습니다. 우리의 맥박은 무겁고 빨랐으며 머리 옆의 정맥이 매우 부었습니다. 우리는 말라리아에 걸렸다고 판단해 젊은 군의관에게 지체없이 알렸습니다.

수라바야의 방갈로에 있는 정원에서, 저녁에 큰 모기떼를 보았다면 모기들을 잡았을 것입니다. 다음 날 병원에서 근무하던 미국인

의사가 와서 즉시 우리를 병원으로 데려가라고 지시했습니다. 젊은 태국 의사는 동의했지만 다음 날 마음을 바꾸어 병원이 특히 더럽고 시끄러운 마을 한복판에 있었기 때문에 감옥에 머물고 싶다는 우리의 희망에 동의했습니다.

나는 독일의 이익을 대표하는 네덜란드 특사[143]에게 호소했지만 그는 다소 무례한 대답을 했습니다. 미얀마 혈통이고 우호적이었던 산림 장관의 도움으로 나는 왕에게 감옥에서 석방해 달라는 요청서를 썼습니다. 나는 또한 앞서 언급한 출라롱콘 전 왕의 형제인 소위 "종정"에게 편지를 보냈지만 그는 나에게 매우 독설적인 답장을 보냈습니다. 불교도, 특히 마하테라(큰스님)에게는 적절하지 않은 것 같습니다. 그는 우리의 고통에 대해 거의 연민심을 나타내지 않았습니다.

그러나 경찰서장은 매우 달랐습니다. 그는 우리에게 훌륭한 식사를 제공했고 나와 대화를 나누면서 바닥에 무릎을 꿇곤 했습니다. 미얀마 산림 장관도 매우 정중했지만 얼마 지나지 않아 더 이상 나를 방문하는 것이 허용되지 않았습니다. 우리의 상태는 날이 갈수록 악화되었습니다. 왓뽀는 고열에 시달렸고 나는 강한 떨림 발작을 일으켜 밤새도록 구토를 했고 계속 몸을 뒤척였습니다. 우리는 운이 좋게도 하루 걸러 말라리아 열병(즉 격일로 발생)에 걸렸는데, 우리 중 한 사람은 어느 날, 다른 사람은 다음 날에 걸렸습니다. 따라서 우리 중 한 사람이 다른 사람을 돌볼 수 있습니다. 나의 열은 2월 18일에 최고조에 달했고, 2월 19일, 나의 마흔세 번째 생일이 죽음의 날이 될 것이라고 예상했습니다.

3월에 우리는 무장 에스코트를 받으며 추방되었습니다. 우리는 스와토우라는 가장 가까운 중국 항구로 우리를 데려다 줄 배에 실렸습니다. 그곳에서 우리는 우리 자신의 운명에 맡겨져야 했습니다. 마지막 태국 항구까지 밤낮 가리지 않고 10명 정도의 경비병들이 우리를 감시했습니다. 우리가 떠나는 날, 장교들과 선원들은 우리 선실 문 앞에 모여서 모두 무릎을 꿇고 절을 했습니다.

중국 항구인 스와토우에 도착한 후 아픈 왓뽀와 짐을 갑판에 남겨두고, 비자를 받으러 일본 대사관에 갔습니다. 일본 대사관 사무실에서 얼마 지나지 않아 나는 또 한 차례 심한 떨림을 겪었고 대사에게 식초나 레몬 물과 누울 곳을 요청해야 했습니다. 약 30분 후, 나는 비자를 가지고 출발했고 아픈 왓뽀와 짐을 배에서 내렸습니다.

우리는 상하이 행 표를 얻기 위해 선박 사무소에 갔지만 한 영국인이 독일인인 우리는 표를 살 수 없다고 냉정하게 거절했습니다. 내가 한 모든 호소는 소용이 없었습니다. 그 후 매우 동정적인 중국인 점원이 우리에게 다가와 상하이 행 표를 구하는 데 도움을 주겠다고 말했고 실제로 그는 표를 구해주었습니다.

우리의 구원자는 매우 독실한 대승불교 신자였으며, 내 기억이 맞다면 그는 사무실에서 우리를 위해 점심도 마련해 주었습니다. 그곳에서 왓뽀는 바닥의 즉석 침대에 누울 수밖에 없는 떨림을 겪었습니다. 우리는 한 시간 정도 휴식을 취한 후, 사무실을 나와 짐을 들고 배로 갔습니다. 선창으로 가라고 했기에 악취가 나지만, 시원한 곳을 찾아야 했습니다. 아직 접는 침대가 있어서 직접 바닥에 닿지 않은 게 다행이었습니다. 여기에서도 우리는 규칙적인 떨림의 엄습을 받았습니다. 다음날 우리의 불행에 대해 들었을 영국 선장이 승강구로 와서 깊은 선창을 내려다보았습니다. 그는 연민심으로 우리를 사다리 위로 올라오라고 부른 다음 1등석 객실을 제공했습니다.

우리가 상하이에 도착한 후, 독일 대사는 우리가 말라리아와 떨림의 발작에서 아직 회복되지 않았기 때문에 우리를 난민 수용소로 데려가도록 했습니다. 일본으로 돌아가기 전에 상하이 주재 독일 대사가 거대한 봉투에 담긴 문서를 주었고, 나는 그것을 여행 가방 깊숙이 숨겨 두었습니다. 이것은 아직 공개되지 않은 중국과 독일 간의 새로운 무역 협정이었습니다. 나는 그것을 일본의 독일 특사인 솔프 박사에게 전해 달라는 요청을 받았습니다.

15장: 일본으로 돌아가다
1921 ~ 1923년

일본에 도착하자 부흐홀쯔 양과 와타나베 박사의 학생인 사토가 우리를 환영했습니다. 의료 검사소에서 나는 또 다른 떨림 발작을 겪었고 의사가 내가 하선하는 것을 허락하지 않을까 두려웠습니다. 그가 나에게 질문했을 때 나는 온몸이 떨리고 있었지만 이것은 이전에 걸렸던 말라리아의 작은 재발일 뿐이라고 그에게 말했습니다. 그때가 1921년 4월인가 5월이었습니다.

와타나베 박사는 정말로 이타적인 방식으로 우리를 다시 후원했습니다. 그는 우리가 질병에서 완전히 회복하기 위해 라듐 물 치료를 받을 수 있게 사토와 함께 리사카Iisaka에 가도록 비용을 지불했습니다. 왓뽀와 나는 진짜 해골처럼 보였습니다. 『티베트에서의 3년』[144]이라는 흥미있는 책으로 유명해진 에카이 카와구치 교수의 도움도 받았습니다. 그는 스가모의 다이쇼 대학에서 일하고 있었습니다. 그는 제국 대학에서 우리에게 특별한 철분 강장제를 제공하도록 도왔습니다.

그 영양제는 철을 전자적으로 분해해서 만들었으며, 아직 대중에게 공개되지 않았습니다. 긴 수염으로 매우 위엄 있어 보이는 카와구치 교수와 함께 왓뽀와 나는 일본에 처음 머무는 동안 그들의 작은 사원에 있는 유일한 일본인 테라와다 승려 두 명을 방문했습니다. 그 당시 나는 아무 문제 없이 두 사람과 빠알리어로 대화할 수 있었습니다. 그들은 스리랑카의 갈레Galle 근처 심빌리 아와사 Simbili Avasa에서 지냈습니다. 그들의 주요 후원자인 일본 승려 중 한 명이 그의 이름을 지었고 내 친구이기도 한 빠알리 학자 무다리 야르 에드문드 구나라타나Mudaliyar Edmund Gunaratana였습니다. 우 리는 이 두 개의 작은 테라와다 사원 중 하나에 머물고 싶었지만 불 행히도 불가능했습니다.

1921년 4월부터 1926년 5월까지 도쿄에 두 번째로 머무는 동 안, 나는 다시 다이쇼대학에서 빠알리어와 독일어를 가르쳤습니다. 메이지대학과 치바의과대학에서 독일어와 라틴어를 가르쳤고, 무 엇보다 코마자와대학에서 빠알리어를 가르쳤습니다. 또한 육군사 관학교에서 교편을 잡았고 정부 외국어대학에서 임시교수직을 맡 았습니다. 육군사관학교에서 야마시나 황태자[145]는 나의 학생 중 한 명이었습니다. 그는 아카데미 공원에 별장을 가지고 있었습니다. 내 수입은 처음에는 다소 적었지만 이러한 직업으로 인해 한 달에 1,200마르크까지 올랐습니다. 하지만 수십만이라도 거기에 다 주 고 다시 스리랑카[146]에서 살 수 있다면 하고 생각했습니다.

가르치는 일 외의 모든 자유 시간은 진짜 불교 일을 하는데 썼습 니다. 이때 나는 사전과 함께 빠알리어 선집 작업을 했고, 『밀린다 빵하』 2권과 『앙굿따라 니까야』의 마지막 권도 완성했습니다.

나는 또한 만주 철도 회사에서 작은 일을 했습니다. 나는 슬레 이트의 활용에 관한 독일의 기술 과학 연구를 영어로 번역해서 약 800골드 마르크를 받았습니다.

몇 번이고 나는 스리랑카로 돌아갈 수 있는 허가를 받으려고 노력했습니다. 솔프 박사 또한 그의 친구인 영국 대사 엘리엇[147]과 함께 최선을 다해 도움을 주려고 노력하고 있었는데, 엘리엇은 계속해서 스리랑카 주지사에게 전보를 보냈습니다. 하지만 몇 년이 지나서야 사랑하는 스리랑카를 다시 볼 수 있었습니다. 나는 어느 곳에서도 스리랑카에서 처럼 편하게 느끼지 못했습니다.

마지막으로 독일에 머무는 동안 나는 항상 스리랑카에 대한 향수병을 느꼈습니다. 한순간에 나는 일본을 떠나 즉시 스리랑카로 돌아갈 준비가 되어 있었습니다. 나는 일본에 속해 있지 않다고 느꼈습니다. 나는 종종 학생들에게 내가 여기서 선생 역할을 해야 한다고 했지만, 내 마음속 깊은 곳에서는 전혀 다른 이상을 열망하고 있다고 말했습니다.

그동안 나와 친한 친구가 된 많은 일본인과 유럽인 중에서 와타나베 교수와 그의 제자인 사토를 언급하고 싶습니다. 코마자와 대학 이사 타치바나 교수,[148] 왕립 고등학교의 펫졸드Petzold[149]와 일본의 유명한 가수이자 피아노 연주자인 그의 아내, 피지의 슈나이더, 서울에 있는 의과대학의 사이토 교수, 엔타이 토모마토 교수와 마츠모토 박사,[150] 일본과 스리랑카의 이전 빠알리 학생, 코마자와 대학의 오쿠보 코지 교수, 귀족 대학의 헤이스Heiss 교수, 마스다 지리요 교수, 가와구치 에카이 교수, 위에서 언급한 티베트 학자, 타카쿠스 교수,[151] 나의 이전 외국어 대학 학생이었던 도미타 교수, 나의 전 학생이자 하숙인인 제국 대학의 수구하라 박사 등.

솔프의 집에서 나는 유명한 바이올리니스트이자 요아킴 교수의 제자이면서 철학자인 드리쉬 교수[152]와 그의 아내이자 법철학자인 시미츠 부인을 만났습니다. 제국 대학의 스턴버그 교수. 나는 또한 뱅골 총독의 생명을 노린 해방 투사이자 2차 세계대전 중에 미얀마에서 정치적 역할을 하게 될 해방 투사인 라스비하르 보스Rasbihar Bose[153]를 알게 되었습니다. 또한, 나는 다소 선견지명이 있는 사랑과 평화의 사도인 라자 마헨드라 프라탑[154]을 만났습니다. 1차 세계대전 중에 그는 케말 파샤와 독일 황제의 협상을 진행한 것으로 추정됩니다. 나는 또한 일본 황후의 정원 파티에 초대를 받았지만 승려이기에 초대를 수락하지 않았습니다. 나의 가장 친한 친구는 오키야마 켄키치였는데, 그는 번역가였고 내가 가는 곳마다 따라다녔습니다. 나는 그의 교육을 돌보았고 나중에 그는 나를 따라 스리랑카로 갔습니다.

도쿄에서 살았던 곳은 코마자와 대학 근처의 작은 일본식 빌라, 스가모의 2층 석조 빌라, 오모리 근처 천산의 기사 저택, 채소밭과 꽃밭이 있는 2층 빌라였습니다.

1922년 왓뽀는 말라리아를 완전히 치료하기 위해 독일로 돌아갔습니다. 나는 그가 몸이 나아졌을 때 일본에서 다시 만나자고 그를 초대했습니다. 이때 나는 오모리 근처 천산에 차밭과 대나무 숲이 있는 저택에 머물고 있었습니다. 나는 거기에 무료로 머물도록 허락받았는데, 그 이유는 점성술사들이 도쿄에 또 다른 40개의 건물을 소유한 집주인에게 예언을 했기 때문입니다. 그가 이 집에 살면 온 가족이 질병과 절망과 파멸에 시달릴 것이라는 예언이었습니다. 그러나 나는 기사 저택에 머물겠냐는 제안을 즉시 수락했습니다. 결국 사건은 예측과 상당히 다른 것으로 드러났습니다. 바로 이 집이 (다가오는) 관동 대지진의 완전한 파괴를 면한 집주인의 41채의 집 중 유일한 집이었기 때문입니다.

왓뽀는 1923년에 저와 합류하기 위해 돌아왔습니다. 폭설이 내릴 때 저는 그를 데리러 요코하마로 갔습니다. 그러나 저택에서의 좋은 삶은 6개월밖에 지속되지 않았습니다. 그런 다음 지진이 발생했습니다. 역사상 가장 끔찍한 지진으로[155] 하루 만에 수천 명의 사람들이 가장 끔찍한 방식으로 사망했습니다.

1923년 9월 관동 대지진

지진은 1923년 9월 1일 왓뽀와 함께 점심을 먹고 있을때 무섭게 일어나기 시작했습니다. 강력한 굉음과 함께 우리 발밑의 땅이 흔들리기 시작했고, 그것은 마치 우리가 폭풍우 치는 바다에서 작은 배를 타고 구르며 앞뒤로, 위아래로, 계속해서 내던져지는 것과 같았습니다. 왓뽀는 아직 접시에 두부를 올려둔 채 흥분해서 이리저리 뛰어다니고 있었습니다. 그래서 나는 그에게 바닥에 조용히 앉아 최악의 상황에 대비하라고 소리쳤습니다. 나는 잘 알려진 구절을 빠알리어로 암송하기 시작했습니다.

"이 세상에 있는 모든 것, 즉 몸, 감정, 지각, 형성, 의식, 과거, 현재, 미래, 내적 또는 외적, 거칠거나 미세한, 열등하거나 우월한 것, 멀거나 가까운 것, 이 모든 것을 바른 견해를 가진 수행자는 안다: 이것은 내 것이 아니다, 그것은 내가 아니다, 그것은 나의 자아가 아니다."

"모든 형성된 것은 영원하지 않고 모든 형성된 것은 고통을 겪는다. 모든 것은 비어 있고, 영혼이 없고, 자아가 없고, 본질이 없다."

지진이 일어나고 있는 매 순간 나는 바로 지구가 열리고 우리를 삼킬 것이라고 생각했습니다. 실제로 지방의 많은 지역에서 일어난 일입니다. 내가 착각하지 않는다면, 지진 첫째 날 오후에 길고 짧은 지진이 약 150번 있었습니다. "왓뽀, 이제 도쿄는 끝났네!"라고 나는 말했고, 몇 시간 안에 그렇게 되었습니다. 마치 세계대전의 한가운데 있는 것 같았고, 도쿄 한복판에 거대한 화산이 터진 것 같았습니다. 주변 마을과 도시의 다른 모든 집과 마찬가지로 우리는 언제든지 우리 집이 무너질 것이라고 예상했지만 우리 집은 모든 지진의 공격을 견뎌냈습니다. 그것은 단단한 바위 바닥 위에 지어졌기 때문입니다.

사람이 사는 집이 계속 부서지면서 지구 전체가 천둥치고 쿵쾅거렸습니다. 그것은 석유 탱크, 화약 공장, 탄약고 등의 폭발과 함께 크게 흔들렸습니다. 이것은 그날 밤 늦게까지 계속되었습니다. 지진 사이에 우리는 의자, 테이블, 매트리스, 담요 및 책을 가지고 나오기 위해 매우 빨리 집안으로 들어갔습니다. 우리는 이것들을 두 그루의 나무 사이에 안전하게 두려고 밖으로 꺼내온 것입니다. 한 나무 아래에 왓뽀의 물건과 다른 나무 아래에 나와 내 친구의 물건을 두었습니다. 갑자기 입구 문에서 큰 천둥 같은 소리가 들렸습니다. 너비가 3미터가 넘고 동판으로 완전히 덮인 문은 1피트 높이의 경첩에도 불구하고 바닥에 내동댕이쳐졌습니다. 우리는 "바늘귀"라고 불리는 더 작은 입구를 사용하고 있었기 때문에 일 년 내내 그 문을 열지 않았었습니다.

저녁 9시쯤 우리는 정원에서 나왔습니다. 하늘에서 우리가 본 광경은 압도적이었습니다. 밤은 밝게 빛나고 하늘은 피처럼 붉었습니다! 우리는 모든 궁전과 현대식 건물이 있는 인구 600만 명의 도시인 도쿄를 포함하여 지방 전체에 끔찍한 화재로 재가 퍼지는 것을 볼 수 있었습니다. 이 화재의 빛은 일본 전역, 심지어 북쪽에서도 볼 수 있습니다.

지구 진동은 밤새도록 계속되었고 그 후 며칠 동안 계속되었습니다.[156]

다음날 자경단이 모든 곳에서 조직되었습니다. 그들은 밤에 세 번 모든 정원과 거주지를 순찰했습니다. 그들은 랜턴과 칼 또는 그들이 찾을 수 있는 무기로 무장했습니다. 자경단에 참여해 달라고 요청받았지만 거절했습니다. 우리는 또한 어떤 음식도 팔지 않는다는 말을 들었습니다. 정부는 음식과 양초, 옷을 무료로 제공했습니다. 천왕과 왕자는 다른 사람과 똑같이 구호품을 받았습니다.

지진 둘째 날인 9월 2일에 우리는 갑자기 나팔 소리와 징 소리를 들었습니다. 우리는 계곡을 내려다보았고 소지품과 손에 칼과 죽창과 다른 무기를 가진 한 무리의 사람들을 보았습니다. 그들은 도쿄 방향으로 매우 빠르게 가고 있었습니다. 우리는 곧 모든 사람이 지진대에서 구출될 줄로 생각하고 급히 산을 내려와 이 사람들과 합류했습니다. 그때 갑자기 폭발과 함께 천둥이 쳐서 온 땅이 흔들렸습니다. 그제서야 우리는 무슨 일이 일어나고 있는지 알게 되었습니다. 이 사람들은 이케가미의 모든 집을 약탈하고 불태우고 일본 여

성을 강간한 것으로 추정되는 수천 명의 한국인으로부터 탈출하려
는 것이었습니다. 나는 이것을 집단 히스테리라고 생각했고 즉시 되
돌리고 싶었습니다. 그 순간 한 독일인이 견고하게 지어진 작은 집
에서 서둘러 나에게 다가오더니 나를 보호하기 위해 총을 내밀었습
니다. 그러나 나는 단호히 거절했습니다. 우리 정원의 입구 앞에는
이케가미 출신의 일본인 30명 정도가 있었는데, 그들의 간청에 따
라 나는 대나무 숲에서 하룻밤을 묵게 해주었습니다.

저녁 무렵, 우리는 두 그루의 나무 아래 놓인 간이침대에 누웠
습니다. 왓뽀와 내 친구는 곧 잠이 들었지만 나는 깨어 있었습니다.
나는 다른 두 사람에게 신호를 보내면 한밤중에 망고 숲을 빠져나
와 언덕 아래로 숨을 준비를 하라고 했습니다. 이미 밤이 시작될 무
렵 정원 뒤와 앞에서 몇 발의 총성을 들었습니다. 그러나 얼마 후
날카로운 징과 나팔 소리에 이어 날카로운 고함과 반쯤 미친 사람
들이 서로 창으로 등을 돌리는 고통의 거친 비명 소리가 들렸습니
다. 이것은 밤새도록 그리고 이른 아침까지 계속되었으며, 울부짖
음, 나팔 소리, 빠른 총성이 번갈아 가며 나타났습니다. 죽은 사람
의 수를 더 이상 기억할 수 없었습니다.

왓뽀와 함께 어떤 때는 걸어서, 어떤 때는 원시적인 택시를 타고
도쿄 중심부로 갔을 때가 아마도 지진 발생 3일 째였을 것입니다.

이전과 비교했을 때 얼마나 달라졌는가! 증기기관차와 전기열차,
트램을 이용한 교통은 상상도 할 수 없었습니다. 도쿄와 요코하마
사이의 모든 것이 완전히 파괴되었습니다. 심지어 전등과 수도 시스
템까지 말입니다. 많은 철도역 중 온전한 것은 도쿄의 거대한 중앙

역뿐이었습니다. 모든 철로, 대기실, 복도, 승강장은 지진의 희생자들로 가득 찼습니다. 사방, 위, 건너편의 모든 곳에는 빨랫줄이 걸려 있었고, 빨래가 가득 차 있었고, 철로 위에서는 사람들이 음식을 요리하고 있었습니다. 날씨가 더워서 돗자리가 있든 없든 여기저기서 자고 있었습니다. 일본의 더운 여름이었습니다. 요코하마로 가면서 수천 개의 불에 탄 철도 차량의 뼈대를 볼 수 있었습니다. 그들 중 몇몇은 여전히 서 있었습니다. 그들 중 일부는 레일에서 굴러 떨어졌습니다. 볼 수 있는 한 모든 아름다운 건물, 궁전, 은행, 왕립극장 등은 더 이상 보이지 않았습니다. 도쿄는 어디에 있습니까? 도쿄는 사라지고 재와 파편의 황무지만 남았습니다.

요코하마까지 많은 방해물에도 일부 도보로 갈 수 있었던 것은 지진 발생 8일째쯤이었을 것입니다. 여기저기서 도시는 여전히 불타고 있었습니다. 사람들이 석탄 화덕에서 음식을 요리하던 시간에 지진이 시작되었다는 사실을 고려할 때 모든 것이 그렇게 빨리 불이 붙었다는 것은 분명해집니다. 도쿄의 대부분의 가옥은 주로 화재로 소실되었지만, 요코하마의 가옥은 첫 번째 지진으로 소실된 후 화재로 완전히 소실되었습니다. 그 이유는 지진의 중심이 요코하마에서 가까운 오지마 화산섬이었기 때문입니다. 요코하마에 있는 두 채의 집을 제외하고 모든 것이 완전히 파괴되었습니다. 지진이 너무 갑작스러워서 은행에서 도망치려던 수백 명의 사람들이 거대한 계단이 무너지면서 비참하게 사망했습니다. 다른 사람들은 그들의 발앞에 열린 땅의 갈라진 틈에 빠졌습니다.

여기서 부분적으로 잘못된 애국심이라는 이름으로 경찰관들에 의해, 그리고 부분적으로 소위 자경단에 합류한 많은 강도, 살인자, 새디스트들에 의해 자행된 광기 어린 흉악하고 섬뜩한 중죄의 모든 세부 사항을 모두 언급하는 것은 너무 지나칠 것입니다.

이 지진과 관련하여 더 끔찍하고 감동적인 에피소드를 더 많이 말할 수 있습니다. 가장 소름 끼치는 사건 중 하나는 화재로 인한 3만 5천 명의 죽음일 것입니다. 내가 비밀리에 찍은 사진을 불교 저널 〈데어 파드〉*Der Pfad*에 "ecce vita"("생명을 보라")[157]라는 제목과 함께 보냈습니다. 화재를 피할 수 있는 가장 안전한 곳으로 보이는 탁 트인 들판에서 스미다 강Sumida River 왼쪽 뚝에서 그리 멀지 않은 곳에서 일어났습니다. 그 지역 경찰서장의 조언에 따라 약 3만 5천 명의 사람들이 소지품을 가지고 그곳에 갔습니다. 그러나 이 사람들을 둘러싼 불바다의 복사열은 점점 더 참을 수 없게 되어 빠져나갈 길이 없게 되었고, 이 가련한 사람들은 서로 마주보고 누워서 참혹한 최후를 맞이하게 되었습니다.[158] 며칠 후 나는 3만 5천 명의 사람들이 이제 12개의 뼈로 된 산처럼 쌓여 있는 광장을 방문했습니다. '나'도, '너'도, '사람'도, '존재'도 없고 뼈만 드러났습니다. 이 뼈로 거대한 불상을 만들려는 계획이 실현되었는지는 모르겠습니다.

거의 모든 극장, 영화관 등이 위치한 아사쿠사의 공공 유원지에서 비극적인 또 다른 대량 사망이 발생했습니다. 이 공원의 중앙에는 아름다운 큰 연못이 만들어졌습니다. 주위를 에워싸고 있는 유흥업소의 열기가 계속해서 높아지고 있어 많은 사람들이 불길에서 목숨을 구하고 더위를 식히기 위해 급히 연못으로 몰려들었습니다. 그럼에도 불구하고 복사열이 점점 더 강해지면서 결국 사람들은 모두 끓는 물에서 끔찍한 죽음을 맞이했습니다.

스미다 강은 도쿄를 가로질러 흐릅니다. 다른 때에는 배와 보트로 분주하고 많은 다리가 걸쳐 있는 거대한 강이었습니다. 그러나 이제 휘발유와 휘발유 탱크의 잦은 폭발로 인해 강은 모든 배와 함께 불타고 있었습니다. 많은 사람들이 소실된 다리를 이용하여 손으로 이 다리의 철골을 따라 강을 건너려고 했지만, 모두 더위에 지치고 지쳐서 불타는 강속으로 연이어 떨어지고 말았습니다.

이름이 기억나지 않는 어떤 항구 마을은 쓰나미를 맞았습니다.[159] 마을 안팎의 땅 전체가 물에 잠겼고 작은 배들이 파도에 밀려 물에 잠긴 마을 한가운데로 들어왔습니다.

해안을 따라 어떤 곳에서는 해안이 해수면 아래로 가라앉았고, 다른 곳에서는 바다 아래의 지구가 해수면 위로 올라왔습니다. 모든 공원, 심지어 황제의 궁전 앞의 공원까지 많은 사람들이 소유한 모든 것, 심지어 배우자와 자녀를 잃고 극도의 비참한 삶을 살고 있는 불운한 사람들로 가득했습니다. 그들은 작은 오두막에서 살고 있었는데, 대부분은 개 사육장만큼의 크기로, 여기저기 널려 있는 낡은 주름진 철판으로 지었고, 부서진 송수관 덩어리를 추로 사용하여 주름진 철 조각으로 지탱했습니다.

이제 모든 것이 야외에서 일어나고 있었습니다. 지적 장애인 아버지를 대신해 정부를 장악한 왕자도 야외에서 장관들과 회담을 가졌습니다. 또한 한 페이지로 구성된 호외 신문은 어느 정도 야외에서 인쇄되었습니다. 더 이상 건물이 없었습니다.

지진으로 인한 모든 끔찍한 고통에도 불구하고 많은 사람들은 눈에 띄는 비참함에 매우 이타적인 방식으로 선을 행하고 서로 돕기 위해 최선을 다했습니다. 일본의 가장 큰 원수였던 한국인들은 길에서 발견한 일본의 유아나 어린 아이들을 친자식처럼 사랑과 연민으로 돌봐주는 경우가 많았습니다. 재해 직전에 일본에 거의 동정심을 나타내지 않았던 미국조차도 끔찍한 상황에 놀라서 일본 정부가 궁핍한 사람들에게 분배할 식량과 의복을 실은 많은 배를 보냈습니다.

17장: 일본에서의 말년
1923 ~ 1926년

일본인이 그런 운명의 일격을 견뎌내면서도 여전히 미소를 지을 수 있는 극도의 절제를 보는 것은 놀라운 일입니다. 교양 있는 일본인이 온갖 종교를 배척할지라도 그의 평정심은 내면에 잠들어 있는 불교 때문인 것이 사실입니다. 일본인들이 얼마나 많은 에너지와 인내로 도시를 재건했는지도 놀랍습니다. 불과 두 달 만에 대학, 단과대학, 고등학교 및 기타 학교에서의 교육이 재개되었지만, 여전히 일부는 야외에서, 그렇지 않으면 막사에서 진행되었습니다.

일본 사람들이 자신의 음악뿐만 아니라 서양 음악에 대해서도 높은 관심을 보이는 것을 보는 것은 매우 흥미로웠습니다. 일본은 일련의 거장 음악가, 작곡가, 심지어 코사쿠Kosaku와 같은 교향악 작곡가를 배출했습니다. 음악 아카데미 콘서트홀에서 진짜 일본 하프 오케스트라를 들었습니다. 또 한번은 베토벤 교향곡 9번을 대규모 오케스트라와 합창단이 함께 연주한 적이 있었는데, 그야말로 일류 연주였다는 점을 인정해야 할 것 같습니다. 파우스트를 일본에 가져와 직접 연주한 음악평론가 겸 배우 고이바 씨도 만났습니다. 그는 출판을 위해 메구로의 인쇄소에 내 작곡 4개를 추천했습니다.

나는 내가 살던 저택을 주인에게 돌려주었기 때문에(그의 41가구

중 지진에서 남아있는 유일한 집이었기 때문에) 다이쇼 대학의 학생 아파트에서 지내야 했습니다. 거기에서 지내면서 친구[160]와 함께 오가사와라 제도 중[161] 중 하나인 하하시마("어머니 섬")의 남쪽 바다 섬(중국어로: "보닌": "무인도.")으로 여행을 떠났습니다. 내 친구는 그곳에서 어린 시절을 보냈고 우리가 한동안 함께 머물고 싶었던 그의 형제들과 다른 친척들이 여전히 그곳에 살고 있었습니다. 이리저리 여행하는 동안 배는 다른 여러 작은 섬에 들렀습니다. 먼저 우리는 오시마 섬에서 하룻밤을 묵은 다음 이미 오가사와라 제도의 일부이자 오랫동안 군사적 거점이었던 "아버지 섬"인 치치시마로 이동했습니다. 모든 곳에서 우리는 몇 군데만 접근할 수 있도록 경고 표지판을 만났습니다. 마을의 중심가에서 맨발로 걸어가는 유럽인 거지처럼 생긴 남자가 내게 말을 걸었습니다. 그는 자신이 이 섬들을 재발견한 미국 탐험가 피어스의 손자라고 말했습니다.

약 5일 후 우리는 "어머니 섬"인 하하시마에 도착했습니다. 내 친구는 우리 배 주위를 에워싸고 있는 어선 중 하나에 타고 있던 그의 형제들을 가리켰습니다. 공해 때문에 배 측면의 현창에서 보트로 뛰어 내리는 것은 매우 어렵고 위험했습니다.

우리 둘은 온 가족들과 하나의 큰 방으로 구성된 집에서 함께 살았습니다. 다음 날 아침 우리는 산 정상까지 외로운 숲길을 오르기 전에 산 중턱에 있는 묘지를 방문하여 친구 아버지의 무덤을 참배했습니다. 바다 쪽으로 가파르게 경사진 풀로 뒤덮인 산꼭대기에서 넓고 푸른 바다가 한눈에 들어왔습니다.

이튿날은 일본인들도 기념하는 설날이었는데 마을 잔디밭에서

전국체전을 벌이는 명랑한 젊은 남녀들을 보았습니다. 섬에 거주하는 남성들은 무릎까지 내려오는 유러피언 셔츠 같은 단 하나의 옷만 입습니다. 모든 사람이 맨발로 다니는데, 일본의 나머지 지역에서는 결코 일어나지 않는 일입니다. 섬에는 바나나와 커스터드 사과와 같은 열대 식물이 있었습니다. 차 해변Tea Beach, 커피 해변Coffee Beach, 코코아 해변Cocoa Beach과 같은 이름에서 유추할 수 있습니다. 미국인이 운영하는 차, 커피, 코코넛 농장이 있었음에 틀림없습니다. 오늘날 섬은 주로 설탕 농장으로 덮여 있습니다.

괴로운 마음으로 왓뽀가 교토에 머무는 동안 목숨을 잃을 뻔한 끔찍한 강도 공격을 잊기가 어렵다는 것을 고백해야 합니다. 왓뽀는 신성한 산인 히에이산을 올라갔다가 아침 일찍 내려 왔습니다. 좁은 터널 길을 따라 올라가는 도중, 한 사람이 갑자기 심장 방향으로 왓뽀의 등에 칼을 찔렀습니다. 그것은 12센티미터의 깊은 상처를 남겼습니다.

왓뽀가 갑자기 주위를 둘러보지 않았다면 칼이 그의 심장을 똑바로 관통했을 것입니다. 공포에 휩싸인 왓뽀는 산을 내려갔습니다. 사람들은 마침내 그를 보고 경찰차에 태워 병원으로 데려갔습니다. 모두가 그를 가장 사랑스럽고 친절하게 대하고 섬겼습니다. 모든 곳에서 그를 위한 기도문이 읽혀졌습니다. 같은 날 밤, 왓뽀가 살해당했다고 생각했기 때문에 그의 삶에 대한 자세한 정보를 제공하기를 원하는 언론인들이 저를 방문했습니다. 얼마 후 그들은 전화를 걸어 왓뽀의 죽음에 대한 보도를 취소했습니다. 다음날 나는 친구와 함께 왓뽀를 방문하기 위해 교토로 갔고, 그가 수술받는 동안 참석할 수 있었습니다.

　나의 마지막 체류는 친구인 미야모리 교수가 제공한 집이었습니다. 그가 살고 있는 오카야마 교외의 한적한 마을이었습니다. 집은 메구로에서 전차로 갈 수 있었고, 부분적으로는 일본식으로, 부분적으로는 유럽식으로 지어진 2층 빌라로 채소밭과 꽃밭이 있었습니다. 나는 그 집에서 살기 위해 한 달에 130마르크를 지불해야 했습니다.

　1925년 말에 나는 영국 대사인 찰스 엘리엇 경으로부터 스리랑카의 새 영국 총독[162]이 내가 스리랑카로 돌아오도록 허락했다는 말을 들었습니다. 그러나 나는 육군사관학교와의 계약을 깨고 싶지 않았기 때문에 1926년 4월까지 일본에 머물렀습니다. 나는 스리랑카 비자가 있는 여행 통행권을 얻었고 이제 마침내 사랑하는 스리랑카에 돌아갈 날을 고대하고 있었습니다.

　나는 일본에 발이 묶인 채 아무런 수단도 없이 왔고 개인적으로 누구에게도 알려지지 않았지만, 얼마 지나지 않아 많은 친구들을 사귀게 되었고 육군사관학교의 총장과 이사들, 여러 대학의 교수와 학생들이 약 15번의 환송 식사를 주고받으며 출발을 축하했습니다. 나에게 가장 중요한 식사는 나의 진정한 친구이자 후원자인 와타나베 교수가 제공한 채식 및 무알콜 출발 기내식이었습니다. 그 식사 자리에는 중국인, 몽골인, 한국인, 일본인 승려들과 내 친구인 인도 자유 투사인 라스비하르 보스Rasbihar Bose가 있었습니다. 소위 승려와 비구니들이 모두 정종을 마셨던 교토에서의 나와 왓뽀의 환송 식사는 나를 매우 슬프게 만들었습니다.

와타나베 박사의 제자인 내 친구 사토는 선생님을 대신해서 오사카까지 함께 갔습니다. 떠나기 직전에 부두에 서 있던 친구가 갑자기 깊은 슬픔에 잠긴 것을 깨달았습니다. 나의 제자였던 스기하라(지금은 유명한 의사이자 자신의 연구소가 있는 제국 대학의 교수)는 작별 인사를 하기 위해 기차를 타고 승려와 함께 마지막 일본 항구까지 왔습니다. 그리하여 나는 그렇게나 소중했던 일본을 떠나 진짜 고향인 스리랑카로 돌아왔습니다.

18장: 스리랑카로의 귀환
1926년

우리 배가 싱가포르에 도착했을 때 가장 먼저 배에 탄 사람은 경찰서장이었습니다. 그는 내가 육지로 가는 것이 허락되지 않으며, 만일 내가 육지에서 발각되면 감옥에 갇히는 벌을 받을 것이라고 말했습니다. 나는 싱가포르에 조금도 관심이 없다고 그에게 말했습니다. 스리랑카 주지사가 라이카에 영구적으로 정착할 수 있도록 허락해 준 것으로 충분했습니다. 그럼에도 불구하고 나는 왜 내가 배를 떠날 수 없는지 궁금하다고 그에게 말했습니다. 그러자 관리는 내가 이전에 일으킨 사건으로 인해 나를 알게 되었다고 말했습니다. 이것은 분명히 상륙 금지, 특히 자바로 여행하는 모든 독일인에 대한 환승 금지에 대한 나의 과거 항의를 언급한 것입니다. 비록 우리 모두가 영국에서 발급된 비자를 가지고 있었지만 말입니다.

질Gilles(Indra Montri) 씨가 나타났을 때 배는 싱가포르를 떠나지 않았습니다. 그는 이제 눈이 반쯤 보이지 않는 하인의 안내를 받았습니다. 그의 도움 덕분에 나중에 태국 왕이 나에게 빠알리 삼장 30권을 선물했습니다. 이 사람은 80세가 되었을 때 내 밑에서 빠알리어와 불교를 공부하기로 결심한 바로 그 질 씨입니다.

우리가 스리랑카에 도착하기 전 마지막 날, 섬 암자에서 내 후원자였던 위제세케라 검시관이 스리랑카로 오는 나를 환영하는 라디오 전보를 보냈을 것입니다. 그러나 나는 여전히 우리가 정말로 하선할 수 있을지 다소 확신이 없었습니다. 배가 닻을 내리고 모든 승객이 승선권을 보여주기 위해 술집으로 호출된 후, 나는 가장 먼저 출입국 심사원에게 달려가 우리가 정말 착륙할 수 있는지 물었습니다. 그는 "비자가 있다면 물론입니다!"라고 대답했습니다. "여기에 주지사의 입국 허가증이 있고 여기에 비자가 있는 여권이 있습니다." 얼마 지나지 않아 나의 후원자이자 위제세케라 검시관의 친척인 로버트 드 소이사가 배를 보냈습니다. 배에는 검시관의 아들인 알톤 위제세케라(1914년 전쟁이 시작될 때 어린 남학생이었습니다)와 그의 친척들이 있었습니다. 우리는 차로 노예 섬에 있는 소이사의 방갈로로 이동했습니다. 그곳에서 모든 친척들이 저를 환영했고 식사에 초대했습니다. 그 후, 우리는 도단두와까지 100km를 운전했습니다.

마침내 나는 전쟁으로 인한 12년의 유배와 투옥 생활을 뒤로 했습니다. 1914년부터 1915년까지는 디야탈라바 감옥에 있었고, 그 다음에는 1915년부터 1916년까지 호주에 있었습니다. 1916년 12월에 나는 호놀룰루로 떠났고 1917년부터 1919년까지 중국에 있었는데 그곳에서 감옥에 있었고 천연두에 걸렸습니다. 다음으로 나는 독일에 머물렀고(1919~1920), 1920년부터 1923년까지는 일본과 태국에 머물렀는데 그곳에서 나는 말라리아에 걸렸습니다. 이 모든 일은 내 나이 34세에서 48세 사이에 일어났습니다.*

냐나띨로까의 자서전은 여기서 끝납니다. 다음은 헬무스 헥커의 『최초의 독인인 비구』*The Erste Deutsche Bikkhu*와 냐나띨로까 100주년 기념집[163]에 냐나띨로까의 생애가 전보다 덜 다사다난하고 그의 제자들과 아일랜드 섬 암자를 방문한 사람들의 이야기에서 이 시기에 대한 정보만 얻을 수 있기 때문에, 이 부분의 초점은 종종 냐나띨로까보다 그의 제자들에게 더 집중됩니다.

3부

생애 후반부

19장: 스리랑카
1926 ~ 1931년

섬 암자로 돌아가기

섬 암자로 돌아오면서 냐나띨로까와 왓뽀는 대부분의 오두막이 부패와 기물 파손으로 인해 무너진 것을 발견했습니다. 길은 정글로 뒤덮여 있었고 그곳은 들개나 뱀과 같은 동물들의 천국이 되었습니다. 이러한 중대한 결점 외에도 법적 결점도 있었습니다. 영국 식민 정부는 1914년에 이 섬을 적의 소유로 간주해서 압수한 뒤, 관심을 보인 최초의 스리랑카 사람에게 매우 값싸게 팔았습니다. 현재 소유자는 그것에 대해 뭔가를 기대하고 있었고 그 재산은 법적으로 그의 소유였습니다. 그러나 지지자들의 도움으로 냐나띨로까는 영국에서 구입한 가격으로 섬을 새로운 소유자로부터 다시 돌려받을 수 있었습니다. 많은 노력 끝에 승려들을 받아들이기 위해 다시 섬 암자가 만들어졌습니다. 일주일에 한 번 냐나띨로까는 도단두와로 가서 자신과 다른 승려들을 위해 걸식을 했고, 다른 날에는 다른 승려들도 차례로 그렇게 했습니다.

고빈다와 다른 방문객들

섬 암자의 방명록에는 학자, 특히 일본인, 영적 구도자와 모험가뿐만 아니라 외교관, 작센 왕과 같은 고위 인사들도 이 기간 동안 섬 암자를 방문하고 냐나띨로까에게 배우기 위해 왔다고 나와 있습니다. 1928년에 독일 불교도인 에른스트 로타르 호프만Ernst Lothar Hoffmann[164]이 섬 암자에 머물게 되었습니다. 그는 나중에 비구가 되려고 했고 냐나띨로까로부터 빠알리어 이름인 고빈다Govinda를 받았습니다. 마하나모(빅터 스톰프스)는 독일에서 섬으로 돌아왔습니다. 같은 해 왓뽀는 섬 암자를 떠나 보가완탈라와Bogavantalava 지역의 고독한 오두막에 머물렀습니다.

건강상의 이유로 일본을 떠났다가 독일로 돌아온 엘제 부흐홀쯔Else Buchholz도 1928년에 스리랑카에 왔습니다. 아누다라뿌라에서 그녀는 웃빨라완나라는 이름으로 황토 옷을 입고 십계를 지니는 여성출가자(dasa-sila-mata)가 되었습니다. 그녀는 스리랑카에서 남은 생애 동안 머물렀습니다. 감뽈라Gampola 근처의 와리야고다 암자Variyagoda Hermitage와 캔디 근처 둘왈라Dulvala의 마하빠닷사나Manapadassana 동굴에서 은둔자로 살았습니다. 새로운 제자들을 가르치는 것 외에도 냐나띨로까는 저술 활동과 전법을 계속했습니다.

자신에게 브라마짜린("금욕자")이라는 칭호를 부여한 고빈다는 냐나띨로까를 설득하여 1929년에 국제불교연맹(International Buddhist Union, IBU)을 설립하고 그 회장이 되었습니다. IBU의 주요 목표는 전 세계 모든 불교도를 단결시키고 불교도 수행의 고결하고 모범적인 행위를 통해 불교를 장려하는 것이었습니다.

1929년 3월 IBU의 회장인 고빈다는 새로운 조직에 대한 지지를 모으기 위해 미얀마를 방문했습니다. 냐나띨로까는 그의 스승인 우 꾸마라 마하테라U Kumara Mahathera가 세상을 떠났기 때문에 곧 그를 따라갔습니다. 그들은 IBU를 홍보하기 위해 만달레이와 샨주를 여행했습니다. 많은 미얀마인들이 연맹의 회원이 되었습니다.

아나가리까 담마빨라는 비구가 되려는 고빈다가 그 계획을 포기하게 만들었습니다. IBU에서 계속 일하기를 원한다면, 비구의 계율이 그 일을 수행하는데 장애가 되기 때문이었습니다. 따라서 그는 대신에 "집 없는 자"인 아나가리까Anagarika의 노란 옷을 입었고 이제는 아나가리까 고빈다라고 불렸습니다.

IBU를 위해 유럽을 방문한 후 고빈다는 폴가스두와 옆 마티두와 섬에 일시적으로 머물렀던 이탈리아에서 온 양어머니와 함께 스리랑카로 돌아왔습니다. 섬 암자에는 새로운 오두막이 건설되고 있으며 냐나띨로까가 미얀마에서 가져온 많은 양의 삼장을 수용할 수 있는 도서관도 건설되었습니다. 1930년 고빈다는 감폴라 근처에 와리야고다 암자를 설립했습니다. 그것은 바론 로스쉴드Baron Rothschild 소유의 산간 차 농장이 있는 아름답고 시원한 오지에 있었습니다. 1930년대에 냐나띨로까, 왓뽀 및 섬 암자의 다른 승려들은 저지대의 찌는 듯한 더위를 피하기 위해 종종 그곳에 머물곤 했습니다.

고빈다는 양어머니와 함께 그곳에서 1년만 살았습니다. 1931년에 그는 다질링에서 열리는 전 인도 불교회의에 참석하라는 초청을 받았는데, 그는 "스리랑카에 보존된 순수한 불교 가르침을 악마 숭배 체제와 환상적인 형태의 믿음으로 변질된 나라"에 전파하려는 의도로 이를 받아들였습니다.

그러나 다질링에 있는 겔룩파 종파의 티베트 이가 초링Yi-Gah

Tscho-Ling 사원에 머무르는 동안 그는 인상적인 티베트 명상 스승인 토모 게쉬 린포체Tomo Geshe Rimpoche[165]를 만났고 그 후 대승 특히 금강승의 열렬한 추종자가 되었습니다. 고빈다는 인도에 머물면서 IBU에 대한 관심을 잃었고 이로 인해 조직이 붕괴되었습니다. 그는 매년 몇 달 동안 당시 웃빨라완나 자매와 왓뽀가 살고 있던 바리야 고다로 돌아왔습니다.

파울 데베스

고빈다가 떠난 지 반 년 후에 파울 데베스Paul Debes[166]는 섬 암자에 도착했습니다. 고빈다처럼 그도 몇 년 전에 불교에 대해 배웠으며 여생을 스리랑카에서 승려로 보내기로 결심했습니다. 그의 이야기는 암자에서의 외부적인 삶보다 그의 내적인 명상 경험을 묘사하는 유일한 것이기 때문에 특히 흥미롭습니다.

훗날 독일에서 인기 있는 불교 스승이 된 데베스는 책을 읽으며 불교를 접했고, 그 명확성 때문에 특히 부처님의 경전에 깊은 인상을 받았습니다. 그는 존재의 진리에 관해 자신이 찾고 있던 것을 발견했습니다. 부처님의 가르침(Dhamma)은 그에게 큰 인상을 주었기 때문에 그는 승려가 되는 것 외에 인생의 다른 목표를 보지 못했습니다. 아시아에서만 가능한 일이기 때문에 인도까지 걸어서 가고 싶었습니다. 독일의 불교출판사로부터 이런 의욕을 저지당했지만 냐나띨로까의 허락을 받은 후, 그는 배를 타고 스리랑카로 갔습니다. 불교도가 된 그의 형도 그와 동행했습니다. 1931년 9월, 파울 데베스의 25번째 생일에 형제들은 섬 암자에 도착했습니다. 냐나띨로까는 그들을 흙색 옷을 입은 재가신자(upasakas)로 받아들였습니다. 이 단계에서는 필요하지 않았지만 그들은 즉시 사미 10계를 받았습니다.

그들은 또한 재가자의 의복을 물속에 던지고 싶었지만, 냐나띨로까는 현명하게도 그들이 그렇게 하지 못하도록 만류했습니다. 그들은 섬에 오두막을 부여받았고, 냐나띨로까에게서 빠알리어를 배웠으며, 그래서 그들은 부처님의 가르침을 원어로 읽을 수 있었습니다.

파울 데베스는 몸에 대한 관찰(身隨觀, kayanupassana)이라는 엄격한 명상으로 시작했습니다. 아침에 주는 죽을 먹지 않았고 점심만 먹었습니다. 그는 살이 빠르게 빠졌고, 어느 날 그는 많은 양의 음식을 먹은 후 양심이 너무 상해서 자신의 "출가"에 대해 의심을 품기 시작했습니다. 그런 다음 그는 모든 긴장을 풀었습니다.

우물가에 앉아 그는 다섯 가지 장애[五蓋]를 초월했고 형언할 수 없는 행복의 명상몰입을 경험했습니다. 그는 자신의 명상 경험에 대해 다음과 같이 썼습니다.

"비가 내리지 않는 동안 나는 야외에서 명상을 했습니다. 나는 대부분 시야에 방해가 되지 않는, 작고 어두운 나뭇잎이 있는 빽빽한 덤불 앞에 앉아 있었습니다. 여기 매일 앉아 있었습니다. 몇 시간 동안(『맛지마 니까야』 10번 째 경전인 〈염처경〉에 설명된 대로) 죽음의 순간부터 부패의 모든 단계를 거쳐, 바람에 날리거나 비에 씻겨 내려가는 뼛가루가 남을 때까지 몸의 변화에 대해 조용하고 분명하게 명상했습니다.

"나"라는 아만으로부터의 완전한 벗어남 만큼, 육체의 소멸을 통한 이 초월은 몇 시간 동안, 매번 나에게 설명할 수 없는 안전함, 경쾌함, 자유를 가져다 주었는데, 이것은 일시적으로 경험한 지복한 몰입과는 다른 방식으로 더 온전했습니다. 몰입 안에서, 모든 오감은 침묵하므로, 세계도 "나"도 경험하지 못합니다. 왜냐하면 그 모든 것이 사라졌기 때문입니다. 그러나 이 정도의 몸에 대한 명상은, 자신의 몸과 함께 이 세계는 정말 무시할 수 있는 것이며, 완전한 승리의 자각은 세계 전체에서 어떤 것에도 전혀 영향을 받을 수 없다는 완전히 긍정적인 느낌을 줍니다. 이 상태에서 어떠한 갑작스런 초월적인 경험도 두려울 것이 없습니다. 그와 반대로, 영향을 받지 않는 사람은 봐야 하고 알아야 하는 그 어떤 것이라도 그것을 관찰합니다.

한 번은 이런 일이 있었습니다. 그런 명상이 끝날 무렵, 눈앞에 늘어선 덤불들이 녹아내리거나 변형되는 것처럼 보였고, 공포에 질려 도망치는 한 무리의 여성들이 오른쪽에서 제 시야로 들어오는 것을 보았습니다. 그들은 제 앞을 서둘러 지나갔습니다. 불안과 경악이 얼굴에 나타나자 그들의 긴 머리카락은 거의 똑 바로 서 있었고 그런 다음 왼쪽으로 사라졌습니다. 이 쫓기는 여성들 중 한 명은 지나가면서 나를 쳐다보았고 나는 그녀가 가까운 친척임을 알아보았습니다.

일반적인 상황이었다면, 나는 큰 두려움을 가져온 그러한 환상을 그만두었을 것입니다. 그러나 지금은 조금도 놀라움이나 충격이 없었습니다. 나는 보고 알았습니다. '이것은 윤회의 한 차원에서 나온 장면입니다. 우리 모두는 윤회에서 시작도 없이 방황하는 동안 모든 것이었으며, 출구를 이해하고 출구로 갈 때까지 다시 그러하리라.'

이 두 가지 경험, 즉 몰입을 통한 자유로운 의식 상태와 다른 차원의 경험을 통한 다른 의식 상태는 결국 나에게 정상적인 세계 경험과 다른 관계를 맺게 해주었고 나를 변화시켰습니다.

나중에 파울 데베스는 더욱 홀로 있음을 원했고 냐나띨로까는 그를 이전에 은둔자들이 명상했던 갈레Galle 방향의 도단두와 남쪽에 있는 큰 화강암 바위가 있는 지역으로 데려갔습니다. 그곳에서 파울 데베스는 훨씬 더 집중적으로 수행했습니다. 그러나 그는 그의 형이 머물렀던 섬 암자로 돌아왔습니다. 그는 더 이상 그렇게 엄청난 강도로 명상하는 것이 불가능하다는 것을 깨달았습니다. 중국 속담에 "발끝으로 14일 동안 걸을 수 없다."는 말이 있습니다. 나중에 그는 이 시기에 대해 다음과 같이 썼습니다.

"많은 불교 스승들은, 자신의 존재에 대한 올바른 방향 없이 수행하는 초보자들에게 특정한 수행을 추천하는데, 이것이 그 수행의 중요성을 결정합니다. 스리랑카에서 나는 부처님이 열반을 향한 마지막 단계로 가르친 수행에 대한 가르침도 받았습니다. 부처님의 전체적이고 잘 구조화된 가르침의 시작에 속하는 수행에 대해서는 훨씬 덜 언급되었습니다."

그리하여 냐나띨로까가 불렀던 "데베스 형제"는 1932년 봄에 섬 암자를 떠났습니다. 냐나띨로까는 그렇게 진지하고 집중적으로 노력하는 출가지망생을 거의 본 적이 없었기 때문에 그를 떠나 보낸 것을 후회했습니다.

30여 년 후, 1963년에 파울 데베스는 명상을 위해 섬 암자로 돌아와 1년동안 머물렀습니다. 그는 종종 섬 암자에서의 첫 경험을 곰곰이 생각하고 그 의미를 더 깊이 꿰뚫어 보았고 마침내 열반에 대한 두려움을 버렸습니다.

"내가 선정(jhana)을 사랑하고 그것의 엄청난 가치를 인정하며, 체계적으로 선정을 얻기 위해 노력하는 만큼, 폴가스두와에서 처음 이런 경험을 한 날을 최근의 어느 날만큼 고맙게 여기지 않을 것입니다. 왜냐하면 내 자신의 경험과 통찰력 때문에 나는 확신할 수 없고 산발적이며 우발적인 상승보다는 몰락과 쇠퇴에도 안정성을 점점 더 중요하게 생각하기 때문입니다. 후자는 높은 점프를 한 후 다시 예전과 같은 수준으로 돌아오는 것과 같습니다. 이러한 '높은 점프'가 얼마나 도움이 되는지 나는 30년 동안 이런 경험을 해오면서 잘 알고 있습니다. 이 경험, 즉 비교할 수 없는 초월적 희열과 초월적 비전의 경험에 대한 인식은 30년 동안의 어둠 속에서 나에게는 유일한 빛이었습니다. 나는 그 경험들이 (부처님의) 가르침과 일치하는 것을 보았습니다. 나는 그 빛과 같은 것이 존재하고, 존재해야 하며, 갈망의 영향을 받는 우리는 어둠에 둘러싸여 있다는 것을 깨달았습니다.

나의 믿음(saddha)은 흔들리지 않았지만, 똑같이 절대적인 증거가 내 경험에서 나오고 있었습니다. 그러나 두 경험에서 나온 빛은 도움이 되기도 하고 고통스럽기도 했습니다. 그것은 나를 불러 세웠고 나에게 이 세상에 어떤 안식도 주지 않았습니다. 그 경험은 나를 보호하고 마침내 나를 이곳으로 인도했지만, 엄청나게 먼 곳에서 빛났고, 항상 나에게 먼 곳을 상기시켜 주었습니다. 그리고 내가 그것을 경험했던 시절에도 나는 그것으로부터 멀리 떨어져 있었습니다. 그 당시 나는 이러한 경험의 초월적 차원에 충분히 성숙하지 못했지만, 수행의 올바른 향상과 순서를 알지 못한 채, 가장 높은 수행법 중 하나를 붙잡고 오랜 시간 동안 강철 같은 인내로 수행했습니다. 감각 세계로부터 멀어지게 하는 이 수행의 축적된 힘으로, 나는 두 배 높은 경지에 오를 수 있었습니다. 그러나 나는 안전한 기반에서부터 올라가지 않았고 충분히 성숙하지 않았기 때문에, 나를 끌어내리는 (다섯 가지) 족쇄가 어떤 식으로든 처리되지 않았기 때문에, 나는 다시 떨어졌습니다.

　마지막으로, 나는 이러한 경험들과 그 위대하고 큰　멀리있음의 고통스러운 인상 덕분에, 이 통과할 수 없는 성숙 상태에 필요한 유일한 수행의 효과를 위해서, 영적 성숙의 법칙을 철저하고 포괄적으로 추구하게 되었고, 오늘에 이르러 『맛지마 니까야』에서 부처님의 핵심적인 가르침에 대한 나의 실제적 경험을 중단 없이 비교함으로써 확신하게 되었습니다.”

20장: 개화기
1932 ~ 1939년

냐나다라

1932년부터 1939년까지의 기간은 섬 암자의 전성기였습니다. 이 기간 동안 주로 독일인으로 구성된 몇몇 비구와 사미들이 입국했으며 많은 중요한 방문객들이 섬을 방문했습니다.

중요한 복음주의 성직자의 아들인 콘래드 넬Conrad Nell은 불교 승려가 되기 위해 1931년 스리랑카에 왔습니다. 그는 1932년 냐나띨로까에 의해 사미로 받아들여졌고 냐나다라Ñāṇadhāra[167]라는 법명이 주어졌습니다. 그러나 곧 냐나다라는 간 질환에 걸렸고 냐나띨로까의 조언에 따라 회복을 위해 독일로 돌아갔습니다. 몇 달 후, 그는 돌아왔습니다. 그의 진지함과 종교적 열정은 냐나띨로까가 그를 최고의 제자로 여길 정도로 높았습니다. 그럼에도 불구하고 그는 1933년에 냐나다라를 미얀마로 보내주었습니다. 그 제자의 약한 건강에는 미얀마의 기후가 더 적합해 보였기 때문입니다. 냐나다라는 1933년 11월 양곤에서 비구가 되었습니다. 그의 건강은 1934년 말에 악화되었고, 냐나띨로까는 그의 아픈 제자를 개인적으로 돌보기 위해 북부 미얀마로 왔습니다. 그는 다시 한 번 자신의 제자에게 치료를 받기 위해 가능한 한 빨리 독일로 돌아갈 것을 권했습니다. 그러나 냐나다라는 결코 그렇게 할 수 없었습니다. 냐나다라는 보살핌과 더 적합한 기후에도 불구하고 말라리아에 걸렸고 1935년 5월 17일 결핵으로 사망했습니다.[168]

냐나뽀니까와 냐나켓따

1936년 2월 4일, 두 명의 친구인 지그문트 페니거Sigmund Feniger 와 피터 쇤펠트Peter Schönfeldt[169]가 콜롬보 항구에 도착했고, 냐나 띨로까의 환영을 받아 섬 암자로 왔습니다.

페니거와 쇤펠트는 둘 다 유대인 출신[170]이었으며, 둘 다 도서거 래를 했습니다. 쇤펠트는 소규모 출판사의 제본업자로, 페니거는 서점에서 책 판매를 했습니다. 그들은 불교 선생인 파울 달케와 마 틴 슈타인케가 활동하던 베를린 근처 프로나우Frohnau의 불교의 집 Buddhaische Haus에서 만났습니다. 냐나다라 비구가 된 불교 친구인 콘래드 넬의 열정적인 편지를 읽은 후 스리랑카에서 승려가 되기로 결정했습니다.

1935년에 페니거는 나치의 유대인 박해를 피하기 위해 어머니와 함께 비엔나로 이주했습니다. 냐나띨로까로부터 섬 암자에 머물도 록 허가를 받고 그의 어머니는 친척들과 함께 지내도록 주선된 페 니거Feniger와 쇤펠트Schonfeldt는 둘 다 배를 타고 마르세유에서 콜 롬보로 떠났습니다. 해외에서 온 사람들이 섬 암자의 승가에 들어 오는 허가를 신청하기 위해 냐나띨로까에 편지를 보내면 다음과 같 은 답변을 받게 됩니다.

당신이 주어진 음식, 여기서 입을 옷, 당신에게 배정된 숙소, 공부 준비에 기꺼이 만족한다면, 빠알리어를 공부하고 무아(Anatta)의 매우 중요한 가르침에 대한 나의 지시를 따르고 싶다면, 유효한 여권, 왕복 항공권, 승려가 되기 전에 후보자를 위한 특별한 옷과 기타 물건을 구입하는 데 필요한 약간의 돈을 가지고 오실 준비를 하십시오. 일단 수락되면 불교 공동체가 귀하의 필요를 돌볼 것이며, 돈은 필요하지 않습니다.

　처음에 페니거와 슌펠트는 흰옷을 입고 팔계를 지키며 우빠사카(재가신도)로 생활하고 있었습니다. 그들은 파라파두와에 인접하고 아직 섬 암자의 일부가 아닌 섬인 마티두와에 있는 집에 머물렀습니다. 그들은 매일 냐나띨로까에게 가르침을 받기 위해 배를 타고 섬 암자로 갔습니다.

　냐나띨로까의 독일 제자들과 마찬가지로 그들은 그에게서 빠알리어를 배워야 했고 붓다의 경전을 읽고 약 6~9개월의 집중적인 공부 후에 스스로 공부를 계속할 수 있었습니다. 냐나띨로까는 학생들이 적어도 번역이 필요하지 않고 텍스트를 읽을 수 있을 만큼 빠알리어를 충분히 알기를 원했는데, 번역에는 종종 결함이 있었기 때문이었습니다.

　냐나띨로까는 새로 온 사람들과 함께 『맛지마 니까야』의 첫 번째 법문인 근본법문 경을 먼저 읽고 최초의 영어 및 독일어 번역가의 번역이 부적절함을 지적했습니다. 그런 다음 그는 무아(無我)에 대한 불교의 교리인 아나따anatta에 대한 올바른 해석을 제시했습니다. 이 경전에 따르면, 즉 담마를 이해하는 비구는 다섯 가지 무더기(오온)를 자아, 자아에 속하거나 자아 안에 있다고 생각하지 않으며, 그 너머의 자아도 고려하지 않습니다. 그는 가능한 경험의 모든 요소를 자아가 아닌 것으로 봅니다. 그 후 그는 개별적으로 또는 그룹 내에서 학생에게 빠알리어를 가르치기 시작했습니다. 냐나띨로까는 무아에 대한 교리의 올바른 이해를 매우 중요하게 여겼으며, 이는 부처님 가르침의 가장 중요하고 근본적인 부분이라고 강조했습니다.

냐나띨로까는 독일 제자들과 함께 주로 업, 재생再生, 무아 교리와 관련된 경전 뿐만 아니라 사미 출가 및 수행과 관련된 텍스트도 포함된 빠알리어 선집을 검토했습니다. 그는 사미의 출가와 수행과 관련된 소송경Khuddakapatha의 두 경전을 공부하고,[171] 다음에 『자따까』Jataka 주석서의 몇 가지 쉬운 텍스트와 『밀린다빵하』의 구절을 살펴본 다음, 이어서 『법구경』Dhammapada의 몇 가지 중요한 구절과 『숫타니파타』Suttanipata의 경전 일부를 공부했습니다. 그 후에는 〈10법 경〉Dasadhamma Sutta, 〈기리마난다 경〉Girimananda Sutta 및 〈무아의 특징 경〉Anattalakkhana Sutta, 〈진리의 분석 경〉Saccavibhahga Sutta 및 〈마음챙김 확립 경〉Satipatthana Sutta과 같은 『앙굿따라』, 『상윳따』 및 『맛지마 니까야』에서 중요한 경전을 연구했습니다. 〈마음챙김 확립 경〉Satipatthana Sutta은 냐나띨로까의 번역의 도움으로 아주 자세하게 고찰되었습니다. 마지막으로 앙굿따라 니까야 주석서인 『마노라타뿌라니』Manorathapurani의 한 구절, "궁극적 진리"(paramatthasacca)의 관점에서 사람(puggala)에 대한 아비담마의 입장에 대한 주석, 그리고 자애에 관한 『청정도론』Visuddhimagga의 한 구절을 검토했습니다. 뛰어난 빠알리어 학자인 냐나띨로까가 문헌을 문법적으로 설명했습니다.

냐나띨로까는 독일어와 빠알리어 외에 다른 여러 언어를 알고 있었습니다. 고등학교 때 그는 그리스어와 라틴어를 배웠고, 어릴 때부터 프랑스어, 이탈리아어, 영어도 마스터했습니다. 그는 싱할라어를 유창하게 구사했고 미얀마어와 산스끄리뜨어에도 상당한 지식을 갖고 있었습니다. 알제리에 있는 동안 그는 아랍어를 배웠고, 중국과 일본에 있는 동안 중국어와 일본어도 배웠습니다. 그는 서로 다른 언어의 단어 사이의 관계를 보여주는 능력으로 학생들에게 깊은 인상을 남겼습니다. 실제로 그는 성공적인 언어학자나 사전 편집자가 될 수도 있었습니다.

페니거와 숀펠트는 1936년 6월 6일 냐나띨로까에 의해 사미로 인정받았으며 냐나뽀니까Ñāṇaponika와 냐냐켓따Ñāṇakhetta라는 이름을 받았습니다. 승가에 입문한 두 명의 다른 독일 사미들은 오토 크라우스코프Otto Krauskop[172]와 조셉 피스토르Joseph Pistor[173]였는데 그들에게 냐나시시Ñāṇanasisi와 냐나삐야Ñāṇapiya라는 법명이 주어졌습니다. 스리랑카 전역에서 수천 명의 사람들이 이 출가행사를 구경하기 위해 섬 암자로 모여들었습니다. 1년 후인 1937년에 네 사람과 냐나브루하나Ñāṇabrūhana[174]와 냐나켓따는 구족계를 받고 비구가 되었습니다.[175] 거의 동시에 1937년에 스리랑카에 왔던 냐나켓따의 10살 남동생[176]이 사미가 되어 냐나말리따Ñāṇamalita라는 법명을 받았습니다.

체코인 냐나삿따Ñāṇasatta는 1938년에 섬 암자에 왔고 1939년 전쟁이 시작되기 열흘 전에 냐나띨로까 밑에서 비구가 되었습니다.[177] 그는 그곳에서 냐나띨로까와 함께 보낸 시간에 대해 다음 두 가지 일화를 들려주었습니다. 노년의 냐나띨로까를 위한, 콜롬보에서 보내온 연유, 신선한 버터, 좋은 빵이 있었는데 이것들을 냐나띨로까는 혼자 사용하지 않고 제자들과 함께 나누었습니다. 우유 깡통은 아침에 열려 있었고 땅에서 약 6피트 높이의 식당의 틈새에 놓여 있었습니다. 그 우유는 밀크티를 만드는 데 사용됩니다. 그런데 어느 날 승려들이 식사와 함께 일반 차를 마시고 있었는데, 고양이가 벌떡 일어나 깡통에 있는 우유를 다 마셨습니다. 냐나띨로까는 투덜거리지 않고 빈 틈새를 가리키며 제자들에게 우유와 우유를 마신 고양이의 관계에 대해 아비담마 용어로 설명해보라고 했습니다. 다른 비구는 존재 조건(paccuppanna-paccaya)이라 했으며, 또 다른 비구는 그것을 근본 조건(hetu-paccaya)이라 말했습니다.

그러나 냐나띨로까는 '이 모든 조건들이 충분히 강하지 않았다. 고양이가 우유를 내려놓기 위해 높이 뛰게 만든 것은 강하게 의지하는 조건(upanissaya-paccaya)이었다.'라고 말했습니다.

한번은 마을에서 점심 식사를 나르는 배가 강한 바람과 높은 파도를 동반한 장맛비로 인해 호수에 전복된 일이 있었습니다. 식량은 모두 유실되었고 배를 젓는 사람들은 목숨을 구하는 데 어려움을 겪었습니다. 그들은 빈 배 한 척과 호수 표면에 떠 있던 빈 용기 몇 개를 가지고 돌아왔습니다. 냐나띨로까는 자신의 오두막 높은 곳에서 무슨 일이 일어났는지를 보았고 즉시 소년을 섬에서 자라는 코코넛 나무로 보내 커다란 코코넛 열매를 따도록 했습니다. 스님들은 식사 시간에 코코넛 한 개씩을 받고 소년이 큰 칼로 잘라서 부드러운 과육을 먹고 단물을 마셨습니다. 냐나띨로까는 스님들은 받는 음식에 만족해야 한다는 점을 모든 사람에게 상기시켰습니다.

설탕이 없으면 그는 약간의 버터 기름과 함께 티베트 방식으로 차를 마셨습니다. 여행을 갈 때는 버스나 3등 기차를 타고 갔습니다. 그는 여행을 갈 때도 후원자들에게 음식 꾸러미를 달라고 하지 않았고, 빵 몇 개와 바나나 몇 개로 만족했습니다. 정오 식사 약속이 깨지면, 그와 다른 큰 스님은 오전에 배를 타고 마을에 가서 탁발을 하곤 했으며, 후배 스님들에게 자기를 위해 가라고 권하지도 않았고 마을 사람들에게 너무 많은 것을 기대하지도 않았습니다.

냐나뽀니까는 그의 스승이 사람에 관해 다음과 같이 말하곤 했다고 했습니다. "나쁜 사람은 없고 나쁜 자질만 있을 뿐입니다." 이 말은 인간의 모든 자질은 영원하지 않으며 바뀔 수 있음을 암시합니다.

1938년 말에 냐나뽀니까는 덥고 끈적끈적한 기후의 섬 암자에서 감폴라 근처 오지의 시원한 곳으로 이사하여 논에 있는 버려진 벽돌 가마에서 은둔자로서 1년 동안 행복하게 살았습니다. 여기에서 그는 『상윳따 니까야』 번역 작업을 시작했습니다. 1년 후, 독일이 오스트리아를 합병한 후, 그는 어머니와 친척들이 스리랑카로 와서 피난하도록 주선했습니다. 1956년 89세의 나이로 사망할 때까지 그의 어머니는 냐나뽀니까의 지지자였던 가족과 함께 콜롬보에서 살았습니다.

그녀는 또한 불교도가 되었습니다. 이때 그는 스리랑카 스님인 소마Soma와 케민다Kheminda와 함께 처음에는 감폴라Gampola 근처의 새로운 암자에서, 그 다음에는 반다라벨라Bandaravella의 버려진 차

공장에서 살고 있었습니다. 그는 〈염처경〉*Satipatthana Sutta*과 그 주
석서의 독일어 번역 작업을 시작했습니다. 이 경은 그의 후기 저술
의 대부분의 기초를 형성했습니다.

냐나켓따가 인도에서 불교 성지를 방문한 후 돌아와 스리랑카
의 정글에서 은둔자로 살았으며 종종 몇 달 동안 누구와도 이야기
하지 않았습니다. 그는 "바다와 같은 마음의 고요함"이라고 부르는
상태에 도달하기 위해 마음챙김 확립 명상 수련을 수행하고 있었습
니다. 그는 나중에 이 마지막 수행 기간이라고 말하는 시기에 이와
같은 극단적인 수행을 하였습니다. "나는 항상 밝은 빛 아래 앉아
있다고 느낄 정도로 일어나는 모든 감정과 느낌을 알아차리고 분석
했습니다. 등불은 밤낮으로 타서 나를 온전히 비춘다고 느꼈습니
다. 이 얼음처럼 차갑고 마음을 감독하는 통제 아래에서는 아무것
도 숨길 수 없습니다." 그러나 그는 자신이 미쳐가고 있는지 아니면
목표에 도달하려고 하는지 확신하지 못했습니다. 어쨌든 어느 날,
두 가지 선택이 모두 그에게서 강제로 사라졌습니다. 1939년 9월에
스리랑카 경찰이 나타나 그의 오두막에 들어가서 그에게 절을 하고
눈물을 글썽이며 전쟁이 진행 중이므로 그를 체포해야 한다고 말했
습니다.

폴 위르츠

섬 암자에서의 생활은 처음에는 목가적인 것처럼 보였지만 많은
신규 이민자들에게는 그다지 쉬운 일이 아니었습니다. 인류학자인
폴 위르츠Paul Wirz 박사[178]는 이 기간 동안 이웃 섬인 파라파두와에

집을 가지고 있었고 정기적으로 섬 암자를 방문하곤 했습니다. 그는 유럽에서 새로 온 많은 사람들이 직면한 환멸에 대해 글을 씁니다.

다음은 위르츠의 책 『타프로바네의 은둔자들: 세 섬 이야기』 *Einsiedler auf Taprobane: Geschichte Dreier Insein*[179]의 일부를 번역한 것입니다. 위르츠의 설명은 섬 암자에서의 삶의 측면과 다른 곳에서는 볼 수 없는 냐나띨로까 및 기타 승려에 대한 설명을 보여줍니다. 결국, 2차 세계대전 이후 위르츠는 파라파두와 섬을 섬 암자의 스님들에게 넘겼습니다.

황량하고 매우 좁은 이 섬은 독일 태생의 테라와다 스님인 아야 케마Ayya Khema가 파라파두와 여성출가자 암자(Parappaduva Nuns Hermitage)를 설립한 1984년까지 거의 사용되지 않았습니다. 이 암자는 약 5년 동안만 지속되었습니다. 위르츠는 냐나띨로까를 "빤디따Pandita"("학식있는 사람")라고 부릅니다.

"파라파두와는 호수에 있는 유일한 섬이 아닙니다. 근처에 두 개의 섬이 더 있었는데, 최근까지 작은 수로로 분리되어 있었습니다. 이 섬들은 화려한 녹색과 그늘이 보이며, 둘 중 작은 섬은 가느다란 야자수로 가득 차 있습니다. 이에 비해 파라파두와는 맹그로브의 녹색 지대로 둘러싸여 척박하고 황량합니다. "코코스 섬"인 폴가스두와는 둘 중 더 크지만 최근에 야자나무를 심었기 때문에 바른 이름이 붙여지지 않았습니다.

꽃이 만발한 히비스커스와 다양한 잎이 달린 크로톤 관목으로 둘러싸인 잘 닦인 길은 정글 덤불을 통해 오두막에서 오두막으로 구불구불 이어집니다. 오두막에는 사프란색, 노란색, 벽돌색 옷을 입은 경건한 비구들과 사미들이 살고 있습니다. 첫눈에 그들의 하얀 피부색은 원주민뿐만 아니라 대부분의 유럽인들이 이 섬 암자를 거주지로 선택했음을 드러냅니다. 사실, 이 작은 섬에는 감동적인 역사가 있었습니다. ……

1926년에는 "빤디따"가 다시 스리랑카로 돌아올 수 있었습니다. 사원은 정부에 의해 스리랑카 사람에게 싼 가격으로 팔렸지만, 후원자의 중재를 통해 빤디따는 그 사원을 다시 그의 소유로 되돌려 놓았습니다. 시간이 지나 파괴되었던 건물이 재건되었습니다. 빤디따는 지칠 줄 모르는 열정으로 다시 학술 활동을 시작했습니다. 다양한 학술 작품, 크고 작은 논문, 빠알리어 번역은 그의 노력의 결실이었습니다. 그것들은 빤디따가 불교학자와 빠알리 학자들 사이에서 눈에 띄는 위치에 오르는데 기여했습니다. 폴가스두와가 다시 번성하기 시작했습니다.

모든 나라의 불교도들이 오고 갔지만 많은 사람들은 폴가스두와에서 무엇이 그들을 기다리고 있을지 진지하게 고려하지 않았습니다. 그러므로 큰 기대를 가지고 왔던 많은 사람들이 상당히 환멸을 느낀 것은 놀라운 일이 아닙니다.

단조로운 삶, 억압적인 고독 그리고 그들이 익숙했던 모든 것을 갑자기 포기하는 것, 그리고 마지막으로, 아침에 마을에서 걸식하는 동안 스리랑카인이 제공하는 매우 단조롭고 보잘것없는 음식은 대부분 젊은 백인 불교도들에게 큰 희생과 금욕을 의미했습니다. 이를 위해 그들은 육체적으로나 정신적으로 준비가 되어 있지 않았습니다. 그들 대부분이 비구가 되어 사프란색 옷을 입고 빨리 오지나 인도, 미얀마로 떠나 억압적인 고독에서 벗어날 수 있는 시간을 기다리고 있었던 것은 당연합니다.

처음에 택한 길을 계속 유지하는 사람은 거의 없습니다.[180] 많은 사람들은 조만간 각자의 길을 갈 것입니다. 그러나 유럽에서 처음 온, 열정적인 이들 대부분이 실제적인 불교의 현실을 어떻게 알았으며, 폴가스두와에서 실제로 그들을 기다리고 있는 것이 무엇인지 어떻게 알 수 있었겠습니까? 영감과 열정으로 가득 찬 그들은 유럽에 등을 돌렸습니다. 그러나 배를 타고 약속의 땅에 도착했을 때 그곳에서 무엇을 만날지 그들은 예상할 수 없었습니다. 도착하자마자 모든 것이 예상했던 것과 다르다는 것을 알게 되었습니다.

도착 후 그들은 아름다운 자연과 겨울에도 그리 덥지 않은 기온에 매료되었습니다. 처음 며칠과 몇 주는 그곳의 삶이 제공하는 새롭고 생소한 것들, 그리고 주변 환경을 배우고 관찰하는 것으로 가득 차 있었습니다. 그러나 곧 모든 것이 빛을 잃기 시작하고, 새롭고 낯선 것이 평범해지면 영감도 사라지고 벌거벗고 딱딱한 현실만 남게 됩니다.

나는 어떤 의도로든 대부분 희망에 차 있고 온갖 종류의 환상으로 가득 차서 유럽에 등을 돌려 이곳 폴가스두와에서 새로운 집을 찾은 모든 사람들에 대해 책을 쓸 수 있었습니다. 근처 마을 주민들에게 보고하게 하면 그들만의 무미건조한 유머가 가미된 재미있는 이야기들이 뒤섞여 들려오게 될 것입니다. 시간이 지나면서 어떤 이야기들이 쌓였는지 짐작할 수 있습니다. 이와 같은 모든 경우와 마찬가지로 나쁜 말이 많았고, 빤디따 자신이 스리랑카 사람들에 의해 매우 존경받고 소중히 여겨졌음에도 불구하고, 그를 따르는 모든 백인 승려들에게는 그렇지 않았습니다.

모든 부정적인 경험을 겪은 후, 빤디따는 실제로 폴가스두와에서의 생활에 적합한 사람은 거의 없으며 누군가가 와서 위대한 스승의 발자취를 따르도록 격려하기 전에 주의가 필요하다는 것을 깨달았을 것입니다.

열대 지방에 가본 적이 없는 사람을 곧바로 폴가스두와로 보내는 것은 위험한 일이 아니겠습니까? 그곳에서 그는 찌는 듯한 더위와 고독 속에서 집없는 삶을 떠맡고 이행해야 할 것입니다. 냐나띨로까가 유럽을 떠날 때 무엇을 기대해야 할지도 모른 채 지나치게 열정적이고 낙관적이고 아주 성실하게 폴가스두와에 머물 것을 요청했던 사람들에게 그렇게 친절하지 않았다면 많은 어려움을 면할 수 없었을 것입니다. 그리고 비구의 평화로운 특징을 항상 보여주지 못한 젊은이들과 노인들이 있었습니다. 폴가스두와에 정착하자마자 그들만의 방식으로 위대한 스승의 가르침을 설명하는 사람들도 있었습니다. 그래서 섬의 평화는 한 번 이상 깨졌습니다. 그러나 보통 이러한 문제들은 평화를 깬 사람들이 폴가스두와의 삶에 적합하지 않다는 것을 깨닫고 스스로 빨리 떠났기 때문에 끝났습니다.

시간이 지나면서 영국인, 프랑스인, 이탈리아인, 폴란드인, 체코인, 특히 독일인, 심지어 가끔 일본인, 미얀마인, 인도인까지 온갖 종류의 사람들이 섬 암자에 왔습니다.

그들은 서로 다른 이유로 왔고 다양한 동기에 따라 왔지만, 모두 인류에게 반박할 수 없는 진리, 즉 괴로움의 진리와 괴로움의 소멸로 이끄는 팔정도를 가르친 위대한 스승 부처님의 사상에서 영감을 받았습니다. 심리학자는 분명히 여기서 흥미로운 연구를 했을 수도 있습니다. 말하자면, 모든 사람이 여기에 오는 근본적인 동기를 볼 수 있습니다. 비록 누군가가 아주 침묵하고 닫혀 있었다고 해도, 짧거나 오랜 시간이 지나면 그 사람은 마음을 열어야 할 것입니다.

새로 선택한 종교에 대한 열정과 근면으로 가득 찬 전직 가톨릭 신부였던 젊은 독일인[181]이 있었습니다. 그는 분노로 가득 차서 최근까지 자신이 순종했던 가톨릭교와 교황에 대한 분노를 터뜨렸습니다. 그러나 이제 그는 확신에 찬 불교도가 되었고, 머리에 연기가 날 때까지 하루종일 책 뒤에 앉아 불같은 기사를 썼으며[182], 그 글에서 그는 자신의 행위를 정당화하고 모든 면에서 고타마의 가르침이 구원에 이르는 유일한 길이라고 칭송했습니다.

그는 또한 가능한 모든 기회를 이용하여 섬 암자에 온 사람들과 토론에 참여했습니다. 이러한 토론 중에 그는 이교도들을 열렬히 공격하고 꾸짖었습니다. 그는 종종 정말로 이상한 자신만의 생각을 가지고 있었습니다. 그리고 불교에 대해서도 그는 시급한 개혁이 필요하다고 느꼈습니다. 그는 자신을 "현대 유행"의 선구자 역할을 하도록 부름받은 것으로 믿었고 그래서 "사업에는 더 많은 삶이 있어야 한다." 그리고 "상사들은 끔찍할 정도로 게으르고 도덕적으로 타락한 회사이다."라고 했습니다.

왜 많은 규칙, 고독, 금욕주의, 단식, 모든 것을 포기하는가? 그리고 무엇보다도 이성(異性)에 대한 불안과 이성을 숨기는 이유는 무엇인가? 그렇게 많은 것이 독일어로 번역되었는데 왜 빠알리어 연구가 필요한가? 그는 모든 것이 변해야 한다고 느꼈습니다. 그는 기사를 계속 쓰고 열정적인 강의를 했는데, 그의 능력에는 신념과 천재성이 부족하지 않았지만, 스리랑카 불교도들에게는 거의 인정을 받지 못했고 그의 스승과 상사에게는 더더욱 인정을 받지 못했습니다.

그는 스스로가 등을 찌르고 있다고 여기지 않는 것처럼 보였습니다. 또한 그는 자신의 행동으로 인해 자신이 인기를 잃고 있다는 것과 자신을 표현하는 데 좀 더 온건했다면 더 좋았을 것이라는 생각도 하지 않았습니다. 모두가 그를 피하는 것처럼 보였지만, 그는 떠나는 것이 더 낫다는 말을 마침내 분명히 듣게 될 때까지 눈치채지 못했습니다. 그리하여 그는 완전한 비구계를 받은 직후 떠나 라트나푸라Ratnapura로 가서 큰 사원에 머물면서 사원 대학에서 도왔습니다. 그러나 그곳에서도 그의 체류 기간은 길지 않았습니다. 그는 친구를 사귀지 않았습니다. 오히려 그는 가라고 할 때까지 그 만의 태도로 사람들을 물리쳤고, 심지어는 즉시 유럽으로 돌아가라고까지 했는데, 그들은 그에게 두 번 말할 필요가 없었습니다. 그는 검은 옷을 노란 법의로 바꾸었을 때 예수회의 태도를 비구의 태도로 바꿀 수 없었습니다. 그리하여 그는 여행을 위해 조심스럽게 저축한 돈을 가지고 눈에 보이는 안도감을 가지고 자신이 겪은 경험 이후 다시 그에게 소중해진 고국으로 돌아갔습니다.

다른 많은 사람들도 같은 경험을 겪었습니다. 가톨릭 신부만큼 변덕스럽진 않지만 섬 암자의 생활에 더 적합하지도 않은 중년의 폴란드인이 있었습니다. 그는 불교도도 아니었고 불교에 대한 성향도 별로 없어 보였습니다. 그는 공부하기 위해서 왔던 인도의 요가 가르침을 접했습니다. 그는 둘러보고 싶은 섬 암자에 도착했을 때 참을 수 없는 더위와 더욱이 추방에 비유했던 숨 막힐듯 한 고독을 우연히 발견했습니다. 그는 매우 긴급하게 약속의 땅인 인도로 떠났습니다.

이 사건은 섬 암자에서 얼마 동안 머문 후 대부분의 사람들이 떠나간 중에 가장 짧은 사례였습니다.

또한 뤼네부르크에는 나이 많고 백발의 신사이자 직업 약사인 한 사람이 있었는데, 그 이유는 하늘이 알겠지만, 그는 여기 스리랑카의 열대 하늘 아래 새 집을 찾기 위해 수년 전에 그곳을 떠났습니다. 그는 빤디따의 첫 번째 학생 중 한 명이었고 그 이후로 황량한 차 농장의 산 어딘가에 있는 작은 오두막에서 완전히 고독하게 살았습니다. 왜냐하면 좋은 동기에서든 나쁜 동기에서든 매월 고국에서 보내오는 10마르크로 생활하다가 결국 부득이하게 비구로서의 섬 암자로 돌아가는 것이 더 낫다는 결론에 이르렀기 때문입니다. 그러나 이미 75세인 스님은 이 금욕적인 삶을 오랫동안 견딜 수 없었습니다. 그의 기력은 점점 약해졌고 그의 임종이 가까워지는 것 같았습니다. 그러나 그는 갑자기 독일로 돌아가 그곳에서 죽기로 결정했습니다. 그의 친구들은 그를 배에 태워야 했습니다. 그가 더 이상 혼자 갈 수 없었고, 아무도 그가 여행에서 살아남을 것이라고 믿지 않았습니다. 그러나 그는 살아남아 전쟁이 시작되기 직전에 고국에 도착하여 병원으로 후송되어 일주일 동안 살았습니다.

법학박사인 나이든 신사도 있었는데, 그는 생을 마감하기 위해 섬 암자에 왔습니다. 그러나 그는 오래 머물지 않았습니다. 기후와

벌레, 그리고 숨 막힐듯 한 고독은 그에게 적합하지 않았습니다. 편지와 설명 등을 읽은 그는 모든 것이 다를 것이라고 상상했습니다. 왜 그는 출가의식을 받기까지 그토록 오랜 시간을 기다려야 했습니까? 이 쓰레기는 왜 있는 걸까요? "여기에 더 있으면 화를 낼 것 같습니다."는 말을 반복하며, 고독에 괴로워하는 모습을 엿볼 수 있습니다. 사실 그는 비구가 되어 사프란 가운을 입고 시원한 오지에 있는 오두막으로 갈 수 있을 때까지 기다렸습니다. 많은 사람들이 이처럼 왔다가 갔습니다. 그러나 각각에 대해 보고하기에는 너무 많은 시간이 소요됩니다.

그러나 가장 주목할 만한 것은 도단두와에서 3개월 동안 머물렀던 독일인 부부였습니다. 12년 전이지만 현지인들은 여전히 낯선 사람들을 기억했고, 그들이 많은 먼지를 일으켰기 때문에 그럴 만도 했습니다.

열대지방에 가본 적도 없고 아마도 독일 국경 너머에도 가본 적이 없는 부부는 현지 상황에 적응하지 못하고 원주민에 대해 노골적으로 적대적인 태도를 취해 상황을 어렵게 만들었습니다. 결국 경찰이 개입해야 했고 독일 영사관은 그들에게 독일로 돌아가라고 명령해야 했습니다.

우리가 섬 암자를 방문하지 않은 날은 거의 없었습니다. 나중에 우리는 방문을 줄였지만 그것은 여전히 우리 일상에 있어서 가장 반가운 변화였습니다. 길이 없었기 때문에 파라파두와로 노를 저어 갈 때 섬 암자에 들르는 것은 당연한 일이었습니다. 여러 번 우리는 가파른 자갈길의 서쪽에서 빤디따의 오두막으로 향했습니다. 가장 높은 지점에 있어 위치가 가장 좋았습니다. 우리가 올 때마다 나이 많은 신사가 우리를 환영했습니다. 그는 항상 친절했으며 모든 사람에게 도움이 되었습니다. 그의 과묵함에도 불구하고 그는 매우 매혹적인 면을 갖고 있었습니다. 첫 만남에서도, 어떤 폭풍도 더 이상 영향을 미칠 수 없는 성숙한 현자 앞에 있는 듯한 느낌이 들었습니다.[183] 그러므로 모든 사람이 그에게 그토록 매력을 느꼈다는 것은 놀라운 일이 아닙니다. 그들은 또한 섬 암자가 오직 그를 통해서만 존재하게 되었으며, 그가 없이는 무너질 것이라는 것을 알고 있었습니다.

가깝고 먼 곳에서 원주민들이 위대한 스승을 보고 존경을 표하기 위해 왔습니다. 그들은 잠시 그분 앞에 와서 그분의 발 앞에 절하고 머리를 숙이고 흡족해하며 떠났습니다. 특히 보름달이 뜨는 날, 불교도들의 종교적인 기념일에는 남녀노소를 불문하고 깨끗한 흰색 옷을 입은 모든 사람이 오후나 저녁에 절에 가서 불상 앞에 꽃을 올리곤 했습니다.

그러나 때때로 유럽인 방문객도 있었습니다. 모두가 그를 알았거나 그에 대해 들어본 적이 있었습니다. 갈레에 며칠 동안 머물던 독일 군함의 장교들조차도 섬 암자와 그곳의 비구들을 방문하여 공경하는 일을 게을리하지 않았습니다. 특별한 볼거리는 없었지만 섬 자체는 방문할 가치가 있었습니다. 그늘지고 오래된 정글 나무들, 섬을 여러 방향으로 가로지르는 잘 닦인 길, 녹지에 숨겨진 비구들의 오두막, 고귀한 침묵, 이 모든 것이 특별한 매력을 갖고 있었고 각각의 방문객을 매혹시키는 분위기를 조성했습니다. 이곳에는 시간이 멈춘 듯한 느낌이 들었고, 이곳에 사는 모든 사람들은 오늘과 내일에 대한 걱정 없이 시대를 초월하고 욕망 없이 삶 그 자체를 살아가는 것 같았습니다.

잊을 수 없는 것은 존경스러운 스승이자 학자의 작고 노란 오두막에서 보낸 시간들인데, 그는 내가 왔을 때 그의 책과 작품을 바로 제쳐두고 친절한 웃음으로 나를 환영했습니다. 하루 중 어느 시간에 내가 방문하든 그는 결코 불편해 보이지 않았습니다. 우리는 이것 또는 저것에 대해 이야기하거나 우리 둘 모두와 가까운 주제에 대해 논의하거나 그는 불교 가르침에서 불분명한 점을 나에게 설명해 주었는데, 그 분야에서는 타의 추종을 불허했습니다.

우리는 종종 다른 비구를 방문하고 그의 안부를 묻기 위해 그늘진 길을 함께 걷곤 했습니다. 그렇게 말이 적고, 눈에 띄지 않으며 이타적인 유대가 나를 그와 연결시켰습니다. 파라파두와가 그렇게 빨리 나의 제2의 집이 된 것은 비록 그가 평소의 의미에서 나의 스승은 아니었지만, 그의 성격을 통해 무의식적으로 나에게 많은 것을 준 독일인 "빤디따"의 존재 덕분이었습니다.

세 번째 섬인 '흙섬'이라는 뜻의 마티두와Matiduwa는 오랫동안 논란의 여지가 있는 섬이었습니다. 그곳은 코코넛과 계피 나무숲이었으며 낡고 버려진 집이 있었는데, 주인이 수시로 유지하고 수리하지 않았다면 폐허가 되었을 수도 있었습니다. 작고 얕은 수로가 폴가스두와와 분리되어 있었지만, 오늘날 두 섬은 서로 연결되어 있어 발을 적시지 않고도 한 섬에서 다른 섬으로 갈 수 있습니다. 폴가스두와 주민들은 마티두와를 주시하고 그것이 그들에게 제공되거나 조건 없이 처분될 순간을 기다렸지만, 소유자는 아직 그렇게 할 의

향이 없었습니다. 그럼에도 불구하고 그는 사미들이 오래된 집에 살면서 코코넛을 따는 것을 허용했습니다. 그는 이것으로 충분하다고 생각했습니다. 동시에 그는 가까운 미래에 그것을 주겠다고 약속했습니다. 그런데 예상치 못한 불행이 일어났습니다.

독일 자를란트 출신의 새로 계를 받은 사미승[184]은 스승과 동료들과 전혀 상의하지도 않고 열광적인 마음으로 인접한 마티두와 섬을 구입했습니다. 오랫동안 빤디따는 마티두와 섬을 주시하고 그것을 승가의 소유로 가져오려고 노력했고, 그 섬의 소유자는 그에게 이런 일이 일어날 것이라고 확신했습니다. 그러나 스리랑카족의 특징은 좋은 일을 하고 베푸는 것을 열렬히 좋아하는 동시에, 그것이 대가를 받는 것을 보는 것도 좋아한다는 것입니다. 돈을 가진 사람이 입찰을 합니다. 스리랑카에서는 이렇게 되어 있습니다. 이렇게 해서 그 거래는 빨리 성사되었습니다.

그 젊은이는 장래의 비구인 자신이 돈을 다룰 수 없고 땅을 사는 것에 관해서는 말할 것도 없고 오직 승가를 위해서가 아니라 자신의 이익만을 위해서라는 것을 알았어야 했습니다. 최악의 상황은 이미 부모와 형제자매들에게 자신의 의사를 알리고, 자신이 확보한 섬에 정착해 평온한 삶을 살 수 있는 스리랑카로 즉시 오라고 요청했다는 점입니다. 빤디따는 거래를 취소하려고 시도했지만 소용이 없었습니다.

곧 가족이 도착했습니다. 그의 연로한 아버지, 훨씬 젊은 어머니 그리고 그의 두 형제가 있었습니다. 그들은 여기서는 아무것도 살 수 없는 것처럼 모든 생활 도구를 자를란트에서 가져왔습니다. 콜롬보에 도착하고, 지금은 벽돌색 옷을 입고 있는 아들과 재회하고, 마티두와에 있는 반쯤 버려진 집으로 이사하는 것, 이는 가족에게 처음으로 쓰라린 실망이었습니다. 현실이 어떤지 그들에게 알려주었습니다. 그는 아름다운 초목과 맛있는 과일 그리고 만족스럽고 명상적인 삶을 살고 있는 온화한 갈색 사람들에 대해 썼지만, 인접한 섬에 있는 불교 사원에 대해서는 쓰지 않았고, 그 자신도 이미 사미가 되었다고 말했습니다. 이것은 모두 그들에게 놀라운 일이었습니다.

실망에 실망이 뒤따랐습니다. 특히 연로하신 아버지는 이미 건강이 악화되기 시작하여 낙담했습니다. 하지만 엄마도 실망했습니다. 그녀는 뮤지컬을 했지만 적어도 피아노를 구하고 싶었습니다. 형제들도 낙담했습니다. 그들은 불교와 고독한 삶에 대한 성향이 없었습니다. 그들은 여기서 무엇을 하고, 어디서 어떻게 일자리를 구할 수 있겠습니까?

아니요, 체류 기간은 길지 않았습니다. 총 한 달이었습니다. 그 시간이면 가족 모두에게 충분했습니다. 그들은 첫 번째 기회에 자를란트로 돌아왔습니다. 섬의 주인만이 한동안 머물렀지만, 그도 그 섬을 충분히 소유했고 돈의 일부를 돌려받기 위해 그것을 팔았습니다. 그는 수십 년을 기다려야 할 수도 있었기 때문에 운이 좋았습니다. 그가 돈을 갖게 된 직후, 부처님을 따르려는 그의 생각은 확실히 사라졌습니다. 그는 옷을 벗고 불과 몇 달 전에 떠났던 독일로 돌아갔습니다.

이제 마티두와는 다시 스리랑카인이 소유하게 되었습니다. 그러나 그는 빤디따와 다른 독일 승려들이 다시 희생자가 될 임박한 전쟁에 대한 충분한 징후가 있었기 때문에 그것을 독일 비구에게 즉시 기부하지 않을 만큼 영리했습니다.*

집 관리인인 우리 친구는 더 이상 오지 않았습니다. 분명히 큰 줄이 있었습니다. 항상 우리에게 경고해 주었고 항상 옳았던 우리의 또 다른 친구인 섬 암자의 스리랑카 비구는 자행되고 있는 온갖 종류의 크고 작은 사기에 대해 알아냈습니다. 그는 정보를 잘 아는 사람이었기 때문에 우리 관리인이 우리가 없을 때 계피 가지를 잘랐다고 말했고, 그것을 팔 때는 우리가 주문한 것이라고 사람들에게 말했습니다. 분명히 도난 사건도 우리 관리인의 일이었습니다.

실제로 관리인은 항상 섬의 비구들에 대해 불리한 말을 했지만 내 말에 귀를 기울이지 않았습니다. 나는 무한한 시기심이 이러한 성향의 근원이라는 것을 알고 있었습니다.

그는 우리가 그곳에 가서 상황이 실제로 어떤지 듣는 것을 좋아하지 않았습니다. 그의 온 가족이 이 나쁜 관계에 연루되어 있었습니다. 그들 각자는 분명히 대답할 것이 많았지만 그들 중 가장 큰 사기꾼은 빤디따를 위한 섬 암자 인수를 위해 그에게 맡겨진 상당한 금액의 돈을 한 때 사기쳤던 최근에 사망한 삼촌이었습니다.

그는 또한 낮은 카스트 출신이고 젊었을 때 빤디따에게 입양된

---

* 편집자 노트
2차 세계대전 중에 위르츠는 계속해서 스리랑카로 왔지만 섬 암자에는 소수의 승려만이 남아 있었습니다.

섬 암자의 스리랑카 비구에 대해 나쁘게 말했습니다. 이러한 혐오감은 카스트 자부심과 연결되었습니다. 백인 승려들이 인도에 억류된 후 그 스리랑카 비구는 섬에 혼자 있었고 그래서 우리 관리인은 그가 승려에게 최후의 일격을 가할 수 있다고 믿었습니다. 그는 그를 타락한 행위로 비난했으며 우리도 연루시켰습니다. 우리의 좋은 의도는 항상 그의 옆구리에 가시가 되었습니다. 게다가 그는 나와 내 가족이 다시 이 나라를 떠난다면 우리 섬을 섬 암자의 비구들에게 맡길 것이라는 말을 이미 들었습니다.

우리가 맺은 합의로 인해, 그는 여전히 우리가 그 나라를 떠날 때 그가 그 섬의 관리인이 되어 우리가 없을 때 그랬던 것처럼 그것으로 돈을 벌 수 있기를 바라며, 우리에게 모든 종류의 계략과 협박을 사용하고 있었습니다. 이제, 이 희망은 깨졌습니다.

도단두와 마을 전체가 이 문제를 알게 되었고 우리는 경계해야 했습니다. 물론 이것은 우리 "친구"의 작품이었습니다. 불친절한 시선들이 우리를 따라다녔고 아이들은 뒤에서 우리에게 돌을 던졌습니다. 우리 배를 그대로 놔두면 배는 더러워지거나 손상될 것입니다. 여기에서의 우리 시간도 끝난 것 같았습니다.

우리는 가능하면 마을과 사람들을 피했습니다. 때때로 우리는 빤디따가 어떻게 지내는지, 어떤 소식이 있는지 알아보기 위해 섬 암자를 방문했습니다. 그곳은 더욱 조용하고 조용해졌습니다. 수줍게도 체코 스님은 우리의 길을 비켜갔습니다. 또한 스리랑카 비구는 이제 이곳의 주인이었기 때문에 예전과 같지 않았습니다.

길에는 잡초가 무성했고, 오두막집 하나만 빼고는 모두 비어 있었습니다. 두 번째로 섬은 무자비한 운명을 겪어야 했습니다. 두 번째로 고귀한 사람의 창조와 활동이 갑작스럽게 끝났습니다. 그의 오두막, 창문을 통해 밤늦게까지 빛이 비치는 것을 종종 볼 수 있었고, 그가 시작한 일을 끝마칠 때까지 쉬지 않고 두꺼운 책 위에 몸을 구부리며 일을 했던 그 오두막은 잠기고 봉인되었습니다.

경찰 두 명이 감시를 하고 있었습니다. 앞으로 며칠, 몇 주가 지나면 무슨 일이 일어날지 아무도 몰랐습니다. 독일인이 소유한 폴가스두와는 정부에 의해 압수되어 경매될 것이라고 했습니다. 하지만 다른 소문도 있었습니다.

이곳은 형언할 수 없을 만큼 조용했고, 내 안은 형언할 수 없을 만큼 텅 비어 있었습니다. 나는 여기서 무엇을 찾고 있는가, 내가 여기에 존재하는 목적은 무엇인가? 그러나 내 마음속에는 길을 걷고 있는 키 큰 인물이 친절하게 웃으며 나를 향해 고개를 끄덕이는 것을 봅니다. 그게 그의 마지막 이미지입니다."*

"길을 가파르게 올라갔습니다. 마을을 뒤로하고 풍경은 점점 더 황량해졌습니다. 한 시간 동안 걸은 후에 우리는 도착했습니다. 우리 앞에 낮은 차 덤불 외에는 초목이 없는 언덕이 나타났습니다. 세 개의 작은 오두막이 그 위에 있었습니다. 어떻게 이 초대받지 못하는 얼룩덜룩한 곳에서 살 수 있는지 믿을 수 없습니다. 그러나 그 땅

---

* 편집자 노트

이전에 위르쯔Wirz는 감폴라 산의 와리야고다 암자에 있는 웃발라완나 자매를 방문하기도 했습니다.

은 무료로 주어졌고, 오두막들은 거의 비용이 들지 않습니다."

우리가 첫 번째 오두막에 가까이 왔을 때, 수많은 개들이 짖으며 우리를 맞이했습니다. 쪼그라들었지만 실제로는 훨씬 더 젊고 작은 여자가 머리를 매끄럽게 삭발하고 벽돌색 옷을 입고 나왔습니다. 우리가 이전에 들어본 적이 있는 이 사람은 함부르크 출신의 독일 여성 불교도였습니다. 5년 전 그녀는 승가에 받아들여 출가 생활을 시작하기 위해 고국을 떠나 스리랑카로 왔습니다. 그녀는 아직 환멸을 느끼지 않았습니다.

"나는 내가 선택한 운명에 만족합니다. 나는 되돌릴 수 없습니다. 내가 내 것이라고 부르는 것은 내 몸에 입는 옷, 내 오두막의 안식처, 편지지와 책입니다. 모두 좋은 사람들이 기증한 것입니다. 그리고 탁발용 발우도 잊지 마세요. 무엇이 더 필요합니까? 큰 삶은 나에게 더 이상 아무것도 제공하지 않지만, 더 많은 고독을 가질 수 있는 것이 나에게는 더 기분 좋을 것입니다. 너무 많은 사람들이 이곳에 오는데 대부분은 호기심 때문에 옵니다. 이미 나에게 동굴이 할당되었습니다. 가장 이상적인 생활 공간이 될 것입니다. 내가 항상 바라던 것입니다."

우리는 나중에 알게 된 것처럼 스리랑카에서 이런 길을 택한 유일한 사람이었던 특이한 여성과 오랫동안 이야기를 나눴습니다.

두 번째 오두막에는 라인부르크 출신의 늙은 약사 비구가 살고 있었으며 몇 년 동안 혼자 지내고 있었습니다. 다른 집보다 조금 더 큰 이 별장은 몇 년 전 독일인 여의사가 지은 별장으로 그곳에서 한동안 살았고 그 후 독일 불교도들에게 그곳을 제공했습니다. 그녀는 젊고 열정적인 독일 예술가이자 작가인 고빈다를 어머니다운 방식으로 입양했는데, 그도 마찬가지로 불교에 관심이 있었습니다. 그는 양어머니와 함께 인도 북부로 이주하기로 결정했는데, 그곳에서 더 수익성 있고 견딜 수 있는 일 분야가 그에게 열렸습니다. 그곳에서 그는 그림으로 그에게 몇 가지 명령을 내린 마하라자Maharaja의 관심을 끄는 데 성공했습니다.

세 번째 오두막에는 빤디따와 함께 처음으로 스리랑카에 왔지만 해안 기후를 견딜 수 없어 오지로 도망친 가장 나이 많은 독일 승려가 살고 있었습니다.

많은 사람이 이 길을 택했지만, 오랫동안 견딜 수 있는 사람은 극소수였습니다. 모든 사람이 고독하고 집없는 수행자의 삶을 살기에 적합한 것은 아닙니다. 이 승려는 어떤 환멸을 느꼈습니다. 그는 너무 오랫동안 가난과 출가자의 삶을 살아왔습니다. 그의 말과 행동을 보면 그가 이 영원한 고독, 삶을 가치 있게 만드는 모든 것을 영원히 포기하는 것에 지쳤음을 추론할 수 있습니다. 비록 그가 어떤 식으로든 이러한 감정을 공개적으로 인정하지는 않았지만 말입니다. 그는 단조로운 생활에서 변화를 모색하는 경우가 더욱 자주 발생했습니다. 그는 갑자기 섬 암자에 나타났다가 갑자기 사라졌습니다. 결국 그는 섬 암자와 차 농장에 있는 그의 집 사이를 끊임없이 오가게 되었습니다.

그러던 어느날 그는 자발적으로 미얀마로 가기로 결정했습니다.

"거기 기후는 훨씬 더 좋고 사람들은 더 친절하며 여기보다 훨씬 더 넓은 적절한 거주지를 얻을 가능성이 있습니다."라고 그는 확신에 차서 말했습니다. "거기에 가면 다시는 돌아오지 않을 것입니다. 미얀마에서 생을 마감하는 것이 항상 저의 소망이었습니다." 여행 비용은 한 비구의 겸손한 요청을 거절할 수 없었던 한 후원자로부터 제공되었으며, 한동안 그 늙은 비구에 대해서는 아무 소식도 들리지 않았습니다. 그러나 불과 몇 달이 지나지 않아 그가 갑자기 섬 암자에 다시 나타났습니다. 미얀마, 사원에서의 생활 그리고 그곳의 사람들은 그로 하여금 환멸을 느끼게 했습니다. 그곳 사람들의 인심은 이곳만큼 좋지 않았고, 말하자면 그곳에서 그의 발우에 담긴 것은 밥뿐이었습니다. 그래서 여기서 그는 다시 섬 암자와 차 농장 사이를 오가는 중이었습니다. 그러나 전쟁이 시작되면서 갑자기 그를 붙잡아 두었기 때문에 오래 가지 못했습니다. 그와 다른 독일인들은 본의 아니게 강제 수용소로 가야 했습니다.

21장: 데라 둔 수용소
1939 ~ 1946년

1939년 9월 3일 영국 정부가 독일에 전쟁을 선포하자 냐나띨로까는 즉시 다시 구금되었습니다.[185] 스리랑카에서 체포된 다른 독일인 44명과 함께 그들은 콜롬보로 이송되어 그곳에 잠시 머물다가 1914년과 마찬가지로 디야탈라와 수용소로 보내졌고 그곳에서 2년 넘게 머물렀습니다.

여성들은 억류되지 않았으며 웃빨라완나 자매는 바리야고다에 머물렀습니다. 그녀는 1945년에 고빈다로부터 부동산을 인수하고 1970년대까지 그곳에 머물다가 캔디 근처의 동굴로 이사했습니다.

디야탈라와 수용소에서 냐나말리따의 도움으로 냐나띨로까는 마침내 『청정도론』*Visuddhimagga*의 독일어 번역을 마쳤습니다. 그는 이미 1927년에 폴가스두와에서 전체 23개 장 중 처음 7개 장의 번역을 마쳤습니다. 등사기로 인쇄된 첫판 100권이 출판되었습니다.

1942년 2월 15일 일본이 싱가포르를 점령했을 때 스리랑카는 전쟁 지역으로 선포되었고 냐나띨로까를 비롯한 다른 7명의 독일 승려들 모두 인도로 끌려갔습니다.[186] 그들은 배를 타고 콜롬보에서 뭄바이(이전 명칭은 봄베이)까지, 그곳에서 기차를 타고 인도 북서부의 데라 둔 마을 근처 중앙 수용소로 이송되어 1942년 3월 그곳에 도착했습니다.

이 수용소는 수천 명이 거주하는 인도에서 가장 큰 수용소였습니다. 이곳은 델리 북쪽의 갠지스강 상류, 히말라야 산 중턱에 위치하고 차 농장으로 둘러싸여 있었습니다. 산보다 다소 높은 곳에 무수리Mussoorie의 언덕 역이 있었습니다. 이 지역은 냐나띨로까가 1910년 스위스 남부 테신에 머물렀던 일을 생각나게 했습니다.

막사 수용소는 이중 철조망 울타리로 둘러싸여 있습니다. 영국군은 계속해서 나무 울타리 기둥을 잡아먹고 있는 흰개미들과 절망적인 전쟁을 벌이고 있었습니다. 이 울타리 안에는 8개의 분리된 수용소 건물이 있었고, 각 건물은 다시 철조망으로 둘러싸여 있었는데, 이곳에는 서로 다른 그룹의 사람들이 수용되었습니다. 독일군을 위한 4개의 구역 중 하나는 반국가 사회주의자들을 위한 것이었고, 3개는 나치를 위한 것이었습니다. 이 3개의 독일 나치 구역 중 하나는 인도와 스리랑카 출신의 독일인을 위한 것이었으며, 하나는 인도네시아 출신의 독일인을 위한 것이었고, 다른 하나는 나머지 모든 독일인을 위한 것이었습니다.

나머지 4개의 건물 중 첫 번째 건물은 북아프리카에서 체포된 이탈리아 장군들이 거주했으며(그들은 파시스트 구역과 반파시스트 구역으로 나누어졌습니다), 두 번째 건물은 이탈리아 카톨릭 선교사들을 위한 곳이었습니다. 세 번째 건물은 기타 구역을 위한 곳이었고, 네 번째는 병원동이었습니다.

독일인 최초의 구역, 제1구역인 소위 "큰 사힙"("Bara Sahibs")에는 독일 기업 대표, 독립 상인, 의사, 선교사 등 상류층 구성원이 거주했습니다. 처음에는 불교 승려, 교사, 과학자, 낭가파르바트 등산 원정대원 등이 있었습니다. 두 번째 독일 건물에는 인도네시아 수마트라 섬에서 네덜란드인에 의해 체포된 독일 고무 농장주인 소위 "수마트라 하이니스Sumatra Heinis"가 수용되어 있었습니다.

다른 수용소에 있었던 대부분의 독일인들에게 이 수용소의 조건은 네덜란드인, 일본인, 러시아인이 운영하는 수용소보다 더 인도적인 것 같습니다. 막사는 잘 지어져 있었고, 산에서 불어오는 신선한 공기도 쾌적했습니다. 그러나 스리랑카 출신의 독일인들에게는 상황이 달랐습니다. 디야탈라와에서 그들은 자신들의 방과 좋은 음식으로 상대적으로 사치스럽게 살았지만, 이제 독일 승려들은 막사와 천막에서 살고 있었습니다.

억류자들은 백인에 대한 원주민의 존경심을 지키기 위해 신중했기 때문에 영국인에 의해 적절한 대우를 받았습니다. 수용소는 영화관, 축구장, 테니스 코트 2개가 있는 작은 마을 같았습니다. 작업장, 도서관, 병원, 매점, 오케스트라, 심지어 졸업장을 수여할 수 있는 학교까지 있었습니다. 많은 수감자들이 막사 앞에 동물을 키우고 정원을 만들었습니다. 수감자들에게는 일주일에 한두 번씩 명예로운 휴가가 주어져 아름다운 주변 환경을 산책할 수 있었습니다.

독일 불교도들은 모두 같은 구역에 속하지 않았습니다. 냐나띨로까와 왓뽀는 "큰 사힙 구역"에 머물렀고 냐나뽀니까는 냐나켓따 및 그의 형제 냐나말리따와 함께 "반나치 구역"에 있었습니다.

고빈다는 이전에 인도의 다른 수용소에서 데려왔습니다. 고빈다는 더 이상 독일인이 아니고 영국 시민권을 갖고 있었지만, '반영국 동조자', 즉 네루 가문과의 연루로 인해 1940년에 억류되었습니다.[187] 처음에는 냐나뽀니까가 설 자리가 없었습니다. 그리고 반나치파의 다른 두 승려는 고빈다의 막사에 합류하기 전에 제1구역에서 반년을 기다려야 했습니다.

냐나띨로까는 왜 제1구역에 머물렀을까? 여기에는 여러 가지 이유가 있는 것으로 보입니다. 냐나띨로까가 현대 독일 건국기에 민족주의적인 상류층 가정에서 성장했다는 점을 고려해야 합니다. 1919~1920년, 그가 소위 바이마르 공화국으로 돌아왔을 때 그는 공산주의자들의 혼란과 파괴적인 활동만을 발견했습니다. 더욱이 그는 자신을 스파이로 취급하는 영국인들의 극단적인 반독일 태도를 반복적으로 경험했습니다. 1차 세계대전 이후 6년 동안 그들은 그가 스리랑카로 돌아오는 것을 허락하지 않았습니다. 아마도 이러한 부정적인 경험 때문에 그는 독일 정부 편에 머물기를 선호했을 것입니다. 그의 제자인 냐나뽀니까, 냐나켓따, 냐나말리따는 유대인 출신이었고 젊었을 때 유대인 친구들이 있었기 때문에 그는 분명히 반유대적인 감정을 품지 않았습니다. 나치는 1939년 섬 암자에서 그에게 문제를 일으켰고 그가 나치즘에 호감을 가졌을 가능성은 거의 없습니다.[188]

또한 제1구역의 공식 명칭은 "나찌 구역"이 아니었고 유대인 배경을 가진 냐나뽀니까도 처음에는 그곳에 머물렀기 때문에 나치만이 거주했던 것도 아니라는 점에 유의해야 합니다. 1차 세계대전 당시 호주인 수용소에 냐나띨로까가 머물렀던 것과 마찬가지로 그가 머물렀던 구역은 관리인, 독일 상류층을 위한 것이었습니다. 그러나 수용자들 중 나치 동조자들이 많았고 이들 수용자들이 이 구역에서 큰 영향력을 행사했기 때문에, 반나치 진영에서는 이렇게 불려야 했습니다.

그가 자신의 방과 사생활을 확보할 수 있었던 "큰 사힙" 구역의 상대적인 편안함과 원활한 조직력은 아마도 그가 병영에서 지내야 했을 반나치 구역에서, 그리고 일들이 그렇게 잘 조직되지 않은 곳에서 머물게 만들었던 결정적인 요인이었을 것입니다. 무질서하고 반항적인 공산당 선원들과 배를 타고 콜롬보로 여행했던 그의 1920년 경험 때문에 그의 구역 배치가 지연되었을 것입니다. 승려 계율의 측면에서 볼 때, 계를 지키지 않는 사람들과 대화하고 그들에게 담마를 가르치는 것에는 잘못이 없습니다. 만약 그들의 요청을 받으면, 승려들은 심지어 전장 근처의 군대 수용소에서 며칠 동안 머물며 가르치는 것이 허용됩니다. 어쨌든, 냐나띨로까는 충성스러운 왓뽀와 함께 제1구역에 머물렀습니다. 반면 냐나뽀니까는 나치의 유대인 희생자로서 나치의 괴롭힘을 직접 경험했습니다.

그런 이유로 그는 그의 어머니를 스리랑카로 데려와서 그녀를 홀로코스트에서 구해냈습니다. 그래서 그가 사랑하는 스승과의 이별이 그에게 쉽지 않았을 텐데도 그가 반파시스트 진영으로 이동하기로 결정한 것은 충분히 이해할 수 있는 일이었고, 분명히 냐나띨로까도 그것에 대해 슬퍼했을 것입니다.

냐나띨로까와 냐나뽀니까는 모두 데라 둔에서 시간을 활용하여 많은 저술 작업을 했습니다. 냐나띨로까는 여러 차례 재인쇄된 권위 있는 매뉴얼인 『불교사전』을 집필했으며, 그가 영어로 쓴 작품의

독일어 번역을 준비했습니다. 냐나뽀니까는 『숫타니파타』, 『담마상
가니』, 『앗타살리니』(담마상가니 주석서) 및 마음챙김 확립 명상과 관
련된 일부 문헌을 독일어로 번역했습니다.

다른 수감자들이 종종 매우 시끄러웠기 때문에 환경은 명상에
적합하지 않았습니다. 더욱이 동료 수감자들은 명상가들이 책상다
리를 하고 앉아 있는 것을 보면 비웃곤 했습니다.

냐나띨로까는 운이 좋게도 가구와 전기가 갖춰진 자신만의 방
을 갖게 되었고 그곳에서 왓뽀와 함께 살았습니다. 이 방의 커튼 뒤
에는 왓뽀 자신만의 자리가 있었습니다. 반나치파의 승려들은 생활
형편이 좋지 않아 가구도 없이 막사에서 지내야 했습니다. 1943년
나치파에 전기가 들어온 지 오랜 시간이 지나서야 반나치파에 전기
가 들어왔습니다. 수용소 당국의 허가를 받아 다른 구역 방문도 가
능했고 냐나뽀니까와 고빈다는 정기적으로 냐나띨로까를 방문했
습니다.[189] 냐나뽀니까와 고빈다는 담마에 대한 서로 다른 견해에도
불구하고 가까운 친구가 되었습니다.

1916년 마지막 투옥과 달리 이번에는 냐나띨로까가 탈출을 시
도하지 않았습니다. 그러나 다른 사람들은 탈출을 시도했습니다.
대낮에 독일인 7명이 탈출하는 모습은 정말 장관이었습니다. 영국
상류층 관습에 익숙한 독일 사업가 롤프 마게너Magener와 하인스
폰 하베von Have는 영국 장교로 분장했고, 낭가파르바트 산악 원정
대원 하인리히 하라 등은 인도 노동자로 분장했습니다. 전선 수리
대원인 척 가장한 '장교'와 그 '대원'은 초소를 통과해 정글을 빠져
나갔습니다. 마게너와 폰 하베는 영국인과 스위스 사업가인 척하면

서 인도 일등석으로 여행했습니다. 한 달 만에 그들은 미얀마에 도착했고, 그곳에서 영국 스파이로 간주되어 일본인에게 체포되었습니다. 그들은 두려운 일본인 헌병의 심문을 받은 후 3개월 후에 석방되어 도쿄로 보내졌습니다. 그들의 경험은 마게너가 쓴 책인 『죄수의 절벽』*Prisoner's Bluff*[190]에 기록했습니다. 하렐은 많은 어려움을 겪으며 티베트 라사까지 여행했습니다. 그는 나중에 자신의 모험에 관한 책인 『티벳에서의 7년』*Sieben Jahre in Tibet*을 썼고, 영어로 *Seven Years in Tibet*[191]로 번역되었으며, 1997년에는 낭만적인 할리우드 영화로 제작되었습니다. 대부분의 탈출자들이 그랬듯이 영국군에 잡힌 탈출자들도 28일간의 독방 감금이라는 처벌을 받았습니다.

도망친 유일한 승려는 냐나켓따였습니다. 경비병들로부터 간신히 탈출한 후[192] 그는 며칠 동안 산을 통과하여 걷다가 우연히 힌두교 수행자를 만났고 그 덕분에 몇 주 동안 머물 수 있었습니다. 힌두교 수행자는 그가 이전에 노력했지만 얻지 못했던, 깊은 평온(삼매)의 상태에 도달하는 방법을 그에게 성공적으로 가르쳤습니다. 이 만남과 그가 완전한 해탈로 받아들인 깊은 평온의 경험은 결국 그로 하여금 불교를 버리고 스스로 힌두교 수행자가 되도록 했습니다.

대부분의 탈출자들처럼 냐나켓따도 자신의 자유 의지로 수용소로 돌아갔습니다. 체포될까 봐 늘 불안하고 고독한 생활은 너무 스트레스였습니다. 그는 1944년 말에 승가를 떠났고 나중에 가우리발라Gauribala라는 이름의 힌두 스와미가 되었습니다. 1차 세계대전의 억류 기간 동안 발생한 많은 환속과는 대조적으로, 냐나켓따와 그의 남동생 냐나말리따는 이 억류 기간 동안 옷을 벗고 환속한 냐나띨로까의 유일한 제자였습니다.

데라 둔에서 에이들리쯔의 삶*

"내가 거의 6년 동안 살았던 인도의 수용소는 대부분 좋은 수용소였습니다. 가스실도, 화장로도, 고문실과 처벌실도 없었습니다. 독일과 주변국의 이러한 수용소들은 어떤 면에서도 인도 수용소와 비교할 수 없었습니다. 간단한 음식은 일반적으로 훌륭하고 충분했지만, 거의 고기로만 구성되어 있었는데, 인도의 많은 지역에서는 실제로 기근이 있었기 때문에 식단은 확실히 당국의 잘못은 아니었습니다. 제가 개인적으로 고통 받고 가끔 굶은 것은 제 자신의 실수였습니다. 왜냐하면 저는 제 스승의 집에서 배운 엄격한 채식주의

---

* 편집자 노트

위의 내용은 유대인 오스트리아 작가 발터 에이들리쯔Walther Eidlitz[193]가 쓴 『박타』 *Bhakta*[194]라는 책의 일부인 데라 둔 수용소에서의 생활에 대한 설명입니다.

에이들리쯔는 1938년 5월에 인도에 왔습니다. 영적인 탐구를 하고 스리 마하라지(Sri Maharaj)라는 구루 밑에서 힌두교 박티 요기(Bhakti-yogi)가 되었습니다. 2차 세계대전이 발발하자 그는 체포되었고, 독일군이 프랑스를 침공하기 직전의 짧은 자유 기간을 제외하고는 남은 전쟁 기간을 인도의 수용소에서 보냈습니다. 수용소에서 그는 박타(*Bhakta*, 헌신자)였던 독일 산스끄리뜨 학자를 만나 그의 제자가 되었습니다.

에이들리쯔는 데라 둔 수용소에 몇 명의 저명하고 모범적인 독일 학자 승려가 있었지만 대신 그와 다른 수감자들이 잘 지낼 수 없었던 엄격한 독일 승려 냐나시시와 함께 막사에 머물러야 했다고 언급했습니다. 에이들리쯔의 설명은 냐나띨로까를 직접적으로 다루지는 않지만 수용소에서의 생활을 매우 독특한 방식으로 묘사하므로 여기서 다시 실을 가치가 있습니다.

생활을 따르려고 이기적으로 노력했기 때문입니다. 하지만 좋은 대우에도 불구하고 수용소에는 어느 때는 절망이 극복되지 않고 고문받는 세상의 고통과 걱정, 문제를 끝내기 위해 자살하려고 하는 사람은 (나를 포함해서) 한 명도 없었습니다.

신처럼, 모든 나라의 당국은 모든 곳을 보고 싶어 했고, 그래서 십만 명의 엿보는 눈으로 보고 십만 명의 교활한 귀로 듣는 독창적인 비밀경찰 시스템을 구축했습니다. 이 유령 같은 괴물들의 감각과 사지는 전 세계로 뻗어나가고, 수용소에도 퍼져나갔습니다. 내가 인도 수용소에 도착했을 때 나는 즉시 "조심하세요. 그 사람은 당신을 확인하기 위해 당신에게만 친절합니다. 그는 스파이입니다. 나치 요원입니다. 저 사람? 영국에 보고서를 작성합니다." 한 번은 술에 취해서 나에게 직접 말했습니다. 그가 하사에게 메시지를 건네는 것을 본 적이 있습니다. 여기 이 사람? 신이시여 우리를 구원하소서! 모르십니까? 그는 GPU에 속한 공산주의자입니다. 내 말을 믿으세요. 러시아에는 반나치 및 나치와 함께 그들의 대표와 구성원들이 있습니다. 이제 그들은 전쟁이 끝나면 무슨 일이 일어날지 이미 보고 있습니다."

파괴의 불꽃이 타오르는 발밑에서 시바의 춤을 추는 것에 대해 전혀 알지 못한 채, 철조망 우리에 살고 있는 수천 명의 사람들이 얽힌 군중들은 분열과 두려움으로 타올랐습니다.

수용소 밖에는 회색과 갈색 원숭이들이 엄청나게 많이 살고 있었는데, 그 원숭이들은 각각 매우 통제력이 강한 독재자이자 진정한 폭군인 거대하고 나이 많은 수컷 원숭이 한 마리가 이끌었습니다. 종종 원숭이 무리 전체가 바깥 철조망 울타리 앞에 서 있었고, 늙은 원숭이와 젊은 원숭이, 수컷과 암컷(아기를 가슴에 안고 있는)은 모두 슬프고 진지한 동물의 눈으로 울타리가 쳐진 이상한 인간세계의 울타리 속을 바라보았습니다.

우리는 종종 "우리는 정말 잘 지내고 있다. 동물원도 있다."고 웃었습니다. 그러나 그러면 우리는 현실이 어땠는지 기억하게 될 것입니다. 밖의 원숭이들은 자유로웠고 울타리 너머로 우리 안에 갇힌 인간들을 호기심 어린 눈길로 바라보고 있었습니다.

원숭이들은 무엇을 보았을까요? 철조망 안에는 항상 개미처럼 우글거리는 인간들이 보였습니다. 그들은 땅을 파고 바나나와 다른 과일 관목과 나무를 심었습니다. 그들은 막사 앞에 작은 정원을 만들었습니다. 그들은 화단에 물을 주었습니다. 그들은 꽃과 채소를 뿌렸습니다. 그들은 상추를 심었습니다. 그들은 목공 일을 하고, 파이프를 깔고, 뜨개질을 하고, 배관 공사를 하고 있었습니다. 그리고 그들은 땀을 흘리고 있었습니다. 그들은 콘크리트를 섞어 벽돌과 돌로 건물을 지었습니다. 그들은 침대의 해충과 양말과 셔츠의 구멍에 맞서 끝없는 싸움을 벌였습니다. 그들은 카드놀이를 하고 몇 시간 동안 축음기를 작동시켰습니다. 그들은 대화를 나눴습니다. 그들은 논쟁했고 싸웠습니다. 많은 사람들이 막사 안에서 빈대가 있는 튼튼한 침대에 며칠 동안 멍하니 누워 악몽을 꾸었습니다.

수용소의 8개 구역은 철조망 뒤에서 자율성을 누렸습니다. 세심하게 보호된 울타리 뒤에는 사회주의 국가가 있었고, 이 국가는 별도로 폐쇄된 3개의 구역으로 더 나누어졌습니다. 총통(리더), 하급

총통, 이너서클이 있었습니다. 여기에는 "기쁨을 통한 용기", 음악 및 연극 공연, 교육을 위한 조직이 있었습니다. 원하는 사람은 누구나 법률 작성의 기초부터 공장 관리, 심지어 시험까지 추가 교육을 받을 수 있습니다. 또한 블랙리스트, 비밀 행위, 불쾌한 요소에 대한 보이콧, 반대 집단에 합류, 때로는 지팡이 처벌, 편지 비난 제안 같은 것이나 게슈타포도 있었습니다.

인접한 반민족 사회주의자들의 진영에는 정기 선거와 열띤 선거 선동을 통한 엄격한 민주주의 정부 형태가 있었습니다. 이곳에서는 공개적으로 연합군이 증오하는 적들에 대한 승리를 기원하는 여러 언어의 기도가 있었습니다. 이 건물에서 주민들은 기차역 대기실처럼 살았습니다. "시련이 끝날 때까지 며칠, 몇 주 밖에 걸리지 않았습니다." 모두가 조기 출옥을 기다렸습니다. 그들은 철조망 뒤에서 전쟁 종식의 대승리를 축하했고, 슬픔과 비통함으로 가득 차 훨씬 더 오래 기다렸습니다.

두 명의 주교를 포함한 이탈리아 가톨릭 선교사들만을 위한 또 다른 철조망 울타리는 너비가 250미터, 길이가 300미터에 달하는 실제 교회 국가였습니다.

동부 아프리카에서 체포된 약 100명의 이탈리아 장군들을 수용하는 수용소가 있었습니다. 이 고위군사 집단은 내부적으로도 파시스트 집단과 반파시스트 집단으로 나뉘어 서로 격렬하게 반목하고 있었습니다.

한 수용소 구역에서는 수용자들이 철조망 가까이에 서서 적대적인 태도로 이웃 구역을 바라보며 일제히 스타카토로 노래를 불렀습니다. "지도자! 지도자! 지도자!… 히틀러! 히틀러! 히틀러!…" 반파시스트들이 살고 있던 이웃 수용소에는 다가오는 행사를 준비하기 위해 장작불이 동시에 피워졌고, 이어서 실물 크기의 밀짚으로 만든 무솔리니 상이 걸려 있었습니다. 깜박이는 빛 속에서 교수대 위에 매달려 있던 독재자를 교수대에서 끌어내려 불 속으로 던져지려던 때는 자정이 훨씬 넘은 시간이었습니다. 영국 중사가 경계를 지키고 있던 군인 몇 명과 함께 행진해 들어왔습니다. 그는 무뚝뚝하고 불안해하며 "호두까기 인형"이라고 불렀습니다. 그는 틀니를 부딪치며 친절하고 정중하게 "작가가 누구냐? 이렇게 편곡한 사람이 누구냐?"고 물었습니다. 기뻐서 주요 예술가들은 스스로 신고했고, 그들이 밤의 휴식을 방해했기 때문에 철조망 건너편에 있는 반대자들의 큰 환호를 받으며 끌려갔습니다.

우리는 모든 면에서 보살핌을 받았습니다. 물론 철조망 뒤에는 수감자들을 위해 큰 영화관 막사도 세워졌고 더위에 맞서 윙윙거리는 선풍기들이 있었습니다. 영화관은 유럽의 경비병과 장교들을 위한 것이기도 했습니다. 영화관 막사가 불탔을 때, 몇 주 만에 밤낮으로 노동하여 다시 지었습니다. 인도인 관리는 수입을 포기하고 싶지 않았습니다. 세 줄로 정렬된 우리는 경비를 받으며 수용소 구역의 이중 철조망 탑을 지나 영화관을 둘러싼 철조망 울타리 안으로 행진했습니다. 나치는 일제히 행진했지만, 반나치주의자들은 항의로 행진하지 않았습니다.

당황한 원숭이들은 거리에서 나뭇잎 위로 뛰어내려 이빨을 드러냈습니다. 그런 다음 우리는 값싼 인도 담배 연기에 둘러싸여 빽빽하게 붐비는 벤치에 앉아 미국의 선정적인 영화를 보았습니다. 우리는 뉴스 영화도 보았습니다. 우리는 젊은 여왕이 부상당한 젊은 병사들에게 꽃과 과자를 주는 모습을 보았습니다. 우리는 윙윙거리는 폭격기가 땅에 거대한 분화구를 파고 연기를 하늘 높이 뿜어내는 큰 폭탄을 어떻게 투하하는지 보았습니다. 우리 눈앞에서는 알려지지 않은 대도시가 파괴되었고 때로는 우리가 태어난 도시도 파괴되었습니다.

모든 외부 세계에 있는 것들은 우리를 위한 것이었습니다. 세상의 모든 문제와 비참함, 분쟁과 증오가 이중 철조망을 통해 우리에게 방해받지 않고, 엄격하게 차단된 수용소 안으로, 신자와 비신자에게로 흘러들어왔습니다. 가톨릭과 개신교, 가능한 모든 기독교 종파의 신자들, 유대인과 외로운 회교도와 불교도, 약 20개 유럽 국가의 남성, 독일인, 오스트리아인, 이탈리아인, 핀란드인, 불가리아인과 루마니아인, 에스토니아인, 라트비아인 및 리투아니아인에게로. 그리고 우리 수용소에 갇힌 사람들도 동맹국에 속했지만 체코인, 폴란드인, 그리스인, 유고슬라비아인, 덴마크인, 노르웨이인에게로. 그들은 모두 뉴기니와 이라크, 홍콩과 에티오피아 사이의 먼 열대 지방에서 전쟁으로 인해 기습을 당한 사람들이었습니다.

그들은 모두 예전처럼 살려고 노력했습니다. 그들은 이전에 가졌던 직함, 즉 책임자 또는 학습상담사라고 스스로를 지칭했습니다. 그들 중에는 이전에 엄청나게 높은 수입과 중요한 직업을 가졌던 대규모 농장의 이사와 관리자도 많이 있었습니다. 여행 가방은 수마트라의 네덜란드 수용소에서 인도로 여행하는 동안 일본 잠수함에 의해 침몰되지 않는 한, 정기적으로 열어보았습니다. 소지품은 신선한 공기 속에 쌓아두었고 잠옷은 햇빛에 널어 손상되지 않도록 했습니다. 그리고 속물스런 양복과 디너 재킷이 빨래줄에 걸려 바람에 흩날리고 있었습니다. 일요일 오후에는 종종 두 사람 중 한 사람이 정장 재킷과 다림질한 셔츠를 입고 다시 우아한 신사가 되기 위해 몇 시간 동안 막사와 화장실 사이를 걷다가 다시 한번 좀먹은 카키색 반바지를 입곤 했습니다.

여행 가방을 풀었다가 다시 짐을 꾸리곤 했습니다. 추억은 풀었지만 결코 잠겨 있지 않았습니다. 해가 갈수록 현재가 점점 암울해지고 언어의 수사적 구조가 다 무너졌기 때문에 수감된 수천 명의 사람들은 기억 속에 뒹굴며 더욱 열정적으로 기억 속에 살았습니다. 몇 시간이고 며칠 동안 그들은 철조망을 따라 오르내리며 이 식당이나 저 식당에서 무엇을 먹었는지, 요리 순서, 곁들인 와인, 강렬한 맛에 대한 가장 세세한 부분까지 이야기를 나누었습니다. 같은 방식으로 그들은 여성들과의 모험, 그들이 성사시킨 좋은 사업 거래와 나쁜 사업 거래, 어떻게 누군가를 속였는지에 대해 이야기했습니다. 그들은 탐욕스럽게 그들의 이야기와 농담을 아직 듣지 못한 새로운 동료를 찾았습니다. 다른 수용소에서 새로 온 사람들은 이야기를 들려줄 사람으로 방문 받을 것입니다. 많은 사람들은 같은 막사에서 수년간 함께 생활했기 때문에 상대방의 웃음소리와 이야기를 더 이상 참을 수 없어서 서로를 강하게 피했습니다.

많은 수감자들이 애완동물을 키웠습니다. 철조망 울타리 안에 갇혀 있던 그들은 자신들의 우리 안에 동물들이 들어 있는 작은 우리를 넣고 이 동물들에게 온전한 사랑을 주었습니다. 독일의 여러 유대교 교회에 불을 붙이는 일을 부지런히 도왔다고 자랑스럽게 주장하는 한 남자는 앵무새, 나이팅게일, 기타 새들을 애정 어린 마음으로 소중히 여겼습니다. 우리 막사에 있던 선량한 독일 음악가이자 확고한 반파시스트는 쥐를 키우고 있었습니다. 한번은 길을 잘못 든 들쥐를 이미 생쥐 가족이 살고 있는 우리에 넣었습니다. 마르고 이상한 이 암컷 쥐는 수줍고 두려운 마음으로 우리 구석에 자리 잡고 있었습니다. 가능한 한 자신을 눈에 띄지 않게 하려고 노력했지만, 아빠 쥐, 엄마 쥐, 작은 쥐들은 냄새를 맡을 수 있었고 그녀의 존재로 인해 불안하고 짜증나고 배신감을 느꼈습니다. 그래서 30분 후에 이상한 쥐는 날카로운 이빨에 물려 피 웅덩이 속에 죽어 누워 있는 것이 목격되었습니다. 아마도 생쥐들은 두려움에 떨고 있는 낯선 손님이 은밀한 동기로 자신들의 땅에 몰래 들어온 악의적인 침입자라고 생각했을 것입니다.

수용소에서 가장 좋은 곳은 역시 철조망으로 울타리가 쳐져 있는 병원이었습니다. 그것은 수용소의 모든 수감자들이 좋아하는 곳이었습니다. 이 병원의 한 병동에서는 진정한 평화를 찾을 수 있었습니다. 환자들이 극심한 고통을 겪고 있을 때, 가장 열광적인 얼굴은 종종 아이들의 얼굴처럼 신선하고 인간적인 얼굴이 되기도 했습니다. 아, 열대 지방에서 수십 년을 살아온 노인과 젊은이들이 어려운 수술을 앞두고 잠 못 이루는 밤에 자신들의 삶에 대해 이야기하거나 죽음을 기다리고 있을 때, 나에게 얼마나 많은 이상한 불행이 나타났는가? 그 환자들은 아주 작은 호의에도 감사했습니다. 그들은 자신과 같은 부류에 속하지 않고 자신과 다른 부류에 속한 인간이 옆 침대에 누워 있다는 사실을 잊어버릴 것입니다. 그러나 그들은 나아지자마자, 또는 천천히 비참하게 죽어가는 사람에게 거짓된 희망의 광선이 비치자마자, 그들의 얼굴은 다시 굳어지고, 경멸하고, 경멸하는 표정을 짓고, 비밀 메시지와 동료 환자에 대한 조치를 보이콧하려는 생각을 시작할 것입니다.

산 능선이 가장 잘 보이는 수용소 묘지는 철조망으로 둘러싸여 있지 않은 수용소의 서쪽 가장자리에 위치해 있었습니다. 경비원에 의해 그곳으로 끌려온 수감자들이 무덤을 조심스럽게 관리하고 있었습니다. 그러나 수감자들 사이의 정치적 증오와 상호 반감은 죽은 자에게서도 그치지 않았습니다. 수용소의 가장 강력한 당은 반대 집단의 시신이 공동묘지에 묻혀있어 자신들의 당의 시신을 오염시키고 있다는 사실에 분노했습니다. 수용소의 새로운 불안을 피하기 위해 수용소 사령관은 반나치와 반파시스트의 시신을 다음 도시의 멀리 떨어진 묘지에 묻어야 한다는 의무감을 느꼈습니다.

8개 구역 모두에 있는 부엌 막사 지붕 위에는 독수리처럼 생긴 흉측한 맹금류들이 빽빽하게 줄지어 앉아 있었습니다. 그들은 수용소의 진정한 영주였습니다. 철조망은 그들을 방해하지 않았습니다. 그들이 철조망 위를 맴돌고 있을 때나 다양한 인간군상을 내려다 보고 있을 때에도 어떤 파수꾼도 그들을 총으로 쏘지 않았습니다. 새들은 무엇을 보았나요? 그들은 음식을 보았습니다. 그들은 부엌 막사에서 나온 사람들이 반파시스트인지, 파시스트인지, 성직자인지는 신경 쓰지 않았습니다. 그들은 떼를 지어 격렬하게 내려와서 고기 한 조각을 낚아채곤 했습니다. 탐욕에 사로잡혀 접시 옆을 때리고 접시를 쥐고 있는 사람의 손을 할퀴는 일도 잦았는데, 이들 탐욕스러운 맹금류들은 썩은 고기를 먹고 시체 독을 품고 있었기 때문에 위험했습니다.

나 역시 구루의 집에서 그랬던 것처럼 막사에서 살아가면서 명상을 하려고 노력하다가 이기적으로 그만 두었습니다. 수용소에는 외딴 방이 몇 개 있었습니다. 그런 방을 얻어 그곳에서 평화롭게 일하고 명상하는 것이 한동안 나의 목표였습니다. 또는 적어도 막사의 모퉁이에 자리를 잡고 싶었습니다. 왜냐하면 이것은 한쪽에만 이웃이 있고 다른 쪽에는 아늑하고 보호벽이 있다는 것을 의미했기 때문입니다. 나는 『바가바드기타』*Bhagavadgita*에서 "명상 없이 어떻게 평화를 얻을 수 있는가?"라는 글을 읽었습니다. 소음과 소란 속에서 명상을 시도하려고, 똑바로 앉아서 다리를 꼬았는데, 다른 수감자들의 웃음거리가 되었습니다.

다시 한번, 잔디가 발로 짓밟힌 수용소 한구석에서 나는 토끼를 위한 작은 우리나 닭이나 오리를 위한 어떤 우리 뒤에서 명상의 평화를 찾을 수 있는 꽤나 한적한 장소를 발견했습니다. 그곳은 수감자들이 건설했습니다. 그 후에도 여전히 조금은 행복하고 밝은 마음으로 배고픈 개떼가 식사를 기다리는 소리 같은 소음이 자주 들리는 배급소의 긴 줄에 합류했습니다. 어떤 화가 난 남자가 나에게 "왜 항상 모나리자처럼 웃고 있는 거죠? 우리가 있는 그런 구역에서 왜 아직도 웃을 수 있는지 이해할 수 없어요."라고 비난하곤 했습니다.

아침에 날카로운 휘파람 소리가 나를 깨웠습니다. 날카로운 휘파람 소리가 나에게 매일 점호를 위해 운동장으로 가서 줄을 서라고 불렀습니다. 주방에서 휘파람 소리가 나서 음식을 나눠주기 위해 줄을 서라는 신호를 받았습니다. 날카로운 휘파람 소리로 공동 봉사, 감자 껍질 벗기기 등의 작업을 알렸습니다. 창문 청소, 막사 청소 등 어떤 일을 하라는 명령을 받았는데…… 그런데 나 자신은 어디에 있었을까요?

(잠시 풀려났다가 다시 구속된 후) …… 나는 어두컴컴한 막사, 흰 모기장 아래, 부서진 과거의 산산조각난 기억 아래서 신음하면서 좁게 열을 지어 잠자는 사람들 사이에 누워 있었습니다. 미래에 대한 두려움이 가득했습니다. 나는 잠을 잘 수 없었습니다. 내 눈꺼풀 아래로 밀려드는 환상이 사라지지 않았습니다. 나 역시 다른 사람들처럼 불안으로 가득 차 있었습니다. 나는 오스트리아에서 점점 더 큰 위험에 처해 있고 어쩌면 나보다 더 나쁜 수용소에 살고 있을지도 모르는 나의 친척들, 어머니, 아내, 아이에 대한 걱정을 억누를 수 없었습니다. 나는 나 자신의 운명에 대한 슬픔, 사랑하는 스승과의 영적 수련이 명백히 무의미하게 두 번 중단되었다는 슬픔을 억누를 수 없었습니다. 나는 침대에 앉아 스승님께 배운 대로 명상을 하려고 노력했습니다. 그것은 효과가 있었지만 마침내 지쳐서 누웠을 때 새로운 고통스러운 환상이 내 눈앞에서 쉬지 않고 윙윙거리고 생각이 강제로 펼쳐졌습니다.

자칼은 수용소 주변에서 울부짖었습니다. 그런 다음 한 무리가 수용소에 몰래 들어와 쓰레기 구덩이를 탐욕스럽게 파고 캔을 덜

거덕 거렸습니다. 코를 골고 있는 옆 사람들은 잠을 자다가 안절부절 못하고 돌아 누웠습니다. 그들의 침대는 삐걱거리고 있었습니다. 마치 알프스가 침목 위에 누워 있는 것처럼 종종 신음소리가 막사를 가득 채웠습니다. 나는 한 가지 괴로운 생각을 지울 수 없었습니다. 모든 사람들과 함께 나는 이 큰 수용소에서, 이 수용소의 8개의 구역에 있는 모든 사람들, 아니, 지구 전체의 모든 사람들이 희미한 동굴 바닥에 묶여 누워 있는 생각이었습니다. 우리는 우리 자신의 욕망, 편견, 무지, 겸손의 부족이라는 족쇄에 묶여 있었습니다. 나는 전에 그런 동굴에 대해 읽은 적이 있었음이 틀림없습니다. 플라톤의 작품이 아니었나요? 기억이 잘 나지 않았습니다.

어두운 동굴에 갇힌 수감자들인 우리 모두는 동굴을 배경으로 한쪽 벽에서 깜박이는 그림자 놀이를 무서운 눈으로 응시했습니다. 우리는 왜곡된 그림자의 춤만 보고 이러한 움직임의 의미를 해석할 수 없었습니다. 몇몇 흐릿한 그림자만 동굴속으로 떨어졌던 원시 이미지 제국에서, 실제 살아있는 인물들의 놀이에는 우리가 접근할 수 없었습니다.

나는 손을 움직여 그 이미지를 없애려고 노력했습니다. 나는 목이 말라 우물로 가서 물을 마시려고 일어났습니다. 나는 잠든 사람들을 깨우지 않기 위해 조용히 침대 줄 사이를 지나 긴 막사의 문으로 걸어갔습니다. 밖에서는 수용소 주변에 있는 자칼 무리의 울음소리가 더욱 시끄러웠습니다. 몇 시간 동안 그들은 수용소를 둘러싸고 있는 어두운 숲속에서 합창단처럼 울었습니다. 종종 합창단은 조용해지고 단 한 마리의 동물만이 마치 우리 인간이 살고 있는 이

상한 그림자 세계를 비웃는 것처럼 더욱 거칠고 소름끼치는 웃음을
터뜨렸습니다.

데라 둔에서의 석방

독일은 1945년 5월 8일에 항복했고 데라 둔의 수감자들은 곧 석
방되기를 바랐습니다. 그러나 일본과의 전쟁은 계속되었고, 이것이
데라 둔에 수감자들이 계속 머물게 된 이유였습니다. 고빈다는 영
국 여권을 가지고 있었고, 1945년 7월 14일에 석방되었기 때문에
운이 좋았습니다. 일본이 마침내 항복했을 때 수감자들은 곧 석방
되기를 바랐지만 역시 헛된 일이었습니다. 문제는 법에 따라 평화
조약이 체결된 후에만 석방될 수 있다는 것이었고 실제로는 독일과
의 조약이 결코 체결되지 않을 것이라는 점이었습니다.

수감자들을 석방하지 않은 이러한 법적 이유 외에도 더 실제적
인 이유가 있었습니다. 1차 세계대전이 끝날 때와 마찬가지로 영국
은 모든 독일인을 송환하려고 했지만 1919년에는 독일 제국이 송
환된 모든 사람을 받아들일 의무가 있었지만, 이제는 다소 다른 조
건을 가진 4개의 점령 지역이 있었습니다. 영국 지역의 사령관은 이
미 동쪽에서 인구 과잉 지역으로 난민이 끊임없이 유입되고 있었
기 때문에 더 많은 사람들을 받아들이는 데 관심이 없었습니다. 그
러나 영국의 목표는 아시아에서 독일의 영향력이 다시 커지는 것을
막기 위해 모든 독일인을 본국으로 송환하는 것이었습니다.

마침내 1946년 11월, 많은 숙고 끝에 데라 둔의 독일인 주민 대
부분은 영국이 점령한 독일 지역의 함부르크로 송환되었습니다. 스

리랑카 불교도들과 정치적으로 점점 더 강력해지는 여러 조직의 노력 덕분에 냐나띨로까와 다른 불교 승려들 그리고 가우리발라와 그의 형제 냐나말리타(승복을 벗었지만 불교도로 남아 있음)[195]는 폭탄 피해를 입은 비참한 독일로 돌아가는 것을 면했습니다. 단체들은 스리랑카 총리 세나나야카D. S. Senanayaka에게 영국 정부에 압력을 가해 당시 독일 승려들이 독립을 향한 첫 걸음을 내딛고 있던 스리랑카로 돌아갈 수 있도록 해달라고 요청했습니다. 세냐나야카의 개입은 성공적이었으며, 1946년 9월 냐나띨로까와 다른 사람들은 스리랑카로 돌아갈 수 있었습니다.

1946년에 수용소를 떠나기 직전에 냐나띨로까는 『불교사전』 영어판 서문을 마쳤습니다. 이미 1941년에 디야탈라와에서 그는 독일어 버전을 완성했습니다. 따라서 대중적이고 권위 있는 불교사전은 그가 데라 둔에서 보낸 시간의 주요 결실이었습니다.

22장: 말년
1946 ~ 1957년

냐나띨로까의 생애 마지막 10년은 그의 초기 생애만큼 다사다난하지 않았습니다. 가장 중요한 사건은 미얀마 6차 결집에 참석한 것입니다.

7년간의 유배 끝에 냐나띨로까는 왓뽀, 냐나뽀니까와 함께 섬 암자로 돌아갈 수 있었습니다. 이번에는 섬 암자가 양호한 상태로 유지되었습니다. 냐나띨로까는 감폴라와 반다라왈라에서 냐나뽀니까의 두 친구인 스리랑카 승려 소마Soma와 케민다Kheminda와 함께 섬을 돌보았습니다.

냐나뽀니까는 전쟁이 발발한 직후 그곳을 관리하는 데 도움을 주기 위해 그들을 섬 암자로 데려왔습니다. 그들이 떠나있는 동안 마티두와와 인접한 섬은 섬 암자를 지원하는 사사나다라 칸타 사미티야Sasanadhara Kantha Samitiya라는 조직의 구성원인 소유자 에바드네 드 실바Evadne de Silva에 의해 섬 암자에 기부되었습니다. 두 섬을 연결하기 위해 작은 둑길이 건설되었기 때문에 이제 한 섬에서 다음 섬으로 걸어갈 수 있게 되었습니다. 이것은 냐나띨로까에게 좋은 환영 선물이었습니다.

냐나띨로까가 사망했다는 거짓 보도가 1947년 독일에 퍼졌습니다. 이 보도는 신문과 심지어 라디오에도 등장했습니다. 보고서가 허위로 판명될 때까지 애도 편지가 섬 암자에 넘쳐났습니다. 그러나 10년 후 냐나띨로까가 실제로 사망했을 때 독일 언론은 이를 전혀 주목하지 않았습니다.

1949년에 콜롬보의 후원자인 J. K. 페르난도 씨의 도움으로 냐나띨로까는 자신의 저술과 섬 암자에 머물고 있는 다른 승려들의 저술을 출판하기 위해 섬 암자 출판사를 시작했습니다. 출판된 유일한 출판물은 그의 『불교사전』과 냐나뽀니까의 『아비담마 연구』 *Abhidhamma Studies*였습니다.

냐나띨로까의 두 번째 법문집인 『해탈에 이르는 길』*The Path to Deliverance*은 1952년에 출판되었습니다. 이 책은 『붓다의 말씀』보다 크고 구성도 다릅니다. 사성제에 기반을 두는 대신, 청정의 일곱 단계와 팔정도의 세 가지 범주인 계·정·혜, 삼학을 결합합니다. 영어로 저술되었지만 냐나띨로까가 자신이 쓴 모든 작품 중에서 가장 마음에 들었던 작품이었습니다. 그러나 그의 가장 인기 있는 작품은 여전히 『붓다의 말씀』이었습니다. 이 현대 불교 문학 고전은 여러 판본을 거쳐 여러 언어로 번역되었습니다. 많은 사람들이 부처님의 가르침을 접했거나 이 책을 통해 부처님의 가르침에 대한 명확한 이해를 얻었습니다.

냐나위라와 냐나몰리

1949년에 두 명의 교육받은 영국 상류층 불교도인 하롤드 머슨 Harold Musson[196]과 오스버트 무어Osbert Moore[197]가 섬 암자에 왔고 냐나위라Ñāṇavira와 냐나몰리Ñāṇamoli라는 이름으로 냐나띨로까에 의해 제자로 받아들여졌습니다.

머슨은 부유한 집안 출신이었습니다. 그가 9살이었을 때 영국군 대령이었던 그의 아버지는 미얀마에 주둔했고 그곳에서 어린 머슨은 불교에 대한 첫인상을 받았습니다. 케임브리지의 막달레나 대학에서 그는 처음에는 수학을 공부했고 나중에는 이탈리아어를 포함한 현대 언어를 공부하여 졸업했습니다.

무어는 실리 제도Scilly Isles에서 자랐습니다. 그의 아버지는 한때 탐험가였습니다. 이탈리아어와 프랑스어에 재능이 있는 무어는 옥스퍼드의 엑서터 대학에 입학하여 머슨처럼 현대 언어를 공부했습니다. 골동품에 대한 전문적인 지식과 희귀하고 특이한 물건을 찾아내는 능력 때문에 부유한 대학 친구가 졸업 후 문을 연 골동품 가게의 파트너가 되었습니다.

2차 세계대전이 발발하자 무어는 군대에 입대했고, 이탈리아어 실력 덕분에 이탈리아 전쟁 포로들을 위한 대규모 수용소에서 일하는 정보 장교가 되었습니다. 1944년에 그는 이탈리아로 이송되어 중요한 이탈리아 스파이와 방해 공작원들을 심문했습니다. 여기서 그는 이탈리아어에 능통하여 스파이를 심문하는 장교가 된 머슨을 처음 만났습니다. 이들은 좋은 친구가 되었고 장교들의 난장판 속에서 문학과 철학에 관해 길고 깊은 토론을 나누었습니다.

불교에 대한 그들의 관심은 한 니체주의자의 불교에 관한 저술인 『깨달음의 교리』*The Doctrine of Awakening*[198]를 읽은 이후에 생겨났습니다.

예술가이자 파시스트이며 밀교주의자인 율리우스 에볼라Julius

Evola가 쓴 이 책은 그들에게 큰 인상을 남겼습니다. 에볼라는 그 책의 목적을 "대부분의 후속 형태에서 인식할 수 없을 정도로 약화되었던 원래 불교의 본질을 조명"하는 것이라고 썼습니다. 에볼라에게 불교 교리의 본질적인 정신은 "조건 없음에 대한 의지에 의해 결정되었고 가장 급진적인 형태로 확인되었으며, 죽음만큼이나 삶에 대한 지배로 이어지는 것에 대한 조사에 의해 결정되었습니다."[199] 머슨은 에볼라의 책을 영어로 번역하고 결국 루작Luzac & Co에서 출판하게 되었습니다.

전쟁 후 영국으로 돌아온 무어는 BBC의 이탈리아 부문에 합류했습니다. 1948년, 런던에서 같은 아파트에 살았던 무어와 머슨은 그들이 살아온 삶이 전혀 무의미하다는 결론에 도달했습니다. 그래서 그들은 불교를 수행하기 위해 스리랑카로 가기로 결정했습니다. 그들은 1949년 4월 콜롬보에 도착하여 와지라마마야 섬 암자를 방문했습니다.

섬 암자에 몇 주 동안 머문 후 무어는 친척에게 보낸 편지에서 섬 암자에서의 생활에 대해 다음과 같이 설명했습니다.

암자는 실제로 둑길로 연결된 두 개의 섬으로 구성되어 있습니다. 폴가스두와(코코넛 나무 섬)는 1차 세계대전 이전부터 암자였으며 마디두와(둥근 섬)는 주인이 암자측에게 준 계피 정원이었습니다.

원래의 암자는 맹그로브, 야자나무, 덩굴식물이 우거진 숲 정글로 덮여 있으며 그중에는 7개의 독립된 '집'(각각 하나의 방)과 식당이 있습니다. 마디두와는 더 개방적이며 계피 덤불과 코코넛 야자 나무로 덮여 있습니다. 둘 다를 둘러싸고 있는 둑길은 맹그로브의 좁은 띠로 아치형을 이루고 있습니다. …… 호수는 넓고 바다와 연결되어 있기 때문에 폭이 약 2.5마일이고 코코넛으로 덮인 언덕으로 완전히 둘러싸여 있습니다. 밤에는 시골의 논밭 사이에서 먹이를 먹고 낮에는 쉬면서 섬의 맹그로브 숲에서 꽥꽥거리는 거대한 두루미 서식지입니다. 이상하게 선사시대 공룡처럼 보이는 이구아나는 길이가 약 3피트이고 덤불 사이를 돌아다니고, 비슷한 모양의 물도마뱀은 호수에서 헤엄칩니다. 큰 새들은 꾁음을 내고, 작은 새들은 노래보다도 더 감미롭고 감상적인 노래를 부릅니다. 실제로 노래를 부르는 경우도 많습니다. 북소리는 본토의 여러 곳에서 오랜 시간 동안, 때로는 밤새도록, 때로는 하루 종일 복잡한 리듬으로 연주됩니다.[200] 하루 종일 가장 가까운 본토에서 코코넛 껍질을 두들겨 섬유질로 만드는 단조로운 소리가 들립니다.

날씨는 언제나 여름입니다. 이제 태양이 머리 위에 떠 있습니다. 한낮에는 날씨가 매우 무거울 수 있지만 항상 구름이 끼어 있고 하늘은 이상하게 영국식으로 보입니다. 비가 자주 내리는데 비라고 하면 정말로! 천둥과 번개를 동반한 구름이 쌓입니다. 그러다가 호수 건너편에서 폭포처럼 이상한 꾁음이 들리고, 곧 섬에는 놀랄 만큼 세게 비가 쏟아집니다.

현재 하루를 다음과 같이 보내고 있습니다. 저는 4시에 일어나서 7시쯤까지 명상을 하는 것을 목표로 하고 있습니다. 그런 다음 방을 쓸고(승려에게 허용되는 유일한 육체 노동) 부엌에서 차를 끓입니다. 네 명의 재가 수행자 중 한 명이 아침 식사를 가져왔습니다. 코코넛 밀크로 만든 죽, 매콤한 소스를 곁들인 떡, 과자, 바나나와 파파야로 구성되어 있습니다. 나는 빠알리어를 배우거나 명상을 하거나 요리를 하며 아침을 보냅니다. 때로는 재가자들이 음식을 가져오는 경우도 있고, 가져오지 않는 경우도 있는데, 그럴 때는 손에 잡히는 재료로 요리를 합니다. 오후에는 잠시 잠을 자고, 호수에서 목욕을 한 후 명상을 합니다. 7시 정도에는 식당에 가고 싶은 사람을 위해 차가 준비되어 있습니다. 여기에서 차와 레몬을 마시고 승려들과 교리에 대해 이야기하거나 빠알리어 경전을 낭송합니다. 이때는 어둡고 식당은 양쪽이 공기가 통하게 열려 있습니다. 이상하게도 교리를 논의하거나 빠알리어를 낭송할 때 커다란 두꺼비들이 바닥으로 나와 큰 금빛 눈을 깜빡이지도 않으면서 듣고 있습니다.

경전 낭송이 끝나면 두꺼비들은 떠납니다. 분위기는 거의 프란치스칸 수도원과 유사합니다. 특히 비가 너무 큰 소리를 내며 내릴 때나, 기름 심지의 미약한 빛이 천둥소리와 함께 거의 연속적인 푸른 번개에 묻혀버릴 때나, 또는 다시 울창한 나무들 사이로 부드럽고 강한 빛이 흘러내리는 보름달의 믿을 수 없을 정도로 장대한 밤에 묻혀버릴 때면 소리를 질러야 말소리가 들립니다.

우리는 10시쯤 잠자리에 듭니다. 아시다시피 정오 이후에는 아무것도 먹지 않는데, 제가 친숙하게 받아들인 습관입니다. 나는 항상 단단한 침대를 좋아했기 때문에 얇은 매트리스가 깔린 판자 위에서 잠을 자는 것은 나에게는 적당합니다.

여기에 살고 있는 스리랑카인, 독일인, 미얀마인 승려들에 대해 두 가지 점에서 인상이 깊었습니다. 그것은 그들의 특별한 친절함, 배려, 명랑함과 신뢰할 만한 주제를 선택할 때를 제외하고 토론은 금기시됩니다.[201]

같은 편지의 끝 부분에서 무어는 그와 머슨이 승려가 되기로 결정했으며, 몇 주 안에 사미승으로 받아들여질 것이라고 발표했습니다. 따라서 1949년 4월 24일 영국인들은 섬 암자의 냐나띨로까로부터 출가(pabbajja)를 승인 받았습니다. 1950년에 그들은 콜롬보의 와지라라마Vajirarama 사원에서 펠레네 와지라냐나 마하테라Pelene Vajirañāṇa Mahathera 휘하에서 비구계를 받았습니다.

순례나 다른 사원 방문과 같은 가끔 중단되는 일을 제외하고 냐나몰리는 11년의 승려 생활을 섬 암자에서 보냈습니다. 냐나띨로까 큰스님에게 빠알리어의 기초를 배운 후, 그는 비교적 짧은 시간 내에 빠알리어에 대한 놀라운 구사력과 삼장에 대한 폭넓은 지식을 습득했습니다. 그는 유명한 학자이자 『청정도론』Visuddhimagga 및 『지도론(指導論)』Nettipakarana과 같은 대부분 난해한 빠알리어 문헌의 다작 번역가가 되었습니다. 1960년에 그는 케민다 스님(Kheminda Thera)과 함께 도보 순례를 하던 중 심장마비로 사망했습니다.

냐나위라는 건강 문제와 더 많은 홀로있음에 대한 욕구로 인해 5년 만에 섬 암자를 떠났습니다. 결국 그는 스리랑카 남쪽 깊은 곳에 있는 분달라Bundala라는 해안 마을 근처에 있는 더 적합하고 건조하며 외딴 정글 지역에 있는 오두막으로 이사했습니다. 여기서 그는 은둔자로 살았습니다. 그는 냐나몰리 및 다른 여러 사람들과 지속적으로 서신을 교환하여 부처님의 가르침과 서양 철학 및 문학과의 관계에 대해 광범위하게 논의했습니다.

냐나위라는 붓다의 경전과 니체, 하이데거 같은 서구 실존주의 철학자들에 대해 얻은 이해를 바탕으로 『담마에 관한 노트』*Notes on Dhamma*[202]라는 논쟁적인 작품을 썼고, 이 작품을 1965년에 개인적으로 출판했습니다. 다른 견해 중에서 그는 연기(paticcasamuppada)에 대한 "일생一生 해석"을 주장하고 "삼생三生 해석"과 아비담마(Abhidhamma)와 빠알리 주석서에 제시된 부처님 가르침에 대한 다른 해석을 강력히 거부했습니다.

심각한 만성 건강 문제로 인해 냐나위라는 1965년에 자살했습니다. 사망 후 공개될 예정이었던 편지에서 그는 1959년에 걷기 명상을 하고 담마에 대해 숙고하는 동안 수다원이 되었다고 주장했습니다.

냐나위말라

1953년 프리드리히 몰러Friedrich Moller라는 냐나띨로까의 제자가 오랜 공백 끝에 독일에서 스리랑카로 돌아왔습니다. 몰러는 데라 둔Dehra Dun 수용소에서 냐나띨로까를 만나 그의 제자가 되었습니다.

1911년 혜센도르프 바이 린테인Hessendorf bei Rintein에서 태어난 몰러는 어릴 때부터 영적인 경향이 있었습니다. 그는 처음에는 기독교인이었지만 독일에서 인도 의대생과의 만남을 통해 요가와 힌두교에 대한 관심을 갖게 되었고, 그래서 그는 새로운 종교 활동을 계속하기 위해 인도로 가기로 결정했습니다. 독일군은 전쟁을 준비하고 있었고 많은 신병이 필요했기 때문에 일반적으로 독일인이 이 나라를 떠나는 것이 꽤 어려웠습니다. 그러나 2차 세계대전이 일어나기 3~4년 전에 몰러는 자신이 근무하던 함부르크에 무역회사를 마련하는 데 성공했습니다. 그곳은 자신을 인도 뭄바이로 보내 무역상으로 일하게 고용했었습니다. 전쟁이 시작되기 약 1년 전, 몰러는 콜롬보에 있는 독일 무역회사의 이사로 임명되었습니다. 콜롬보에서 그는 즐겁고 사치스러운 삶을 살았으나 1939년 전쟁이 발발하면서 갑작스럽게 끝났습니다. 영국 식민지에 살고 있던 다른 많은 독일 남성들과 함께 몰러는 영국 정부에 적으로 체포되었습니다. 그는 처음에 스리랑카 구릉지의 디야탈라와Diyatalava에 억류되었고, 그 후 1942년 초 인도 북서부의 데라 둔 근처에 있는 크고 상당히 편안한 중앙 수용소로 보내졌습니다. 그는 냐나띨로까와 그의 독일 제자 왓뽀와 같은 구역에 배치되어 친구가 되었습니다.

엄격한 채식주의자인 몰러는 수용소에서 제공되는 비채식주의자 음식 먹기를 거부했고 이로 인해 거의 사망할 뻔했습니다. 죽음의 문턱에서 그는 불교도 친구들의 조언에 따라 채식주의 견해를 포기했고 빨리 회복되었습니다. 나중에 그는 이 경험을 이야기하면서 채식을 장려하지 않는 부처님의 지혜를 이해했다고 말했습니다. 수용소에 있는 동안 그는 냐나띨로까의 제자이자 독실한 불교 신자가 되었습니다.

프리드리히 몰러는 스리랑카에서 승려가 되겠다는 강한 열망에도 불구하고 수용소에서 풀려난 뒤 독일로 돌아가야 했습니다. 그는 전쟁 전에 스리랑카에서 승려가 아니었기 때문에 그렇게 할 자격이 없었습니다. 그는 처음에 함부르크 근처 시골 농장에서 일했습니다. 그가 받은 유일한 보수는 무상으로 음식과 숙소를 제공받는 것뿐이었지만, 이것이 배고픈 것을 피할 수 있는 유일한 대안이었습니다. 얼마 후 그는 함부르크에서 영어 교사로 일하게 되었고, 전쟁 중에 그를 잃은 아들처럼 대했던 전 여주인과 함께 지낼 수 있었습니다. 많은 독일 남성이 전쟁 중에 사망했으며 몰러의 학생 대부분은 여성이었습니다. 그럼에도 불구하고 몰러는 관능과 로맨스의 유혹을 물리칠 수 있었는데, 스리랑카로 돌아가 승려가 되겠다는 확고한 결심을 했기 때문입니다.

그는 지역 불교 단체에 참여하게 되었습니다. 1953년 어느 날, 함부르크의 한 호텔에서 그는 콜롬보에 있는 스리랑카 전법협회(Lanka Dharmadhuta Society)의 창립자인 아소카 위라라트나Asoka Weeraratna의 연설을 영어에서 독일어로 번역해야 했습니다. 이 회의에서 위라라트나와 몰러는 전법협회의 지원을 받아 스리랑카에 가기로 동의했습니다. 전법협회는 그가 최초의 독일 불교 전법단과 함께 독일로 돌아가기 전에 3년 동안 전법 사업 훈련을 받을 수 있도록 주선해 주었습니다.

거의 13년의 부재 끝에 몰러는 스리랑카로 돌아와 1953년 6월 콜롬보에 도착했습니다. 그는 콜롬보의 전법협회에서 1년 동안 살았으며 캔디의 숲 암자Forest Hermitage에서도 시간을 보냈습니다. 그는 콜롬보에서 섬 암자로 이사했고, 43세의 나이에 1955년 9월 19일 냐나띨로까에 의해 사미로 받아들여졌고, 빠알리어 이름은 냐나위말라Ñāṇavimala였습니다. 냐나띨로까의 건강이 쇠퇴하자 그는 사미를 섬 암자의 주지 냐나로까Ñāṇaloka에게 맡겼습니다. 그러나 특히 그에게 빠알리어를 가르치고 승려의 계율과 승려 생활의 다른 측면을 설명함으로써 도움을 준 사람은 영국 비구 냐나몰리였습니다. 사미가 된 지 정확히 두 달 만에 그는 마디하 빤냐시하Madiha Paññasiha를 스승으로 삼아 승가에 비구로 받아들여졌습니다. 그제서야 그는 자신이 먼저 자신을 위해 노력해야 한다는 것을 깨달았고 아직 자신이 다른 사람을 위한 스승이 될 수 있다고 생각하지 않았습니다. 그는 스리랑카에 머물기로 결정했습니다. 그는 나중에 냐나몰리와의 대화를 통해 이러한 마음의 변화가 일어났다고 말했습니다. 전법협회는 그의 바람을 존중했습니다.

냐나위말라는 10년 동안 섬 암자에서 조용히 살면서 공부와 명상에 전념했습니다. 그는 빠알리경을 연구하고 얻은 이해를 실천에 옮겼습니다. 그는 일반적으로 혼자 지내며 다른 사람들과 거의 접촉하지 않았습니다. 그러다가 1966년에 섬 암자를 떠나 스리랑카를 거쳐 도보로 유행遊行을 떠났습니다. 약 25년 동안 그는 남쪽에서 북쪽으로, 서쪽에서 동쪽으로, 그리고 다시 스리랑카 전역을 걸었습니다. 그는 일반적으로 한 번에 최대 3일 동안 도중에 사원이나 기타 장소에 머물렀다가 계속 걸었습니다. 그의 엄격한 두타행 실천의 목적은 소유물을 축적하지 않고 장소와 사람에 대한 정신적 집착을 피하는 것이었습니다. 한 장소에 오랫동안 머물게 되면 집없는 출가자라는 승려의 상태와 충돌할 수 있는 다양한 집착이 쉽게 쌓일 수 있습니다. 냐나위말라는 발우와 몇 가지 필수품이 담긴 작은 가방만 들고 다녔습니다. 그는 심지어 샌들도 사용하지 않았습니다. 한번은 강도들이 그에게 다가와 그의 가방을 조사했지만 그의 빈 손에는 가치 있는 물건은 아무것도 없었습니다.

내부에서 더욱 자유롭고 집착에서 벗어나기 위해 냐나위말라에게는 일반적으로 정해진 목적지가 없었습니다. 한번은 콜롬보의 와지라라마 사원에 몇 주 동안 머물렀던 적이 있었습니다. 어느 날 아침, 그는 사원을 떠나 갈레Galle로를 향해 와지라로를 걷고 있었습니다. 와지라라마의 신자는 그가 길을 걷고 있는 것을 보고 그에게 다가와 인사를 건넸습니다. 가방과 발우가 어깨에 걸쳐져 있는 것을 보고 그가 절을 떠났다는 것을 깨닫고 그에게 이렇게 말했습니다. "존자여, 제가 보기에 당신은 절을 떠나 여행을 재개하기로 결정하셨습니다. 어디로 가시나요?" 냐나위말라는 "아직 결정하지 못했습니다. 길 끝에 도착하면 결정하겠습니다."

그는 길을 따라 마을과 마을을 돌며 탁발을 하면서 음식을 모으곤 했습니다. 우안거(vassa) 동안에만 그는 규정된 규칙에 따라 연속 3개월 동안 사원에 머물게 됩니다. 대부분 그는 섬 암자에서 우기를 보냈습니다. 이렇게 어려운 수행을 오랫동안 하는 것은 젊은 비구들에게도 육체적으로 힘든 일이겠지만, 나이든 비구들에게는 더욱 그러합니다. 그럼에도 불구하고 냐나위말라는 1991년까지 이 수행(두타행)을 계속했습니다. 하지만 1987년 이후에는 고관절 질환으로 인해 한 번에 오랫동안 걸을 수 없었습니다. 그 후 그는 콜롬보의 와지라라마 사원에서 4년을 보냈습니다. 1995년에 그는 섬 암자로 돌아왔고 나중에는 더 한적한 섬인 파라파두와로 옮겼고, 그곳에서 2005년 우기에 세상을 떠났습니다.

냐나위말라는 사람들을 만났을 때, 경전을 지침으로 삼아 담마
Dhamma를 수행하도록 그들에게 권했습니다. 그는 담마의 실천, 단
순한 출가생활을 강조했고, 모든 세속적 집착을 버리면 열반이라는
최고의 행복에 이를 수 있다고 거듭 강조했습니다. 그 자신의 출가
생활 방식과 마음의 행복은, 확실히 다른 사람들에 대한 그의 조언
의 사례가 되었습니다. 그는 많은 젊은 비구들에게 영감을 주었으
며, 아직 체력이 남아 있을 때 그들에게 어떻게 하면 가장 유익하게
비구 생활을 할 수 있는지 현명한 조언을 해주고 싶어했습니다.

숲 암자

1950년 12월 26일, 냐나띨로까와 냐나뽀니까는 새로 독립된 스
리랑카의 시민이 되었습니다. 냐나띨로까는 1951년에 세 번째이자
마지막으로 섬 암자를 떠났습니다. 이번에는 노령 때문이었습니다.
1948년에 일흔 살이 되던 해, 해안 지역의 습하고 후덥지근한 기후
를 견디기 어려워지자 그는 다른 곳에서 살 곳을 찾았습니다. 처음
에 그는 디야탈라와와 같은 내륙의 몇 곳에서 머물렀고, 그 다음에
는 체코 제자 야나사타와 함께 반다라발라에 있었고, 또한 발리마
다에 있었습니다.

냐나뽀니까 또한 섬 암자의 덥고 습한 기후로 인해 건강 문제를
겪었고 그 역시 전쟁 전에 머물렀던 더 쾌적한 오지에서 장소를 찾
기로 결정했습니다. 1950년 캔디를 방문하는 동안 그는 부처님의
치아사리가 있는 유명한 사원 바로 뒤 언덕 능선에 위치한 우다왓

따깔레Udavattakale라는 고대 왕실의 숲속 별장에 살고 있던 나이 많은 미국인 여성수행자 담마딘나[203]를 만났습니다. 별장 이름은 숲 암자였습니다. 그녀가 호주로 가서 살게 되었을 때, 담마딘나는 그에게 숲 암자를 제공했습니다. 세나나야케 부인도 동의했을 것입니다. 세나나야케 부인은 친절하게 숲의 암자를 승가에 보시했습니다. 따라서 독일 승려들은 섬 암자에서 숲 암자의 더 쾌적한 기후와 조건으로 이동할 수 있었습니다. 1951년에 냐나띨로까와 왓뽀가 그곳에 살기 위해 갔고 1952년에 냐나뽀니까가 그들과 합류했습니다. 이 암자는 지역 주민들 사이에서 "독일 판살라" 또는 "독일 사원"으로 알려지게 되었습니다. 냐나뽀니까는 1993년 사망할 때까지 숲 암자에 계속 머물었습니다. 1958년에 그는 불교출판협회를 공동 창립했으며 편집자와 회장을 역임했습니다.

6차 결집

그 동안 다음과 같은 일이 일어났습니다. 1950년 2월 2일, 독실한 불교 총리인 미얀마의 우 누U Nu[204]가 섬 암자를 방문하여 냐나띨로까와 그의 제자들을 만났습니다. 이번 방문의 결과로 냐나띨로까와 냐나뽀니까는 곧 양곤에서 열리는 6차 결집 준비에 참여하도록 초대되었습니다.[205]

냐나띨로까는 나나뽀니까와 함께 배를 타고 양곤으로 가서, 1952년 1월 30일에 도착했습니다. 그들은 불교를 서양에 전파하고 빠알리어 경전 전체를 영어로 번역하려는 우 누의 장대한 계획에 관해 논의했습니다.[206] 그의 아이디어는 부분적으로만 실현되었습니다. 그는 1962년 미얀마군부에 의해 축출되었습니다.

냐나띨로까는 1903년에 비구계를 받은 양곤의 사원에서 며칠 동안 머물렀습니다. 그는 1952년 2월 17일 배를 타고 콜롬보로 돌아온 후 캔디로 갔습니다. 그러나 냐나뽀니까는 미얀마에 더 오랫동안 머물렀습니다. 그는 만달레이와 몰메인을 방문하고 유명한 마하시 사야도Mahasi Sayadaw의 위빠사나Vipassana 명상 코스에 참여한 후에 냐나띨로까를 따라 캔디의 숲 암자로 이동했습니다.

6차 결집은 1954년 웨삭의 달, 양곤 근처 야구yagu에서 축제와 함께 열렸습니다. 1차 결집이 열렸던 동굴과 비슷한 거대한 인공 동굴인 마하 파사나 구하Maha Pasana Guha, "위대한 신성한 동굴" 내부의 큰 홀에서 열렸습니다. 결집의 목적은 소위 "6차 결집판"(Chatthasangayana)이라고 불리는 삼장三藏의 새로운 공식 판본을 준비하고 암송하는 것이었습니다. 약 100년 전에 개최되어 만달레이의 커다란 화강암 석판에 완전히 새겨져 있던 미얀마 5차 결집판의 본문은 다른 불교 국가, 즉 캄보디아, 스리랑카, 태국에 존재하는 판본과 비교되었습니다. 이 회의에는 냐나띨로까와 냐나뽀니까를 포함하여 2,500명의 불교 승려가 참여했습니다. 그들은 결집에 참여한 유일한 서구 출신 비구였으며, 5차 결집에 중앙아시아출신의 그리스인이 없었다면 아마도 결집에 참석한 서구 출신의 첫번째 비구였을 것입니다. 이 새로운 결집판을 준비하는 데 도움을 준 스리랑카 및 기타 테라와다 불교 국가의 수많은 승려들이 있었습니다.

이번에 그들은 미얀마에 비행기로 날아갔습니다. 목 질환으로 인해 냐나띨로까는 의회에 전달하기로 한 메시지를 전달할 수 없었고 냐나뽀니까는 승려와 신도의 대규모 집회 앞 연단에 서서 냐나띨로까 면전에서 그것을 읽었습니다.

마하 승가의 허락을 받았습니다만 냐나띨로까 큰 스님은 목병으로 인해 마하 승가에게 직접 연설할 수 없었던 것을 매우 후회했습니다. 그는 나에게 자신을 대신하여 메시지를 읽어 달라고 요청했습니다. 큰스님은 이렇게 말합니다.

"우리는 6차 결집과 같이 불교의 매우 중요한 행사에 참석하게 되어 매우 기쁩니다. 우리는 이를 실현하기 위해 쏟은 신앙, 용기 및 희생에 대한 감탄으로 가득 차 있습니다. 우리는 감사할 이유가 있습니다. 이 모든 것을 가능하게 해준 승가와 정부, 미얀마 연방의 재가신도에게 감사드립니다.

결집에는 깨달은 분, 붓다의 말씀이 담긴 전통 경전의 순수성을 보존하는 임무가 있습니다. 우리 전통 문헌의 신뢰성이 그것을 연구하는 사람들에게 확신을 심어주고, 그 문헌이 왜곡, 추가, 오해의 여지를 주지 않도록 하는 것은 참으로 매우 중요한 임무입니다.

이것이 단지 언어 숭배의식에 불과하다고 생각할 수 있는 소위 '현대적 사고'가 있을 수 있습니다. 그러나 그들은 우리가 여기서 다루고 있는 것이 깨달은 분의 분명하고 모호하지 않은 말씀이며, 오늘날 현대인을 혼란시키고 오도하는 수많은 모호한 말과 이론과는 대조적으로 순수하게 보호받을 가치가 있다는 사실을 망각합니다. 오직 깨달음의 귀중한 맛을 간직한 순수한 담마만이 현명한 이해와 고귀한 행위에 대한 믿음직한 안내자가 될 것입니다. 명확한 가르침(ekamsika-desana)에서 이해의 순수성은 표현의 순수성에 기초합니다. 그러므로 6차 결집의 이 중요한 임무가 성공적으로 완료되고, 이를 수행하는 사람들에게 축복을 내려주고 수행하는 데 도움이 되기를 진심으로 바랍니다.

나는 이것이 또한 내가 태어난 나라인 독일 불교도들의 염원일 것이며, 독일과 오스트리아, 스위스에 있는 모든 독일어권 불교도들도 나와 함께 마하 승가에 대한 경의를 표할 것임을 의심하지 않습니다. 마하 승가는 이 행복한 시간에 우리를 가득 채우는 기쁨 속에 여기에 모였습니다.

50년 전 이곳 미얀마에서 계를 받은 최초의 독일인 불교 승려가 된 것은 나의 선업이었습니다. 나는 이 결집이 서양 비구들이 참여하는 최초의 결집이라는 것에 의미와 중요성이 있다고 믿습니다. 이 사실은 세계 사방의 승가인 사방 승가(Catuddisa-Sangha)가 서양에도 확장되어 거기에 굳건히 뿌리내릴 것이라는 희망과 확신을 갖게 합니다. 나는 열정적이고 헌신적인 스리랑카의 불자들이 웨삭 2500년 이전에 독일에 사절단을 파견하고 그곳에 승가를 설립하려는 의도로 '스리랑카 전법 협회'를 결성했다는 소식을 여러분께 알리게 되어 기쁘게 생각합니다. 2500년에는 독일 땅에서 최초의 우빠삼빠다(Upasampada, 비구계 득도식)가 열릴 것으로 기대됩니다. 이러한 계획의 실현은 2500년을 향한 우리의 염원인 불법의 확산에 대한 중요한 기여가 될 것입니다. 나의 조국인 독일에서 불법 활동이 이루어지도록 마하 승가에게 축복을 간청합니다."[207]

그들은 양곤에서 3주 동안 머물렀다가 배를 타고 돌아와 1954년 6월 콜롬보에 도착했습니다. 냐나띨로까는 미얀마를 떠나기 전에 쉐다곤 파고다를 마지막으로 참배했는데, 대부분 영국인 승객들이 새로 독립된 미얀마를 영원히 떠나는 페리를 타고 있었습니다. 그는 깊은 감동을 받아 동행한 미얀마 재가자에게 자신은 독일에서 태어났지만 양곤에서 승려로 태어났다고 말하면서 아마도 이 탑을 보는 것이 이번이 마지막일 것이라고 덧붙였습니다.

스와미 가우리발라

2차 세계대전 이후 냐나켓따였던 피터 숀펠트는 가우리발라 기리Gauribala Giri라는 이름으로 샤이와이테 다사나미Shaivaite Dasanami 사원에서 힌두교 산야신(수행자)이 되었습니다. 스리랑카 사람들은 그를 "독일 스와미"라고 불렀습니다. 처음에 그는 성자들과 현자들을 만나기 위해 정기적으로 인도를 여행했지만 결국 그의 구루를 반전통주의자인 자프나의 요가 스와미들 가운데서 찾았습니다.

페니거와 함께 스리랑카로 출발할 때 배웅해 주던 청년의 친구였던 독일 기자는 미국 잡지에서 카타라가마에서 불꽃놀이를 하는 가우리발라의 사진을 보고 스리랑카의 가우리발라를 방문했습니다. 그는 독일 잡지 〈스턴〉[208]에 게재된 가우리발라에 대한 아래와 같은 기사를 썼습니다. 그들은 숲 암자에 있던 냐나띨로까를 방문했습니다.

캔디에서 우리는 독일의 옛 불교 승려인 독일 스와미와 함께 방문했습니다. 나는 힌두 스와미와 그의 전 불교 구루 사이의 우호적인 관계를 알아차렸고, 비교를 위해 가톨릭 사제가 개신교로 개종한 사제 형제를 어떻게 받아들일지 상상해 보았습니다. 나는 이런 생각을 말했습니다. 냐나띨로까의 차분하고 맑은 눈이 나를 꿰뚫어보고 있었습니다. "이것은 서로 비교할 수 없습니다." 그는 마치 단어 하나하나를 고려해야 하는 것처럼 천천히 대답했습니다. "물론 개신교가 가톨릭에서 나온 것처럼 불교도 힌두교에서 나왔지만, 불교 개혁이 종교 전쟁을 일으킨 것은 아니라는 사실을 잊지 마세요." 잠시 멈춘 후 그는 이렇게 덧붙였습니다. "관용은 수천 년 이래로 불교와 힌두교 모두에서 최고의 법칙으로 간주됩니다." 독일 스와미의 암자에서 우리는 이러한 관용에 대해 더 많이 배웠습니다. 예를 들어, 개종자인 그는 언제든지 불교 사원으로 돌아올 수 있었습니다.

1960년대 영국인 소울버리Soulbury[209]의 아들은 가우리발라의 제자가 되었고 그는 스리랑카 북쪽 끝에 있는 자프나Jaffna 반도의 셀바 산니디 코빌Selva Sannidhi Kovil에 작은 아쉬람(암자)을 세웠습니다. 비정통적인 "독일 스와미"는 탄트라주의를 실천하고 모든 관습, 교리, 개념을 거부했습니다. 그는 고급 시가와 술을 좋아했으며 보헤미안적인 방식[210]으로 유명했습니다.

1984년, 내전이 발발한 지 얼마 지나지 않아 스와미는 세상을 떠났습니다. 그는 자신의 죽음을 3일 전에 미리 예측했었습니다. 몇 달 후, 그의 아쉬람은 군대 작전 중에 철거되었습니다.

냐나띨로까의 마지막 나날

1954년 7월에 냐나띨로까는 병에 걸렸습니다. 그는 전립선에 문제가 있어 캔디에 있는 병원으로 이송되었습니다. 그는 6개월 동안 병원에 머물렀고 그 동안 냐나뽀니까는 이틀에 한 번씩 그를 방문했습니다. 스리랑카인 사미와 냐나띨로까의 제자가 병원에 머물면서 그를 돌보았습니다. 1955년 1월 냐나띨로까는 캔디에서 콜롬보에 있는 병원으로 이송되어 수술을 받았습니다. 그의 상태는 빠르게 호전되었고 곧 그는 캔디의 숲 암자로 돌아왔습니다.

1956년 봄, 냐나뽀니까는 웨삭 때 열린 6차 결집의 폐회식에 참여하기 위해 냐나띨로까 없이 미얀마로 갔습니다. 1956년 여름에 돌아온 후, 그는 숲의 암자에서 이용할 수 있는 것보다 더 나은 돌봄을 제공하기 위해 냐나띨로까와 함께 콜롬보로 갔습니다.

7월 22일부터 그들은 콜롬보에 있는 독일 전법협회의 새 건물에서 손님으로 왓뽀와 함께 살았습니다. 냐나띨로까, 왓뽀와 다른 5명의 승려들이 이곳에서 우안거를 보냈습니다. 독일 전법협회(German Dharmaduta Society)는 스리랑카 상좌부(Sinhalese Theravada) 불교를 독일에 전파하려는 목표를 갖고 있었고, 냐나띨로까는 확고한 독일 전법을 그의 삶의 정점으로 여기며 이 사명을 지지했습니다.[211] 이 협회는 여전히 1957년 파울 달케 박사의 친척으로부터 인수한 베를린에 있는 불교의 집(Das Buddhaische Haus) 또는 베를린 정사를 관리하고 있었습니다.

독일 전법협회 근처에는 대규모 콜롬보 중앙 공동묘지가 있었습니다. 냐나띨로까는 지나가는 수많은 장례 행렬을 볼 수 있었고, 죽음과 무상에 대한 명상을 실천할 충분한 기회를 가졌습니다. 이것은 냐나띨로까의 마지막 우안거였습니다. 냐나뽀니까는 그의 마지막 달 동안 그를 주의 깊게 돌보았습니다.

5월 28일 오후 10시 15분, 냐나띨로까는 고통 없이 평화롭게 세상을 떠났습니다. 마지막 14일 동안 그는 몸이 약해졌고 가벼운 열도 나고 있었습니다. 전날 그는 폐렴에 걸렸는데, 그의 매우 약한 몸은 이를 이겨낼 수 없었습니다.

화장은 1957년 6월 2일 콜롬보의 독립 광장에서 위대한 승려이자 서방의 저명한 담마 옹호자에게 경의를 표하는 공식 국장으로 거행되었습니다. 이 행사를 위해 많은 군중이 모였습니다. 연사 중에는 스리랑카 세 군데 사원의 승려들이 있었습니다. 정기적으로 대중에게 담마 연설을 했던 노련한 연설가인 냐나삿따 테라 Ñāṇasatta Thera는 큰스님의 제자들을 대표했고, 재가신도 연설자들 중에는 스리랑카의 총리 S.W.D. 반다라나이케S.W.D. Bandaranaike와 독일 대사도 있었습니다. 1957년 6월 9일, 사리는 도단두와의 섬 암자로 옮겨져 마하테라의 오두막 근처에 안장되었습니다. 나중에 기념비가 세워졌고, 거기에는 사리뿟따 존자를 불법으로 인도한 유명한 앗사지Assaji의 게송이 빠알리어, 싱할라어, 독일어, 영어의 네 가지 언어로 새겨져 있습니다.

**Ye dhammā hetuppabhavā,
tesaṃ hetuṃ tathāgato āha;
Tesañ ca yo nirodho,
evaṃvādī mahāsamaṇo.**

원인 따라 발생하는 것,
그들의 원인을 여래께서 설하셨다.
또한 그들의 소멸도.
이와 같이 대 사문은 가르치셨노라.

율장 대품 (Vin. I, 40)

냐나뽀니까 스님의 인생 스케치

비구 보디 스님[212]

장차 냐나뽀니까 마하테라(큰스님)로 알려지게 된 사람은 1901년 7월 2일 독일 프랑크푸르트 근처 하나우에서 유대인 부부 이삭 페니거와 소피 페니거의 외아들로 태어났습니다. 그의 이름은 지그문트 페니거Siegmund Feniger였습니다. 그가 여섯 살이었을 때 그의 부모는 석탄 광산과 철 주조 공장이 경제를 지배하고 있던 쾨니히슈테Konigshutte라는 북부 실레지아의 산업 도시로 이사했습니다. 그곳에서 그의 아버지는 신발 가게를 운영했습니다.

어린 지그문트는 코니그슈테에 있는 학교에 다녔으며 그곳에서 라틴어, 그리스어, 프랑스어를 공부했습니다. 그의 부모는 주로 유대교의 윤리적 이상과 인간적 가치에 헌신하는 온건한 종교를 믿는 유대인이었습니다. 지그문트는 종교 교육을 받았으며 어릴 때부터 종교에 대한 개인적 관심이 컸습니다. 그는 스스로 히브리어 추가 수업에 등록했고 랍비의 지도 아래 유대 종교 문헌을 공부했습니다.

그는 16세에 중학교 교육을 마치고 이웃 마을의 서점에 견습생으로 일하면서 서적 거래의 다양한 측면을 배웠습니다. 그는 어릴 때부터 독서광이었습니다. 그의 가족 상황으로 인해 대학 교육을 받을 수 없었음에도 불구하고 그는 책을 열렬히 사랑했고 불타는 지적 호기심에 사로잡혀 서양 문학과 철학의 위대한 고전을 많이 읽게 되었습니다. 그의 독서는 그에게 새로운 지적 풍경을 열어주었고, 이것은 그가 지금까지 무비판적으로 받아들였던 전통적인 유대교 신앙에 관한 흔들리는 의심을 그의 부드러운 마음에 심었습니다. 이러한 의심으로 인해 젊은 지그문트는 책을 통해 강렬한 종교적 탐구를 하게 되었는데, 이는 그가 이 중간 규모의 산업 도시에서 지적 자극을 받을 수 있는 유일한 방법이었습니다.

독서 과정에서 지그문트는 불교에 관한 책과 불교 경전의 번역을 포함하여 동양의 지혜에 관한 책을 접하게 되었습니다. 그는 불교에 즉각적으로 매력을 느꼈고, 그 매력은 읽을수록 더욱 강해졌습니다. 그는 불교가 지성의 비판적 요구와 가슴의 종교적 욕구를 모두 만족시킬 수 있는 균형 잡힌 가르침이라는 사실을 발견했습니다. 불교의 명료하고 현실적인 교리는 고통의 근원에 대한 그의 의심을 해결하고 구원의 목적과 그 실현의 길에 대한 고상한 개념을 통해서 그에게 영감을 주었습니다. 비록 그는 자신의 관심사를 공유할 선생님이나 친구도 없이 혼자 불교 공부를 해나가야 했지만, 부처님 가르침의 진리(담마)에 대한 그의 확신은 너무나 확고해서 20세가 되었을 때 그는 이미 자신을 확고한 불교도라고 여겼습니다.

1922년에 그는 부모와 함께 베를린으로 이사했고, 그곳에서 다른 불교도들을 만나 불교 단체에 가입했으며, 훨씬 더 다양한 불교 문헌을 접하게 되었습니다. 그가 자신의 노년에 중요한 역할을 하게 될 인물에 대해 처음으로 알게 된 곳도 바로 이곳이었습니다. 그는 바로 1903년 미얀마에서 출가했고, 1911년 스리랑카 섬에 서양 불교 승려들을 위한 수행처인 섬 암자를 설립한 독일 스님 냐나띨로까였습니다. 냐나띨로까는 많은 빠알리 불교 경전의 번역가였으며, 지그문트가 베를린에서 접한 그의 저술과 번역은 그 진실성과 부처님의 가르침에 대한 명확한 표현으로 그에게 깊은 인상을 남겼습니다.

1924년에 페니거 가족은 동프로이센(현재 러시아의 칼리닌그라드)에 있는 쾨니히스베르크로 이주했습니다. 불교에 관한 공개 강연에서 지그문트는 확신에 찬 불교도 한 명을 만났고, 그는 그를 더 넓은 범위의 불교도 지인들에게 소개했습니다. 그는 친구들과 함께 도시에서 정기적인 경전 읽기와 담마 토론을 위해 모이는 불교 연구 동아리를 만들었습니다. 그는 또한 아버지의 가게에 불교서적 도서관을 시작했습니다. 이 도서관을 통해 지그문트는 당시 쾨니히스베르크 대학에서 가르치고 있던 독일의 유명한 인도학자인 헬무트 폰 글라세나프Helmuth von Glasenapp 교수와 만나게 되었습니다.

베를린 불교협회의 전 회원인 콘래드 넬Conrad Nell은 스리랑카로 가서 비구 냐나다라Bhikkhu Ñāṇadhara라는 법명으로 냐나띨로까 스님의 섬 암자에서 출가했습니다.

스리랑카와 미얀마에서 냐나다라는 독일에 있는 그의 친구들에게 동양에서의 승려의 삶에 대한 편지를 썼습니다. 이 편지들은 지그문트의 마음속에 이미 구체화되기 시작했던 생각, 즉 승려가 되겠다는 생각을 구체화하는 데 도움이 되었습니다. 이제 그는 동양에 다른 서양 출신 불교 승려들이 살고 있다는 것과 그를 지도할 자격을 갖춘 큰스님이 있고, 승려로서 자신을 지원하기에 적합한 시설이 있다는 것을 알게 되었습니다.

그러나 이 생각는 한동안 실행에 옮길 수 없었습니다. 1932년 그의 아버지가 오랜 투병 끝에 세상을 떠났기 때문에 지그문트는 남편과 사별한 어머니를 혼자 두고 싶지 않았습니다. 1932년 어머니와 아들은 베를린으로 다시 돌아왔고, 그곳에서 지그문트는 도시에 처음 머물 때 만났던 불교도 친구들과 다시 합류했습니다. 그러나 지평선에 먹구름이 드리우기 시작했습니다. 1933년에 히틀러는 독일에서 권력을 잡았고 독일 유대인들을 박해하는 무자비한 계획을 시작했습니다. 처음에 지그문트는 박해가 오래 지속되지 않을 것이라는 많은 사람들의 기대에 부응하기 위해 최선을 다했습니다. 반유대 차별 정책이 확산되면서 출판협회에서 직장을 잃었을 때, 그는 도움과 자기 보호를 위해 독일 유대인 중앙위원회(Zentralausschuss der deutschen Juden für Hilfe und Aufbau)에 가입했습니다. 이 단체는 독일 유대인의 중요한 이익을 보호했습니다. 그러나 시간이 지나면서 나치가 촉발한 증오, 무지, 폭력의 물결이 무서운 속도로 커지고 있다는 사실이 분명해졌고, 그도 어머니도 독일에 안전하게 남을 수 없다는 것을 깨달았습니다. 그래서 1935년 12월에 그는 어머니와 함께 독일을 떠나 그들의 친척들이 살고 있는 비엔나로 향했습니다.

이전에 지그문트는 그의 어머니에게 불교 승려가 되고 싶은 소망에 대해 이야기했고, 그의 어머니는 아들의 간절한 소망에 공감하여 상황이 안정되면 그렇게 하도록 허락하겠다고 말했습니다. 지그문트는 또한 냐나띨로까 스님에게 편지를 보내 상황이 허락하면 출가 후보자로 수락해 줄 것을 요청했습니다. 큰스님은 동의한다고 대답했습니다. 이제 어머니와 아들은 나치의 직접적인 박해 위험 지역 밖에 있었기 때문에 지그문트는 자신의 결심에 따라 자유롭게 행동할 수 있다고 느꼈습니다. 그는 어머니를 비엔나에 머물게 하고 그녀를 돌보겠다고 약속한 친척들의 집에 머물게 한 뒤 동양으로 여행을 떠났습니다.

비엔나에서 지그문트는 마르세유로 향했고, 그곳에서 1936년 1월 6일 콜롬보 항구에 정박할 예정인 먼 아시아행 배를 탔습니다. 배가 1936년 2월 4일 항구에 도착했을 때, 사프란 승복을 입은 당당한 밝은 피부의 인물이 탑승하여 지그문트를 마중 나왔습니다. 그는 자신의 제자를 환영하기 위해 콜롬보에 온 냐나띨로까 큰스님이었습니다. 같은 날 점심 식사 후 일행은 차를 타고 섬 암자 근처 해안 마을인 도단두와로 떠났습니다. 위대한 탐험이 시작되었습니다.

몇 달 동안 지그문트는 재가신도인 우빠사까(upasaka)가 되어 출가를 준비하면서 섬 암자에서 살았습니다. 1936년 6월 4일, 포손 포야날(Poson Poya, 옮긴이 주: 인도 마힌다 스님에 의해 불교가 스리랑카에 처음 전해진 것을 기념하는 날)에 그는 다른 세 명의 출가자들과 함께 암자에서 출가(pabbajja)했습니다. 그의 스승은 그에게 "지식에 성향이 있다."는 뜻의 냐나뽀니까Ñāṇaponika는 법명을 지어 주었습니다.(빠알리어 법명을 부여할 때 냐나띨로까는 때때로 본인의 원래 이름의 일부를 "빠알리어화"하려고 시도했으며, 이 경우 그는 뽀니까ponika를 페니거Feniger와 가장 가까운 음운론적 단어로 간주했으며, f음이 없는 빠알리어에서 f는 p로 바뀌었습니다.) 1937년 6월 29일, 그는 스리랑카 사원에서 비구계(upasampada)를 받았습니다.

섬 암자에서 냐나뽀니까 비구는 스승으로부터 정기적으로 불교 가르침과 빠알리어 수업을 받았습니다. 그는 이전에 공부하지 않았던 영어도 스스로 공부했습니다. 냐나띨로까는 자신의 교육 시스템에서 담마Dhamma 교육과 빠알리어Pali 수업을 결합했는데, 그는 모든 제자들이 언어에 대해 최소한 기초적인 지식을 얻을 때까지 배울 것을 강조했습니다. 그의 기초 과정은 6개월에서 9개월 동안 지속되었습니다. 그 후 그는 제자들에게 스스로 담마 공부와 명상 수행을 하도록 남겨두었고, 그 자신은 항상 그들의 질문에 답하고 조언과 지도를 제공할 준비가 되어 있었습니다.

1938년에 해안 더위의 영향을 느낀 냐나뽀니까는 온화한 오지 마을인 감뽈라Gampola로 이사했습니다. 여기에서 그는 논 한가운데에 있는 개조된 벽돌집에서 혼자 살았는데, 근처 마을에서 탁발을 하면서 음식을 얻었고, 『상윳따 니까야』를 빠알리어에서 독일어로 번역하기 시작했습니다.

냐나뽀니까는 감뽈라로 이사한 직후 콜롬보를 여행하면서 1936년 미얀마에서 비구계를 받은, 영국식 교육을 받은 두 명의 스리랑카 비구인 소마Soma와 케민다Kheminda 스님과 친구가 되었습니다. 세 친구는 함께 살기로 결정하고 감뽈라웰라 마을 외곽의 마하벨리 강 유역에 있는 감뽈라 지역에 암자를 세우기로 결정했습니다. 곧 재가 후원자들의 도움으로 그들은 세 개의 오두막과 강이 내려다보이는 식사를 위한 육각형 정자로 구성된 "마하나디 아쉬람"을 건설했습니다. 그곳에서 세 명의 스님들은 매트에서 잠을 자고, 낮은 탁자를 사용하고, 탁발을 해서 모은 음식으로만 생활하면서 금욕적이고 소박한 수행생활을 하며 행복하게 살았습니다.

감폴라에서의 체류는 1938년 후반부터 1939년 중반까지 지속되었습니다. 냐나뽀니까는 이 시기를 수행자의 삶에서 가장 행복한 시기 중 하나로 여겼습니다. 매일 저녁 세 친구는 강물에 반사되는 아름다운 일몰을 바라보았고, 보름달이 뜨는 밤에는 보름달의 광채가 강바닥의 물과 모래에 반사되는 동안 조용히 명상했습니다. 그는 〈염처경〉*Satipatthana Sutta*과 그 주석서를 독일어로 번역하는 등 학문적 작업을 계속했습니다. 소마는 동일한 텍스트를 영어로 번역했습니다(그의 책 『마음챙김의 길』*The Way of Mindfulness*은 1941년에 처음 출판됨).

1938년 말 나치가 오스트리아를 침공했을 때 그의 어머니는 친척들과 함께 나라를 떠나야 했고, 냐나뽀니까는 그들을 위해 스리랑카에 수용소를 마련했습니다. 일행 전체는 1939년 3월에 콜롬보에 도착했습니다. 도착 후 페니거 부인은 비구 아들의 재가 후원자였던 스리랑카 출신 변호사와 함께 처음으로 감폴라에서 살았습니다. 이 기간 동안 냐나뽀니까는 가끔 어머니와 탁발 음식을 나누곤 했는데, 부처님께서 비구들이 필요할 때 부모에게 탁발 음식을 바치는 것을 허락하셨기 때문입니다.

이 무상한 세계에서 즐길 수 있는 모든 다른 것들과 마찬가지로 감폴라에서의 목가적인 체류는 지속되지 않았습니다. 1939년 여름, 말라리아가 발생했습니다. 소마 스님은 심하게 말라리아에 걸려 병원에 입원해야 했고, 케민다 스님도 나중에 병에 걸렸습니다. 냐나뽀니까는 병에 걸리지 않았지만, 전염병으로 인한 위험으로 인해 감폴라에 계속 거주하는 것이 불가능했습니다. 소마 스님은 회복되었고 세 도반은 반다라웰라로 이사했습니다. 케민다 스님이 말라리아에서 회복될 때까지 그들은 빈 집에서 지내다가 그 후에는 버려진 차 공장으로 이사했습니다.

그 사이에 그의 어머니는 캔디로 와서 그곳에서 콜롬보로 이주하여 섬 암자의 후원자이자 저명한 스리랑카 부부인 어니스트 경과 드 실바 부인과 함께 살았습니다. 드 실바 가족은 그의 어머니를 위한 보증인이 되어 어머니가 스리랑카의 거주 비자를 얻을 수 있도록 해주었습니다. 이 기간 동안 냐나뽀니까는 4~6주마다 그녀를 방문했습니다. 그녀의 아들이 전한 담마에 대한 설명과 그녀의 스리랑카 후원자들의 인상적이고 모범적 행동의 결과로, 그녀 자신도 불교를 받아들이고 삼귀의, 오계, 그리고 포살일의 팔계를 받아들였습니다.

영국과 독일 사이에 전쟁이 발발하자, 영국 식민지 스리랑카에 살고 있던 모든 독일 국적 남성은 반다라웰라 근처 우바 지방의 디야탈라와에 있는 민간 수용소로 이송되었습니다. 냐나뽀니까와 그의 스승인 냐나띨로까는 1939년 9월부터 1940년의 대부분 동안 이 수용소에 억류되었습니다. 유대인 출신인 냐나뽀니까는 1940년 봄에 일시적으로 풀려났습니다. 이 짧은 휴식 기간 동안 그는 스리랑카 비구인 소마와 케민다를 데려왔습니다. 전쟁 중에 섬 암자를 돌보고 냐나띨로까의 스리랑카 제자인 냐나로까Nanaloka 스님과 교분을 쌓기 위해 섬 암자로 왔습니다. 1940년 6월 프랑스가 함락된 후, 영국 왕실은 난민들이 어떤 식으로든 안보에 위험을 초래할 수 있다는 우려로 유대인 난민들에 대한 관대한 정책을 뒤집었습니다. 따라서 냐나뽀니까를 포함한 독일 유대인들은 3주간의 자유를 얻은 후 다시 체포되어 디야탈라와 수용소로 이송되었습니다.

일본이 싱가포르를 점령한 후, 스리랑카는 전쟁 지역으로 간주되었습니다. 결과적으로 모든 민간인 수감자들은 안전한 지역으로 이동해야 했습니다. 독일인 비구들 역시 1940년 후반에 히말라야 기슭의 데라 둔Dehra Dun에 있는 인도 북부의 대규모 민간 수용소로 보내졌습니다. 냐나뽀니까가 인생의 다음 5년(1941~1946), 즉 2차 세계대전의 쓰라리고 힘든 시기를 보낸 곳이 바로 이 수용소였습니다. 그러나 억류 기간에도 지치지 않는 학승은 그의 일에 방해받지 않았습니다. 디야탈라와에 머무는 동안 그는 『숫타니파타』의 독일어 번역을 준비했으며 나중에 이에 광범위한 각주를 추가했습니다. 그는 인도로 갔을 때 많은 책을 가지고 갔고 연구와 번역을 계속했습니다.

외부 세계가 치명적인 갈등에 휩싸이는 동안, 냐나뽀니까는 데라 둔의 수용소에서 항상 편안하지는 않더라도 안전하게 지내며 아비담마 삐따까(Abhidhamma Pitaka, 논장)의 첫 번째 책인 『담마상가니』 Dhammasangani 전체와 주석서인 『앗타살리니』Atthasalini를 독일어로 번역했습니다. 이러한 번역 작업에 참여하는 동안 그는 또한 아비담마 철학에 대한 자신의 성찰을 기록했는데, 이는 전쟁 후 영어로 작성되어 후기 아비담마 연구의 핵심이 되었습니다. 그는 또한 독일어로 마음챙김 확립 명상에 관한 저술을 준비했는데, 이 선집은 약간의 수정과 추가를 거쳐 나중에 『불교 명상의 핵심』*The Heart of Buddhist Meditation*에 통합되었습니다.

데라 둔에서 냐나뽀니까는 자신보다 몇 살 위인 또 다른 독일인과 같은 막사에 배치되었으며, 그 역시 동양의 불교 전통에 푹 빠져 있었습니다. 이 사람은 라마 아나가리까 고빈다Lama Anagarika Govinda였습니다. 그는 처음에는 스리랑카에서 테라와다 재가신도 수행자로 살았고 그 후 인도로 이주하여 티베트 불교를 연구하고 수행했습니다. 두 사람은 바로 친해졌습니다. 오랜 시간 데라 둔의 언덕과 계곡(수용소 당국이 허용함)에서 함께 산책하며 우정이 더욱 깊어졌습니다. 그리고 진지한 담마 토론을 통해 두 사람은 "동의하지 않는 동의"를 통해 더욱 가까워졌습니다. 냐나뽀니까는 라마 고빈다로부터 산스끄리뜨어를 배웠고, 두 학자는 중관학파의 논사 아리야데와Aryadeva가 쓴 철학 논문 〈사백론〉*Catusataka*의 일부를 재구성한 산스끄리뜨어를 번역하는 데 협력했습니다. 그들의 따뜻한 우정은 1972년 정기적인 편지 교환과 유럽에서의 만남을 통해 1985년 초, 라마 고빈다가 사망할 때까지 수십년 동안 계속되었습니다.

전쟁이 끝난 지 꼭 1년이 지난 1946년 9월, 냐나뽀니까와 그의 스승인 냐나띨로까, 그리고 다른 수감자들이 수용소에서 풀려났습니다. 스리랑카로 돌아온 그는 콜롬보에서 어머니와 잠시 재회한 후, 섬 암자로 향했습니다. 그와 냐나띨로까는 그들이 없는 동안 냐나로카, 소마, 케민다 스님들에 의해 암자가 매우 좋은 상태로 유지되었다는 것을 알 수 있었습니다.

암자에 정착한 그는 아비담마에 대한 연구를 계속했으며 연구 결과를 자신의 저서 『아비담마 연구』*Abhidhamma Studies*로 출판했습니다. 1951년 초에 냐나띨로까와 냐나뽀니까는 모두 그들을 받아 준 국가인 스리랑카의 시민이 되었으며, 두 사람 모두 항상 깊은 애정과 감사의 마음을 품고 있었습니다.

1952년 1월, 냐나띨로까와 냐나뽀니까는 1954년부터 양곤에서 열릴 테라와다 불교 역사상 여섯 번째 "결집회의"인 6차 결집 준비 회의에 참석하기 위해 미얀마로 떠났습니다. 두 명의 독일 스님들은 결집회의의 계획 수립을 도와달라는 요청을 받았습니다. 서구에 불교를 전파하고 빠알리어 경전을 영어로 새롭게 번역하는 일을 담당했습니다. 양곤에서 냐나뽀니까는 독실한 불교도인 우 누U Nu 수상과 이러한 사항을 논의했습니다. 그는 유명한 명상 스승인 마하시 사야도가 가르치는 위빠사나 명상 센터인 마하시 센터에 머물렀습니다. 결집 회의가 끝난 후 냐나띨로까는 스리랑카로 돌아왔지만 냐나뽀니까는 마하시 사야도 지도하에 명상 수련을 위해 머물렀습니다. 이 경험은 그에게 깊은 인상을 주었고, 불교 명상에 대해 명확한 가르침을 구하는 다른 사람들의 이익을 위해 이 위빠사나 수행 체계에 관한 책을 쓰도록 영감을 주었습니다.

미얀마를 여행하기 전, 1937년 미얀마에서 명상 훈련을 받은 소마 스님과 케민다 스님의 도움을 받아 이미 1948년에 냐나뽀니까는 명상에 관한 독일어책을 집필했습니다(『마음챙김확립』*Satipatthana*, Christiani Verlag, 1950). 이 책에는 또한 주석과 긴 서론과 함께 빠알리어와 독일어 번역으로 된 〈염처경〉*Satipatthana Sutta*이 포함되어 있습니다. 미얀마에서의 경험을 바탕으로 냐나뽀니까는 마하시 센터의 마하시 사야도의 경험과 지도를 바탕으로 수행지침을 통합하여 이 책을 영어로 다시 썼습니다. 그 결과는 1954년 스리랑카에서 처음 출판되고, 1962년 영국에서 개정 및 증보판으로 출판된 『불교 명상의 핵심』*The Heart of Buddhist Meditation*이었습니다. 7개 언어로 번역되어 33년이 지난 지금도 여전히 출판되고 있는 이 책은 현대 불교 고전의 지위를 획득했습니다. 그것은 일반적으로 영어로 된 마음챙김확립(Satipatthana) 명상의 가장 훌륭한 지침서로 여겨집니다.

1951년에 냐나띨로까는 섬 암자에서 캔디 바로 위의 숲이 우거진 언덕에 있는 우다왓타켈레 보호림Udawattakele Forest Reserve의 암자로 이사했습니다. 이 지역은 기후가 온화하여 노년기의 건강에 더 적합하다고 생각했습니다. 숲 암자라고 불리는 이 건물은 소유자인 F. R. 세나나야케Senanayake 부인이 승가에 보시한 것입니다. 냐나뽀니까가 1952년 미얀마에서 돌아왔을 때 그는 그의 새 거주지에서 스승과 합류했으며, 이후 이 거주지는 마을 사람들 사이에서 "독일 사원"으로 알려지게 되었습니다. 1954년에 두 스님들은 6차 결집 회의 개막을 위해 미얀마로 다시 갔습니다. 냐나띨로까가 개막일에 후두염에 걸렸기 때문에 냐나뽀니까가 결집회의에서 스승의 메시지를 읽었습니다. 미얀마에 잠시 머문 후 그들은 스리랑카로 돌아왔습니다. 냐나뽀니까는 결집회의 기간 동안 여러 차례 미얀마를 방문했고 1956년 스승의 건강이 악화되었기 때문에 혼자 폐막 회의에 참석했습니다. 더 일찍이 인도에서 열린 불교회의 중 하나에 그리스 승려들이 참석하지 않았다면, 두 명의 독일 스님은 테라와다 불교의 주요 회의에 참여한 유일한 서양 출신 승려라는 독특한 영예를 누렸습니다.

1956년 여전히 콜롬보에 살고 있던 그의 어머니는 89세의 나이로 세상을 떠났고, 1957년 냐나띨로까는 79세의 나이로 세상을 떠났습니다. 그의 스승에 대한 감사의 표시로 냐나뽀니까는 스승의 요청에 따라 그의 『앙굿따라 니까야』 독일어 번역본을 편집했습니다. 5권으로 구성된 『앙굿따라 니까야』 전체를 냐나뽀니까가 직접 다시 타이핑을 했습니다. 그는 또한 그 번역에 대한 40페이지의 색인을 편집했습니다.

불교 승려로서 냐나뽀니까의 삶에서 가장 중요한 전환점이 1958년 새해 첫날에 찾아왔습니다. 이때 그는 캔디의 재가신도 두 친구와 함께 불자출판협회(Buddhist Publication Society, BPS)를 설립했습니다. 냐나뽀니까는 협회의 편집자이자 명예 총재가 되었습니다(나중에 초대 회장이 됨). 리처드 아베야세케라Richard Abeyasekera가 부총재가 되었습니다. 그리고 다른 친구인 A. S. 카루나라트나Karunaratna는 명예 재무 담당자가 되었습니다. 원래 창립자들은 주로 해외 배포를 위해 불교의 다양한 측면에 대한 소량의 영어로 된 소책자를 발행할 계획이었습니다. 약 25권의 소책자 시리즈를 완성한 후 이 출판세계로의 모험을 끝낼 생각이었습니다. 그러나 첫 번째 출판물이 출판되었을 때 받은 열광은 그들을 계속 이 일을 해나가도록 독려했고 이에 BPS는 계속해서 성장하여 오늘날의 많은 출판물을 출판하는 조직으로 확장되었습니다.

냐나뽀니까는 BPS 창설부터 협회의 일에 아낌없이 헌신했습니다. 대단한 헌신과 불굴의 정력으로 냐나뽀니까는 아베야세케라 씨가 협회 행정의 수많은 세부 사항을 챙기는 동안 편집과 제작 부문을 지휘했습니다. 편집자로서 그는 모든 원고를 직접 검토하여 그 사본이 테라와다불교의 진정한 정신을 충실하게 반영하는지 확인하려고 노력했습니다. 협회 초기에 그는 편집 책임을 맡았을 뿐만 아니라 주소 라벨을 입력하고, 봉투에 우표를 붙이고, 일주일에 두세 번씩 인쇄소에 가고, 우편물 목록을 정리하는 등의 잡일도 수행했습니다. 직원 수가 늘어나서 곧 그 잡일에서 벗어날 수 있게 되었지만, 수년에 걸쳐 그는 원고 모집부터 표지 디자인 검토에 이르기까지 완성된 책이 손에 들어올 때까지 책 제작에 필요한 모든 실제적인 과정의 세부 사항을 직접 감독했습니다.

그 자신은 협회의 법륜Wheel(협회에서는 '법륜', '보리수 잎'이라는 이름의 시리즈 출판물이 출판되고 있음) 출판물을 주로 저술했고, 다른 필자의 작품에서도 영감을 받아 격려와 제안, 조언이나 건설적인 비평을 통해 저술을 완성했습니다. 그는 자신보다 먼저 세상을 떠난 몇몇 법우들의 업적을 밝히는 데 거의 눈에 띄지 않게 막대한 노력을 기울였습니다. 그는 자신의 주요 독일어 서적과 함께, 냐나밀로까의 『불교 사전』 및 『아비담마 안내서』를 여러 번 편집, 개정 및 증보했습니다. 그는 친구 프란시스 스토리Francis Story[213]의 흩어져 있는 글들을 수집, 편집, 정리하여 BPS에서 출판한 이 저자의 전집 3권을 제작했습니다. 그는 마하시 사야도Mahasi Sayadaw의 『위빠사나 수행의 실제』*Practical Insight Meditation*를 편집했으며 동일한 명상 스승의 저술인 『위빠사나의 향상』*The Progress of Insight*을 빠알리어에서 번역했습니다. 그는 또한 비구 냐나몰리의 『빠알리 삼장에 의거한 부처님의 생애』와 『한 사상가의 노트북』A Thinker's Notebook을 편집하고 출판을 준비했습니다. 실제로 불교출판협회를 통해 부처님의 가르침을 세계에 전파하려는 냐나뽀니까의 헌신은 너무나 완벽하여 1958년부터 은퇴할 때까지 그의 개인 전기는 사실상 그가 설립하는 데 도움을 준 불교출판협회의 역사와 겹쳐있습니다.

1968년부터 냐나뽀니까는 매년 한두 달씩 스위스를 여행했습니다. 그는 원래 나치 독일의 유대인 자경 운동의 오랜 친구인 막스 크로이츠베르거Max Kreutzberger 박사의 초대를 받아 그곳에 갔습니다. 유럽을 여행하는 동안 냐나뽀니까는 특히 스위스의 불교 단체를 방문하여 많은 사람들에게 유럽 테라와다불교의 "영적 조언자"로 여겨지게 되었습니다. 이러한 연례 여행은 다리가 약해져 여행이 어려워진 1981년에 끝났습니다.

나이가 들면서 힘이 약해지기 시작했고, 오랜 녹내장 상태로 인해 읽기 능력이 제한되자 1984년에 그는 BPS 편집장직을 은퇴하고 이 책임을 현재의 저자(비구 보디)에게 넘겼습니다. 그는 1988년까지 협회 회장으로 활동하다가 이 직위에서 물러나 BPS의 저명한 후원자로 임명되었습니다. 말년에 그의 저술을 통해 국제적으로나 귀화한 국가인 스리랑카에서나 마땅히 받아야 할 인정을 받게 되었습니다. 1967년에 그는 세계 예술 과학 아카데미의 명예 회원이 되었습니다. 1978년 독일 동양학회는 그의 객관적인 학문과 불교 승려로서의 종교적 실천의 결합을 인정하여 그를 명예 회원으로 임명했습니다. 1987년 스리랑카 불교 및 빠알리 대학교는 첫 번째 평의회에서 그에게 사상 최초의 명예 문학박사 학위를 수여했습니다. 1990년에는 페라데니야 대학교에서 명예 문학박사 학위를 받았습니다. 그리고 1993년에 그가 56년 전에 계를 받았던 불교 종파의 지부인 아마라뿌라종파(Amarapura Nikaya)는 그에게 아마라뿌라종파의 위대한 지도자, 불법의 장엄자(Amarapura Maha Mahopadhyaya Sasana Sobhana)라는 명예 칭호를 수여했습니다.

4년 동안 경미한 질병과 시력 상실에도 불구하고 냐나뽀니까는 1994년 7월 21일, 93번째 생일을 맞이할 때까지 놀라울 정도로 건강을 누렸습니다. 협회의 법륜과 보리수잎 시리즈의 저작물 모음인 그의 저서, 『담마의 비전』The Vision of Dhamma의 출판과 함께 그의 친구들과 BPS 직원들이 그의 마지막 생일을 즐겁게 축하했습니다. 그러나 8월 하순, 냉혹한 노화가 빠르게 진행되면서 임종이 다가오고 있음을 알리는 복합적인 질병이 나타났습니다. 냐나뽀니까는 9월 말 치료를 위해 개인 병원으로 옮겨졌으나 본인의 요청에 따라 일주일 후 숲 암자로 돌아왔습니다. 3주 후 동트기 전, 숲의 고요함 속에서 그는 마지막 숨을 거두었습니다.

냐나뽀니까의 법체는 10월 23일 캔디의 마하이야와 장지에서 불교인과 재가신도 고위 인사, 그리고 그의 많은 친구와 추종자들이 참석한 장례식에서 화장되었습니다. 1월 29일, 전통적인 "3개월간의 보시"가 끝난 후 그의 유골(사리)은 그가 승려로서 어린 시절을 보냈던 도단두와의 섬 암자에 안장되었습니다. 그리고 그곳에서 그는 그의 존경받는 스승인 냐나띨로까 큰스님과 그의 도반인 냐나몰리 스님과 소마 스님의 사리탑 근처에서 안식하고 있습니다.

전체 불교 세계, 특히 영어와 독일어를 읽는 테라와다불교도들은 붓다의 지혜를 인류에게 전달하는 데 있어 사심 없는 봉사의 삶을 살았던 냐나뽀니까 큰스님께 영원히 빚을 지게 될 것입니다.

냐나띨로까 스님의 저술

냐나뽀니까 스님[214]

냐나띨로까 큰스님의 외적인 인생은 시대의 불안정으로 인해 매우 다사다난했지만 그의 인격은 저술과 승려로서의 삶의 평온한 고요함과 단순함에서 탁월하게 표현됩니다.

영어와 독일어로 된 그의 저술의 분량만으로도 존경받을 수 있으며, 현재처럼 쉽게 접근할 수 있는 모든 학습 자료를 갖추고 전혀 방해 없이 보호되는 생활에서 이루어졌다고 해도 주목할 만했을 것입니다. 큰스님의 업적을 충분히 평가하려면 그의 방대한 초기 작품의 상당 부분이 매우 어려운 환경에서 이루어졌다는 점을 기억해야 합니다. 그는 첫 번째 수용소의 원시적이고 시끄러운 생활 환경에서 지치지 않고 저술을 했고, 다시 스리랑카의 조용한 안식처에 도달하기 전에 한 나라에서 다른 나라로 여행하거나 강제로 보내질 때, 1차 세계대전 이후 겪었던 고난과 궁핍, 빈번한 질병 속에서도 지치지 않고 작업했습니다. 그의 연구 첫해와 빠알리어에서 첫 번째 번역을 수행할 때 큰 사전들과 잘 편집되고 인쇄된 빠알리어 텍스트가 존재하지 않았거나 접근할 수 없었습니다. 종종 그는 비판적인 주의를 기울여 미얀마어와 싱할라어로 된 야자수잎 필사본을 사용했는데 이 사본은 때때로 오류가 가득하고 읽기 어려웠습니다.

1906년에 나온 그의 첫 번째 출판물은 『붓다의 말씀』*The Word of the Buddha*(Pali 경전의 말씀에 있는 붓다의 가르침 개요, 설명 주석 포함)의 독일어판이었습니다. 얇지만 내용이 풍부한 이 책은 불교문학의 고전이 될 운명이었고, 수년에 걸쳐 13개 언어로 전 세계로 배포되었습니다. 얼마나 많은 사람들이 이 책을 통해 부처님의 가르침을 접했거나 부처님의 가르침에 대해 명확한 이해를 얻었는지는 가늠할 수 없습니다. 심지어 그것을 마음으로 배운 사람들도 있었습니다.

부처님의 말씀을 전파하고 명확하게 할 수 있는 이 책의 잠재력은 아직까지 고갈되지 않았으며, 부처님의 말씀을 더욱 광범위하고 체계적으로 유포하는 데 더 많은 노력을 기울일 가치가 있습니다. 이 책의 중요성을 고려하여 이에 대한 몇 가지 서지적인 세부 사항을 소개합니다.

1905년 독일어로 편찬된 최초의 짧은 판본의 『붓다의 말씀』은 독일 최초의 불교 저널인 〈붓다〉*Der Buddha*에 연재되었으며 1905~1906년호에 〈붓다의 가르침, 네 가지 고귀한 진리〉"*Die Lehre des Buddha oder Die vierheiligen*"이라는 제목으로 게재되었습니다. 이 글의 확대 및 개정판인 『붓다의 말씀』*Das Wort des Buddha*이 1906년에 책으로 인쇄되었습니다(그리벤Grieben 출판사). 1차 세계대전 이후 독일 불교 출판사인 오스카 슐로스Oskar Schloss에서 10,000권이 발행되었습니다. 현재 이용 가능한 독일어판은 콘스탄츠Konstanz의 크리스티아니Christiani 출판사에서 1953년에 출판되었습니다.

『붓다의 말씀』의 첫 번째 영어 번역본은 원래 사미 사사나왐사(이후 비구 실라짜라)가 독일어에서 번역하여 1907년 랑군(양곤)에서 출판되었습니다. 마하테라의 영어 번역본은 이후의 모든 출판물에 사용되었습니다.

영어 11판은 스리랑카에서 "사사나다라 칸타 사미티야Sasanadhara Kantha Samitiya 붓다의 말씀 출판 위원회"에 의해 10,000권이 발행되었습니다. 사사나다라 칸타 사미티야는 섬 암자를 지원하는 불교 여성단체였습니다.

이 책은 현재 15판이 출간되었으며, 그 중 마지막 세 판본은 불교출판협회(BPS)에서 발행한 것입니다. 마닐라에 있는 중국 불교 사원에서 발행한 판본이 미국에서 세 번, 필리핀에서 한 번 나왔습니다.

번역본은 벵골어, 체코어, 핀란드어, 프랑스어, 힌디어, 이탈리아어, 일본어, 자바어, 폴란드어, 러시아어, 싱할라어 및 태국어로 제공됩니다. 책에서 선택된 원본 빠알리어는 스리랑카어 문자(Sacca-Sangaha; Colombo 1914), 인도의 데와나가리 및 스리랑카의 로마 문자(Buddha-Vacanam; Kandy 1968, BPS)로 출판되었습니다.

『붓다의 말씀』의 러시아어 번역본은 상트페테르부르크의 라마교 사원의 후원으로 1907년에 출판되었습니다. 러시아 당국에 의해 두 번 출판이 금지되었습니다. 이 러시아어 번역의 한 사본에는 현재 작가에게 보낸 편지에 언급된 놀라운 역사가 포함되어 있어 다시 이야기할 가치가 있습니다.

이 편지는 아버지 쪽은 러시아인, 어머니 쪽은 몽골 불교도인 불교출판협회 회원이자 후원자인 한 여성이 쓴 것입니다. 1933년 초, 어린 소녀였던 그녀는 고등 교육을 받기 위해 베를린으로 갔고, 독실한 불교도였던 그녀의 할머니는 그녀에게 작별 선물로 러시아어

『붓다의 말씀』한 권을 주었습니다. 그녀가 베를린에서 의학 공부를 시작한 첫해에 러시아는 전쟁에 참여했고 소녀는 체포되어 여러 강제 수용소로 보내졌습니다. 그녀는 모든 수용소와 두 개의 감옥에서 그 책을 몸에 숨겨 두었습니다. 첫 번째 수용소에서는 그녀가 그것을 간직할 수 있었지만, 그녀가 토르가우(엘베)로 보내졌을 때 수용소 간수가 그것을 찢기 시작했습니다. 바로 그 순간, 캠프 사령관의 젊은 부관이 지나갔습니다. "나는 그에게 달려가서 나의 유일한 소유물인 '기도서'를 갖게 해달라고 간청했습니다. 나는 그의 발 앞에 엎드렸습니다. 이것은 서양남성이 전혀 겪어보지 못한 일이었기에 그를 무척 당혹스럽게 했습니다. 그와 같은 흔치 않은 일을 처리하기엔 너무 어리고 경험이 부족했던 그 사람은 나를 일으키고 정중하게 다가와 무언가 의미를 알 수 없는 말을 더듬거렸습니다. 마침내 스스로 진정한 뒤 수간호사에게 책을 고쳐달라고 명령하고 나에게 돌려주었습니다." 그녀가 의과대학생이었다는 사실을 알게 된 그 젊은 부관은 그녀를 병영의 간호조무사로 임명하였고 그녀는 전쟁이 끝나고 석방될 때까지 이 역할을 유지했습니다. 그녀가 난민캠프에서 미래의 남편을 만났을 때, 바로 이 책이 그에게 불교를 소개하는 데 도움이 되었고, 그 결과 그는 마침내 매우 헌신적이고 깊은 이해력을 지닌 불교도가 되었습니다. 결혼 후 남편과 함께 캐나다에서 살게 되었을 때, 그토록 기묘하고 감동적인 역사를 겪은 이 책이 그들의 기도실에 놓여졌습니다. 그녀는 편지에서 다음과 같이 말했습니다. "이 모든 것의 경이로움은 그 모든 사람들이 그것을 모르고 이 세상이 제공하는 가장 큰 보물인 붓다의 순수한 말씀을 접하고 눈을 떴다는 것입니다. 나는 매우 행복합니다. 이 보물을 멀리서 가지고 와서 내 나쁜 카르마로 인해 고난과 굴욕을 겪으면서도 이 영광스러운 말씀을 내 남편에게 전하게 되었습니다."

한 권의 책에 대한 모험을 살펴보았으니, 이제 냐나띨로까의 저술에 대한 기록을 다시 계속하겠습니다.

1905년 초에 그는 부처님의 경전 중 가장 방대한 4대 니까야 가운데 하나인 『앙굿따라 니까야』를 독일어로 번역하기 시작했습니다. 첫번 째 부분, 즉 첫 번째 책은 1907년에 등장했으며(Walter Markgraf 출판사), 다음 해에 추가 부분이 4권의 책으로 번역되었습니다. 첫 번째 완결판은 1922년에 5권으로 출판되었습니다(Oskar Schloss 출판사). 현재의 저자가 개정한 신판이 1969년에 같은 5권으로 출판되었습니다(M. DuMont Schauberg publications, Köln).

1차 세계대전이 일어나기 몇 년 전에 냐나띨로까는 다음과 같은 글을 모두 독일어로 출판했습니다. 『인간에 대한 책』*Das Buch der Charaktere*(1910; 아비담마 인시설론Puggalapannatti 번역); 『체계적인 빠알리어 문법』(1911); 『밀린다왕의 질문』(Milindapanha; Vol. 1: 1913/14; Vol. I/II: 1924).

1928년에는 독일어로 『빠알리어 선집 및 용어집』*A Pali Anthology and Glossary*이 출판되었고, 1931년에는 『청정도론』*Visuddhi-Magga*("Der Weg zur Reinheit")의 첫 권이 출판되었습니다. 그가 이 방대한 작품의 독일어 번역을 완료했을 때, 디야탈라스와(스리랑카)에 수감되어 있는 동안, 제자 승려의 도움을 받아 처음으로 등사기로 제작되었습니다. 이 책은 1952년에 처음 출판되었습니다(Christiani

출판사, Konstanz). 두 번째 개정판은 1976년에 출판되었습니다.

1938년: 『아비담마 해설서』*Ahhidhamma Pitaka*(영어); 1957년과 1971년에 재인쇄(BPS). 저자가 번역한 이 작품의 독일어 버전은 출판되지 않았습니다. 이는 또한 그의 독일어 번역인 『아비담마 철학 종합해설』*Abhidhammatthasahgaha*과 『법구경』(담마빠다)의 독일어 번역(고대 주석서의 설명 부분 포함)에도 적용됩니다.

1949년: 『불교의 기초』*Fundamentals of Buddhism* 4개의 강의(영어).

1952년 다음 중요한 두 저서가 영어로 출판되었습니다. (1)『불교 사전』. 『불교 용어』 및 『교리 매뉴얼』(2판: Colombo 1956; 3판, Nanaponika 에 의해 개정 및 증보: 1972): 독일어판: 1953; 2판. 1976 (Christiani 출판 사, Konstanz). 수잔 칼펠레스Suzanne Karpeles가 번역한 프랑스어 버전은 1961년 파리의 Adyar에서 출판되었습니다(『빠알어 경전의 불교 용어 및 교리』*Vocabulaire Bouddhique de Termes et Doctrines du Canon Pali*). (2)『해탈에 이르는 길』, 세 가지 구분과 일곱 단계의 청정*The Path to Deliverance, in its Threefold Division and Seven Stages of Purity*(제2판, 1959 년 개정판). 독일어 버전: 1956. 인도네시아어 번역: 제2판, 수라바야 1970. 이 역시 주석이 달린 선집이며 부처님의 말씀에 대한 고급 참고서로 간주될 수 있습니다. 유익하고 영감을 주는 글이 풍부합니다.

영어로 된 일부 짧은 에세이들은 불교출판협회(Kandy: 『사람들에 대한 붓다의 영향』*he Influence of Buddha on a People*)(BLA 2)에서 재판본으로 발행되었습니다. 『카르마와 재생; 연기의 중요성』(현재 둘 다 『불교의 기초』*Fundamentals of Buddhism*, Wheel 394로 재출판); 『무아』; 상윳따 니까야 선집(The Wheel No. 202/204).

여기에서 헌신적인 방식으로 큰스님의 저술을 위해 봉사한 출판업자들(모두 불교 신자라는 확신을 갖고 있음)을 기억하는 것이 적절합니다.

독일어 출판: 월터 마그라프Walter Markgraf, 오스카 슐로스Oskar Schloss, 페르디난드 슈왑 Ferdinand Schwab; 그리고 1952년부터 크리스티아니Christiani(Konstanz) 출판사가 계속해서 인쇄물을 발행하고 있습니다. 잉 폴 크리스티아니 박사는 오랫동안 불교도였고 냐나띨로까 큰스님을 크게 존경했습니다.

영어출판: Bauddha Sahitiya Sabha(불교 문헌 협회), 콜롬보; 사사나다라 칸타 사미티야(Sasanadhara Kantha Samitiya 붓다의 말씀 출판위원회; 불교출판협회(BPS), 캔디Kandy.

냐나띨로까 스님은 불교 교리에 대한 진지한 연구와 올바른 이해에 큰 도움을 주기 위해 저술과 번역의 주제를 선택하는 데 있어서 높은 예지력을 보여주었습니다. 그의 책은 테라와다불교 연구에 신뢰할 수 있는 지침을 제공합니다. 큰스님의 『불교사전』을 참고했다면 현대의 저술과 번역에서 많은 오역을 피할 수 있었을 것입니다.

그의 글쓰기 방식에는 그의 삶의 방식과 성격이 반영되어 있습니다. 그의 문체는 빠알리어 경전에 걸맞게 단순하고 품위가 있었고, 그의 삶도 그러했습니다. 그는 글로든 대화로든 장식과 장황함을 좋아하지 않았습니다. 그는 생각과 언어의 명료함을 소중히 여기고 모호함과 애매함을 싫어했습니다. 책이나 사람들을 만날 때마다 그는 항상 "용어를 정의하라."고 강조했는데, 그는 이것을 아버지로부터 물려받은 건전한 지적 훈련이었다고 고마운 마음으로 기억했습니다.

그는 깨달은 분의 말씀에 깊은 존경심으로 가득 차 있었습니다. 그는 우리 시대의 불교 문헌에서 보이는 주관적인 견해의 과잉을 불신하면서 붓다의 말씀을 '해석'하려는 안일한 시도에 대해 매우 신중하고 진정한 학문의 정신으로 경계했습니다. 마찬가지로 그는 다른 사람의 생각, 말, 행동을 '해석'하거나 가볍게 판단하는 것을 삼갔으며, 결코 전면적으로 비난하는 일을 하지 않았습니다. 무아(anatta) 교리의 참되고 실천적인 정신에 따라 그는 "나쁜 사람은 없고 나쁜 자질만 있을 뿐이다."고 말하곤 했습니다. 이는 인간의 모든 자질은 무상하며 바뀔 수 있음을 암시합니다. 그는 결코 사람을 가혹하게 대하지 않았으며, 글이나 대화에서 논쟁이나 지나친 비판을 싫어했습니다. 그는 무엇이 선하고 진실인지를 말하는 것을 더 선호했으며, 그것이 성숙된 마음에 비록 때로는 느리지만 꾸준하게 영향을 미칠 수 있도록 허용했습니다. 그러므로 그가 두 가지 중요한 불교 교리인 무아(無我)와 연기(緣起)에 대한 잘못된 해석에 대해 날카로운 비판적 펜을 휘두른 드문 사례는 특별히 강조되며 배우는 이들이 진지하게 고려할 가치가 있습니다.

그는 가능한 한 현대 생활의 "내부 및 외부 소음"을 피했으며 자연과 고요함을 사랑하는 성향으로 섬, 언덕, 숲 등 은둔지를 선택했다는 것입니다. 그는 대중의 관심을 피하고 공공 활동의 명예와 부담을 기꺼이 포기했습니다. 그는 다른 사람들을 폄하하지 않았지만, 그 자신은 초연한 상태를 유지하고 자신과 불교 승려의 이상에 맞는 단순한 생활 방식을 유지하는 것을 선호했습니다. 그는 또한 자신이 일과 담마 대한 외골수적인 헌신이라는 그외의 동기에서 그렇게 했습니다. 그의 외골수적인 성실함은 그의 성격의 조화로움과 평온함은 물론 담마에 대한 봉사에 있어서 뛰어난 성취를 이룩했습니다.

  그의 삶과 일에 대한 모든 지침은 모든 사람에게 중요한 메시지를 담고 있습니다. 특히 폭력적일 뿐만 아니라 장황한 갈등이 있는 격동의 시대에 매우 중요합니다. 어떤 종류의 생산적인 일에 대한 고요함과 외골수적인 헌신은 개인과 사회에 이익을 줍니다.

냐나띨로까 스님 문헌 목록

서문의 노트

이것은 『독일 불교도들의 생활 사진: 전기서지 핸드북 1권: 창립자』*Lebensbilder Deutscher buddhisten: Ein bio-bibliographiscbes Handbuch, Band I*: Die Criinder, Konstanz, 1996, pp. 65-79에서 헥커 박사가 준비한 참고문헌의 번역입니다. 헥커가 열거한 냐나띨로까 책에 대한 리뷰는 여기에서 생략되었습니다. BPS 편집자가 프랑스어와 이탈리아어로 된 몇 가지 텍스트를 추가했습니다. 별표(*)로 표시되어 있습니다.

헥커: 롤프 헨네켈Rolf Hennequel 교수는 1959년 3월 31일 취리히의 막스 래드너Max Ladner에게 다음과 같이 편지를 썼습니다. "나는 유일하게 현존하는 완전한 냐나띨로까 전기의 번역자입니다. 그것은 1927년에 섬 암자에서 썼습니다."

헨네켈은 타스마니아Tasmania의 라운세스톤Launceston에서 철학 명예 교수로 재직했으며 1959년 그곳에서 글을 썼습니다. 타스마니아에서 헥커가 한 질문에는 여전히 답신이 없었습니다. 현재 롤프 헨네켈 교수의 문학 유산은 캔버라의 호주 국립 문서 보관소에 있습니다. 그러나 국립 문서 보관소 사서에 따르면 이 원고는 헨네켈의 논문에 포함되어 있지 않습니다.

헨네켈의 논문 중 일부(다른 것)가 보관되어 있는 타스마니아 주립 도서관에 문의해도 결과가 없었습니다.

1953년 〈불교 월간지〉Buddhadische Monatshefte 27페이지에서 안켄브란드Ankenbrand는 자신이 냐나띨로까의 전기를 작업 중이었고 이를 출판할 계획이었다고 언급했습니다. 더 많은 것은 알려지지 않았습니다.

문학적 유산

별표(*)로 표시된 논문을 제외하고 다음의 모든 논문은 독일 괴팅겐 대학의 인도학과 불교 연구소(Institut für Indologie und Buddhaus)에 보관되어 있습니다.

기념집

『냐나띨로까 100주년 기념집』. 1978년 2월 19일 냐나띨로까 큰스님 탄생 100주년 기념에 즈음하여. 냐나뽀니까Ñāṇaponika 스님 편집, Kandy, 1978년, 71페이지.

자서전

냐나띨로까는 1948년에 자서전(독일어)을 썼는데 1926년까지만 기록했습니다. 이 책은 64페이지로 구성되어 있습니다. 그중 3-4페이지과 46페이지[215]이 누락되었습니다. 헥커 박사의 『최초의 독일인 비구』, 3-143페이지.

냐나띨로까 스님에 대한 일반 정보

- Ankenbrand, Ludwig: "냐나띨로까 마하테라의 75번째 생일에 : 그의 삶과 우리에 대한 그의 의미" 월간 불교*Buddhadische Monatshefte*, 1953, pp. 21-28 (명 박사 서문 포함) = BG 함부르크 뉴스레터, 1957, pp. 359-365.

- Auster, Guido: "독일 불교도의 스승", 『냐나띨로까 100주년 기념집』 Kandy, 1978년, pp. 25-27 (BPS).

- Carrithers, Michael: 『스리랑카의 숲속 수행승. 인류학적 및 역사적 스케치』 텔리, 1983년, 26-45페이지, "유럽 승려" 장.

- 헬무스 헥커, 『독일 불교 : 연대기』 함부르크, 1쇄, 1974, pp. 16-17 = 2쇄 1978, pp. 16-17
  ◦ 『독일의 불교 연대기』 3쇄, Plochingen 1985, pp. 17-20 = Publ. Nyt. 5ho [담마파담], pp. 361-367.
  ◦ "스리랑카와 호주의 영국 민간인 수감자로서의 독일 불교도 1914-1919," *Spirits* 1992, No. 1, pp. 27-31.

- 클라우스코프 게오르그: "스리랑카의 독일 순례자"(Soni 역), 『붓다의 빛』*Light of Buddha* 1956, No. 7, pp. 20-26, No. 8, pp. 32-39.

- 라드너 막스Ladner, Max: "냐나띨로까 Mahathera 스님의 75번 째 생일에" Geburtstag,"『통찰지』*Einsicht*, 1953, pp. 1-2.
  ◦ "냐나띨로까Mahathera에 대한 찬사", *Ditto*, 1956, pp. 30-31.

- 냐나뽀니까: "전기 및 참고문헌", 슈투트가르트 외국 연구소의 요청에 따라 번역되었으며, 두 언어로 된 인도 잡지에 출판될 예정이었음(그가 1955년 1월 28일부터 Kell 박사에게 쓴 대로). (헥커 박사는 이 작품에 대해 더 자세히 알 수 없었지만 아마도 섬 암자 기록보관소에서 발견된 미완성 영어 초안일 것입니다. 서문 p. 10 참조)

- "냐나띨로까Mahathera. '그의 삶과 업적" 『냐나띨로까 100주년 기념집』 Kandy, 1978, pp. 1-16.

- 냐나삿따Nyanasatta: "냐나띨로까와 법을 가르치는 그의 방법", 『냐나

띨로까 100주년 기념집』pp. 17-24.

퍼시안, 월터: "냐나띨로까" 불교사상*La Pensee Bouddhique* Ill/2, 1947년 4월.

- 냐나띨로까 "한 독일 불교 승려의 전기" *Middle Way* 1947/48 (Vol. 22), pp. 131-34.
- "독일불교도의 삶과 사상의 계승자", 『불교세계관』*Buddhistischen Weltschau*(Dü), Jan. 1948, Anlage p. 8.
- "가이거 은둔자가 되다*Geiger wurde Eremit*," Zeit v. 19. 2, 53, p. 8.
- "유럽에서 가장 오래된 불교 승려," Stuttgarter 신문, 26.2.53.
- "독일불교도의 비밀을 추적하다: 노란 가사를 입은 남자", 『가정과 세계』*Heim und Welt*, No. 16 v. 16. 4. 54, pp. 8-9 (작자 미상).

스판링 헤르만Spannring, Hermann: "냐나띨로까의 추억" 『통찰력』 *Einsicht* 1961, pp. 154-156.

Stacke-Rosen, Valentina: 『독일 인도학자들』"냐나띨로까", Delhi, 1981, pp. 204-205.

틴, 먀농 우Tin, Myanaung U: "겸손한 찬사" 『냐나띨로까 100주년 기념집』Kandy, 1978, pp. 28-30.

사망 기사 1957

- Nanaponika: "삶, 업적, 그리고 인격," 『통찰력』*Einsicht* 1957, pp. 97-106.

- 사망기사 "담마의 빛*Light of Dhamma*", 1957, No. 3, p. 65.

- 냐나삿따Nyanasatta: "냐나띨로까 스님을 추모하며," The Maha Bodhi, 1957, pp. 301-303 = 붓다의 빛*Light of the Buddha*, 1957, No. 7, pp. 38 f.

- 슈테게만 빌헬름Stegemann, Wilhelm: "냐나띨로까의 죽음에 대하여," 뉴스레터, BG, Hamburg, 1957, p. 368.

- 벨자빅 체도밀Veljavic, Chedomil: 크루고비(자그레브)의 사망 기사,

7.6.57, pp. 632-635.

- 윌슨 디아스Wilson Dias, S.A.: "독일 최초의 비구를 추모하며. 음악강의가 그를 불교로 이끌었다," *Sunday Times* (Colombo), 2.6.57, p. 12.

- o.V.: 사망 기사, 스리랑카 일간 뉴스Ceylon Daily News, 1.6.57.
  ◦ 냐나띨로까 Mahathera의 죽음, *Morning Times* (Colombo), 29. 5. 57 = 세계 불교 *World Buddhism* 1956/57, No. 11, p. 11 ff. = 연구 보고서, 10, p. 321 f.
  ◦ 사망 기사, 붓다의 빛*Light of Buddha*, 1957, No. 10, p. 41.

저술
빠알리 문헌 번역
1. 인시설론 Puggala Pannatti
『인간에 대한 책』. 불교 빠알리 논서(아비담마)에서 처음으로 번역. Breslau, 1910, XII, 124. pp. (독일 빠알리 협회 No.1 출판), 재판 = Neubiberg 1924 (Oscar Schloss 출판사). 재판, Capelle (Nd), 1995, p. 136(Oscar Schloss 출판사)

2. 붓다의 말씀 Die Reden des Buddha
빠알리어 경전 『앙굿따라 니까야』 번역 및 주해
- 1판. 1권, 라이프치히, 1907년, 96페이지 (불교출판사). 2권, Breslau, 1911년, 79페이지(독일 빠알리 협회 출판사, No. 4). 2권(제 삭제)3, 4, 5 동일, 라이프치히, 1914년, 383페이지(빠알리 불교계 신판 No. 10). 제4권, Breslau 1912, 518 5. (독일 빠알리 협회 출판사, No. 7), 제5권, Lpz. o.J., 254페이지 (신지학회 출판사)
- 2판: 『붓다의 말씀』*Die Reden des Buddha*. 냐나띨로까에 의해 최초로 빠알리 『앙굿따라 니까야』에서, Neubiberg, 1922-1923 (Oscar Schloss 출판사), Vol. 1, 1923, 472페이지; Vol. II, 1922, 412페이지; Vol. Ill, 1922, 254페이지; Vol. IV, 1922, 292페이지; Vol. V, 1922, 536페이지.
- 3판: 『숫자별로 편집된 붓다의 가르침: 앙굿따라 니까야』. 냐나띨로까가 빠알리어에서 번역, 개정 및 출판, Koln 1969, (DuMont 출판사) Vol. I,

1법에서 3법까지, 273p. Vol. II, 4법, 228페이지. Vol.III 5법에서 6법까지, 277페이지, Vol. IV, 6법에서 9법까지, 252페이지, Vol. V, 9법에서 11법까지 201페이지(색인 포함).
- 4판. 재판: 위와 같음, Freiburg, 1984(Aurum 출판사).
- 5판. (인쇄 오류 수정), Braunschweig, 1993(Aurum).

3. 밀린다왕의 물음 Milndapapañha
불교의 중요한 교리에 관해 그리스 왕과 불교 승려가 나누는 대화를 담은 역사서. 냐나띨로까비구에 의해 처음으로 빠알리어에서 독일어로 완전히 번역. (그러나 일부 변경됨!)
- 1판, Breslau 1913, Vol. 1, (Markgraf). 2판, Leipzig, 1919, Vol. I, X, 340페이지(Altmann). 3판, Neubiberg, 1924, Vol. I, X, 340페이지, Vol.II, VIII, 268페이지(Oscar Schloss 출판사). 4판, Interlaken 1985, 396페이지, 『밀린다왕의 물음』(냐나뽀니까 개정: 55페이지 생략, 많은 새로운 주석, 빠알리어 주석 생략, 번역에 대한 많은 변경, 냐나띨로까의 누락 추가), Ansata 출판사. 재판 1998.

4. 청정도론 Visuddhimagga
a) 발췌본: 『청정도론』*Visuddhimagga*에서. 처음으로 빠알리어에서 독일어로 냐나띨로까 번역, 편집, Neubiberg, 1926, 30페이지. (불교사 연구, Vol. 18) (Oscar Schloss 출판사)
b) 사전인쇄: 붓다고사Buddhaghosa, 『청정도론』. 붓다의 가르침을 체계적으로 설명한 가장 방대한 저술인 붓다고사의 청정도론에 대한 냐나띨로까의 빠알리 원전에서의 최초의 독일어 번역. Vol. I. 불교지, 1928, pp. 31-61, 163-187, 309-337.
c) 1권 초판: Visuddhimagga 또는 『청정도론』. 불교에 대한 가장 크고 체계적인 문헌. 냐나띨로까가 빠알리어에서 처음으로 번역, Neubiberg, 1931, XVI, 287페이지. (Benares 출판사, Ferd. Schwab).
d) 2권 초판. (V-VII/2 장), Hamburg, 1936, 80페이지, Buddh. Gem. Hamburg
e) 등사판. 냐나띨로까가 빠알리어에서 번역한 청정도론, Diyatalava

1941, 494페이지. 1936

Hamburg Edition의 연속 VII/3-XXII 장, i.e., 마지막 부분까지 각 주는 없음. 100권 등사판으로 인쇄. 냐나말리까 비구의 도움으로 Diyatalava 수용소에서.

f) 최초의 통합본, 『청정도론』. 불교에 대한 가장 방대하고 오래된 해설로 냐나띨로까가 처음으로 빠알리어 전체를 번역. Konstanz, 1952, XVI, 981페이지, Christiani 출판사

g) 1975년 재인쇄. 동시에 냐나띨로까의 사본과 냐나뽀니까의 수정 사항을 포함하여 두 번째 판을 재인쇄. 두 개의 동일한 재판본이 4판과 5판으로 출판.

h) 재판 (?) 1997 Oy-Mittelberg, 1006페이지. (Jhana 출판사)

5. 법구경 Dhammapada

- 지혜와 논평에 대한 붓다의 길. 빠알리 경전은 가장 오래된 불교 어록 모음집에 대한 문자 그대로의 번역 및 해설. 냐나뽀니까의 서문, Oy-Mittelberg, 1992, 371페이지. (Jhana 출판사).

- 냐나띨로까 큰스님, 『법구경』*Dhammapada*, 가장 오래된 불교 격언 모음을 문자 그대로 번역, Oy-Mittelberg, 1995, 109페이지. (Jhana 출판사). 빠알리와 주석 없이 게송만 번역.

6. 아비담맛타상가하Abhidhammatthasaṅgaha

『불교 철학 개요』*Abhidhammatthasangaha*. 냐나띨로까 큰스님의 번역 및 설명, Oy-Mittelberg, 1995, 157페이지. (Jhana 출판사)

7. 체계적인 빠알리어 소문법

1. Breslau 1911, VIII 119페이지.: 독일 빠알리어 협회 No. 5
2. Oscar Schloss 출판사 재판, Neubiberg, 1924, 120페이지.
3. 재판, 신판 및 개정, 독일 불교 연합, Munchen, 2002.

8. 빠알리어 선집 및 사전

- 과학적 원리에 따라 작성되고 어원학적 설명이 제공되는 사전과 함께 점

진적으로 배열된 빠알리어 사전, Neubiberg, 1928.
- Part A: 사전, XII, 128페이지. Part B: 선집, 71페이지.
- 2판. 통합본, Capelle (Nd), 1995, 212페이지. (Oscar Schloss 출판사).

9. 불교 사전

a) 영어: (1946, 8월28일, 데라 둔에서 번역).

1판: 『불교사전, 불교용어 및 교리 편람』*Buddhist Dictionary, Manual of Buddhist Terms and Doctrines*, Colombo, 1950, 189페이지. (섬 암자 출판 No. 1).

2판: Kandy, 1952 = 1956, 198페이지. (BPS).

3판. Kandy, 1972, 냐나뽀니까 스님 수정 및 증보, 274페이지. 재판 1980, 1988, 1997, 2004 (BPS). 재판: Singapore, 1987, 220페이지.

b) 독일어: 『불교사전』*Buddhistiscbes Worterbuch*. 불교의 가르침과 용어를 알파벳순으로 간결하게 정리한 핸드북, Konstanz, 1953, 277페이지.; 재판 수정본, 냐나삐니까, 1976, 280페이지. (BHB No. 3).

c) 프랑스어: Suzanne Karpeles (번역자), 『빠알리어-프랑스 불교 용어 어휘』, Paris, 1961, (Adyar 출판사).

미리보기: 불교사상 La Pensee Bouddhique IV/6, April 1952, pp. 12-14 (요약본).

다른 책들

10. 『붓다의 말씀』*Das Wort des Buddha*

a) 독일어

- 빠알리어 경전의 경장(Sutta-Pitakam)의 말씀을 통해 붓다의 윤리-철학 체계에 대한 개요와 설명을 제공. Karl Seidenstucker의 소개, Leipzig, 1906, XX, 72페이지. (Th. Grieben).
- 2판 : 『붓다의 말씀』. 윤리적 철학의 개요. 경장(Sutta-Pitakam)의 말씀으로 편찬, 번역, 설명된 붓다의 체계, Neubiberg, 1923, XI, 110페이지. (Oscar Schloss 출판사).
- 3판 : 『붓다의 말씀』, 붓다의 가르침을 붓다의 언어로 체계적으로 개관. 선택, 번역 및 해설, Konstanz, 1953, 116페이지. (BHB No. 1).

- 4판 : 냐나뽀니까에 의해 재판, Konstanz, 1978, 118페이지. (BHB 1).
- 5판 : 위와 같음.

b) 영어
- 『붓다의 말씀』. 빠알리어 경전에 나오는 붓다의 윤리-철학 체계 개요. 독
  일어에서 J. F. McKechnie에 의해 번역됨, Rangoon 1907, XI, 52페이지.
- 2쇄. London, 1914, 69페이지. (불교협회 Buddhist Society에 의해 재출간)
  이후 냐나띨로까 자신의 번역.
- 3판 확장판, Colombo, 1927, VII, 67페이지. (서문, Dodanduva, 26.6.1927)
- 5판, Dodanduva, 1935, 64페이지. = Goddard, 『불교성전』*A Buddhist
  Bible*에 포함됨, 1938, 1966 Boston, 1970, pp. 22-60.
- 6판 개정판, Dodanduva, 1937, 70페이지.
- 8판, 학생용 축약판, Colombo, 1948 (Young Men's Buddhist Association)
- 9판, 개정판, Colombo, 1950, VIII, 70페이지. (Bauddha Sahitya Sabha/
  Buddhist Literature Society)
- 10판, Santa Barbara (USA), 1950.
- 11판 개정증보판, Colombo, 1952, XIV, 97페이지. (The Word of the
  Buddha Publishing Committee of the Sasanadhara Kantha Samitiya.)
- 12판, 『불교의 길』*The Path of Buddhism*에 수록, Colombo, 1955, pp.
  199-292.
- 13판, Colombo, 1959. (Lanka Buddha Mandalaya)
- 14판, 『붓다의 말씀』. 빠알리경전(Pali Canon)에 나타난 붓다의 가르침
  개요, Kandy, 1967, 101페이지. (BPS) 11판의 서문과 새로운 서문15-16
  추가. 편집은 이전과 같음 1971, 1981, 2001, 101페이지.

c) 카탈로니아어
『붓다의 말씀』*La Paraula del Buda*, Barcelona 1984(Amadeo Sole-Leris 번
역. l'Abadia de Montserrat 출판사).

d) 체코어
- 『붓다의 말씀』*Slovo Buddhovo*, 1935(번역. 익명 및 출판사는 언급되지 않음.)

- 『붓다의 말씀』*Slovo Buddhovo, Prague* 1993(번역, Mirko Fryba. Stratos.)

e) 프랑스어
- 『붓다의 말씀』*La Parole du Bouddha*, Paris 1935. 제2판: Paris, 1948, 108페이지.(번역, M. La Fuente. Adrien-Maisonneuve 출판사)

f) 이탈리아어
- 『붓다의 말씀』*La Parole del Buddo, Atanor*, 1919(G. B. Fenne 번역).

g) 자바어
- 『붓다의 말씀』*Sabdha Pandita-Pokoliing Adjaran Agami Buddha*. 80페이지. Salatiga, 1969.(번역. Sariputra Soedjas. Persaudaraan Umat Buddha.)

h) 빠알리
- 『진리개요』*Saccasangaha*. Colombo, 1914, 53페이지. 싱할라어 문자. 인도판의 데바나가리 문자판도 있음.
- 『붓다왓짜남』*Buddhavacanam*. Kandy, 1968, 84페이지. 붓다의 말씀으로 번역된 로마자로 된 빠알리어 원본(BPS).

나) 러시아어
- 출판. 1907, St. Petersburg, Birzevoje Vedomostva(교류부) 잡지의 부록에 게재.

j) 스리랑카어
- Buddha Vacanaya, Colombo, 1964.

k) 스페인어
- 『붓다의 말씀』*La Palabra del Buddha* (Gautama el Buddha). Buenos Aires, 1943, 186페이지. (A.M.D. 번역).
- 『붓다의 말씀』*La Palabra del Buddha*. Madrid 1982(번역 Amadeo Sole-Leris, Altalena 편집), 143페이지.

l) 태국어
- 『붓다의 말씀』ความจริง ของในประเสริฐ ฐูตามพุทธวจนะ, (Thailand), 1974 (번역,
   Prasert Ruangskul)
- 2판. 두 언어판: 영어와 태국어. Bangkok, 2008, 220페이지.

m) 다른 언어
- 벵갈어, 핀란드어, 힌디어, 일본어, 폴란드어(한국어-옮긴이 추가).
1. 『아비담마 안내서』Guide through the Abhidhamma Pitaka
빠알리어 불교 삼장에 속하는 철학적 모음집의 개요와 연기(Paticca
Samuppada)에 대한 에세이 (The Maha Bodhi, 1934, No. 9).
1판 : Colombo and Bombay, 1938, 179페이지.
2판 : Colombo, 1957, XIV, 179페이지. Nanaponika에 의한 개정증보판.
3판 : Kandy, 1971, 178페이지. 1983 재판.

a) 수정사항:
Maha Bodhi 1938, pp. 508. Vishva Bharati Quarterly, Nov. 38(N.
A. Sastri), 남아시아와 동아시아에 대한 지식을 제공하는 비엔나잡지
Wiener Zeitschrift für die Kunde Süd-und Ostasiens 1939, pp. 159
(Frauwallner). 영국 불교 Buddhism in England 1939/40(Vol. 19), pp. 167.
동양 문학 신문 Orientalische Literatur Zeitung, 1942, pp. 376-378(F.
Weller) 세계 불교 World Buddhism 1957/58, No. 5, pp. 16(W.F.J.) 담마
의 빛 Light of Dhamma, V/1, 1958. 1, 70페이지. 동서양 East and West,
1958(제9권), pp. 110 (G. Tucci) 붓다의 빛 Liglic of Buddha, 1959, pp.
119 f. (Tha Kyaw).
B. * 독일어: Führer durch das Abhidhamma-Pitaka. (사본)[216]

12. 『불교의 근본: 4강의』
1판 : Colombo, 1949, 113 pp., pub, Bauddha Sahitya Sabha 출판사,.
2판 : Colombo, 1956. 3판 : Kandy, 1968(BPS). 4판 : Kandy, 1994.
a) 다음 강의가 포함되어 있음.
I. "불교의 본질." 라디오 강의, Colombo, 1933년. 사전출 : Peace

1934/35, pp. 174-183 = Wheel IV, No. 4-5, 1938. 4월-5월, 11
페이지, Pamphlet, Colombo, 1944, Buddha Herald Vol. I, No. 9,
1948, 8월-9월, pp. 6-18. 1920. 독일어 강의, Tokyo, 서문 추가.
II. "업과 재생 Kamma and Rebirth", 1947, 스리랑카 대학교 강의.
　　Wheel No. 9로 재판, Kandy, 1959, 1964,, 23페이지.
II. "연기 Paticca Samuppada", 1938, 콜롬보 Dona Alpina Ratnanayake
　　대학에서 강의. 아래 팜플렛 번호 20과 혼동하지 마십시오.
IV. "정신 문화 Mental Culture," 강의, Tokyo, 1920.

13. 『해탈에의 길』The Path to Deliverance
삼학(三學)과 일곱 단계 청정으로, 경장(Sutta Pitaka)의 말씀과 함께 체
계적으로 설명.
- 1판 : Colombo, 1952, 198페이지. (Bauddha Sahitya Sabha).
- 2판 : 개정판, Kandy, 1959, 80페이지. (BPS).
- 3판 : Kandy, 1969 (BPS).
- 4판 : Kandy, 1982 (BPS). 새 제목 : 『붓다의 해탈에의 길 – 경장의
　　말씀에 보이는 체계적 탐구』. The Buddha's Path to Deliverance – A
　　Systematic Exposition in the Words of the Sutta Pitaka.
- 5판 : 2000, Kandy (BPS)

a) b. 독일어
- 『불교 원전에서 말하는 해탈에의 길』. 선집, 번역, 소개. Der
　　Weg zur Erlosung in den Worten der buddhistische Urschriften.
　　Ausgewählt, übersetzt und eingeleitet, Konstanz, 1956, 266페이지.
　　2쇄, 1980 (BHB No. 8).
- 2판의 인도네시아어 번역, Soerabaya, 1970.

14. 『불교의 기초』Grundlagen des Buddhismus
- 1판 : 냐나띨로까 스님의 4개 강의, Oy-Mittelberg 1995.(Jhana 출판
　　사). 아야 케마Ayya Khema 서문, 7페이지.
- I. "불교의 정수 Quintessence des Buddhismus," 도쿄 강의, 독일어.

출판:
1. 길, Der Pfad 1923/24, pp. 1-22.
2. 팜플랫 1924, No. 17, pp. 16-37.
3. 『불교의 기초』Grundlehren des Buddhismus, Munchen 1953, 12페이지. 전단지 No. 2
4. pp. 9-30 (1933,Colombo 강연의 영어판 서문과 함께, 위 No. 11 참조).

II. "업과 재생 Karma und Wiedergeburt," 이 책, pp. 31-51.
III. "조건적 발생(緣起)Bedingte Entstehung," 이 책, pp. 52-92.
IV. "삼매와 통찰을 통한 향상" (영어.: "정신 문화 Mental Culture"), 이 책, pp. 93-121.
부록 : "모든 존재의 비인격성(무아): Samyutta-Nikaya의 인용문 Die Unpersönlichkeit alles Seins: Zitate aus Samyutta-Nikaya," 이 책 pp. 122-137, 핵커 Hecker, 냐나띨로까 - 그의 생애, 이 책 pp. 138-147.
2판 : Oy-Mittelberg 2003, 152페이지. (Jhana 출판사).

IV. 팜플렛
15. R. A. Bergier의 독일어 번역 형성에 대한 불교의 영향. Lugano 1911, 15페이지. (Casa, Coenobium 출판사). *(Coenohium잡지에서도 출판됨), Anno V, Fasc. I-II, Lugano, 1911, pp. 78-88.
'민족에 대한 불교의 영향', "붓다의 말씀 출판 협의회 Sasanadhara Kantha Samitiya," 출판, Nugegoda, 1955, 10페이지.
Bodhi Leaves No. A 2로 출판, Kandy, 1959, 18페이지. (1950-1964, 적어도 6개의 불교 잡지에서 앞뒤로 출판됨).
BG Hamburg의 뉴스레터에만 있는 독일어 원본, 1956, pp. 160-162, 174-176.

16. 네 가지 고귀한 진리 *Die vier heiligen Wahrbeiten*
Breslau 1911, 26페이지. (Markgraf 출판사). 부분적 사전 프린트: "노란 옷을 입은 나래이터," 1911, pp. 160-164. 전체 사전 프린트 : IBW 1911/12 (Vol. 5), pp. 28-34, 41-59.

프랑스어: "불교의 네가지 진리 Les Quatre Verites du Bouddhisme," Coenobium, Anno V, Fasc. IX, 1911, 9월 pp. 4-22.

17. 불교의 정수 *The Quintessence of Buddhism*

『넷띠빠까라나』*Nettipakarana*(영어와 독일어), Colombo, 1913, III, 18 pp. 재판: Buddhist Review 1914, pp. 15-37. 독일어만: Buddhism and World Peace (Colombo), Vol. I, No. I, 1977, 4월-6월, pp. 55-65.

18. 두 개의 불교 에세이

Neubiberg, 1924, 37 pp. (불교사연구Untersuchungen zur Geschichte des Buddhismus No. 10) (Oscar Schloss 출판사).

1. "불교명상에 대하여" from: 〈불교저널〉*Zeitschrift für Buddhismus*, 1923, pp. 100-115 (밀린다팡하에서).
2. "불교의 정수," Pfad 1923/24, pp. 1-22 (도쿄 강연), 아래 No. 20. 참조.

19. 불교 사원 조직 *Der buddhistische Mönchsorden*

도쿄 강연. Neubiberg, 1925, p. 36(Buddh. Volksbibliothek Vol. 23), 실라짜라, 〈붓다, 대화〉(영어에서 번역) (Oscar Schloss 출판사).

20. 연기(緣起) *Paticca Samuppada*

빠알리어 전통에 따라 설명되는 모든 존재 현상의 '조건적 발생' 법칙.
1판 : Calcutta, 1934. 재판: Peace 1934/35, pp. 344-363.
2판 : Buddhist Brotherhood에 의해 간행, Kandy, 1937, p. 30
3판 : Colombo 와 Bombay, 1938, 책 No. 10에 부록으로 증보됨.
4판 : Kandy, 1969년, 41페이지(Wheel 140), 3판의 재판, 제목: 테라와다 불교에서 연기의 중요성. 1938년 라디오 강의와 혼동하지 말 것. 위의 No. 11번 Part III 참조.
예비 에세이: "연기(Paticcasamuppada)", Buddhist Review(London) 1913, pp. 267-271 = The Maha Bodhi 1927, p. 250 ff.

21. 불교문학협회의 필요성

Colombo, 1940, 8페이지.

(d) 잡지 기사

책 형태로 나오지 않은 기사.

I. 불교도 Der Buddhist

1. "부처님의 가르침 또는 사성제", 1905/06, pp. 164-167, 194-197, 228, 230, 265-270, 295-303, 326-336, 362-370.

2. "(AN) 1법의 표본", 1906-1910, pp. 13-20.

3. "기리마난다 경: 상윳따 니까야에서 독일어로 번역됨," pp. 175-180.

4. "스승님의 마지막 날," 180-193페이지.

5. "연기(Paticcasamuppada) 또는 원인으로부터의 발생. 빠알리 경전의 아비사마야-상윳따(Abhisamaya-Samyutta)에서 번역 및 해설," pp. 289-300.

6. "와세타 경Vasetha Suttam", pp. 300-306.

7. "물질적 존재 분석", pp. 369-378.

II. 불교대기실 Buddhistische Warte

1. "앙굿따라 니까야의 1법에서 나온 두 경전. 독일어로 번역되고 설명이 제공됨," 1907/08, pp. 152-156, 206-209.

2. "명상(Kammatthanam). Abhidhammatthasangaho의 번역 및 설명 제공," 1907/08, pp. 289-299; 1908/11, pp. 164-169.

III. 불교의 세계 Die Buddhistische Welt

1. "세 가지 빠알리 경전(AN IV, 182, 204, 211). 원본에서 번역됨," 1909/10, pp. 4 f.

2. "집중의 훈련(AN IV, 91). 빠알리에서 번역됨," ibid. pp. 10 f.

3. "물질 세계의 주요 특성/" ibid, pp. 62-64.

4. "어떤 이론에서도 자유롭다" ibid, pp. Il6 f.

5. "깔라마사람들에게 한 가르침, AN III, 65," 1910/11, pp. 85-90.

6. "AN, IV/185-186," 4법의 두 경," ibid, pp. 169-173.

7. "AN III, 61: 신앙의 세 영역," ibid, pp. 189-194.

8. "AN IV, 174: 설명할 수 있는 것의 한계," 1911/12, pp. 283-285.

9. "연기 Paticcasamuppado", ibid, pp. 393-397.

IV. 불교저널 Zeitschrift fur Buddhismus

1. "자아의 문제에 관하여(M 22에서 번역)," 1920, pp. 9-15
2. "상위계층만 승단에 들어갈 수 있나?" (밀린다팡하에서), 1920, pp. 73-80.
3. "자아에 대한 환상 극복", 1921, pp. 6-11.
4. "자애명상 Metta-Bhavana", 1922, pp. 52-55.
5. "죽음에 대한 명상(Vism. 청정도론)", 1926년, pp. 75-91.

V. 불교월간지(인도 세계) Buddhistische Monatshefte (Indische Welt)

1. "평화롭게 하는 붓다(D 16.1, AN에서 축약)," 1949, pp. 22-24.
2. "뱀의 비유경"(M 22)," pp. 84-91.
3. "불교명상에 대하여", pp. 91-93, 113-115 = Bulletin of the BC Hamburg, 1955, pp. 74-76, 86-88.
4. "밀린다빵하에서", 1949, pp. 94-95; 1951, pp. 24-25.
5. "붓다의 말씀(발췌)", 1949, pp. 105-108.
6. "자연의 법칙(A V/49)", 169페이지.
7. "무아의 진리, '나 아닌 것'에 대한 붓다의 가르침," pp. 137-141.
8. "청정도론(Visuddhimagga)에서", 1950년, pp. 133-135, pp. 171-178.
9. "대제사경(Mahayannña Sutta): A IV/39," 149페이지.
10. "팔정도 5-8지(支)", 195년, pp. 180-182.
11. "영적 향상"(불교의 기초에서), 1952, 8-10, 22-23, 42-43, 60-62, 93-95, 113-114; 1953, 121-129.
12. "세 가지 특성", A III, 134: 1952, pp. 17-18.
13. "자신만의 미래를 디자인하세요", 1952, p. 69 = 함부르크 BG의 회보, 1960, p. 38.

VI. 통찰력 Die Einsicht

1. "AN의 번역", 1953, 97페이지; 1951, 1-3; 1949, No. 5, 1페이지; 1951, 5월 50 ; 1958, 161페이지; 1951, 38페이지; 1949, 4, pp. 2-5.
2. "모든 존재의 비인격성(무아, Anatta), SN에서 읽은 구절," 1954, pp. 2-6, 18-21.

3. "세 성자들" (인시설론), 1954, pp. 65-66.

VII. 함부르크 공보(SPB)

1. "무지", SPB 1953, pp. 126-129 = BC 함부르크 게시판, 1957, pp. 286-290(영어 위).

2. "불교명상에 대하여", 1955, pp. 74-76, 86-88.

3. "모든 존재의 세균", 1956, pp. 197-203.

4. "민족에 대한 불교의 영향"(영어는 아래 참조), 1956, pp. 160-162, 174-176.

5. "정신의 발달", 1958, pp. 123-134 (도쿄 강영, 1920).

VIII. 다양한 독일어

1. "우루웰라 이전(A IV/21)," 신지학 문화(Leipzig) 1912(4년), pp. 227-228.

2. "까차나: 넷띠빠까라나"*Kaccana Nettipakarana* 발췌, "표상 방법의 출현: 3장 (naya-samutthana),"World Buddha 1931/32, pp. 3741, 49-52; 1932/33, 5. 2-9.

3. "불교 세계, BCD의 분기별 보충보충 자료," 1948년 1월. 불교의 정수, pp. 1-3, 불교명상, pp. 3-5, 불교의 업사상, pp. 5-7.

IX. 영어 기사

스리랑카 불교 연보 Buddhist Annual of Ceylon

1. "마음의 제어와 계발에 대한 몇 가지 힌트," 1921(Vol. 1/2), pp. 27-29.

2. "명상 방법 개요", 1927(Vol. III/i), pp. 49-52.

3. "마음의 균형을 잡는 방법, 1929(Vol. III/3), pp. 206-213.

4. "논장Abhidhamma Pitaka의 간결한 요약", 1932(Vol. IV/2), pp. 137-149.

기타 영어

5. "불교의 메시지", Buddhist Review (London) 1910, pp. 307-314.

6. "물질 세계의 주요 특성", ibid. 1913, pp. 192-194 (아비담맛타상가하 6장).

7. "연기(Paticcasamuppada)", ibid, pp. 267-271.

8. "유일한 특징적인 불교 교리. 무아에 대한 해설", Ceylon Daily News, 1934. 5월, Vesak-Number.
9. "붓다의 말씀", Peace(Singapore) 1934/35(제3권), pp. 50-60.
10. "다섯 무더기 또는 오온", The Maha Bodhi, 1937, pp. 129-140.
11. "팔정도의 첫 번째 고리", Middle Way, 1942/43(Vol. 17), pp. 86 ff.
12. "불교적 사고방식", Buddhist Cl1ina, 1943, 겨울, pp. 7-11.
13. "Lanka Dharmaduta Society에 보내는 메시지", Asoka Weeraratna, 독일 불교Buddhism in Germany, Colombo, 195년, pp. 1f.
14. "상윳따 니까야에서 추출한 존재의 무아(anatta) 번역 및 해설." Light of Dhamma, 1953/54(Vol. 2), pp. 35-39 = Wheel No. 202-204, 1974, pp. 37-48.
15. "무아(無我)", Light of Buddha, 1958. 4월(Vol. Ill/I), pp. 3-7 = Wheel No. 202-204, pp. 1-8.
16. "'마음 속의 실재'에 관하여, 서양 견해와 아비담마의 비교," Light of Buddha, 1958(Vol. 111.4), pp. 115-118.

프랑스어
17. "붓다의 가르침의 정수," *France-Asie*, No. 153157, *Presence du Bouddhism*, Februar-Juni 1959, 2월-6월, pp. 241 -250 = 재판, Paris 1987.
18. "명상 방법 요약", *La Pensee Bouddhique* I/2, 1939. 10월.
19. "불교사상의 태도", *La Pensee Bouddhique* II/12, 1947. 10월.

이탈리아어
* "불교 암자 프로젝트를 위하여", Coenobium, Anno IV, Fas. II, 1910, pp. 145-147.

냐나띨로까 스님의 출가 제자들

다음은 냐나띨로까 스님 제자로 승려가 된 모든 사람들의 목록 입니다.

냐나띨로까의 첫 번째 제자들은 부처님의 처음 다섯 명의 비구 제자(아라한)의 이름을 따서 명명되었습니다: 꼰단뇨Koṇḍañño, 왓뽀 Vappo, 밧디요Bhaddiyo, 마하나모Mahānāmo, 앗사지Assaji.

처음에는 법명을 태국에서 사용되는 것처럼 -o로 끝나는 남성형 으로 지정되었습니다. 1차 세계대전 이후 냐나띨로까는 미얀마, 스 리랑카, 인도에서 사용되는 것처럼 성별을 표시하지 않는 -a로 끝나 는 원형 어간 형태를 사용했습니다.

나중에 냐나띨로까는 사원과의 연결과 수행승의 기원을 표 시하기 위해 Ñāṇa- 또는 Nyāna-(후자는 미얀마어 철자임)로 시작 하는 제자들에게 이름을 부여하기 시작했습니다. 첫 번째는 Ñāṇāloka(1914)이고 다음은 Ñāṇādhāra(1932)입니다.

오직 10번의 우안거를 지낸 장로 스님만이 완전한 제자를 받을 수 있기 때문에 냐나띨로까는 1913년에야 제자를 받기 시작했습니다.

Sam = 사마네라(사미승), 승가에 처음으로 들어옴 (pabbajjā = 앞으 로 나아감);

Bh = 비구(승려), 두 번째, 승가에 대한 완전한 입문(upasampada =

구족계);

Disr. = 옷을 벗음(환속).

기간 1: 1905 ~ 1907년

1. 순뇨Suñño. N. Bergendahl (네덜란드인). 1915년 미얀마(미주 45에 있는 꼰
   단뇨의 편지 참조)에서 승려로 사망. Sam.: 1905년 말 마타라Matara 근
   처 쭐라 랑까Culla Ranka에서. 191?년 미얀마에서 구족계 (꼰단뇨의 편
   지 참조).

2. 삿다누사리Saddhānusāri(Sumano). Fritz Stange(독일인). 1874년 12월
   5일 스프로타우 출생. 1910년 1월 31일 반다라웰라에서 사망.(Sam.:
   쭐라 랑카에서 1905년 말. Bh: 1906년 반다라웰라에서. 사마네라 수마노
   (Samanera Sumano)로 활동했습니다.)

3. 실라짜라Sīlācāra. J. F. McKechnie(영국인). 1871 헐Hull - 1951년 1월
   27일 서섹스Sussex. Sam.: 1906년 짜운도 사원Kyaundaw Kyaung(미
   얀마), Sāsanavamsa 참조. Bh: 1906년 우 꾸말라U Kumara, 냐나띨로
   까 조수, 실라짜라로 Disr. 1925 영국으로 돌아감.

4. 담마아누사리Dhammānusāri. Walter Markgraf(독일인). Sam.: 1907
   짜운도 사원. Disr.: 반년 후. 1915년 가을 Flanders, Belgium에서 사망

기간 2: 1910 ~ 1914년

5. 꼰단뇨Koṇḍañño. Bartholomaus Bauer(독일인). 20 April 1887.4.20.
   Waidthurn - 1940.8.30 Heidelberg. Sam.: 1910.10.23. Lausanne.
   Bh: 1912 미얀마. Disr.: 1915.

6. 왓뽀Vappo. Ludwig Stolz(독일인). 1873 Elberfeld - 11 June 1960
   Kandy Sam.: 9 June 1911 as Assaji. Bh: 1913 Burma as Vappo

7. 마하나모Mahānāmo (I). Karl Hilliges(독일인). Sam.: 4 November
   1911 Polgasduva. Disr. 21 or 22 December 1911.

8. 앗사지Assaji (I). Franklin(미국인). Sam.: 1 May 1912 Polgasduva.

9. 밧디요Bhaddiyo. Friedrich Beck(독일인/미국인). 1914.12월 사
   망, Gonamatara. Sam.: 1912. 8.09, Polgasduva. Bh:1913.2.14.,

Polgasduva.

10. 마하나모Mahanamo (II). Victor Stomps (독일인). 1864 Finnentrop
    - 1939 Westfalen. Sam.:1913.5.24 Polgasduva. Bh: 1914.2.14
    Polgasduva. Disr.: 1915, 1928 봄 – 1939 여름, 재출가.

11. 소노Sono. Dr. Arthur Fitz (오스트리아인). Sam.: 1913.09.17, Polgasduva.
    Bh: 1913, 08.28, Disr.: 1916

12. 야소Yaso. Julius Lenga (독일인). 1890.07.16. Heidenberg (East-Prussia)
    - 1965.02.07 Gengenbach. Sam.: 1914.02.14., Bh: 1914.06.14. Disr.:
    1916.

13. 위말로Vimalo. Franz Josef Bauer (독일인). 1887.04.20. Waidthurn –
    1956.04.04. Munchen. Sam.: 1914.02.14. Bh: 1914.06.13. Disr.: 1915.

14. 뿐나지Puṇṇaji. Phurpa Dongrub (= Indrakhila Siddhartha) (시킴 출신의
    티베트인). Sam.: 1914.06.13. Disr.

15. 수바후Subāhu. jampa Rinzin (시킴 출신의 렙차인). Sam.: 1914.06.13.
    Disr.

16. 냐나로까Ñāṇāloka. Rajasinha (스리랑카인). 1900 – 1976.02.22.
    Polgasduva. Sam.: 1914.웨사카날 Bh: 1920.4월; 냐나띨로까와 함께
    가 아님.

기간 3: 1926 ~ 1939년

17. 쭌다Cunda. Friedrich Boll (독일인). 1929.02.19. Mangelsdorf 섬 암자에
    서 승려로서 만남.

18. 실라와Sīlava. Silva (포르투칼인/미국인). Disr.

19. 우빨리Upali (영국인). Disr.

20. 앗사지Assaji (II). Dr. M. T. Kirby (영국인. Disr. (냐나띨로까는 1926년
    이후 자신의 전기에 대한 제안으로 손으로 쓴 간단한 메모에서 "Nyanakavi,
    Dr. Kirby + Col.이라고 기록했다.)"

21. 케마Khema. Gugemos (독일인). 1929.01.11. 스리랑카 도착. Disr.

22. 냐나다라Ñāṇādhāra. Conrad Nell (독일인). 1897.10.05. Berlin
    – 1935.05.17 Mogok (미얀마). Sam.: 1932. Polgasduva. Bh:

1933.11.26. Rangoon.

23. 냐나마니까Ñāṇāmanika, Walter Meinecke (독일인). Sam.: 1933.04. Polgasduva. Disr.

24. 냐나삐아Ñāṇāpiya. Joseph Pistor (독일인). 1895 Frankfurt/M - 1976 Baddegama. Sam.: 1936.06.04. Polgasduva. Bh: 1937.07. Polgasduva. Disr.: 1939.01.31. Sam.: 1951.08. Batapola에서 Vajirabuddhi. Bh: 1952.07. 같은 곳에서 다시 비구계 받음. (두 번 모두 냐나띨로까와 함께 하지 않음)

25. 냐나위뿔라Ñāṇāvipula. Mr. Ferdinand (버거족, 스리랑카-네덜란드인). 1971 Polgasduva에서 사망. Sam. and. Bh on Polgasduva.

26. 냐나위말라Ñāṇāvimala (I). Mr. Ferdinand (버거족). Disr.

27. 냐나와사Ñāṇāvāsa. 냐나띨로까가 캔디에서 1954에 돌보았던 스리랑카 사미.

28. 냐나시시Ñāṇāsīsi. Otto Krauskopf (독일인). 1884.10.03. Rastenburg – 1950.08.13. Colombo. Sam.: 1936.06.04. Polgasduva. Bh: 1937.07. Polgasduva.

29. 냐나뽀니까Ñāṇāponika. Siegmand Feniger (독일인). 1901.07.20. Hanau – 1994.10.19. Kandy. Sam.: 1936.06.04. Polgasduva. Bh: 1937.06.29. Ovakande.

30. 냐나켓따Ñāṇākkhetta. Peter Idu/Joachim Schonfeldt (독일인). 1906.09.15. Breslau – 1984.05.01. Jaffna. Sam.: 1936.06.04. Polgasduva Bh: 1937.07. Polgesduwa Disr.: 1944 Dehra Dun. 이후 Swami Gauribala.

31. 냐나브루하나Ñāṇābrūhana. Dr. Max Bruno (독일인). 1915.06.08. Plicken (East-Prussian) - 1951.06.24. Colombo. Sam.: 1936.08. Polgasduva. Bh: 1937.07. Polgasduva. 냐나띨로까를 떠난 후, Anuruddho로 다시 비구계를 받았음. Bh: 1947, Galle.

32. 냐나실라Ñāṇāsīla. William A. Ellis (호주인). Disr.

33. 냐나굿따Ñāṇāgutta. Alfred Günther (독일인). Sam.: 1936.06.15. Disr.: 1936.07.

34. 냐나띳사Ñāṇātissa. Dr. Leslie (호주인/헝가리인). 대법관 출신. Sam.: 1936. Disr.: 1936.11.
35. 냐나말리따Ñāṇāmālita. Make Schonfeldt (독일인), 1917.01.11. Berlin - 1989 Colombo. Sam.: 1937.08.07. Bh: 1938.02.19. Disr.: 1945.01.01. Dehra Dun.
36. 냐나삿따Ñāṇāsatta. Martin Novosad. (모라비아인/체코인) 1908.01.25. Vizovice - 1984.09.25. Polgasduva. Sam.: 1938.05.15. Polgasduva. Bh: 1939.08.20. Polgasduva.
37. 냐나시리Ñāṇāsiri. Sachvit Runjan Roy (벵갈인) Sam.: 1938. Disr.
38. 냐나수코Ñāṇāsukho. Alexis Sankowline (우크라이나인) Sam.: 1939. Disr.

기간 4: 1946 ~ 1957년

39. 냐나위라Ñāṇāvīra. Harold Musson (영국인). 1920 Aldershot – 1965.07.05 Bundala. Sam.: 1949.04.24. Polgasduva. Bh: 1950 Vajirarama (Colombo).
40. 냐나몰리Ñāṇāmoli. Osbert Moore (영국인). 1905.06.25. England – 1960.04.08. Veheragama. Sam.: 1949.04.24. Polgasduva. Bh: 1950 Vajirarama (Colombo).
41. 냐나낏띠Ñāṇākitti. Ronald K. F. Rose (영국인). 기자. 1949.09.12. 방명록에 기재됨. Sam.: 냐나띨로까에 의해. Bh: 1950 Ñāṇāsatta와 함께. Disr.
42. 냐나위말라Ñāṇāvimala (II). Friedrich Moller (독일인). 1911.11.23. Hessendorf b. Rinteln - 2005.08. Polgaduwa. Sam.: 1955.09.19. 냐나띨로까에 의해. 그후 Ñāṇāloka가 지도. Bh: 1955.11.19. Madhihe Paññasīha에 의해 Ratgama-Lagoon의 계단에서 수계.

1 스리랑카 데일리 뉴스(Ceylon Daily News), 웨삭 번호(Vesak Number), 1938년.

2 냐나띨로까의 전기 부분은 자서전에서도 발견되므로 여기서는 생략했다.

3 앞 부분은 영국 불교도 The British Buddhist, 1931/32, Nr. 6, pp. 69-71에 출판된 "독일의 불교"라고 불리는 W. Persian의 이 에세이의 짧은 버전에서 발췌한 것이다.

4 "불교는 백배 더 냉철하고, 더 진실하고, 더 객관적입니다." (안티그리스도, Aph. 22-23.) "니체의 불교 비판", William Loftus Hare, The Buddhist Review, Vol. VIII, 1916, No. 1, pp. 21-35. (BPS)

5 F. Zimmermann, 일명 Subhadra 비구는 C. T. Strauss가 『불교 교리문답』으로 번역한 1907년판 불교 교리문답의 서문에서 19세기 후반 불교에 대한 기독교인의 적대감에 대해 다음과 같이 썼다. Wheel 152-154, BPS, Kandy. 최근 몇 년 동안 불교를 지지하거나 반대하는 수많은 저서들이 출판되었다. 도처에서 기독교와 불교를 비교하고 있으며, 교회는 불안한 마음으로 새로운 적을 바라보고 있다. 기독교 교회는 석가족의 인도 왕자의 가르침만큼 교회의 패권이 강력하게 위협받는 곳은 없다는 것을 관찰할 만큼 충분히 멀리 내다보고 있다. 심지어 독일 황제도 감동을 받아 그리스도교국에게 불교에 맞서 연합 전투를 벌이도록 촉구했는데, 그 그림에서 그는 불교를 비참하고 파괴적인 힘으로 묘사했다. 그러나 붓다가 선포한 진리는 황제가 무지하게 명령하는 것처럼 유럽 문명에 파괴적이지 않다. 그것은 단지 오류, 망상, 미신, 그리고 정신적, 도덕적 속박을 파괴할 뿐이다. 그리고 빛 대신에 어둠이 지배할 때 누구에게 이익이 되는지 경각심을 가질 기회가 있는 사람은 오직 그들뿐이다. Zimmermann은 H. Knackfuss의 그림을 언급한다. "Völker Europas wahret Eure heiligsten Güter("유럽인들이여, 가장 성스러운 것을 지키십시오")는 카이저 빌헬름 2세가 디자인한 후 러시아 차르에게 준 것이다. 그림은 그림 1페이지에 나와 있다.

6 독일어에서는 영어에서처럼 '교수'와 '박사'라는 단어가 동일한 고급 의미를 가지지 않는다. 이 용어들은 고등학교 교사에게도 사용됩니다.

7 김나지움은 유럽 국가에서 가장 발전된 유형의 중등학교이다. 학생들의 대학 진학을 준비시킨다. 그리스어와 라틴어를 모두 가르친다.

8 루트비히 프리드리히 빌헬름Ludwig Friedrich Wilhelm, 일명 루트비히 2세는 바이에른의 왕이었다. 그는 바그너 오페라의 동화세계와 성 같은 화려한 동화세계를 좋아해 '동화왕'으로 불린다.

9 바퀴벌레가 이 원고의 일부를 먹어버렸다.

10 이 사람은 루트비히 왕이 아니라 그녀 아버지의 조카(수의사)였다.

11 Pablo M. M. de Sarasate y Navascuéz(1844-1908), 스페인 바이올린 거장이자 낭만주의 시대 작곡가.

12 C. A. Schuricht(1880-1967)는 영향력 있는 오케스트라 지휘자였다.

13 J. B.J. M. Reger(1873-1916)는 작곡가, 오르간 연주자, 피아니스트 및 교사였다.

14 1877-1906.

15 F. Zimmermann(1852-1911)은 실제로 승려였던 적이 없었지만 그럼에도 불구하고 Subhadra 빅슈라는 이름으로 책을 출판했다. 『불교 교리문답』의 첫 번째 독일어판은 다음과 같다. 1888년에 출판되었고, C. T. Strauss가 영어로 번역한 초판이 1907년에 『불교 교리문답』으로 출판되었다. 이 작품의 인기는 많은 독일어판과 프랑스어, 러시아어, 일본어 등 여러 언어로 번역되었으며, 유명한 스리랑카 학자이자 승려인 히카두베 수망갈라(Hikkaduve Sumangala)의 공식 승인을 통해 입증되었다.

16 Arthur Joseph Pfungst(1864-1912). 실제 제목은 Der Buddhismus: Eine Darstellung von dem Leben und den Lehren Gautamas, des Buddhas. 이 책은 1899년에 출판되었으며 T. W. Rhys Davids의 1887년도, 〈불교: 고타마 붓다의 삶과 가르침의 스케치〉17판을 번역한 것이다.

17 Jules Massenet (1842-1912). 그의 가장 유명한 오페라는 Manon과 Wenher이다.

18 Charles-Marie Widor (1845-1937).

19 Konrad Bercovici/Berkovici (1882-1961), 1916년부터 미국 거주.

20 E. F. von Feuchtersleben(1806-1849)은 비엔나의 의사, 임상 심리학 교수였다. 그의 주요 작품인 Zur Diatetik der Seele(영혼의 영양학)은 1838년 비엔나에서 출판되었다.

21 아마도 루마니아 작곡가 Loan(또는 Ion) Scarlatescu(1872-1922)일 것입니다.

22 칼Karl 1세 국왕의 배우자인 루마니아의 엘리자베스 여왕(1843-1916)의 작가 명. 그녀는 다작의 작가이자 음악가였다.

23 Moritz Moczowski (1854-1925), 독일계 유대인 작곡가, 콘서트 피아니스트, 지휘자.

24 Eugene Ysaÿe (1858-1931), 벨기에 바이올리니스트, 작곡가, 지휘자.

25 Gustaf Nagel(1874-1952), 자연 건강과 채식주의의 옹호자, 정치 활동가이자 시인. 맨발로 유럽, 팔레스타인, 이집트를 여행한 후, 그는 자신이 사랑하는 아렌드제Arendsee 호수에 의료 센터(쿠로르트)를 설립했다. 나치와 소련 정권에 대한 비판으로 인해 그는 두 번이나 정신병원에 입원했고 결국 그곳에서 사망했

다. http://www.vegetarierbund.de/nv/nv_1999_4_Gustav_Nagel.htm 참조.

26 Ananda Metteyya(C. H. A. Bennett, gen. McGregor, 1872-1923)는 두 번째 영국 출신 승려였다. Ananda Metteyya: Elizabeth Harris의 삶과 사명, Wheel Series no. 420-22, BPS, Kandy. Ananda Metteyya가 승가에 들어오기 1년 전인 1900년에 Gordon Douglas는 미얀마에서 아소카Asoka라는 이름의 승려가 되었다. 그는 같은 해에 세상을 떠났다. 30년 전, 1870년 경, 이름이 알려지지 않은 오스트리아인이 출라롱콘 왕(라마 5세) 통치 기간 동안 톤부리의 왓 피찰랴트에서 단기 비구가 되었다. 수계 당시 그는 태국 정부에 고용되었다. Banner of the Arahants, Bhikkhu Khantipalo, Kandy, 1979 참조.

27 와지라라마 사원(Vajirarama Monastery)이 위치한 콜롬보의 일부.

28 Mah May Hla Oung 여사는 "미얀마의 여성들"(The Buddha, Vol. i, 1903, pp. 62-82.)의 저자이다. 이 미얀마 자선사업가의 전기는 The Buddha Review, Vol. 10~12월 11일 1910년, 4호, 16-17페이지에서 발견할 수 있다.

29 R. Rost(1822-1896)는 수년 동안 런던에 있는 인도 사무실 도서관의 관장이었다.

30 그는 또한 Childers의 『빠알리 사전』을 헌정한 학자 Reinhard Rost의 아들이기도 했다. R. C. Childers(1838~1876)는 1872~1875년 런던에서 최초의 빠알리어-영어 사전을 출판했다.

31 The Soul of the People, H. Fielding-Hall, London, 1898. Fielding-Hall(1859-1917)은 미얀마의 영국 판사였다. 여러 번 재인쇄된 이 매력적인 책은 미얀마의 사상, 종교, 문화에 대한 통찰력을 제공한다.

32 Ñāṇa-ti-loka = "세(ti) 세계(loka)를 아는 사람(ñāṇa)." 삼계는 욕계, 색계(색계선), 무색계(무색계정)입니다. 모든 존재 영역은 이 세 세계에 포함된다.

33 냐나띨로까는 30년 전에 태국에서 임시 수계를 받은 오스트리아인이 있었다는 거의 알려지지 않은 사실을 알지 못했다. 주 26을 참조.

34 담마난다 코삼비 스님(Dhammananda Kosambi, 1876-1947)은 저명한 빠알리어 학자였다. 그는 인도 고아Goa에서 태어났다. 어렸을 때 그는 동화책에 나오는 부처님 이야기에 깊은 인상을 받았고 나중에 푸나(Poona)와 바라나시(Varanasi)에서 산스끄리뜨어와 불교를 공부했다. 인도와 네팔을 여행하는 동안 몇몇 승려들은 그에게 스리랑카에서 공부하라고 조언했고 1906년 그곳에서 비구계를 받았다. 수망갈라 큰스님(Sumangala Mahathera)이 스승이다. 나중에 그는 인도로 돌아와 비구 생활을 포기하고 고향에서 결혼하여 D. D. Kosambi라는 아들을 낳았는데, 그는 저명한 인도 과학자가 되었다. 1910년에 그는 다시 구족계(upasampada)를 받았다. 그는 더 많이 여행하고 공부했으며 미국 하버드 대학교에서 박사학위를 받았다. 미국에서 돌아온 그는 1937년 봄베이에 바후자나붓다위하라Bahujana Buddhavihara를 설립했다. 그는 Ambedkar 박사의 불

교에 대한 관심을 불러일으킨 책인 Bhagvan Buddha(세존 붓다)를 포함하여 많은 책을 썼다. 생애 말기에 그는 자신의 사원(vihara)을 도 마하 보디 협회(Maha Bodhi Society of India)에 맡겼다.

35 1905년 2월 10일 양곤에서 Ananda Metteyya는 콜롬보에 있는 Cassius Pereira 박사에게 보낸 편지에서 냐나띨로까에 대해 다음과 같이 썼다.
"그는 빠알리어를 제대로 배우고 싶어하는데 이곳에서 개인 공부를 하는 것 외에는 다른 방법이 없습니다. 그리고 나는 그를 도울 수 있는 스리랑카의 빨리따Palita 장로와 같은 영어를 사용하는 비구를 찾을 가능성이 높다는 그의 생각에 동의합니다. 그는 매우 훌륭한 승려이며 미얀마에 온 이후로 번역이라는 방식을 통해 가능한 한 깊게 불교 연구를 해왔습니다. 그는 매우 온유하고 사려 깊은 성격을 지닌 쉽게 만족하는 사람입니다.

36 여기 독일어판에는 콜론 안에 물음표가 있다. 자서전 뒷부분인 1921년 방콕 부분에서 냐나띨로까는 1906년에 왕자를 만났다고 말한다. 왕자의 자서전에서 냐나띨로까와 Sunno의 사진에 대한 후기(다음 참고 참조)에는 사진이 1905년에 찍혔다고 명시되어 있다. 앞의 메모에 있는 편지에는 냐나띨로까가 1905년에 스리랑카로 돌아왔다는 내용도 나와 있다. Sunno는 Culla-lanka 섬에서 승려가 되었다.

37 출라롱콘Chulalongkom 또는 라마5세RamaV는 1868년부터 1910년까지 시암(태국)의 왕이었다. 똑똑하지만 급진적인 Prisdung Jumsai(또는 Chumsai) 왕자(1851-1935)는 서양 대학(런던 킹스 칼리지)을 졸업한 최초의 태국인이었다. 그는 서양 최초의 태국 상주 영사가 되었다. 1885년 이 직위에서 그는 태국의 입헌정부를 국왕에게 최초로 제안했다. 다가오는 서구 식민지화로부터 시암을 구하기 위한 의도로 고안된 이 청원서는 다른 여러 동료 왕자들과 공동 서명했지만, 그 내용이 비밀 보장되지 않고 일부다처제에 대한 비판으로 인해 국왕의 호응을 얻지 못했다. 따라서 Jumsai는 1886년 영국에서 다시 부름을 받았다. 그는 1890년 태국에서 도망쳐 1895년 스리랑카로 왔고, 그곳에서 1896년 유명한 학자 승려 Vaskaduve Subhuti 밑에서 Jinavaravamsa라는 승려가 되었다. 그는 1905년까지 숲속 수행자로 살았고, 그 후 콜롬보에 있는 디파둣따라마(Dipaduttararama) 사원의 주지가 되었다. 1911년에 그는 출라롱콘 왕의 장례식을 위해 태국으로 돌아왔고 담롱 왕자에 의해 환속을 강요당했다(주 123 참조). 아마도 그에게 굴욕을 주거나 예복의 보호를 받는 동안 정부에 문제를 일으키지 못하도록 막기 위함이었을 것이다. 그는 상하라자 와지라냐나(Sangharaja Vajirañāṇa)에 의해 태국에서 다시 수계받는 것이 허용되지 않았고, 새로운 왕에 의해 스리랑카로 돌아가는 것도 허용되지 않았다. www.geocities.com/RainForest/Vines/8769/Prisdang.htm 참조. Brailey, Nigel. Two Views of Siam on the Eve of the Chakri Reformation. Whiting Bay, Scotland: Kiscadale Publication, 1989; Sumetjumsai, "The Ratna Chetiya

Dipaduttarama, Colombo", Journal of the Royal Asiatic Society of Sri Lanlia, Vol. XLVIll, 2003.

38 Sumet jumsai, 주 16 참조: "...그는 숲속 수행자의 엄격한 삶을 살았고, 마타라 근처의 작은 섬에서 명상의 최고조에 달했다. 그가 출라롱콘Chulalonkorn 왕을 기리기 위해 Culla-lanka라고 명명한 섬은 뱀을 풀어놓고, 인간의 뼈가 매장된 곳이었는데, 그가 머물렀다는 사실은 대중들 사이에 상당한 동요를 일으켰다."

39 R. Sobczak은 1868년 7월 13일 프로이센에서 태어났다.

40 제1차 세계 대전 이전에 냐나띨로까는 태국에서 일반적으로 Vappo와 같은 빠알리어 제자 이름에 -o으로 끝나는 남성 명사를 사용했지만, 그 후에는 스리랑카, 미얀마, 인도에서 일반적으로 사용하는 -a의 원형 어간 형태(예: 냐나뽀니까)로 변경했다.

41 A. Besant(1847-1933).

42 『붓다의 말씀』은 1906년 라이프치히에서 독일어로 출판되었다.

43 칸다빠릿따Khandhaparitta. 이 구절은 AN 4:67과 같이 빠알리 경전의 여러 곳에서 발견된다. 이 구절을 외우면 뱀이나 다른 독이 있는 생물의 물림으로부터 사람을 보호할 수 있다고 한다.

44 J. F. McKechnie(1871-1951). 이 스코틀랜드 사람은 다작의 작가가 되었다. Sasanavamsa라는 이름의 사미였던 그는 독일 비구 냐나띨로까의 첫 번째 작품인 『붓다의 말씀』The Word of the Buddha(첫 번째 영어판: Rangoon 1907)을 영어로 번역했다.

45 http://www.payer.de/neobuddhismus/neobud0203.htm에서 제공되는 Kondañño 비구의 독일어 편지에서 발췌. Payer 박사는 출처를 밝히지 않았지만 1910년 2월 10일을 언급했다. 그러나 냐나띨로까와 Kondañño가 당시 유럽에 있었기 때문에 이것은 정확할 수 없다. Kondañño가 그의 편지에서 언급했듯이, 이 책은 미얀마어로 쓰여졌다. 즉, 이 책은 1911년 후반에서 1913년 중반 사이에 쓰여졌다는 것을 의미한다. 주 65 참조. "정해진 휴식처Der feste Ruhepunkt," 불교저널Zeitschrift für buddhismus 1913/1914, pp. 125-152, Hellmuth Hecker의 독일 불교도들의 생활 사진 Lebensbilder Deutscher buddhisten, Band II, Die Nachfolger의 "Bartel Bauer" 참조.

수마노의 죽음에 대해 내가 말할 수 있는 것은 다음과 같다. 작년 가을, 비구 냐나띨로까, 미얀마 승려 Silavamsa와 나는 스리랑카 남서부를 일주일 동안 도보 여행했다. 우리는 아담스 피크(Adam's Peak)를 넘어 반다라웰라(Bandarawela)에 이르렀다. 먼저, 우리 셋은 수마노가 살다가 죽었던, 가로 3미터, 세로 4미터 남짓한 작은 진흙 오두막으로 갔다. 오두막은 마을 밖, 풀이 무성한 언덕 한가운데 매우 외로운 곳에 위치해 있어서 마을에서는 소리도 들리지 않고, 바로 주변에는 사람이 사는 곳도 보이지 않았다. 이곳은 다른 어느 곳보다도 드물게 황량하다. 수마노가 죽었을 때 순뇨가 거주했던 두 번째 오두막은 이미 무너져 있었고, 비에 그 흔적이 거의 모두 씻겨 나갔다. 그 후 우리는 화장터에 가보고 싶었으나 갈 수 없었다. 그래서 나는 냐나띨로까 없이 반다라웰라 사원의 장로와 함께 다시 한 번 그곳으로 갔다. 나는 녹은 유리 조각 외에 타지 않은 작은 뼈조각 몇 개를 발견했다. 나는 그것을 주워서 냐나띨로까에게 건네주었고 냐나띨로까는 그것을 아직도 기념물로 Dodanduwa에 보관하고 있다. 화장 장소는 오두막에서 약 10분 거리에 있는 잔디 언덕 중 하나의 꼭대기에 있다. 소년들은 그 자리에 보리수를 심었다. 화장장에는 수마노가 이끄는 금욕적인 삶의 방식을 은밀히 존경하고 화장 당일에 경의를 표한 수백 명의 기독교인과 이슬람교도 가운데 큰 모임이 있었다고 한다. 불교도들은 중병에 걸린 승려에게 돈을 지불하지 않았는데, 이는 대부분 학식 있는 승려들에게만 경의를 표하고 수마노가 유럽인 도망자라고 믿었던 유명한 담마빨라(콜롬보에 있음)의 선동 때문이었다. 수마노가 더 나은 식량지원을 받았더라면 죽지 않았을 것이고, 도단두와의 식량으로 완전히 건강할 수 있었을 것이다. 근처에 방이 많고 음식도 맛있는 스님이 수마노가 아프다는 이유만으로 중병에 걸렸고 60세 스님이 병이 두려워서 그를 돌려보냈다. 이 스님은 좋은 사람이지만 어려서부터 남에게 의지하며 살았음에도 불구하고 사랑과 이타심이 없었다.

화장이 끝난 후 유골은 신도들에게 나누어졌고, 많은 기독교인, 이슬람교인, 힌두교인들이 불교도처럼 기꺼이 이를 가져갔다. 순뇨는 그 직후 미얀마로 가서 비구가 되었다. 그는 만달레이로부터 좋은 지원을 받았음에도 불구하고 내가 지금 살고 있는 사원에서 바로 병에 걸렸다. 우리는 실제로 열대 식물이 아니다.

수마노가 죽은 오두막은 국유지에 지어졌다. 냐나띨로까는 오두막 주변의 토지를 측정하기 위해 왔다. 이 곳은 입찰을 위해 광고된 후 경매되었다. 수마노는 천주교 선교회의 측면에서 가시가 되었을 것임에 틀림없다. 왜냐하면 많은 기독교인들은 사냥하고, 광택이 나는 부츠를 신고, 지팡이를 짚고, 열대 모자를 쓰고, 멋진 옷을 입고 있는 기독교 선교사들보다 수마노의 금욕 생활을 훨씬 더 존경했기 때문이다. 기독교 선교사들은 아무것도 포기하지 않았고, 술을 마시고, 월 60루피(약 100마르크)를 받고, 그 외에 무료 주택과 다양한 혜택도 받았다. 이 오두막에 더 이상 사람이 거주하는 것을 막고, 이 오두막이 더 이상 알려지는 것을 방지하기 위해 기독교인들은 오두막과 토지 구입비용으로 300루피를 제안했다. 실제 그 땅은 50루피의 가치도 없었다. 기독교인들은 그 땅에서 아무것도 할 수 없었다. 이에 대해 나에게 더 많은 정보는 없다.

46 아마도 미얀마에서이다. 주 45에 있는 Kondanno의 편지 참조.

47 수마나 사마네라(Sumana Samanera)의 글은 불교에 관한 다섯 통의 편지와 일부

전기 자료와 함께 BPS에 의해 출가-불교 승려에의 소명 Going Forth-A Call to Buddhist Monkhood, Wheel, no.27/28로 출판되었다.

48 독일이 아닌 남부 스위스가 사원 장소로 선택된 데에는 여러 가지 이유가 있었던 것으로 보인다. 첫째, 독일 정부로부터 사원 설립 허가를 받는 것이 불가능하다고 간주되었다{Die buddhistische Welt 3, No 11. 1910. 5., p.108). 둘째, 루가노에 거주하던 코에노비우 출판사로부터의 초대가 있었다. 셋째, 루가노에서 멀지 않은 아스코나Ascona의 베리타Verita 산 근처에 영적 구도자들을 위한 일종의 자유의 안식처가 있다(주 57 참조). 넷째, 다섯째, 스위스는 유럽 중심부에 위치하고 있다. 그 지역이 상당히 멀리 떨어져 있었기 때문에 땅값이 저렴했다(Arthur Pfungst에게 보낸 다음 편지 참조). 여섯째, 아마도 기후가 더 적합하다고 여겨졌을 것이다.

다음은 냐나띨로까가 Arthur Pfungst에게 보낸 편지를 번역한 것이다.

Arthur Pfungst, Gesammeke Werke, Bd. 3 11, Frankfurt, 1927, S. 318-319.

랑군, 1908년 1월 13일
1 파고다 로드

귀하에게,

당신은 내가 보낸 나의 작품 붓다의 말씀Das Wort des Buddha의 영어 번역본을 받았을 것입니다.

라이프치히에서 들으셨겠지만, 저는 내년에 다른 네 명의 비구, 즉 두 명의 독일인, 현명한 출라승려인 미얀마인 사야도(U. Tejavamsamahatthero, Shwezetee-Sayadaw)와 학식있는 스리랑카 스님과 함께 스위스의 라고 디 루가노(Lago di Lugano)에 와서 정착할 계획을 가지고 있습니다. 이 목표를 위해 나는 아주 먼 곳에 명상과 진지한 노동에 적합한 암자를 찾아 유럽에 승가의 기초를 마련하고자 합니다. 각 비구 개인을 위해 돌로 만든 아주 원시적인 오두막을 지어야 합니다. 토지 가격이 너무 비싸서는 안 됩니다. 외딴 지역의 1평방미터 토지는 단 50센트로 구입할 수 있기 때문입니다. 지금 이곳에 사미로 살고 있는 독일인이 재가자로 우리와 동행할 예정이며 필요한 땅의 일부를 사비로 사려고 합니다. 그분은 또한 땅의 활용과 경작도 돌보실 것이며, 그리하여 결국 우리는 우리 자신의 땅에서 살아갈 수 있게 될 것입니다.

루가노에 있는 월간 잡지 Coenobium의 발행인은 이 계획을 실행하는 데 어떤 방식으로든 도움을 주겠다고 제안했습니다. 이곳 암자에서 나를 두 번이나 방문한 멕시코 출신의 St. 씨도 나에게 지지를 보내 주었습니다. 그는 곧 시작될 귀국 여행에서 유럽에 잠시 머물면서 루가노의 신사들과 이야기를 나누고 프랑크푸르트에서 그들을 방문할 것이라고 생각하고 있습니다. 그러므로 나는 당신도 유럽에 불교 사원을 설립하는 이 매우 공덕스러운 사업에 참여하기를 요청합니다. 모든 기부금은 "Bhikkhu 냐나띨로까의 Tessin 불교 사원 설립을 위해"라는 공지와 함께 Coenobium, Lugano(Villa Conza) 편집장에게 보내야 합니다.

나모 따사 바가와또 아라하또 삼마삼붓다사!

Namo Tassa Bhagavato Arahato Sammasambuddhassa!

진심 어린 불교의 인사를 전하며,

냐나띨로까

담마누사리 사미.

실라짜라. (최근의 G. J. M. Kechnie)

참조. 미래에 우리에게 어떤 일이 일어날 것인가? 서양에 불교 상가를 시작하는 문제에 대하여, 독일 불교 저널 Die Buddhaische Warte Vol. 1, 1907/08, pp. 257-269. 이 기사에서 독일 불교 선교 단체(독일 불교 선교 협회)의 창립자인 Karl Seidenstücker(1876-1936)는 냐나띨로까가 Lugano 근처에 수도원을 설립하는 것과 관련하여 Coenobium 그룹과 접촉했으며 다음과 같이 말했습니다. 반응은 긍정적이었습니다.

그는 Markgraf(전 Dhammanusari)가 그에게 편지를 보냈고(아래 주 51 참조) 이 사원에 대한 공지와 사원의 오두막을 지을 대규모 토지 구입을 위한 기금 설립에 대한 공지를 저널에 게재해 달라고 요청했다고 언급합니다. Seidenstücker는 동정적이었지만 계획의 실용성에 대해 상당한 의구심을 가지고 있었습니다. 그는 많은 수의 "음흉하고 기회주의적인 인물들" - (그에 따르면) 신지학계 등의 많은 사람들이 사원에 매력을 느낄 것이라고 우려했습니다.

냐나띨로까는 수도원에 머무르는 비구들이 독일과 유럽을 여행하여 대도시에서 강의를 할 것이라고 제안했지만 Seidenstücker는 그들이 그렇게 할 자격이 있는지에 대해 의심했습니다. Seidenstücker의 또 다른 관심사는 승려들이 서양의 조건에 적용하고 그들이 스스로를 지원할 방법이었습니다. 그의 견해로는 아직 때가 되지 않았습니다. "… 독일에서 포교사로 일하는 비구는… 여기서 쉬운 시간을 보내지 못할 것입니다. 확실히 강력한 지원과 보호가 필요합니다. 여기서 핵심 질문에 도달합니다. : 비교적 탄탄한 불교 재가공동체가 형성될 때까지 사원의 설립과 그에 따른 포교활동을 기다리는 것이 적절하지 않은가?" Seidenstücker는 또한 불교 공동체가 완전히 독단적이지 않아야 하며 불교의 특정 신조나 흐름에 속하지 않아야 한다는 견해를 가지고 있었습니다. "제발, 스콜라주의도, 독단주의도, 교파적인 것도 없기를."

1907년 7월호 Die Buddhaische Warte(pp. 370-71)에서 잡지 편집자가 소개한 익명의 편지를 쓴 사람은 또 다른 의심을 품었습니다.

…작가는 아시아 비구가 들어오는 것을 반대합니다. 왜냐하면 "그 이유는 절망적으로 타협될 것이고 줄루족 대상이나 로카르노 근처 몬테 베리타의 자연인처럼 보이는 이국적인 호기심으로 분류될 것이기 때문입니다. 심각하게 받아들여지지는 않았습니다. 문제가 시급하기 때문에 나는 정통파의 귀에 우선 유

럼에서 불교와 협력하기 위한 기초 프로그램을 형성하는 이단적인 아이디어를 즉시 제안하겠습니다.

1. 수천년에 걸쳐 형성된 불교경전은 형태와 표현, 규모 면에서 유럽에서는 아무 쓸모가 없습니다. 불교, 현대 철학, 과학에 익숙한 유능한 사람들은 유용한 것을 추출하여 더 쉽게 접근할 수 있도록 현대적인 형태로 바꿔야 합니다. 가르침의 내면적 정신만이 지속되며, 형태는 낡아지고 무효해집니다.

2. 비구들의 규칙(계율)은 과거 시대의 풍토에서 탄생한 고대 인도의 산물입니다. 그러므로 그것들은 완전히 개정될 필요가 있습니다. 비구의 의복, 생활 방식, 일은 기후와 변화된 생활 조건 등에 맞게 재조정되어야 합니다.

3. 오직 유럽인들만이 이것을 할 수 있으며, 만약 이것이 유능한 마음들과 유럽 불교도들 사이의 어떤 종류의 합의를 통해 이루어지지 않는다면, 적어도 중요한 점에서, 문제를 심각하게 훼손하지 않고는 사원의 기초를 고려할 수 없습니다 .

4. 갈색 옷을 입은 형제들뿐만 아니라 아시아 생활 방식과 승려 규칙, 정신 운동 등을 수입하는 것은 전혀 허용되지 않으며, 개혁된 불교 사상의 확산에 진심으로 관심을 갖고 예측할 수 있는, 그런 잘못된 시작의 결과에 대한 충분한 통찰력을 가진 사람이라면 누구든지 반대해야 합니다."

유명한 독일 번역가인 카를 오이겐 노이만(Karl Eugen Neumann)은 게오르크 그림(Georg Grimm)에게 보낸 편지(1910년 3월 23일)에서 이 계획을 강력하게 비웃었습니다.

"...경험이 없는 어린아이 같은 열성팬으로서 대단한 일을 우스꽝스럽게 만드는 루가노의 그 기이한 형제들."

그의 가장 친한 친구인 이탈리아 교수 Giuseppe De Lorenzo(1871-1957)에게 그는 1910년 7월 21일자 편지에서 비슷한 감정을 표현했습니다.

...우리는 야만인 기둥, 상징적인 마차 바퀴, 왕관, 묵주, 흰 코끼리 캔틸레버, 그리고 쇼펜하우어에서 따온 페르시아 격언으로 다듬어지고 나쁜 프랑스어로 부팅해서 절단된 유사한 현대식 장식품을 사용한 가치 없고 유치한 속임수 선전과 전혀 관련이 있기를 원하지 않습니다. 더욱이 우리는 영적인 문제를 다루는 그러한 인형극에 대해 경고하기 위해 "최악의 해로운 학대 abusus optimi pessimus"라고 목소리를 높여야 한다고 생각합니다. Noviaggio의 설립자는 끔찍한 치욕 속에 죽을 것입니다. ...

그리고 1910년 5월 18일자 편지에서 그는 이렇게 썼습니다.

루가노의 형제들은 과학적 기준뿐만 아니라 고타미즘적(Gocamistic) 기준에도 부합하지 않습니다. 첫째, 그들의 우두머리는 전직 가톨릭 신학생이자 신부였기 때문에 누구도 "교회의 신성한 성령의 기름"(oleo sancti Spiritus ecclesiastici)으로 철저히 문질러 자신을 정화할 수 없기 때문입니다.

둘째, 그 형제들은 분명히 미학적 문화의 어떤 것도 결여되어 있으며, 물론 그들이 느끼지 못하는 결점도 있습니다.

Neumann과 Lorenzo(그의 책 India e Buddismo Antico의 서문에서 냐나띨로까에 대해 부정적으로 쓴 사람, Coenobium 1910, 5, p.83f 참조)는 Walter Markgraf의 발언에 기분이 상했기 때문에 냐나띨로까에 대해 원한을 품었을 수도 있습니다. 발행인은 왜곡과 오류가 포함된 다른 번역과 달리 냐나띨로까의 인시설론 번역이 정확하다고 말했습니다. 노이만은 이 글을 자신의 번역에 참조하기 위해 받아들였습니다. (Hellmuth Hecker, Karl Eugen Neumann: 붓다의 말씀의 최초 번역자, 서양 영성에 영감을 주다 Erstübersetzer der Reden des Buddha, Anreger zu abendländischer Spiritualität, Hamburg, 1986, p.116f 참조)

1909년 9월 12일 Walter Markgraf와 Friedrich Zimmermann(1852-1917)에 의해 독일 빠알리어 협회(Deutsche Pali Gesellschaft [DPG])가 설립되었습니다. 몇몇 잘 알려진 독일 및 유럽 불교도(Rhys Davids, Silacara, 냐나띨로까 등)가 명예 회원이 되었습니다. 협회의 공식적인 목표 중 하나는 "독일어권의 유럽 비하라(암자, 사원) 지원"이었습니다. 1910년 10월 9일 다음 연례 총회에서 이 법령은 다음과 같이 변경되었습니다. "유럽 불교의 노력에 대한 일반적인 지원을 위해... 이유: 많은, 심지어 완전히 불교적인 마음을 가진 유럽인이라도 유럽의 비하로(사원) 지원에 동정하지 않습니다. 이것을 법령에 명시적으로 넣어서는 안 됩니다. 이 동의는 만장일치로 받아들여졌습니다."

Die Buddhadische Welt 4(1910), p.121, DPG 저널에서 발췌. 처음에는 Seidenstucker가 편집한 다음 Waltgraf가 편집했다.

위 구절의 독일어 버전은 다음 사이트에서 볼 수 있다.
http://www.payer.de/neobuddhismus/neobud0304.htm 및 http://www.payer.de/neobuddhismus/neobud0203.htm

49 Coenobium, "교육받은 지성인 모임"의 이탈리아어와 프랑스어 저널. 1906년부터 1919년까지 12권이 출판되었다. 이 저널에는 R. A. Bergier의 "불교의 영향"의 프랑스어 번역과 같은 냐나띨로까의 몇 가지 기사와 편지가 있다.

50 시칠리아와 나폴리를 정복하여 이탈리아 국가를 수립한 이탈리아 애국자 (1807-1882)

51 이것은 Waltgraf와 Zimmermann이 설립한 독일 빠알리 현회Deutsche Pali Gesellschaft이다.

1909년 9월호 불교세계Buddhadischen Welt에는 "테신 주Tessin canton(스위스)에서 유럽 사원(비하로)의 기초"라는 기사가 나와 있다. [Schweiz]") 작성자 Walter Markgraf.

1908년 2월에 나는 랑군에서 Dhammanusari 사미로서 냐나띨로까 스님은 구세계와 신세계의 모든 알려진 불교도들에게 수백 장의 회람 편지를 보냈습니다. 이 편지는 유럽에 Viharo(암자) 설립을 홍보했습니다. 독일에서도 이 글 30부가 배부되었습니다. 〈불교 세계〉Die Buddhadischen Warte에는 이 문제를 다룬 더 긴 기사가 실렸지만, 유감스럽게도 그 기사는 부정적인 결과만 가져왔습니다. 독일에서 불교에 관심이 있는 사람의 편지는 그런 어조로 쓰여 있어서 불교적인 성향을 찾아보기 어려울 정도였습니다.

미국, 이탈리아, 스위스에서 몇 통의 동정적인 편지가 왔지만 금전적인 면에서는… 유럽에서는 별로 기대할 수 없다는 것이 미리 우리에게 분명했지만, 어떤 도움도 전혀 없다는 것은 고통스럽습니다. 아시아에서는 상황이 더 나았습니다. 태국 왕자들은 300루피를 주었고, 부유한 중국 사업가인 랑군 여엥 비암 선생은 400루피를 보내주었습니다. 이분들에게 감사드립니다. 따라서 1000마르크가 모금되어 향후 사용을 위해 콜롬보 은행에 예치되었습니다.

한편, 이 금액은 중요하지 않습니다. 왜냐하면 프로젝트가 어떤 방식으로도 수행될 수 없기 때문입니다. … 사원을 건설하려면 약 10,000 마르크가 필요합니다. 그 돈으로 남부 알프스의 매우 한적한 곳에 있는 작은 땅을 구입하게 됩니다. 이곳에서는 각 승려를 위해 돌로 오두막을 지어야 하는데, 루가노 호수 근처는 항상 따뜻하기 때문에 가볍게 지을 수 있습니다. 음식과 의복은 자원봉사 기부자와 협회를 통해 공급됩니다. 그러나 대부분의 식량은 농작물 경작, 양봉 등을 통해 땅 자체의 비옥함에서 쉽게 얻을 수 있습니다. 이를 위해 훌륭한 불교도는 암자의 더 일반적 일을 관리해야 합니다. 한편으로는 그 장소가 매우 멀고, 다른 한편으로 일반적인 일을 경험한 정력적인 사람이 외부적인 일을 맡는다는 것은 매우 중요합니다. 이를 통해 비구들과 사미들은 우리가 세속 생활에서 전 생애에 걸쳐 종종 헛되이 추구하는 외적인 일에서 벗어나 고요와 침묵을 보장받을 수 있기 때문입니다.

사랑하는 스승인 냐나띨로까 존자의 계획에 따라 각 비구는 빠알리어를 부지런히 공부하고 고대 불교 경전을 유럽 언어로 번역해야 할 의무가 있습니다. 바로 이것이 곧 가르침을 전파하는 데 큰 영향을 미치게 될 것입니다. 미얀마의 기후 조건은 상당히 건강에 해롭고 30°C 이상의 온도에서 일하려면 순전히 초인적인 노력이 필요하다는 사실을 잊어서는 안 됩니다. 게다가 열, 나쁜 식수, 열악한 음식(약간의 채소와 함께, 오전 12시 이전에만 밥을 먹음) 원래 북반부 지역 출신인 비구의 몸은 오래 견디기 위해 강철처럼 단련되어야 합니다. 우리가 스스로를 불교도라고 부르고 진심으로 목표를 달성하려고 노력할 때, 우리는 처음에 번역과 출판을 통해 가르침에 주의를 기울이게 만든 우리의 선구자들에게 평화롭게 일할 수 있는 장소를 제공해야 합니다.

냐나띨로까 스님은 승가에 가입하기를 원하는 사람은 먼저 재가자(우빠사까)로서 비하로(사원)에 장기간 머물고 불교 계율을 엄격히 준수한 다음 약 1년 동안 사미로서 머물러야 한다고 알려 주었습니다. 그래야만 지원자가 자신의 욕망을 완전히 명확하게 알 수 있을 때에만 비구로 받아들여질 수 있습니다. 비구는 언제든지 세속으로 돌아갈 수 있고, 평생 동안 자신을 비구 신분을 묶을 필요가 없다는 것을 잘 알아야 합니다. …(* 당시 독일 초등학교 교사의 연봉은 2700마르크 정도였다.)

반년 후 Zimmerman은 같은 저널에 다음과 같이 썼습니다. (Die Buddhadischen

Welt, A, 1911, p. 167) "시금석"이라는 기사에서 다음과 같이 설명합니다.

… 결과는 참으로 안타깝고 부끄럽습니다. 독일 빠알리 협회(DPG) 회원, 불교 세계 회원, 즉 모든 독일 신자 중에서 단 9명만이 긴급 보시 요청에 응답했습니다. 단 9명만이 자신의 신념을 실천에 옮겼습니다. 자유주의 일간지가 우리의 노력에 대한 지원 요청에 전혀 응답하지 않은 것은 불행한 일이지만 현 상황에서는 이해할 수 있습니다. 그러나 불교적 세계관을 주장하는 이들이 대부분 완전히 실패했다는 것은 이해할 수 없는 일입니다.

몇 달 후 The Buddha Review, Vol. II, 1910년, 4월-6월, 2호, p. 158에 다음과 같은 공지가 올라왔다.

비스바덴에서 태어나 가톨릭 신학교에서 공부하고 스리랑카와 미얀마에서 9년을 보내고 불교 승려가 된 비구 냐나띨로까는 기후가 적합하다면 산이 내려다보이는 이탈리아 루가노의 휴양지 노비아지오에 유럽 최초의 불교 사원을 발견할 것입니다. 그는 마조레 호수가 보이는 숲 한가운데 집을 얻었고, 곧 우리의 존경하는 기고자 실라짜라 비구와 몇몇 유럽 개종자들이 합류할 것입니다. 집 주변에는 영구 건물이 세워질 수 있으며 전법하는 분들은 강의와 경전 번역을 통해 활동을 수행할 것입니다. 냐나띨로까는 철학자이자 뛰어난 동양학자입니다. 〈붓다의 말씀〉은 매우 높이 평가되며, 이 작품 외에도 많은 경전의 독일어 번역본을 출판했습니다. 우리는 그의 번역 덕분에 인시설론 Puggala-Pannatti을 볼 수 있으며, 현재 그는 앙굿따라 니까야의 완전한 번역에 참여하고 있습니다.

거의 동시에 Coenobium, 1910, No.1, p. 150-151에 다음 공지가 게재되었다(이탈리아어):

유럽의 한 불교 사원을 위해 - 이번 호의 다른 곳에서도 우리가 이야기하고 있는 비구 냐나띨로까가 인도에서 온 우리의 손님입니다. Coenobium 독자들은 이미 알고 있듯이 그의 사명은 유럽 최초의 불교 사원(viharo)을 설립하는 것입니다. 그는 숲 속 작은 집에 거주할 예정이다. 3년 전에 이미 사미로 수계를 받은 네덜란드 청년과 독일 남자, 그리고 랑군에서 온 실라짜라 비구가 모두 그와 합류할 예정입니다. 7명의 독일 불교도들이 비구들을 지원하기 위해 1년 동안 매달 소액의 분담금을 지불하기로 약속했습니다. 첫 번째 중심 건물이 건립되면 다른 승려들이 숙박할 수 있는 작은 오두막이 세워질 것입니다. 브레슬라우Breslau의 건축가 Rutch는 현재 이 오두막에 대한 스케치 도면을 준비 중입니다.

52 K. Gjellerup (1857-1919).

53 Wheel Publication 152/154로 출판됨. BPS, Kandy.

54 Stolz(1873-1960).

55 코에노비움 2. II, 1910, pp. 145-147 사원 규율에 관한 냐나띨로까의 "불교

암자 프로젝트를 위해 *"Per iI Progettato Eremitaggio Buddhista"*라는 다음
기사가 게재되었다(이탈리아어). Giuliana Martini는 친절하게도 그것을 영어로
번역해 주었다.

불교 암자 프로젝트를 위해
코에노비움의 친구들
나는 우리 불교 승려들의 삶의 목표와 임무가 과연 무엇인가라는 질문을 거듭해서
받고 또 받고 있습니다. 불교 계율의 원리에 대해 잘 알지 못하는 분들에게 간략한
답변을 드릴 수 없는 점을 유감스럽게 생각합니다. 그러나 나는 코에노비움이 제공
하는 환대를 활용하여 그들에게 방향을 제시할 수 있는 몇 가지 지침을 제공할 것이
며, 또한 더 깊은 이해를 얻기 위해 유럽 언어로 작성된 이 주제에 대한 연구를 그
들에게 추천할 기회를 갖게 될 것입니다.
비구(걸식자를 뜻함)에 관해 나는 먼저 그들이 모든 욕망과 모든 이기적인 욕구로부
터의 해방을 추구하는 사람들의 공동체를 형성하고 있다고 말하고 싶습니다.
이것이 그들의 의도이며, 모든 것의 일시적인 본질(무상)에 대한 직관적인 지혜, 내
면의 인간을 변화시키는 지혜, 그리고 집중적인 명상이 점점 더 세련되게 만드는 지
혜를 통해 달성되어야 하는 것입니다. "자아"라는 것은 실제로는 일시적이고 끊임
없이 변화하는 물리적, 정신적 현상의 과정일 뿐입니다(라이프치히에서 그리벤이 출판
한 내 책 〈붓다의 말씀〉Wort des Buddha 또는 영어 번역 The Word of the Buddha, Rangoon,
International 불교협회, 참조)
그러므로 비구는 사제도 아니며, 그 어떤 뛰어난 지적 존재(신)과 인간 사이의 중재
자도 아닙니다. 세속적인 삶을 살고 있는 추종자들의 행동이 무엇이든 비구와는 상
관이 없습니다. 왜냐하면 불교는 순전히 윤리적인 가르침이고 신자들의 외적인 삶에
는 관심이 없기 때문입니다. 따라서 불교에서는 결혼식, 세례 등을 위한 종교 의식이
없습니다. 교회도 없고 죄 사함도 없습니다. "의례의식의 실천"(silabbata-paramaso,
戒禁取)은 그 자체로 내면의 빛과 청정에 대한 주요 장애물 중 하나입니다.
외적인 생활 방식에 관해서 비구는 붓다께서 친히 정하시고 율장과 빠티목카(계목)
에 보존되어 있는 승단의 규칙을 따라야 합니다. 이러한 규칙은 사람이 살고 있는
기후의 요구 사항에 따라 다소 엄격합니다. 이 주제에 관해 더 폭넓게 알고 싶은 사
람들은 Rhys Davis가 쓴 영어 번역 율장Vinaya Texts과 Tilbe(Leipzig)가 쓴 독일어
소책자 상가Sangha를 읽을 수 있습니다.
집착하지 않음과 출가를 위해 분투하는 비구는 도시는 물론 작은 마을도 거주지
로 삼지 않으며, 평소에는 세상에서 멀리 떨어진 고독한 생활을 하며, 어떤 세속적
인 걱정도 그의 내면적 노력을 방해해서는 안 되고, 그의 거룩한 노력에서 그의 관
심을 다른 곳으로 돌리게 해서는 안됩니다. 그는 별도의 오두막이나 숲속 동굴에
서 혼자 삽니다. 오늘날에도 미얀마나 태국의 비구들은 종종 이런 식으로 살고 있
습니다. 그리고 비록 외부 활동이 그에게 의무적이어서는 안 되지만, 그는 때때로

사람들을 가르치기 위해 사람들 가운데로 가서 고대 경전의 번역과 윤리학, 심리학 등에 대한 불교 문헌 저술로 젊은이들의 교육에 전념할 수 있습니다.

이처럼 비구들 사이에는 지위의 차별이 없고, 권리와 의무의 차이도 없습니다. 모든 계층은 그들 사이에서 없어지며 누구도 부처님이 주신 승단의 계율을 변경할 권리가 없습니다. 율장은 젊은 비구가 승단의 관계 안에서 장로 비구에게 존경과 존경을 표할 것을 요구합니다. 종교가 없는 사람은 그러한 감정이 강압의 결과라고 믿을 수도 있지만, 사실은 그렇지 않습니다. 진정한 불교도에게 이것은 부처님 자신과 그가 설립한 공동체(승가)에 대한 신뢰의 결과일 뿐입니다. 따라서 이 처방은 모든 불교 국가에서 완벽하게 존중되고 순종되며 비구 대중의 합의를 보존하는 유일한 수단입니다.

비구의 진정한 견습승인 사미(Samanero)는 분명 자신의 스승이자 조언자의 지시를 기꺼이 듣는 사람입니다. 스승은 제자를 친아들처럼 보살펴야 할 의무가 있습니다. 그의 스승이 자신이 적합하고 합당하다고 판단할 때, 사미는 그가 원할 경우 적어도 다섯 명의 비구의 결정에 따라 비구 승가에 받아들여질 수 있습니다.

미래에 사미로 입문하여 암자를 배정받기 전에, 후보자는 먼저 범행을 실천하는 재가행자(성적인 순결과 청빈에 헌신)로서 약 2년동안 비구들과 함께 살아야 합니다. 이 기간 동안 그는 사미처럼 매일의 영적 수련과 필수인 빠알리어 공부 외에도 정원 가꾸기, 요리 등과 같은 육체 노동을 할 것입니다.

계율에 따르면 비구와 사미의 복장은 동일합니다. 우리 미래 암자의 범행을 실천하는 재가행자는 회색 옷을 입기 때문에 비구와 사미와 구별될 것입니다. 반면에 비구와 사미의 가사는 노란색입니다. 그들은 재가자로서의 지위를 자유롭게 연장할 수 있고, 원하는 만큼 그렇게 할 수도 있습니다.

비구들과 사미들은 돈을 버는 직업을 갖는 것이 허용되지 않기 때문에 외부 세계와의 우리의 관계는 범행을 실천하는 재가행자에 의해 수행될 것입니다. 그러나 재가행자 자신은 꼭 필요한 것을 제외하고는 아무것도 소유할 수 없습니다.

당신이 기대하는 대로 나는 배에 탄 모든 제자들의 육체적 안녕을 돌보고 빠알리어와 수련자들의 교육을 돌보는 의무를 맡겠습니다.

젊은이들은 범행을 실천하는 재가행자와 사미로 인정될 수도 있습니다. 나는 재가행자나 나이든 한 사미의 수련을 위임할 것입니다.

비구들과 가능하다면 사미들 역시 한적한 곳에 위치한 자신의 오두막에서 각자 생활해야 할 것입니다.

재가행자, 사미 또는 비구로 받아들여지는 데에는 후보자의 교육 수준, 사회적 지위, 재산이 고려되지 않습니다.

승가의 문은 모든 진지한 구도자에게 열려 있습니다. 이렇게 말하는 것이 좋은데, 그들은 자신을 속박하는 어떤 맹세도 요구받지 않습니다. 율장에 따르면 모든 사람은 자유로우며, 그의 이름에 어떤 나쁜 평판도 붙지 않고 자유롭게 승가를 떠날 수 있습니다. 실제로 미얀마와 태국에서는 왕자든 농부든 모든 남성이 일정 기간 동안 사미나 비구의 삶을 사는 관습을 따릅니다. 개인에게 어떤 강요도 가해지지 않을 것입니다. 그러나 우리는 모든 사람이 붓다와 그의 교리, 제자들의 사명에 대해 진실하고 완전한 신뢰를 갖도록 노력할 것입니다.

그리하여 사원에 사는 사람들 사이에서 모든 불화는 사라질 것입니다.

1910년 4월 20일 루가노.

냐나띨로까.

56 비하라(Vihara)는 Crete Meisel-Hess(1879-1922)의 소설 『지성인』*Die Intellektuellen*(Berlin, 1911, pp. 424-29)에 아래와 같이 언급되어 있다.

우리가 베를린에서 만났을 때 당신은 나에게 어떻게, 어디서 유럽의 신흥 불교 종파에 가입할 수 있는지 물었고, 나는 이에 대해 말했습니다. 당시에는 정확한 답변을 드릴 수 없었지만, 오늘은 원하시는 정보를 드릴 수 있게 되었습니다. 인도에서 노란 옷을 입은 독일인 3명이 유럽 최초의 유럽 불교 사원을 건립했습니다. 이 사람들을 방문하십시오. 함께 하시면 후회하지 않으실 겁니다.
...

루가노 호수는 당시 마조레 호수(Lago Maggiore)에 있는 베르너의 거주지인 아스코나(Ascona) 근처에 있었고 그는 정착지 방문을 지체하지 않았습니다. 빛나는 호수 기슭에서 조금 떨어진 산속에 숨겨진 통나무집이 있었는데, 이곳은 유럽 승려들의 최초 정착지였습니다. 그는 받아들여졌고 며칠 후에 그곳으로 이사하고 싶었습니다...

그는 독일 불교도들이 그에게 설명한 가르침의 핵심에 대해 보고했습니다. 무엇보다도 이 가르침은 인격신의 존재를 인정하지 않습니다. 그것을 종교로 명명할 근거는 거의 없지만, 존재에 대한 종교적 헌신으로 가득 찬 이 가르침에 의해 마음이 정화된다는 사실이 아니라면 그것은 순전히 철학적 세계관이라고 불릴 것입니다. 그리고 그것으로 인해 기뻐했습니다.

세 명의 독일 승려는 런던에 기반을 두고 스스로를 "붓다의 추종자"라고 부르는 사회의 거류지 주민입니다. 비밀 의식은 없습니다. 철학적 질문에 대한 토론과 도덕적 자기 교육은 이 공동체의 가장 중요한 원칙입니다. 이러한 현대 불교는 강한 사회적 저류와 함께 과학적이고 합리주의적인 성향을 갖고 있습니다. 고대 동양 문헌의 번역, 종교-철학적 강의, 영혼 자체에 몰입하는 훈련 등이 거류지 개척자들의 관심사 중 하나입니다.

원래 독일 승려 한 명만이 루가노 호수 기슭에 왔습니다. 그를 위해 작은 통나무집이 준비되어 있었습니다. 그런 다음 그는 독일인 제자 중 두 명이 오도록 허용했으며 이제 일부 네덜란드인과 영국인이 올 것으로 예상됩니다. 따라서 통나무집이 확장됩니다. 따라서 이 정착지는 중부 유럽에 통합되고 확산되는 것으로 보입니다. 그 자신도 거류지 주민으로서 이 공동체에 들어갈 준비가 되어 있습니다. 어떤 규약도 그를 묶지 못할 것이다. 다만 그는 공개적으로 불교를 받아들이지만, 준비 기간을 거쳐 공동체에서 견습생(사미)으로 지내게 될 것으로 예상됩니다. 완전한 승려(비구)가 되기 위해서는 나중에 인도로 가서 오래된 사원에서 불교를 그 원천에서 연구해야 할 것입니다. 그러나 그 때는 아직 이르지 않았습니다.

유명한 이탈리아 언론인 Arnaldo Fraccaroli의 다음 기사는 이탈리아 신문 Corriere della Sera, 1910년 3월 1일자, p.3에 "Un eremitaggio di buddhisti alle porte d'Italia"로 게재되었다. 줄리아나 마르티니의 번역.

이탈리아의 문에 있는 불교도들의 암자
이탈리아 루가노. 2월 28일

서문
두 시간의 기차 여행, 두 시간의 마차 여행, 그리고 마지막으로 눈 속의 작은 산 등반, 이 모든 것을 통해 불교도의 직무 수행을 발견하게 된다는 것을 깨닫는다면, 이는 결코 시간낭비가 아닌 것처럼 보입니다. - 불교도의 직무 수행을 위해서는 일반적으로 적어도 미얀마 여행이 필요합니다. 그러나 이 모든 것에도 불구하고 동양에서 온 독일 불교도 앞에서 자신을 발견한다는 것은 정말 예상치 못한 일입니다!

그러나 그는 불교도이고 완전한 비구입니다. 그리고 불교도가 비구가 되면 더 이상 해야 할 일이 남아있지 않습니다. 즉, 재가행자와 사미의 상태를 통과하면 불교의 고귀한 위상에 도달했다는 뜻입니다. 비구는 수행승이며, 성자입니다. 불교에는 위계가 없기 때문에 비구 위에는 다른 등급이 없습니다. 모든 사람보다 더 높은 곳에는 고타마 붓다(Buddha Gautama)가 있습니다. 그분은 스승이요 마스터이시며 축복받은 자이시며 전지자입니다.

눈 속의 냐나띨로까
어제 내가 발견한 비구 냐나띨로까는 스위스의 이탈리아 지역, 말칸톤(Malcanton)의 눈 덮인 산, 노바조(Novagio) 위 파즈(Paz) 숲에 있는 양치기의 여름 피난처의 맑고 고독한 곳에서 인도인을 훌륭하게 연기하는 독일인입니다. 노란 승복을 입은 채 머리는 삭발하고, 가사의 무게에 짓눌린 야윈 모습의 그를 사람들은 '스님'이라고도 부르는데, 참으로 이국적이고 기발한 면이 있습니다. 그 황량한 장소에서 유례를 찾을 수 없는 그를 보는 것은 - 내가 도착했을 때 피난소에 숨어 있던 턱수염을 기른 불교도인 그의 동료 독일인이 있었다. - 머나먼 땅에서 길을 잃은 듯한 착각을 불러일으킬 것입니다. 유럽은 어딘가요?

아, 여기입니다: 비구에게 접근하는 방법으로 나에게 제안한 좋은 학자 친구의 호의로 루가노의 냐나띨로까에 대한 책 패키지 형태로 유럽은 내 손에 쥐어졌습니다. 그 책들은 스리랑카, 즉 멀리 떨어져 있는 그의 동료 형제들로부터 오고 있습니다. 냐나띨로까는 세속적인 것들로부터 자신을 분리한 불교도가 느낄 수 있는, 신중한 기쁨으로 그들을 환영합니다. 그러나 그러한 초연함도 그가 나에게 감사하는 것을 막지는 못하며, 면도칼이 닿을 때까지 그의 뺨과 턱에 닿은 노란빛 머리카락의 상처처럼 붉고 얇은 입술로 온화한 미소를 지었습니다. 냐나띨로까는 머리카락이 어느 정도까지 자라도록 허용할 것이지만, 그것이 오래 자라 장식품이 될 위험이 있으면 사라질 것입니다! 그는 아름다움이 그를 괴롭히는 경향이 없는 것처럼 보이기 때문에 그러한 경멸이 어떻게든 낭비라는 것을 깨닫지 못한 채 아름다움의 허영심을 멸시합니다!

"근데 춥지 않아요?" 나는 그가 몸을 거의 덮지 않은 것을 보고 물었습니다.

"아니요. 어젯밤에는 눈이 내렸을 때 좀 추웠어요. 이제 눈은 그쳤고, 해가 곧 눈을 녹일 것입니다. 하지만 편안하게 지내십시오. 자리에 앉으십시오!

그는 내가 서 있는 것을 알아차렸고, 눈 위에 있는 오두막 앞마당에 있는 의자를 나에게 권했습니다. 양치기들이 "알프"라고 부르는 작은 집들 중 하나였습니다. 그는 다리가 세 개인 의자 스칸노(Scanno)에 앉았고, 우리 둘 사이에는 낡고 상태가 정말 좋지 않은 나무 테이블이 있었습니다! 우리 발 아래에는 눈의 융단이 깔려 있습니다. 자연의 승리입니다.

"당신이 여기에 있는 이유는 무엇입니까?" 나는 그에게 물었습니다.

"그곳은 외딴 곳이기 때문입니다. 더 아래쪽에 있는 작은 집을 하나 더 제안받았습니다. 하지만 그 집은 너무 아름다웠고 마을과 너무 가까워서 적절하지 않습니다. 이곳에는 아무도 나타나지 않습니다."

나는 주저 없이 그를 곧바로 믿게 되었습니다. 그러나 이것이 그가 유럽 최초의 불교 암자인 비하라(vihara)를 세우려고 하는 곳입니까? 이것이 냐나띨로까가 여기에 있는 바로 그 이유입니다. 스리랑카와 미얀마에서 9년을 보낸 후, 그는 스리랑카와 미얀마의 비하라에서 비구로서 겪은 경험에 힘입어 승가를 서양에 소개할 준비가 되었다고 느낍니다. 그는 2년 전 랑군에서 자유 연구에 대한 유명한 국제 평론지인 루가노의 코에노비움(Coenobium of Lugano)의 편집자들에게 이렇게 썼습니다. 승가가 없으면 비구로 살 수 있는 가능성이 없습니다. 코에노비움이 설립되면 그러한 장애가 제거될 뿐만 아니라 빠알리어를 학습할 수 있게 되고 교리에 대한 진정한 이해가 유럽의 불교도들에게 제공됩니다." 이제 그분은 자신의 목적을 실행하기 위해 여기에 계십니다. 그리고 그가 칸톤 티치노Canton Ticino를 선택한 이유는 그것이 제공하는 자유, 좋은 기후(눈이 내리지 않을 때, 야외에서 토론에 참여할 필요가 없을 때!), 그리고 저렴한 생활비 때문이었습니다.

"정확한 위치는 아직 결정되지 않았습니다. 지난 며칠 동안 눈이 쌓여서 가장 적합한 위치를 찾지 못했습니다."

"근데 금방 하시겠지요?"

"물론이죠. 한 달 안에 불교 거류지는 기정사실이 될 것입니다. 내 독일인 친구가 이미 여기에 왔고, 다른 많은 사람들도 부름을 기대하고 올 것입니다."

"그럼 여자들은요?"

"아니요. 여성 출가자는 여기 있을 수 없습니다. 아아! 참정권자들에게 또 다른 슬픔의 원천이군요!"

위치를 찾고 거류지를 정착시키는 것은 쉬운 일이 될 것입니다. 숲은 불교 수행자들을 위한 작은 돌집으로 채워질 것입니다. 브레스라우Breslau의 건축가 럿슈Rutsch는 이미 몇 가지 스케치 초안을 작성했습니다. 냐나띨로까가 봉헌한 일부 사미(견습승)와 랑군의 실라짜라Silacara 비구가 정착을 준비하고 있습니다. 그러나 그들은 비하라에서 무엇을 할 것입니까? 그들은 고독하게 살며 명상할 것입니다. 그들은 또한 부처님의 참된 교리에 대한 지식을 넓히기 위해 일부 불교 경전 번역본을 준비하여 배포할 것입니다. 유럽에서는 불교가 이해되지 않거나 오해되기 때문에 누군가는 대중 연설과 토론을 통해 불교를 전파하는 일을 담당할 것입니다.

부처님의 실제 교리

모든 불교도들이 자신의 종교가 유럽에서 판단되고 논평되는 방식에 대해 신음하고 있다는 것은 사실입니다. 반면에 그들은 불교를 이해하는 것이 다소 어려운 일이라는 점을 인정합니다. 밀라노에서 공부했으며 아마도 많은 사람들이 기억할 수 있는 한 불교 교수인 지나라자다사Jinarajadasa는 이렇게 말했습니다. "박식한 비불교도라도 불교의 핵심에 깊이 침투하는 것은 불가능합니다. 우리는 불교 국가의 위대한 스승에 대해 애정과 존경과 감사를 느낍니다."

냐나띨로까도 이와 같은 의견을 갖고 있으며, 이것이 그가 불교 암자 건립을 목표로 유럽으로 돌아온 이유입니다.

"그런데 불교란 무엇입니까?" 나는 그에게 물었다.

"불교는 몇 마디 말로 설명할 수 없습니다. 불교를 받아들일 마음과 가르침과 지혜를 받을 준비가 되어 있어야 합니다. 그러나 간단히 말해서 모든 괴로움을 정화하기 위해 모든 욕망을 소멸시키는 것입니다. 부처님께서는 인간의 삶은 쾌락에 대한 갈증과 자기애에서 비롯되는 괴로움으로 가득 차 있다고 가르쳤습니다. 괴로움을 겪지 않으려면 욕망하지 말아야 합니다. 그러나 이 진리 외에도 불교는 영적인 것과 모든 존재의 본질적 통일성 또한 가르칩니다. 불교에서는 모든 사람이 가장 높은 수준에 도달할 수 있습니다. 평등은 한 사람을 평범하거나 일반적인 수준으로 낮추는 것이 아니라 모든 사람을 가장 높은 정점으로 끌어올립니다. 불안정한 욕망을 달래고, 우리의 가장 깊고 친밀한 직관이 반영될 수 있는 평화롭고 명확한 조화로 우리 영혼을 질서있게 하십시오. '자신에게 빛이 되십시오. 외부의 피난처에 의지하지 마십시오. 진리를 자신의 피난처로 하십시오. 당신 자신 외에는 누구에게도 피난처를 찾지 마십시오.'"

그러므로 불교에는 명상의 행복이 있습니다. 그러나 냐나띨로까는 이 행복에 도달하는 것조차 많은 어려움이 있다고 경고했습니다. 그러나 그 느낌은 이루 말할 수 없는 평온함과 평화로움입니다! 나는 비구가 되기 전에 냐나띨로까가 훌륭하게 바이올린을 연주할 수 있었다는 것을 알고 있습니다. 실제로 그는 훌륭한 콘서트 음악가였던 것 같습니다. 그러나 이제 그는 비구라는 지위 때문에 음악을 편안하게 연주할 수 없습니다. "그리고 이것 때문에 고통받은 적도 없나요?" 나는 그에게 물었습니다.

"처음에는 그랬습니다. 하지만 보상을 받았습니다. 음악의 편안함과 매일 한 시간씩 죽음에 대해 명상함으로써 얻을 수 있는 결과를 비교해 보시겠습니까?"

완벽한 삶과 열반

그는 온유한 태도로 부드럽게 말하지만 냉철합니다. 많은 것을 알고 있고 이제 그의 고요의 흔들리지 않는 평온함을 높이 평가하는 사람의 표정으로 말합니다. 하지만 그는 그리 나이들지 않았습니다. 그 반대입니다. 그는 이제 겨우 서른두 살이고, 아홉 살 때부터 불교 신자였습니다. 그가 동양으로 갔을 때 그의 정신은 이미 불교로 향했고 천주교를 포기했습니다. 그러나 그 비구는 어렸을 때 천주교 신자였기 때문에 고향인 비스바덴에 있는 수도원에 들어갔습니다. 분명히 그는 평화와 고독에 대한 만족할 줄 모르고 달래지지 않는 갈망에 이끌려 그곳에 들어갔습니다. 그는 수도원이 외부 세계를 거의 차단할 수 있다는 것을 알았지만 강한 영적 위기에 휩싸였습니다. 그는 불교에 귀의하여 재가자로서 스리랑카에 갔으며, 오래지 않아 사미로 받아들여져 마침내 비구가 되었습니다. 그런 다음 그는 다른 이름은 널리 알려지지 않은 새로운 이름을 채택하고 자신을 "냐나띨로까", 즉 "삼계에 대한 앎을 가진 사람"이라고 불렀습니다. 세 가지 세계는 욕망계, 형상계, 순수정신계가 될 것입니다.

그는 이제 완벽한 삶을 살아야 하며, 그의 모든 노력은 그 목표를 향해 달려갑니다. 불교에서는 우리가 추구해야 할 '네 가지 노력'을 가르칩니다. 새로운 악을 행하지 않는 것, 이미 행해진 악에서 벗어나는 것, 아직 존재하지 않는 선을 생성하는 것, 기존의 선을 늘리는 것입니다. 게다가 열 가지 공덕이 있습니다. 그러므로 완전한 삶을 살면 열반에 이릅니다.

"그런데 열반은 어떤 것일까요?

"해방. 완벽한 삶을 살지 않으면 누구도 그것을 직접 알 수 없습니다. 그것은 단순히 모든 욕망의 소멸, 모든 갈망의 소멸이 아닙니다. 그것은 우리에게 자신을 이기고, 불안한 욕망에 직면하고 달래도록 가르칩니다." 완벽한 삶에 관해 고타마 붓다는 감각의 대상을 넘어서는 불변의 거처라고 말했습니다. "진실로 이것이 슬픔의 끝입니다." 열반의 문제는 정확히 정의할 수 없기 때문에 항상 학자와 철학자들이 끈질기게 주장해 온 요점 중 하나였습니다. 호딩 교수는 이것이 "모든 욕구, 모든 고통, 증오와 열정, 탄생과 죽음으로부터의 해방"이라며, 이는 오직 인간의 생각과 의지가 가장 집중된 덕분에 가능하다고 말했습니다. 반대로 냐나띨로까가 자신의 목적을 표현하기 위해 쓴 코에노비움Coenobium의 오래된 기사에서 힌두교 교수 지나라자다사Jinarajadasa는 열반이 무엇이든 간에 다음과 같이 확실히 말할 수 있다고 말합니다. 그것은 허무annihilation가 아닙니다. 그래서 합의가 쉽지 않은 것 같습니다. 어쨌든 이는 자유의 요소, 즉 해석의 자유를 나타내기도 합니다.

삼계의 지식을 소유한 박식한 자 냐나띨로까가 이를 명확하게 정의할 수 있을까요? 열반이 모든 욕망으로부터의 해방이라면, 유럽의 불교도들(많은 불교도들이 있음)은 한동안 그것을 즐길 수 없을 것입니다. 그러나 그들의 마음 속엔 하나의 소망이 있습니다. 서로 겹치는 산에서 이 최초의 불교도 집단이 번성하는 것을 보고 싶은 것, 루가노 호수를 내려다보는 공허함으로 그곳에서 자신을 보는 것입니다.

57 아스코나Ascona 근처이자 루가노Lugano에서 멀지 않은 베리타 산Monte Verita은 신비주의자, 무정부주의자, 은둔자 등과 같은 모든 종류의 영적 구도자와 자유 사상가의 안식처였다. Landmann, Robert: Ascona, Monte Verita: auf d. Suche nach d. Parodies,, Ulstein, 1979, p. 70 & 106 참조.; 미주 46에 언급된 신불교Neobuddhismus 웹페이지에서 인용됨.

58 H. P. Blavacsky(1831-1891).

59 냐나띨로까는 열대 지방에서 몇 년을 지냈기 때문에 몸이 더운 기후에 익숙해 졌을 것이고, 따라서 따뜻한 열대 지방에서 한겨울에 추운 고산 산장으로 간다면 상당한 육체적 충격이었을 것이다.

60 A. Costa(1857-1943)는 1903년 토리노에서 그의 첫 번째 불교 서적 『붓다와 그의 가르침』Il Buddha e la Sua Dottrina을 출판했고, 그의 두 번째 책 『불교철학』Filosofia e Buddhismo은 1913년 토리노에서 출판했습니다. 그는 산타 세실리아 음악 아카데미의 교수였지만. 종교학에 전념하기 위해 일찍 은퇴했다.

61 A. David-Neel(1868-1969)은 유명한 불교 모험가이자 티베트 불교에 관한 여러 권의 책을 쓴 작가였으며 이 책은 여러 언어로 번역되었다. 이전에 그녀는 신지 학자이자 무정부주의자였다. 안켄브란드Ankenbrand의 〈인도 세계〉Indische Welt, 1953년 2월, p. 24에 따르면, 냐나띨로까는 이미 1901년 알제리 콘서트 투어에서 그녀를 만난 적이 있다. 오류일 수도 있지만 당시 그녀가 오페라 가수 였고 알제리에서 노래를 불렀을 가능성도 있다. 그녀는 1904년 튀니지에서 결혼했다.

62 Stephen Batchelor, 『서양의 깨달음』Awakening of the West p. 308은 냐나띨로까가 1910년 5~6월에 그녀의 집에 손님으로 머물렀다고 언급한다.

63 로돌프-아드리앙 베르지에Rodolphe-Adrien Bergier. Martin Baumann 박사는 『스위스의 불교』(ISSN 1527-6457, http://www.globalbuddhism.0rg/l/baumannOOI.html)에서 그에 대해 다음과 같이 썼다.
로잔의 지역 기록 보관소에는 베르지에가 로잔의 부유한 부르주아 가문에 속해 있었기 때문에 그에 대한 몇 가지 기록이 남아 있습니다. 1852년에 태어난 베르지에는 1880년대에 미국에서 광부로 일했습니다. 그는 큰돈을 벌 수 있었던 것으로 보이며, 1901년에 부유한 기술자로 로잔으로 돌아온 후 조만간 불교와 접촉하게 되었을 것입니다. 기록에는 그가 1911년 7월 1일에 독일 빠알리어 협회(브레슬라우/바르샤바에 기반)의 회원이 되었음을 명시하는 색인 카드가 포함되어 있습니다. 베르지에는 냐나띨로까와 그의 세 제자를 몇 달 동안 아낌없이 지원하는 최초의 스위스 재가신도(upasaka)였던 것으로 보입니다.

64 바르텔 바우어Bartel Bauer(1887-1940). 그의 쌍둥이 형제 프란츠 J. 바우어 Franz J. Bauer(1887-1956)는 1914년 2월 14일에 섬 암자에서 사미가 되었다.

65 그는 1910년 10월 23일 로잔의 카리타스 비하라(Caritas Vihara)에서 사미승으로 받아들여졌고 12월 6일 콜롬보로 떠났다. 밧디야Bhaddiya에 따르면(주 70 참조) 바우어는 매우 좋은 성격을 갖고 있고 빠알리 연구 등에서 빠른 진전을 보였기 때문에 매우 빨리 사미승으로 받아들여졌다. 그는 1912년 봄 미얀마에서 비구가 되었고 6월 3일 폴가스두와Polgasduva로 돌아왔다. 1913년. 그는 다른 독일 불교도들과 함께 영국군에 의해 억류되었다. 그는 형과 함께 돈을 벌기 위해 시드니 근처의 수용소에서 환속했고, 1916년 11월 독일 승려들이 호주를 떠날 수 있게 되었을 때 그와 그의 형은 미국으로 갔다. 1919년에 그는 다시 독일에 가서 재가신도로 남았다.

66 H. Spannring은 뉴스를 통해 냐나띨로까의 사원 계획에 대해 들었고 그에 따라 그에게 편지를 보냈다. 그는 1911년 부활절에 로잔의 냐나띨로까를 방문한 후 그와 함께 스리랑카로 갔다.

67 Bhaddiya(주 70 참조)는 암자가 갈왓다고다Galvaddagoda에 있었다고 썼다.

68 냐나띨로까가 여기에서 F.C.Beck에게 보낸 엽서는 1911년 2월 25일에 작성되었다.

69 이때는 1911년 중반쯤이었다.

70 프리드리히 C. 벡 Friedrich C. Beck. 그는 독일 브레슬라우에서 태어났지만 미국 여권을 가지고 있었다. 그는 Markgraf의 친구이자 독일 빠알리 협회의 사서였다. 출가: 1912년 8월 9일 Polgasduva. 비구계: 1913년 2월 14일; 1914년 12월, 고나마타라 수도원에서 사망. 편지로 작성된 밧디야의 Polgasduva 설립 설명은 프랑스어로 번역되어 Coenobium 10권, 1913년 10월, pp. 43-51에 다음과 같이 출판되었다. "20세기 붓다의 교리를 밝히기 위한 침묵의 노력에 대하여." 밧디야는 자신이 약 40세였으며 스팬링Spannring이 20세였다고 언급했다.

71 Beck에게 보낸 엽서에서 냐나띨로까는 4월 26일에 그네이세나우Gneisenau(호주노선, 3등칸, Naples-Colombo, 240 마크)에 자리를 예약했다고 썼다.
Coenobium V, VI권, 1911년 6월, 85-86, Alexandra David-Neel의 편지(1911년 5월 20일자)가 출판되어 냐나띨로까의 귀환을 언급했다. … 나의 첫 번째 목적지는 스리랑카… 그곳에서 당신도 아시겠지만 동양으로 돌아온 우리 친구 냐나띨로까를 만날 것입니다. 나는 그가 그렇게 하기를 잘했다고 생각합니다. 그가 원하는 삶은 유럽 환경과 맞지 않습니다. 나는 튀니지에서 그에게 이것을 말했고 그는 그것을 직접 경험했습니다. …

72 밧디야에 따르면(미주 70에 언급된 기사 참조), 스팬링은 향수병에 걸렸고 (티켓을 돌려받을 돈을 받으려는 척하면서) 예수회에 갔다가 송환되었다. 유럽으로 돌아온 그는 자신의 결정을 후회했고 곧 돌아가고 싶어했다.

73 1912년 8월 11일 Polgasduva에 밧디야는 약 천 명이 행사를 위해 섬에 왔다고

썼다. 그들을 받기 위해 며칠 동안 준비가 이루어졌다. 마을 사람들이 와서 배를 위한 넓은 공터, 길, 하선 장소를 만들었다.

74 밧디야는 암자가 철로와 마을 주택 가까이에 지어졌기 때문에 평온함과 한적함이 부족했다고 언급했다.

75 라트가마(Ratgama) 호수에 위치한 폴가스두와("코코넛 나무 섬")는 염분이 있는 호수에 있는 세 개의 작은 섬 중 하나이다. 도단두와(Dodanduva)는 섬이 아니라 바다와 호수 사이의 좁은 땅에 기차역이 있는 마을이다.

76 힐리게스Hilliges는 신지학자였으며 도르트문트 출신이었다. 그는 독일 빠알리어 협회(German Pali Society)의 회원이었다.

77 스톰프스 Stomps(1864-1939)는 1911년 10월 8일 Polgasduva에 도착했다.

78 마하나모라는 이름을 가진 스님이 두 명 있었다. 힐리게스Hilliges는 1911년 11월 4일부터 1911년 12월 21일 또는 22일까지 짧은 기간 동안 사미 마하나모(I)였다. 스톰프스는 1913년 5월 24일에 사미 마하나모(II)가 되었고 1914년 2월 14일에 비구가 되었다. 그는 1915년에 옷을 벗었지만 1928년에 다시 승려가 되어 1939년까지 승려로 살았다.

79 이것은 1911년이어야 한다. 전기 작가 Jean Chalon에 따르면 {Le Lumineux destin d'Alexandra David-Neel, p. 196), David-Neel은 "… 친구인 냐나띨로까 스님과 함께 빠알리어에 대한 지식을 갖추었다. 그녀는 불교 신지학회 회의를 주재했다. 그런 다음 그녀는 사진 수업과 빠알리어 수업을 번갈아 가며 진행했다." Stephen Batchelor (서구의 깨달음, 1994, p. 308)는 (출처를 밝히지 않고) 그녀가 스리랑카에 도착한 지 10일 후이자 섬 암자가 설립된 지 정확히 두 달 후인 1911년 9월 9일에 섬 암자에서 회의가 열렸다고 덧붙였다. David-Neel은 1910년 스위스(Caritas Vihara로 추정)에 머물고 있을 때 냐나띨로까와 연락을 취했고 그 후 1910년 5월부터 6월까지 튀니지에서 그녀와 함께 머물렀다.

80 칼 테오도르 스트라우스 Carl Theodor Strauss(1852-1937). 이 독일인은 아내가 Edwin Arnold의 시 아시아의 빛The Light of Asia을 읽어준 후 불교에 관심을 가지게 되었다. 그는 Maha Bodhi Society와 같은 많은 불교 조직에서 활동했으며 냐나띨로까가 불교도가 되도록 영감을 준 작품인 수바드라 빅슈Subhadra Bhikshu의 〈불교 교리문답〉을 영어로 번역했다. 1893년에 그는 시카고 종교 의회에 참석하여 그곳에서 공개적으로 불교로 개종했는데, 이는 그가 그렇게 한 최초의 독일인이자 아마도 최초의 유럽인이었기 때문에 큰 센세이션을 일으켰다.

81 Anagarika Dhammapala (일명 Dharmapala), 이전에는 David Hewavitarne (1864-1933). 그는 국제적으로 유명하고 영향력 있는 스리랑카 불교 개혁가이자 설법자였다. 그는 마하보디 협회(Mahabodhi Society)를 설립했다. Bhikshu Sangharakshita, Anagarika Dharmapala,1964, Wheel 70-72, BPS, Kandy

참조.

82 원고에는 "1월 19일: Vappo 및 Vipulañāṇa(이후 Nyanavipula)···"로 시작하는 불완전한 구절이 있다. 아마도 그것은 Ludwig Stolz와 Ferdinand라는 Burgher(네덜란드-스리랑카 혈통의 사람)의 사미 수용을 언급하고 있을 것이다.

83 Maha-Bodhi and United Buddha World, Vol. XXI. 1913년 7월 및 8월, Nos. 7-8, Colombo:

로디야Rodiyas의 교육

로디야는 스리랑카의 불가촉천민들이다. 그들의 조상들의 악행으로 인해 그들은 접촉이 오염되고 삶이 비참한 가장 낮은 계층의 인간으로 타락했다. 그들은 여론에 의해 가장 천하고 비열한 생계 수단에 강요당하며 형언할 수 없는 비참함과 무지, 악독 속에서 살다가 죽는다. 그들의 슬픈 삶을 비추는 빛의 광선은 오지 않았으며 사악한 업으로 인해 그들은 밖에서 태어나 가장 멸시받는 삶을 살고 있다. 그러나 모든 불리한 상황에도 불구하고 그들은 캔디 지역의 여러 지역에서 계속해서 정착지를 늘리고 형성해 왔다. 그들을 교육시키려는 많은 시도가 있었지만 지금까지 거의 성공하지 못했다.

그러나 냐나띨로까 비구는 대규모 정착지가 있는 카두간나와Kadugannawa에서 로디야 아이들을 교육하기 위해 불교 학교를 시작했다. 스님은 학교를 유지하고 거처(Avasa)를 짓는 데 자금이 필요하다. 이 가난하고 멸시받는 공동체의 교육과 도덕적 복지는 비구의 보살핌을 받는다. "비구 냐나띨로까 로디야 전법 기금"으로 알려진 기금이 시작되었으며 기부금은 E.A.L Wijewardene Esq. Advocate the Secretary of the Buddhist Brotherhood, 4, Hultsdorf, Colombo.로 보내면 된다.

84 냐나로까 Ñāṇāloka(1900-1976)는 1957년부터 1976년까지 Polgasduva의 주지였다. 그는 1914년 냐나띨로까의 섬 암자에서 사미승이 되었고, 1920년 미얀마에서 비구계를 받았다. 냐나띨로까가 세상을 떠난 후 그는 죽을 때까지 섬 암자의 주지가 되었다. 그는 많은 서양 재가자와 젊은 승려들을 지도했다.

85 아서 피츠Arthur Fitz 박사. 그는 오스트리아 그라츠Graz 출신이며 오스트리아 왕자의 사생아라고 말했습니다. 불교 리뷰Buddhist Review(1914, p. 317)에 아래와 같은 공지가 떴다

오스트리아 황제의 손자인 불교 승려. - 현재 스리랑카에는 오스트리아 국왕 프란시스 요셉 황제의 손자이자 그의 어머니가 오스트리아 군주의 딸인 불교 승려가 있다는 사실을 아는 것이 독자들에게 흥미로울 것이다. 젊은 비구는 자신의 혈통에 대해 매우 과묵하다. 그는 세상과 작별하고, 노란 가사를 입고, 모든 인간관계를 단절했다. 지역 신자들 사이에서 인기가 높았던 대학 교수였던 그는 최근에 노란 가사의 승가에 들어갔다. 그는 다른 여러 유럽 비구들과 함께 아름다운 호수 중앙에 있는 섬인 폴가스두와(Polgasduwa)로 알려진 도단두와

Dodanduwa 근처의 이상적인 장소에 살고 있다.

이 통지는 The Buddha Review의 다음 호에서 냐나띨로까에 의해 반박되었다. 오류.- 우리 동료인 냐나띨로까 스님은 앞서 언급한 바와 같이 현재 스리랑카의 디야탈라와Diyatalawa에 있는 민간인 전쟁 포로이다. 우리는 우리의 좋은 스리랑카 친구들이 그의 수용소에서 피할 수 없는 어려움을 가능한 한 완화시키고 있다고 확신한다. 냐나띨로까는 우리에게 지난 10월호 317페이지는 근거가 없는 내용이라고 주장한다. 이 정보는 1914년 7월 1일 Ceylon Morning Leader 의 일부 내용을 통해 우리에게 전달되었다.

냐나띨로까가 언급했듯이 그는 사미 소노Sono가 되었으며 정신적 혼란을 겪었다. Hecker 박사(Lebensbilder Deutscher buddhien, Band II, Die Nachfolger, Konstanz, 1997, pp. 93-94)는 냐나띨로까와 함께 호주 캠프로 갔고 1차 세계대전 이후에는 자바Java로 갔다고 언급한다. 14장에서 냐나띨로까는 1921년에 자바Java에서 며칠 동안 피츠Fitz 박사와 함께 머물렀다고 언급한다. 헥커는 그가 오스트리아 인으로서 2차 세계대전이 발발하자 자바에서 다시 체포되어 1943년 데라 둔 수용소에서 냐나띨로까와 함께 지내게 되었다고 언급한다. 2차 세계대전이 끝난 후 그는 곧 독일로 송환될 예정이었다. 그러나 그는 독일로 돌아가는 것이 두려워 배를 타고 가는 기차에서 탈출하여 포르투갈의 식민지였던 고아(Goa)로 도망쳤다. 포르투갈인들은 그를 영국인들에게 넘겨주었고, 그의 간청으로 그는 스리랑카로 가는 허가를 받았다. 그리하여 1947년 3월, 33년 만에 다시 섬 암자로 돌아와 그곳에서 잠시 재가자(upasaka)로 살았다. 그 후 그는 자바로 돌아갈 수 있을 때까지 인근 학교에서 영어를 가르쳤으며, 1950년대에 그곳에서 사망했다.

86 Ankenbrand, Indische Welt, 1953년 2월, p. 25에 따르면, Freudenberg는 중학교에서 냐나띨로까의 학교 친구였다. Ankenbrand는 Freudenberg와 오스트리아 영사인 그의 형제가 위말로Vimalo와 야소Yaso의 수계식에 참석했으며 많은 미얀마 수행승들이 이 행사를 위해 왔다고 말한다.

87 H.H. Sri Maharaja Sidkeong Tulku Namgyal(1879-1914). 노년의 Maharaja Thuthob은 2월에 사망했다. 옥스퍼드에서 공부한 그의 아들 신임 마하라자 시경Sikyong(또는 Sidkeong)은 알렉산드라 다비드-닐의 조언에 따라 시킴의 "타락한 불교"를 개혁하려고 했다. 그리하여 그는 상좌부 불교로 눈을 돌렸고 냐나띨로까는 그를 환영했다. 그러나 그해 12월(1914년 12월 5일) 냐나띨로까가 스리랑카로 돌아온 후 시경은 적들에 의해 독살된 것으로 추정되는 시체로 발견되었다. 그의 후계자 Tashi(1914-1963)는 나중에 고빈다Govinda와 친해졌다.

88 시킴 출신의 라마 용덴Lama Yongden. 그는 David-Neel과 함께 지내다가 1955년 프랑스에서 사망했다.

89 아마도 사미 뿐냐난다 Puññananda M.R.A.S. 그는 캘커타에서 출판된 치타

공 불교 잡지 The Bauddha Bandhu의 편집자였다. 그는 The Buddha Review Vol. VIII, 1916, No. 1, p. 55.에 언급되어 있다.

90 스리랑카에서는 여전히 (티베트 태생) S. 마힌다Mahinda로 유명하다. 1930년에 그는 사미승이 되었고, 1931년에는 도단두(Dodanduwa에 있는 사이라빔바라마 Sailabimbarama)사원에서 시리담마 장로Siridhamma Thera 아래에서 비구가 되었다. 마하보디Mahabodhi 대학과 비드요다야 강원Vidyodaya Pirivena에서 공부했다. 특히 동화시와 애국시로 유명하다. "티베트와 스리랑카Tibet and Sri Lanka", S. Venerable Dhammika, The Middle Way, 2001년 5, p. 19. 참조.

91 The Buddhist Review1914, 10월-12월, VI (N0.4), p. 318:의 "Notes and News"에서 발췌,
도단두와Dodanduwa에서. 6월 13일 독일 국적의 사미 두 명이 출가했고, 같은 날 티베트에서 온 두 젊은이가 붓다의 노란 법의를 입었다. 두 명의 부유한 독일인도 5계를 받아들임으로써 불교로 개종했다. 냐나띨로까 비구는 스리랑카에서 멸시받는 불가촉천민 계급인 로디야를 교육하는 일을 수행하는 데 가장 정력적이다.

92 이전에 네덜란드 요새가 있던 콜롬보의 중심.

93 즉, 앞의 주 86번에 언급된 독일 대사 프로이덴베르크Freudenberg.

94 콜롬보 북쪽의 도시와 철도 교차점.

95 로버트 찰머스 경(Sir Robert Chalmers)은 1858년에 태어났으며 인도학자이자 1913년부터 1916년까지 스리랑카의 주지사였다. 그는 빠알리 문헌 협회Pali Text Society를 위해 맛지마 니까야 2권과 3권, 디가 니까야 2권을 편집했으며 숫타니파타(Harvard Oriental Classics 시리즈)의 편집과 번역을 했다.

96 루트비히 안켄브란트Ludwig Ankenbrand(1888-1971). 1913년 9월 18일부터 2차 세계대전이 시작될 때까지 아내 Elise Symanzich와 함께 섬 암자에서 살기 위해 왔던 독일 불교 신도. 그 당시 승려들과 함께 억류되었다.

97 렙차Lepcha족은 시킴 왕국의 원주민이다.

98 아래 공지는 1914년 11월 4일 수요일 The Ceylon Morning Leader에서 발견되었다.
라가마를 위한 더 많은 독일인과 오스트리아인
왕자 승려와 승려들이 이송되었다.
도단두와Dodanduwa 섬 암자에 있던 독일 불교 승려 7명이 월요일 콜롬보로 내려와 오후 2시 15분, 마라다나(Maradana)에서 라가마(Ragama)까지 이송됐다. 일행중에는 여성 출가자 한 명이 포함되어 있었다.
어제 오스트리아 왕자 승려는 오후 1시까지 경찰의 호위를 받으며 기차로 마라다나에서 라가마까지 이송되었다. 스님은 몸이 안 좋아 보였고, 몸을 꼭 감싸고

칸막이 안에 누워 있었다.

"오스트리아의 왕자 승려"는 소노Sono였으며 죄수복을 입은 것으로 보인다. 주 85 참조. 언급된 "여성 출가자"는 루트비히 안켄브란트(Ludwig Ankenbrand)의 아내였을 것이다. 주 96 참조.

99 The Buddhist Review, 1915, 157-158페이지의 "Notes and News"에서 다음과 같은 공지가 발견되었다.

디야탈라와Diyatalawa의 독일 비구들. 도단두와Dodanduwa에 있는 섬 암자의 다수의 독일 비구들이 다른 독일 및 오스트리아 수감자들과 함께 전쟁 포로로 디야탈라와 수용소로 이송되었다. 자신의 잘못이 없는데도 이 비구들은 불행한 곤경에 처해 있다.

우리는 그들에게 진심으로 공감하는 동시에 정부의 입장을 이해하려고 노력하며, 디야탈라와에 구금되어 있는 것은 독일 태생의 비구들만이 아니라는 것을 기억한다. 다수의 가톨릭 신부도 같은 입장이다. 이러한 상황에서 정부가 하나의 종교 종파를 선호하여 차별하는 것은 아마도 불가능할 것이다. 비구들이 수용소에 갇히는 것은 의심할 여지 없이 어려운 일이지만, 이는 이 잔인한 전쟁이 무해하고 무고한 사람들에게 과분한 고통을 안겨준 수백 가지 사례 중 하나일 뿐이다.

진실을 말하는 사람. - 데일리 미러Daily Mirror는 현재 인도 마을을 순회하고 있는 불교 법사스님인 레디 사야도Ledi Sayadaw의 사진을 게재하여 7개월 전 독일 군국주의라는 악마가 유럽을 휩쓴 끔찍한 갈등의 원인을 가능한 한 설명하고 있다. 그는 독일의 거짓말에 맞서며 청취자들에게 어떻게 벨기에의 아름다운 땅이 황폐한 황무지로 변했는지, 수천 명의 무력한 여성과 어린이를 포함한 벨기에 국민은 쓰러졌거나, 거지가 되거나, 다른 나라로 도망쳤는지 이야기한다. 그들은 친절한 집주인의 자선으로 생활한다.

100 폰 뮐러von Müller 선장이 통솔하는 독일의 유명한 전함 SMS 엠덴Emden은 인도양에서 4개월 이내에 상선 51척과 군함 2척을 격파했다. 영국 해군 패권에 대한 이러한 위협으로 인해 영국인들은 편집증에 빠졌고 스리랑카의 모든 독일인이 엠덴의 지지자가 될 수 있으며 독일 승려들이 폴가스두바를 떠나야 했던 진짜 이유가 될 수 있다고 의심했다. 엠덴호는 1914년 11월 서호주 해안에서 SMS 시드니에 의해 침몰되었다. 승무원 중 일부는 범선(schooner)을 타고 터키 방면 아라비아로 탈출했고 나머지는 영국군에 체포되었다.

101 쿠르스크Kursk는 호주군을 프랑스 최전선으로 데려왔다가 빈 배로 돌아오는 병력 수송선이었다.

102 독일 수용소는 시드니 북쪽 뉴사우스웨일즈의 한 마을인 리버풀에서 남쪽으로 약 5km 떨어진 홀즈워디Holdsworthy라는 옛 감옥에 위치해 있었다. 이 수용소에 대한 자세한 내용은 "Objects Through Time"(Steve Thomson,

2007) 참조. http://museumsaustralia.org.au/ UserFiles/File/National%20 Conference/2007/ StephenThompson_ConferencePaper07.pdf

103 수치스럽긴 했지만, 이것은 서양 불교 승려들이 호주 해안을 방문한 첫 번째 날이었다. 그럼에도 불구하고 호주의 기원이 형벌 정착지였던 점을 고려하면 아이러니하게도 여기에는 적절한 타당성이 있을 수 있다.

104 할아버지가 독일인이나 오스트리아인인 호주인들도 호주 정부에 의해 '외부의 적'으로 분류되었으나 그 수가 너무 많아 이들을 모두 수용하는 것은 현실적이지 못한 것으로 드러났다. 따라서 선택적 수용 정책이 시행되었다. 루터교 목사, 사업가, 범죄자 등 독일계 호주 공동체 지도자와 빈곤층이 수용 대상으로 선정되었다.

105 트라이얼만Trial Bay은 시드니에서 북쪽으로 약 500km 떨어진 해안에 위치해 있다. 감옥의 폐허는 여전히 거기에 있으며 현재는 호주 문화유산으로 지정되어 있다. 독일 포로 중 엘리트, 즉 과학자, 외교관, 장교, 선교사 등만이 이곳에 수감되었다. 1차 세계대전의 감옥에 대한 더 많은 정보를 원하면 http://www.migrationheritage.nsw.gov.au/exhibitions/zivillager/ history.html 및 "Objects Through Time", Steve Thomson, 2007: http:// museumsaustraIia.org.au/UserFiIes/File/National%20Conference/2007/ StephenThompson_ConferencePaper07.pdf. 참조
〈역자: 현재 이 사이트에 이 자료 검색이 안됨. Objects through Time: 100 Objects that define modern Australia로 출판되었음. 다음 아마존 사이트 참조. https://www.amazon.com/aObjects-Through-objects-define-Australia/dp/0980564980〉
다음 정보는 M. H. Neil의 역사 소책자 Trial Bay Gaol에서 발췌한 것이다. 그 수는 500명 이상으로 늘어났으며 여기에는 스리랑카, 홍콩, 태평양의 영국 및 독일 제도에서 온 남성도 포함되었다. 감옥에는 고무 재배자, 군함 장교, 군 장교, 심지어 노란색과 갈색 옷을 입고 다른 수감자들이 공유하는 활동에 거의 참여하지 않는 스리랑카 출신의 일부 불교 승려도 수용되었다.
또 간단하지만 더 흥미로운 참고 자료는 Ernest Scott의 〈1914-18년 전쟁 당시 호주의 공식 역사, Volume XI: 문 안에서의 적〉*Enemy inside the Gates*에서 찾을 수 있다. 그것은 불교 승려들에게 "카나리아"(노란 옷 때문에)라는 별명을 붙인 경비병, 철학적 태도와 물품 요청 거부, 베개로 사용할 돌을 구해 달라는 요청, 그리고 마지막으로 대부분의 승려가 종교를 버리고 평상복을 입었다는 내용을 담고 있다. 승려들은 지역 사람들의 압력에 의해 세 끼의 식사를 했다.

106 Reichsgraf Carl von Cosel, 일명 Georg Carl Tänzler, 일명 Carl Tanzler von Cosel 백작(1877-1952). 1926년에 이 괴짜 독일인은 미국 플로리다로 이

주하여 그곳에서 방사선 전문의이자 세균학자가 되었다. 1940년에 그는 키 웨스트의 낭만적인 시간 애호가로 악명을 떨쳤다. http://en.wikipedia.org/wiki/Carl_Tanzler를 참조

107 1917년까지 미국은 독일의 보호국 역할을 했다.

108 M. E. 포스터Foster (1844-1930)는 하와이의 카메하메하 왕의 후손이었다. 그녀는 1893년 9월 담마빨라를 만났는데, 그때 그가 시카고에서 호놀룰루를 거쳐 스리랑카로 돌아오고 있었다. 그는 그녀에게 화를 다스리는 방법을 조언해 주었고, 그때부터 그녀는 불교와 담마빨라를 좋아하여 그를 재정적으로 크게 지원했다. Anagarika Dharmapala by Bhikshu Sangharakshita, 1964. (Wheel 70-72, B.P.S., Kandy.) 65페이지 참조.

109 Graf J. H. von Bernstorff (1862-1939), 1908년부터 미국 주재 독일 대사.

110 A. K. Reisschauer는 일본 선교사였다. 그는 일본에 관해 7권의 책을 출판했다.

111 Hankow는 현재 우한시의 일부이다. 1895년부터 1917년까지 한커우에는 작은 독일 조계지가 있었다. 이 조계지는 일본으로부터 인수되었으며 독일 총영사가 관리했다.

112 Ed. Val Clément.

113 Sumano는 Stange의 법명이었다.

114 이것은 1917년 3월 14일에 있었던 일이다. 주 119 참조.

115 이 유대인들은 수세기 동안 중국에 거주해 왔으며 다른 중국인과 신체적으로 구별할 수 없다. 그들의 혈통은 유대 전통을 무시하고 가부장적으로 이어졌기 때문에 이스라엘 정부는 그들을 유대인으로 인정하지 않는다. 그들의 역사에 대해서는 http://en.wikipedia.org/wiki/History_of_the_Jews_in_China의 Wikipedia 참조.

116 이 짐꾼들에 대한 정보는 다음 사이트에서 확인할 수 있다. http://www.discoveryangtze.com/Yangtzediscovery/history_of_chongqing.htm "1920년대와 1930년대에 도시를 방문한 사람들은 30미터 높이의 성벽과 강에서 성문까지의 거친 계단에 대해 '끝없이 이어지는 물 운반선의 행렬로 인해 액체가 뚝뚝 떨어지고 있다'고 말했다. 당시 인구 60만 명이 넘는 충칭에는 다른 물 공급이 없었고, 1만~2만 명의 노동자(쿨리)들이 도시의 가파르고 좁은 골목길을 통해 매일 상점과 집으로 물을 운반했다. 도시에는 바퀴 달린 차량은 없고 가마 의자만 있을 뿐이다. 계단길은 여전히 남아 있지만 오늘날 성벽에 남아 있는 것은 이쪽 집을 지탱하거나 저쪽 길에 접해 있는 이상한 벽돌뿐이다."

117 현재 충칭이나 그 근처에는 Hsiang Kuo Ssu(相國寺)라는 이름의 절이 없다. 아마

도 충칭 서부의 달라오산(大勞山) 기슭에 자리잡고 있으며 경치가 아름답기로 유명한 화엄사(Huayan Monastery)일 것이다. 충칭 자치시의 인구는 50배 이상 증가하여 3,100만 명으로 중국에서 가장 인구가 많은 자치시이다. 냐나띨로까가 거기에 있었던 이후로 그가 머물렀던 사원은 이제 도시 내에 위치해 있을 것이다.

118 주119의 서신 참조.

119 이것은 1917년 8월 14일의 일이었다. Reginald Wheeler의 중국과 세계 대전 5장, New York, 1919(http://net.lib.byu.edu/rdh7/wwi/comment/chinawwi/ChinaTC.htm). 중국 공화정부의 결정은 큰 불화의 원인이 되었고, 실제로 그것은 반란을 일으켰다. 왜냐하면 무엇보다도 전쟁에서 누가 승리할 것인지에 대한 불확실성이 컸기 때문이다. 독일인들은 중국에서 상당히 영향력이 있었고 독일의 선전으로 인해 중국인들은 독일이 승리했다고 믿게 되었다.

120 헬무스 헤커(Hellmuth Hecker)의 독일 자서전 원본 부록에는 영국 외무 경찰서의 서신이 복사되어 있다(뉴넬리 국립 기록 보관소에서). 아시아 주둔 영국 외무경찰은 원주민으로 위장하여 티베트로 여행하던 스벤 헤딘Sven Hedin(즉, 유명한 중앙아시아 탐험가, 지리학자, 독일 애호가)이라는 노르웨이인을 감시하고 있었다. 그는 아시아에서 반란을 일으키기 위해 독일 황제에 의해 파견된 것으로 알려졌다. 냐나띨로까와 소브작이 한코우에서 영국군에 의해 발견되었을 때 그들은 스파이이자 선동자로 의심되는 감시를 받았다.

한커우에 투옥된 주요 이유는 냐나띨로까와 소브작이 3개월 이내에 미국을 경유하여 독일로 돌아간다는 조건으로 호주에서 투옥된 상태에서 벗어날 수 있는 특별 허가를 받았기 때문이다. 그러나 그들은 그렇게 하지 않을 경우 재체포되어 억류될 수 있다고 명시되어 있는 특별 출입증에도 불구하고 그렇게 하지 않았다. 영국인들은 그들이 중국에 온 것이 폰 베른스토프von Bernstorff 백작의 명령에 따라, 또는 적어도 동의를 받아 왔다고 의심했다. Bernstorff는 미국이 독일에 전쟁을 선포하는 것을 막으려 노력했기에 영국인에게 골칫거리였다. 냐나띨로까는 호놀룰루 체류 기록에서 알 수 있듯이 von Bernstorff를 통해 중국으로 갈 수 있는 재정적 지원을 받았다. 냐나띨로까가 한코우에서 두 명의 독일인 "호기심 많은 사람"(아마도 냐나띨로까를 도운 독일 영사관의 두 젊은 독일인이었을 것임)과의 접촉은 그와 소브작이 변장한 독일 스파이라는 의심을 불러일으켰다. 영국 외무경찰은 중국 정부에 냐나띨로까 일행을 탈출 전쟁 포로로 인도해 줄 것을 요청했지만, 그들은 대신 한커우 감옥에 수감되었다.

다음은 미얀마에서 영국 정부에 의해 감청된 실라짜라 비구에게 보낸 편지와 이어서 "독일 스파이"에 관한 영국 외무부의 비밀 서신 일부이다. 전체 편지글은 EDB, pp. 293-311에 재현되어 있습니다.

1917년 2월 10일.

친애하는 실라짜라,

제가 호주 수용소에서 풀려났다는 소식을 여러분은 이미 들으셨을 것입니다. 나는 일본 사원에 머물 수 있다는 희망을 가지고 호놀룰루로 갔습니다. 하지만 나는 일본 사원이 하나도 없음을 알았습니다. 그러므로 나는 중국(일본은 독일인인 나에게 입국금지 되어 있었음)에서 내가 머물 수 있는 곳을 찾았고, 결국 테라와다 불교 승려와 사원이 있다고 하는 윈난이나 미얀마 북부, 태국으로 가려고 했습니다. 나는 많은 고통을 겪었고 호놀룰루에 있던 미국인 여성이 아니었다면 굶어죽었을 것이라고 장담합니다. 하지만 그녀는 나를 구했습니다. 더욱이 나는 워싱턴(독일 대사)에게 나와 다른 8명의 불교도들이 중국으로 가는(그리고 5명은 독일로 가는) 통행료를 지불해 달라는 청원서를 보냈고 이것이 승인되었습니다. 그러나 동시에 영국 영사들의 의심을 불러일으켜 마침내 나는 스파이로 간주되는 것 같았습니다(오늘 아침에야 이 소식을 접했습니다). 그런 어리석음에 대해 당신은 무엇을 말하겠습니까? 전쟁, 군국주의, 애국심 등과 관련된 모든 것을 나만큼 싫어하는 사람은 없다고 생각합니다. 내가 모든 국적 위에 우뚝 솟아 있고 불교도이기 때문에 나라들 사이에 아무런 차별도 두지 않는다는 것을 당신도 잘 알고 있습니다. 나는 탈리푸Talifu와 모메인Momein으로 가는 길로 곧 갈 수 있기를 바라고 모메인 근처에서 머물기에 적합한 사원을 찾을 수도 있지만, 어떤 경우에도 영국 영토에 들어가려고 하지 않을 것입니다.

만약 필요하다면 제가 독일 정부와 아무 관련이 없다는 점을 영국 정부에 알려 주길 부탁드립니다. 나는 이제 14년 동안 승려로서 은둔 생활을 하고 있으며 나의 유일한 일은 종교와 독일어 번역에 관한 것이었습니다.

지금 내가 원하는 것은 종교적 의무와 집필 활동을 계속하기 위해 한적한 장소를 찾는 것입니다. 사실 나는 충분히 오랫동안 고통을 받아야만 했습니다. 또한 모메인이나 그 근처에 오시면 친절하게도 저를 방문해 주시기를 바랍니다. 도착 후 엽서를 보내드리겠습니다.

스리랑카에서 두 명의 학생이 미얀마에 올 예정인데, 그들을 잘 보살펴 주시고 그들을 쩜도 사원Kyemdaw Kyaung으로 데려오시고 나중에는 여러분과 함께 바모Bamo로 데려가시기를 바랍니다.

귀하의 행복과 안녕을 기원하며, 평화와 이 모든 문제의 종식을 기원합니다.

자비심을 담아,

냐나띨로까

(SD) (A. GUETH)

주소.

냐나띨로까

C/o. Mrs. Ed. Val Clement, French Concession

Hankow, (China)

영국공사관

베이징
Wai Chiao Pu에게. 1917년 5월 3일
선생님,
소브작과 게트Gueth라는 두 명의 독일인이 최근 불교 승려로 변장하여 충칭 항구를 떠났다는 소식을 한커우 주재 각하의 총영사로부터 알게 되었음을 각하께 알리게 되어 영광입니다.
나는 그들이 여행하는 데 사용된 여권이 아마도 독일과의 관계가 단절되기 전에 발급되었을 것이라고 추측할 수 있습니다. 만약 그렇다면 중국 내 독일인의 거주에 적용되는 현행 규정에 따라 어떻게 유효한가요? 더욱이, 독일 스파이들이 변장하여 국경 지역을 방문하는 것을 허용하는 것은 분명히 중국의 이익에 부합하지 않습니다. 저는 각하에게 이 두 사람을 상하이로 돌려보내 긴밀한 감독하에 있도록 할 필요성을 촉구하고 싶습니다. …

번역 Wai Chi Apu. H. M. Charge D'affairs에게
1917년 5월 16일
선생님,
귀하의 편지를 받았음을 영광으로 생각합니다… 저는 즉시 충칭 외교부장관에게 이 문제를 처리하기 위해 전보를 보냈으며 현재 다음과 같은 답변을 받았습니다:
문제의 독일인이 보유한 여권은 상하이 검찰청과 한커우 세관에서 발급한 것이며 소지자의 사진이 붙어 있습니다. 직업청(Occupation Commissioner's Office)에 통보되었으며 조사 후 금지 물품이 없는 것으로 확인되었습니다. 텡위엔Tengyuen으로의 이주를 허락해 달라는 그들의 요청은 거절되었고 그들은 현재 도시 외곽의 상국사(Hsi ang Kuo ssu Temple)에 살고 있으며, 현지 당국은 보호와 감독을 위해 군인들을 파견했습니다.
쓰촨성 당국은 독일군을 감독하기 위해 군인들을 파견했기 때문에 그들이 문제를 일으킬 염려가 없습니다. 본인은 귀하에게 위와 같은 혜택 등을 알려드리게 되어 영광입니다.

(서명) Wu Ting Fang.
파일 (17454/17)

Mr Alston에게 보낸 암호 전보(북경)
외무부, 1917년 9월 13일 오후 5시 30분
340호.
귀하의 발송 번호는 210번(7월 16일)입니다.
Gueth와 Sobczak은 미국을 거쳐 독일로 곧장 돌아온다는 조건으로 호주 군 당국에 의한 억류에서 풀려났고, 1916년 11월에 송환된 외부의 적들에게 3개월 동안만 이용가능한 패스를 제공했습니다. 호놀룰루와 샌프란시스코에서 각각 중국으로 돌아옴으로써 그들은 그들의 석방 조건을 어겼고, 그들이 돌아온 것은 명령에 따르거나 적어도 von Bernstorff의 동의를 얻어 이루어졌습니다.

그들은 이 호기심 많은 사람들이 독일로 돌아오기 전에 von Hentig 및 Veretzsch 박사와 함께 한커우에 있었습니다. 따라서 이의가 없는 한 이 두 사람을 탈출한 전쟁포로로 우리에게 넘겨달라는 것을 중국 정부에 요청하는 진술을 해야 하거나 적절한 통제하에 있어야 합니다.

문서 320 (230549/45a 영국공사관)

베이징.
1917년 10월 5일.
선생님 : -
귀하의 정보를 받아 이를 보고하게 되어 영광입니다. 9월 18일 34일, 나는 Wai Chiao Pu에게 두 명의 독일인 Soboczac와 Gueth에 관한 정보를 전달하고, 그들을 탈출한 전쟁 포로로 영국 당국에 인도하거나 끝까지 중국에 억류하도록 요청했습니다.

즉시 루포Rupoh 군정관에게 이 사람들을 수용하라는 전신 지시가 전달되었고, 와이챠오푸Wai Chiao Pu는 9월 24일 나에게 이것이 이루어졌으며 그 사람들은 전쟁이 끝나야만 석방될 것이라고 통보했습니다. Hankow의 폐하의 총영사는 Soboczac과 Gueth가 독일 지방 감옥에 배치되었으며 운동장 공간만이 운동을 위해 허용되었다고 보고했습니다.

이들은 자신들이 법정에서 정식 재판을 받은 적이 없다며 외교대표에게 거세게 항의했습니다. 이 항의에 대해 2r su [? 읽기 어려움]는 지금까지 이루어진 일은 외부의 적들과 관련하여 중국 정부의 적법한 권한 내에서 이루어졌다고 대답했습니다.

(서명) B. Alston.
바르고 명예로운
A.J. Balfour, G.M., M..,
sc. sc., sc.
외교부 장관

당시에는 불교계에서도 독일인에 대한 증오와 의심이 널리 퍼져 있었다. 인도에서 튀니지에 있는 그녀의 남편에게 보낸 Alexandra David-Neel의 1915년 10월 12일자 편지에서(A. David-Neel, Correspondence avec son mari, Editions integrale(1904-1941), pp. 395-396에 게시됨), 냐나띨로까와 그의 제자들에 대해 다음과 같이 언급하였다.

캘커타의 신문에서 나는 우리가 느리지만 확실하게 계속 발전하고 있는 것 같다는 것을 보았습니다. 독일군은 우리 전선을 뚫을 능력이 없어 보이고 조금씩 반동을 일으키고 있습니다. 러시아에서는 더 이상 승리를 거두지 못했습니다. … 독일 승려 냐나띨로까를 기억하시나요?'' 확신할 수는 없지만 그가 스파이라고는 믿지 않습니다.

그러나 놀라운 것은 그가 스리랑카에 정착한 이후로 일부 독일인들이 즉시 불교에 대한 소명과 비구가 되었고, 독일 중심부로부터 스리랑카에 도착하여 반나체 상태*로 냐나띨로까의 에덴에서 살았다는 것입니다. 나는 항상 이것이 이상하다는 것을 알았고 심지어 몇몇 친구들에게도 그것에 대해 이야기했습니다. 그러나 위에서 언급한 비구들 중에는 노란 법의를 가장하여 영국에 맞서 원주민들 사이에서 선동하려는 임무를 띠고 있는 독일의 비밀요원 몇 명이 있다는 것이 이제 매우 분명해졌습니다.

* David Neel은 아마도 섬 암자의 습한 더위 때문에 상체를 드러낸 승려들을 언급한 것 같다. 1930년대에 상체를 벗은 서양 승려들의 사진이 몇 장 있다.

이듬해인 1916년 4월 28일에 그녀는 다음과 같이 썼다.

지난 며칠간 냐나띨로까의 소식을 접했습니다. 이 독일 승려를 기억하시나요? 그는 인도에서 체포된 다른 보체(역주: 1차 세계대전과 2차 세계대전 중에 사용된 독일인, 특히 독일 군인을 경멸하는 용어)들과 함께 호주 캠프에 있습니다. 그는 전쟁 주제에 관해 나에게 편지를 쓰지 않을 만큼 재치가 있습니다. 나는 그의 게르만 민족 정신의 밑바닥에 무엇이 있는지 모르지만 그는 박식한 사람입니다.

예를 들어, 냐나띨로까가 태국에 갔을 때, 2차 세계대전 이전에 고빈다 Govinda가 1939년 5월 22일자 주 185에 쓴 편지 참조.

121 Oskar Schloss가 1922-23년에 출판함.

122 E. F. von Fuechtersleben 지음.

123 담롱Damrong 왕자는 출라롱콘Chulalonkorn 왕의 형제이자 최고 총리였다. 그는 또한 승왕Sangharaja 와지라냐나꼬사Vajirañāṇakosa의 형제이자 고문이었다. 담롱은 무엇보다도 태국의 교육 개혁을 담당했다.

124 아마도: Haupt Graf von Pappenheim(1869-1954). http://www.thepeerage.com/p6519.htm을 참조.

125 1918년 11월 11일부터 16일까지 함부르크 상원에서는 공산주의 노동자 군인 위원회가 통치했다.

126 George Grimm 박사(1868-1945), 판사, 붓다의 교리와 불교의 지혜- 자아의 신비 The Buddha's DoctrineBuddhist Wisdom - The Mystery of the Self)와 Altbuddhistische Gemeinde(고대 불교 공동체)의 창시자의 저자. 그는 다른 많은 독일 불교도들과 동의하지 않으며, 논란의 여지가 있는, 불교에 대한 힌두 교적이고 영원주의적인 해석을 했다.

127 Else Buchholz (1888-1982), 나중에 웃빨라완나Uppalavaṇṇā. 그녀는 함부르크에서 태어났다. 1892년 콜레라 전염병으로 그녀의 부모가 모두 사망하자 그녀는 베를린의 부유한 영국인 위탁모에게 입양되었다. 1912년 양어머니가 세

상을 떠났을 때 그녀는 막대한 재산을 물려받았다. 영국 영사관 무관과의 약혼은 1차 세계대전이 발발하면서 끝났다. 그녀는 음악 공부를 중단하고 오덴발트Odenwald로 갔다.

그녀는 자신의 재산으로 재능 있고 불행한 젊은이들을 돕고 싶었지만 많은 배신과 오해에 직면했다. 환멸을 느낀 그녀는 책에서 "단단한 바닥에 서지 않고는 누구도 수렁에서 다른 사람을 끌어낼 수 없다.(역주: 스스로 진흙탕에 빠진 사람이 다른 진흙탕에 빠진 사람을 끌어올린다는 것은 참으로 불가능하다. 그러나 스스로 진흙탕에 빠지지 않은 사람이 다른 진흙탕에 빠진 자를 끌어올린다는 것은 가능하다.(대림스님 역, 맛지마 니까야 1권 286페이지)"는 말을 우연히 발견했다. 그 기원을 찾기 위해 그녀는 노이만이 번역한 맛지마 니까야를 읽고 여덟 번째 경전(MN8 지워없앰 경 Sallekha Sutta)에서 그 말을 찾았다. 그녀는 열 번째 경전인 마음챙김 확립 경(Satipatthana Sutta, 念處經)을 읽은 후 읽기를 중단하고 남은 생애 동안 호흡에 대한 마음챙김 명상을 수행했다.

128 P. Geheeb(1870-1961)은 1906년에 자유 학교 공동체를 설립했고, 1910년에 Odenwald 학교를 설립했다.

129 1919년 1월 1일, 공산주의 스파르타쿠스단(Spartacusbund) 회원들이 혁명을 시도했다. 새로 형성된 바이마르 정부는 즉각적이고 잔인하게 대응했다. 1월 10일, 군대는 전직 군인들로 구성된 준군사 단체인 프라이 군단(Frei Corps)의 지원을 받아 혁명을 종식시키기 위해 배치되었다. 1월 13일 베를린 거리의 질서가 회복되었다.

130 O. Schloss(1881-1945)는 냐나띨로까의 앙굿따라 니까야 및 기타 불교 경전의 번역을 출판했다.

131 W. Geiger(1856-1943)는 상윳따 니까야 I, II와 마하왐사Mahavarnsa를 번역했다. 그는 또한 빠알리어 문법도 썼다.

132 W. H. Mannis, 1918년부터 1925년까지 스리랑카 주지사. 그의 후계자의 도움에 의해서만 냐나띨로까가 스리랑카로 돌아갈 수 있었다.

133 E. Leumann(1859-1931).

134 K. Watanabe (1872-1933).

135 W. Solf(1862-1936)는 1900년 독일 최초의 서사모아 총독이었다. 1918년 10~12월에는 독일 외무장관, 1920~28년에는 도쿄 주재 독일 대사. 그의 아내 Hanna는 웃빨라완나Uppalavaṇṇā와 같은 기숙 학교에 다녔다.

136 이것은 "Quintessenz des buddhismus"라는 독일어 강의였다. 나중에 출판되었다. 참고문헌 참조.

137 아마도 일본의 불교에 관한 책을 쓴 Sir Ernest Mason Satow(1843-1929)일

것이다.

138 네덜란드 동인도의 네덜란드 수도. 지금은 인도네시아의 수도 자카르타라고 불린다.

139 주 35 참조.

140 Khrom Phra Vajirañāṇavarorasa, 줄여서 Vajirañāṇa. 1860-1921. 와지라 냐나Vajirañāṇa는 상하라자Sangharaja 또는 태국 승가의 승왕이였다. 그는 라마 4세 국왕의 아들이자 라마 5세 출라롱콤 국왕의 형제였다. 다작의 작가였던 그는 1916년에 처음 출판된 위나야입문Vinayamukha이라는 영향력 있는 태국의 율장 주석을 썼다. 이 작품은 태국 승가의 두 위대한 종파를 하나로 묶으려는 그의 실패한 시도의 일부였다. 1969년에 출판된 영어 번역본은 The Entrance to the Vinaya(율장입문)라고 불린다. 그의 자서전은 C. J. Reynolds에 의해 번역되었으며 The Life of Prince Patriarch Vajirañāṇa of Siam, 1860-1921, Ohio University Press, 1980로 출판되었다.

와지라냐나는 그의 전통에 따라 엄격한 규율을 지키는 사람이었다. 한 서양 불교 승려의 직접적인 증언에 따르면, 1970년대에도 와지라냐나가 살았던 담마우티카 종단(Dhammayuttika Nikaya)의 대승원인 왓 보보른Wat Bovorn에서는 고위 승려들이 가끔 막대기를 들고 돌아다녔다고 한다. 그들은 수도원에 살고 있는 나쁜 행동을 하는 젊은 사미들과 남학생들을 징계하기 위해 그렇게 한 것이었다.

와지라냐나의 관점에서 볼 때, 그가 냐나띨로까를 돕지 않은 것은 놀라운 일이 아니다. 당시 다른 태국 왕족들과 마찬가지로 그도 영국 교육을 받았으며 친영국적이었다. 1918년과 1919년에 그는 심지어 "옳은 것이 옳다Right is Right"와 "옳은 것의 승리The Triumph of Right"라는 두 가지 훈시를 썼는데, 이는 와지라부드Vajiravudh 왕이 부당한 독일인에 맞서 연합군에 합류하게 하여 "우익"을 수호한 것에 대해 칭찬했다. (Visakha Puja B.E. 2519, Bangkok, 1976 참조.) 냐나띨로까와 충성심 없는 프리스당Prisdang 왕자와의 관계 또한 그의 호의를 얻지 못했을 것이다.

141 냐나띨로까는 "Einjähriger", 즉 "1년 살이"라는 용어를 사용하는데, 이는 아래에 언급된 젊은 군의관의 1년 의무 군 복무를 가리키는 것으로 추정된다.

142 와지라부드Vajiravudh 또는 라마 6세(Rama VI) 왕은 부왕 Chulalonkorn왕이 출가했던 1910년부터 1925년까지 통치했으며 그의 아버지의 위대한 현대화를 계승하려고 노력했다. 그러나 그는 무역 적자와 국가를 괴롭히는 기타 심각한 문제를 해결할 수 없었으며 그 중 대부분은 현대화로 인해 발생했다. 그의 국민 중 일부는 그에게 실망했다. 왜냐하면 그 자신은 호화로운 서구식 생활 방식을 살고 있었지만, 국민들에게 엄격하게 살라고 설교했기 때문이다. 그들은 또한 그가 예술에 너무 많은 시간을 쏟았으며(옥스퍼드에서 교육받은 와지

라부드는 다작의 작가이자 예술가였다.) 국가를 통치하는 데 시간이 충분하지 않다고 느꼈다. 1911년 젊은 군인들이 쿠데타를 일으켰으나 그를 전복시키지는 못했다.

143 연합군의 압력으로 인해 태국은 1917년 독일에 전쟁을 선포해야 했다. 독일 대표부는 아직 존재하지 않았다. H. J. W. Huber는 1919년부터 네덜란드 특사였다.

144 Ekai Kawaguchi (河口慧海, Kawaguchi Ekai, 1866-1945)는 1909년 베나레스에서 자신의 책을 출판했다. 그는 대학에서 티베트어를 가르쳤고 티베트어 문법을 출판하여 티베트어 경전을 일본에 가져왔다.

145 Takehiko Yamashina(山階武彦 1898-1987)는 일본 황실 방계의 왕자였다.

146 랑카(Lanka)는 스리랑카의 전통적인 싱할라(스리랑카)어 이름이다. 현대의 공식 명칭인 스리랑카는 1972년에 처음 사용되었다.

147 C. Eliot 경은 1919년부터 도쿄 주재 영국 대사였다.

148 Tachibana Shundō(立花俊道, 1877-1955)는 1923년 옥스퍼드에서 유명한 논문 불교윤리 The Ethics of Buddha로 박사학위를 취득했고, 이 책은 1926년 런던에서 출판되었다.

149 B. Petzold(1873-1949).

150 Matsumoto Tokumyō(松本徳明, 1898-1981)는 1926년 이후 섬 암자에 있는 냐나띨로까를 방문하여 8개월 동안 빠알리어를 공부했다. 그 후 그는 독일로 건너가 1932년 본 대학교에서 반야바라미타 문헌 연구로 박사학위를 취득했다. Matsumoto, Tokumyo. 1932. Die Prajñāpāramitā Literatur. Bonn: Rheinischen Friedrich-Wilhelms-Universitat zu Bonn.

151 Takakusu Junjirō(高楠順次郎, 1866-1945)는 유명하고 많은 작품을 남긴 불교학자이자 작가였다.

152 H, Driesch(1867-1941)는 철학자였으며 1924년부터 특히 초심리학에 관심을 가졌다.

153 R. B. Bose(1886-1945)는 『인도에서 영국의 악행』British Misdeeds in India (Tokyo, 1942)으로 영어로 번역된 벵골어 책을 썼다. 그는 2차 세계대전 당시 일본과 독일의 편에 서서 영국에 맞서 싸웠다.

154 Raja Mahendra Pratap(1886-1979)는 인도의 자유 투사, 언론인, 작가 및 혁명적 사회 개혁가. 그는 인도를 영국 식민 통치에서 해방시키려고 독일 카이저 Kaiser, 터키 술탄의 사위 엔베르 파샤Enver Pasha 등 반영국 세력과 접촉했다. 카불에 자유 힌두스탄 망명 정부를 세운 영국인은 그의 머리에 현상금을 걸었다. 1925년에 그는 일본으로 가서 이상주의적인 세계연맹을 설립하고 세

계를 한 가족으로 대했다. http://en.wikipedia.org/wiki/Raja_Mahendra_Pratap을 참조.

155 이 지진은 "관동 대지진"으로 알려져 있다. 마그니튜드 규모(Ms) 8.19의 지진과 이어진 큰 화재로 도쿄(인구 약 300만), 요코하마(인구 약 423,000) 등 일본 남동부를 황폐화시켰고, 인명 손실은 14만 명을 넘어섰다. 요코하마 전체 피해의 최소 80%가 화재로 인한 것이었다. 694,000채 이상의 주택이 부분적으로 또는 완전히 파괴되었다. 이 중 약 381,000개가 불에 탔고, 83,000개가 붕괴되었으며, 91,000개가 부분적으로 붕괴되었다. Charles D.James, The 1923 Tokyo Earthquake and Fire, Berkeley, 2002, 참조.

156 9월 1일의 본진 이후 200회 이상의 여진이 발생했다. 9월 2일에는 300회 이상의 충격이 느껴졌다. 9월 3~5일에는 300회 이상의 추가 충격이 이어졌을 것이다.

157 Der Pfad, 1923/1924, 창간호.

158 이것은 아마도 혼조구에 있는 군복 창고의 참사일 것이다. 대부분의 난민들은 가구와 같은 소지품을 가지고 다녔으며 이러한 자재는 준비된 연료로 사용되었다. 화재에 의한 폭풍으로 인해 이 지역에서 약 40,000명이 불타고 질식사했다.

159 도쿄만 내부에는 큰 쓰나미가 없었지만 오시마 섬의 북쪽 해안을 따라 12미터에 달하는 상당한 쓰나미가 덮쳤지만 피해는 비교적 적었다.

160 오카야마 켄키치(岡山兼吉)

161 오가사와라Ogasawara 또는 보닌Bonin 섬은 1830년에 미국의 식민지가 되었으며, 사람이 거주할 수 있는 두 섬은 특히 서양인들이 정착했다. 1870년 일본은 이 섬을 자국영토로 주장했다. 도쿄에서 남쪽으로 약 1000km 떨어져 있다.

162 H. Clifford, 1925년부터 1927년까지 스리랑카 주지사였다.

163 Der Erste Deutsche Bhikkhu: Das bewegte Leben des Ehrwürdigen 냐나띨로까(1878-1957) und seine Schüler; Hellmuth Hecker 편집, Konstanz, 1995. 냐나띨로까 100주년 기념집, 냐나뽀니까 Thera 편집, Kandy, 1978.

164 Ernst Lothar Hofmann(1898-1985)

165 Tomo Geshe Rimpoche(1864-1936).

166 Paul Debes (1906-2004)

167 이것은 냐나띨로까 자신이 1926년 이후 자신의 전기에 대한 간략한 메모에서 제공한 철자이다. 또 다른 철자는 Ñāṇadhara이다. Dhara는 "보유"를 의미

하고 ādhāra는 "보유자" 또는 "보유하는 사람"을 의미한다. (몇 개의 작은 종이 조각에 기록된 메모는 숲 암자Forest Hermitage 기록 보관소에 있다.)

168 Govinda가 1935년 6월 6일 냐나띨로까에게 보낸 편지(H. Hecker, EDB, p.171) 에서 인용). Ñāṇadhara의 죽음에 대해 다음 구절이 발견된다.

"힘들고 슬픈 시간을 보내셨을 텐데요. 왓뽀Vappo는 몇 달 동안 지속된 당신 의 자기희생적인 간호에 대해 이미 우리에게 편지를 보냈습니다. 미얀마의 불 교도들은 냐나다라를 위해 아무것도 하지 않았습니까? 당신은 병원에 간호 사와 음식이 없다고 썼습니다. 이것은 믿을 수 없는 일이며 비난받아야 합니 다. 나 또한 냐나다라가 적어도 유럽인들에게는 불쾌한 음식으로 인해 건강 을 해치지 않았다면, 질병으로 죽지 않았을 것이라고 확신합니다. 스리랑카인 들은 실제로 돌볼 의향이 없기 때문에 나 역시 만약 스리랑카 승가에 들어갔 다면 같은 운명을 맞이했을 것이라고 확신합니다.

유럽의 비구들이여, 유럽의 모든 불교도들에게 그곳에서 출가하지 말라고 경 고해야 합니다. 부고 기사를 작성해주세요. 이곳 사람들은 적어도 유럽 불교도 들이 자신들의 이상을 실현하기 위해 어떤 희생을 치르는지 알아야 합니다."

169 Peter Joachim Schönfeldt(1906-1984). 그는 시인들이 자신의 작품을 개인적 으로 인쇄하고 제본하는 베를린의 작은 인쇄소에서 제본 견습생으로 일하고 있었다. 그들을 만나고 그들의 시를 읽음으로써 쇤펠트는 니체주의자이며, 상 징주의자이자 동성애 시인인 Stefan George를 중심으로 한 젊은 지식인과 예 술가들의 집단에 들어갔다. Schönfeldt는 나중에 Swami Gauribala가 되었 다. 주 182 참조.

170 페니거Feniger가 유대인 출신이라는 것은 잘 알려져 있다. 스님의 오랜 제자인 비구 보디(Bhikkhu Bodhi)에 따르면, 냐나뽀니까, Patrick Harriger 박사(Swami Gauribala의 제자), Peter Schönfeldt 및 그의 형제 Malte도 유대인이었다. 피터 와 말테는 유대인 이름은 아니지만 절반은 유대인이었을 가능성이 있다.(즉, 그들의 아버지나 어머니만 유대인). 또는 그들의 부모가 유대교를 비난했을 가능 성이 있다.

171 Pali-Anthology and Wörterbuch, 1928년 Munchen-Neubiberg에서 출판.

172 Otto Krauskopf, 1884-1950. 그는 달케(Dahlke)를 통해 불교에 입문한 프로 이센 사진가였다. 그는 Feniger(이후 냐나뽀니까) 및 그의 형제 Georg와 함께 Köningsberg의 달케와 연결된 불교 단체를 설립했다. 데라 둔Dehra Dun에서 그는 Eidlitz와 함께 막사에 머물렀다. 아래 참조. 그는 냐나시시Ñāṇasīsi가 항 상 두개골을 가지고 다니며 무상함을 명상하는 데 사용했다고 언급했다. 그 는 남은 생애 동안 승려로 남아 콜롬보에서 사망했다.

173 Joseph Pistor(1895-1976) 그는 처음에는 트라피스트 수사였고 그 다음에는 1936년부터 1939년까지 불교 승려였으며, 1951년부터 1976년 사망할 때까

지 다시 와지라보디Vajirabodhi라는 이름의 불교 승려였다. 이전 문제 때문에 (Wirtz에 대한 설명 참조), 냐나띨로까는 1951년 Polgasduva에서 그를 다시 받아들이지 않았고 대신 Dodanduva의 Sailabimbarama에 머물렀다.

174 Max Bruno, 1895-1951.

175 냐나뽀니까는 1937년 6월 29일 오바칸다(Ovakanda)에 있는 시암 종단(Siam Nikaya) 사원에서 비구로 받아들여졌다. 다른 사람들은 7월에 섬 암자에서 승려가 되었다. Nanaponika가 별도로 수계를 한 이유는 명확하지 않다. EDB 188에 나온 한 보고서에 따르면 냐나띨로까는 콜롬보에 있는 독일 영사관의 부름을 받았고 그가 유대인을 출가시켰다는 이유로 호출을 받았다. 따라서 냐나뽀니까는 유대인이었고 냐나띨로까는 나치와의 문제를 피하고 싶었기 때문에 별도로 수계를 받았을 수도 있다. (주 185에 있는 Govinda의 편지 참조.) 어쨌든 스리랑카 데일리 뉴스에 사진과 함께 보도된 1937년 사미 수계와는 달리 1937년 7월 폴가스두바에서의 비구계에 대한 홍보는 없었던 것으로 보인다. 정확한 행사 날짜는 알려지지 않았다.

또한 냐나띨로까가 스리랑카 주둔 독일 외교관들과 우호 관계를 맺었던 이전과 달리, 나치 시대 섬 암자 방문자 기록에는 독일 외교관들의 방문 기록이 전혀 나오지 않는다.

Hecker는 냐나뽀니까의 이러한 별도의 수계는 냐나뽀니까가 아닌 냐나띨로까의 직접적인 제자인 냐나삿따가 냐나띨로까의 장례식에서 연설한 이유를 설명한다고 썼다(EDB 189 n. 12). 그럴 것 같지 않다. 그 이유는 아마도 냐나삿따가 정기적으로 영어뿐만 아니라 싱할라어로 대중에게 법문을 했고 경험이 풍부한 법사였기 때문일 것이다. 반면에 냐나뽀니까는 싱할라어를 잘 배우지 못했고 대규모 청중에게 공식적인 공개 법문을 한 적도 없다. (이것이 그가 스리랑카인 사이에서 잘 알려지지 않은 이유이고, 그렇지 않은 이유이다. Hecker 박사에 따르면 그는 방문하는 동안 독일의 소그룹에게 법문을 했습니다.) Nanaponika는 수천 명의 사람들 앞에서 법문을 주저했다. 왓뽀Vappo는 장례식에서 냐나띨로까의 가장 오래된 제자였을 것이다.

냐나뽀니까는 냐나띨로까 100주년 기념집 7쪽에서 언급한다. 그는 냐나시시와 함께 비구가 되었다고 한다. Hecker는 또한 Lebensbilder Deutscher buddhisten, Band II, Die Nachfolger, Konstanz, 1997, pp. 162-163의 냐나시시 전기에서 이를 언급하거나 반복한다.

176 Malte Schönfeldt(1917-1989).

177 Ñāṇasatta(1908-1984). 모라비아에서 태어났다. 본명: M. Novosad. 1939년 8월 20일에 출가, 1939년 8월 20일에 비구계를 받았다. 둘 다 섬 암자에서였다. 1940년에 그는 Bandaravela로 이사하여 Kolatenna에 Verdant 암자를 설립하고 1982년까지 그곳에서 살았다. 그는 섬 암자에서 사망했다. 그는 빠

알리어, 독일어, 영어, 싱할라어, 에스페란토에 능통했으며『불교의 기본교리』 *Basic Tenents of Buddhism* (1964)을 집필했다. 그는 또한 에스페란토로 불교 저술을 했다.

178 Bern, 1942. 스위스의 민족학자이자 연구자인 Paul Wirz(1892-1955)는 뉴기니와 다른 지역의 부족 문화에 대한 철저한 과학적 연구와 광범위한 민족지학 컬렉션으로 유명하다. 1934년 12월 14일 그와 그의 아내는 섬 암자의 방명록에 처음으로 등재되었다. Wirz는 퇴마와 치유에 관한 연구를 위해 Dodanduva에 왔다. 이 무렵 그는 파라파두바 섬("뻐꾸기 섬"이라는 뜻) 섬을 구입하여 그 위에 집을 지었다. 여행 도중에 그는 이곳에서 출판물 작업을 했다.

179 Bern, 1942.

180 그가 죽기 전에 냐나띨로까는 자신의 말년에 대한 자서전을 계획했지만 결코 시작하지 않은 지침으로 삼기 위해 손으로 쓴 메모(숲 암자Forest Hermitage 기록 보관소에서 발견)에서 비슷한 말을 했다. "멀리서 … 많은 사람들이 죽었습니다. 왓뽀 대장로와 냐나로까와 같은 극소수만이 남았습니다. 특히 냐나뽀니까와 그보다 덜한 왓뽀 대장로와 같은 이들의 문학적 경향이 언급될 것입니다."

181 이 사람은 Joseph Pistor라고도 알려진 냐나삐야Ñāṇapiya이다. 주 173 참조.

182 긴 참고문헌은 Lebensbilder Deutscher Buddhisten, Band II, Die Nachfolger, Konstanz, 1997, pp. 262-265에 나와 있다.

183 Walter Mangelsdorf라는 독일 서적상은 1929년에 섬 암자를 몇 시간 동안 방문하여 냐나띨로까와의 만남에 대해 다소 유사한 설명을 했다.
문간에서 빛바랜 노란 법의를 입은 승려가 걸어 나와 우리에게 손을 내밀었습니다. 냐나띨로까는 50대인데, 위엄 있고, 얼굴빛은 희고, 면도를 했습니다. … 그에게는 성직자로서의 어떤 것도 없고, 사회에서는 그를 학자로 여겼는데, 사실 그렇습니다. 그의 눈빛과 말투는 온화합니다. 우리는 그에게서 고통이 전혀 없음을 봅니다. 마치 "어떤 일이 일어나도 영향을 받지 않는 땅처럼" 말입니다.

184 냐나굿따Ñāṇagutta(Alfred Gunther). 섬 암자 방명록에 따르면 그는 1937년 6월 15일에 도착했고 그의 부모와 형제자매는 1938년 1월 5일에 도착했다.

185 1939년 5월 22일 고빈다는 냐나띨로까에게 다음과 같은 편지를 썼습니다.
Lounsbery 부인이 12월에 캘커타에 있었을 때 어느 날 나를 따로 데려가서 나와 비밀리에 이야기할 수 있는지 물었습니다. 그녀는 독일 승려들이 노란 옷을 입고 나치를 위해 일하고 있으며 분쟁이 발생하면 가장 먼저 체포될 것이라는 소문을 스리랑카 여러 곳에서 들었다고 말했습니다. 그녀는 가까운 장래에 그러한 갈등이 불가피할 것이라고 믿으며, 여러분에게 임박한 위험에 대해 알리고 가능한 한 빨리 귀화하여 모든 오해를 풀어줄 것을 진심으로 요청했습니다. 더 이상 독일로부터 돈을 받지 않기 때문에 잃을 것이 없습니다. 스리랑카에서의 귀화에 대한 생각을 수년 동안 생각해 오셨는데 왜 그렇게 오래 전에는 하지 않으셨는지 궁금합니다.

나는 Nyanakhetto와 Nyanamalito가 다시 당신과 함께 하게 되어 기쁘고 또한 Dodanduwa의 평화를 어지럽히고 어디에서나 당신을 불신하게 만들고 있는 나치를 제거한 것을 기쁘게 생각합니다. 어쨌든 나는 정치적 성향이 부처님의 가르침과 양립하는 사람들을 비구로 받지 않을 것입니다. 왜냐하면 한 사람이 두 스승을 섬길 수 없기 때문입니다. (H. Hecker, Der Erste Deutsche Bhikkhu(EDB), pp. 173-174)

186 Vappo, Ñāṇasisi, Ñāṇaponika, Ñāṇakhetta, Ñāṇamalita 및 Ñāṇabruhana.

187 자와할랄 네루(Jawaharlal Nehru)와 그의 아버지는 인도 독립 운동에서 두각을 나타냈다. 인도 국민회의 의장이었던 자와할랄은 인도가 독립을 쟁취하면서 인도 최초의 총리가 되었다.

188 위의 주 167 참조.

189 EDB p. 242. 이는 냐나띨로까가 수용소의 나치 측에 머물렀던 이후 고빈다와 냐나띨로까의 길이 분리되었다는 한 페이지 전 Hecker 박사의 진술(EDB 241)과 모순된다. Hecker는 또한 2차 세계대전 이후 둘 사이에 어떤 서신 교환도 없었다고 언급한다. 정기적인 서신은 없었을지 모르지만, 숲 암자 기록 보관소에 고빈다가 다음에게 보낸 따뜻한 편지가 있기 때문에 완전한 연락이 끊긴 것은 아닌 것 같다. 고빈다는 1953년 2월 25일자로 냐나띨로까의 75번째 생일을 축하하고 냐나띨로까의 저술에 대한 감사를 표했다.

190 Dutton, 1955.

191 Gutersloh, 1959.

192 여기에는 약간의 미스터리가 있다. 가우리발라의 제자인 패트릭 해리건Patrick Harrigan과 가우리발라를 알고 있던 독일 승려 냐나라미타 스님(Ñāṇaramita Thera)는 가우리발라가 하인리히 해러Heinrich Harrer의 일행과 함께 티베트로 탈출한 것으로 생각했다. 그러나 그는 티베트에서의 7년Seven Years in Tibet에 제시된 해러Harrer의 7인 그룹의 이름에 포함되어 있지 않기 때문에 그럴 것 같지 않다. 나치 동조자인 해러Harrer는 1동에 머물고 Schonfeldt는 반 나찌 동에 있었을 것이다. 냐나라미타 스님은 수감자들의 매주 외출 동안 냐나뽀니까도 냐나케타에게 명상을 가르친 요기를 만났다고 말했다. 따라서 요기는 캠프에서 걸어서 갈 수 있는 거리에 머물고 있었을 것이다. 이는 데라 둔의 냐나띨로까에 대한 Hecker의 설명(EDB, p. 243)에도 암시되어 있는데, 여기서 Gauribala/Ñāṇakhetta는 캠프에서 허용된 외출 중에 그의 스승을 만났다고 언급되어 있다. 이는 Hecker가 앞서 제공한 탈출(EDB, p. 216)과 모순되는 것 같다. 냐나라미따에 따르면 요기는 호흡을 멈추고 며칠 동안 산 채로 매장되

는 등의 위업을 수행할 수 있다.

193 Walther Eidlitz(1892-1976) 유대인, 오스트리아 작사가, 소설가, 극작가. 2차 세계대전 이전에 그는 비엔나에 살았다. 2차 세계대전 후 그는 스웨덴으로 이주하여 그곳에서 사망했다.

194 Bhakta, Eine indische Odyssee, Eidlitz, Walther; Hamburg, 1951, pp. 107-125. (이 책은 http://www.bhakti-yoga.ch/Buch/BhaktaEinelndische.html에서 받아볼 수 있음.) 영어 번역은 Journey to Unknown India(미지의 인도여행), California, 1999으로 출판되었다. 현재 번역은 출판된 번역을 볼 수 없었던 Nyanatusita비구에 의해 작성되었다.

195 그의 형처럼 그는 계속해서 스리랑카에 살았다. 그는 독일 영사관에서 일했고 스리랑카인과 결혼했다.

196 Harold Musson 1920-1965.

197 Osbert Moore/Ñāṇamoli 1905-1960.

198 『깨달음의 교리: 불교 금욕에 관한 연구』The Doctrine of Awakening: A Study on the Buddhist Ascesis, Julius Evola, Tr. Harold Musson. London: Luzac, 1951.

199 "존재, 깨달음, 그리고 자살 Existence, Enlightenment and Suicide" Stephen Batchelor, http://www.stephenbatchelor.org/existencei.html에서 인용. Tadeusz Skorupski (ed.) The Buddhist Forum. Volume 4. London: School of Oriental and African Studies, 1996에 게재됨.

200 이것은 스리랑카 남서부에서 인기 있는 퇴마 의식에 사용되는 북소리이다.

201 Maurice,1996, Cardiff, From Tresco to Dodanduwa의 "A Sketch of the Life of Ñāṇamoli Thera(Osbert Moore)" 장에서 인용됨. http://www.geocities.com/Athens/9366/NanamoIi_bio_sketch.htm 참조 [2007.12.1.검색]

202 Notes on Dhamma, Colombo, 1963. Nanavira의 편지와 함께 Clearing the Path, Colombo, 1987로 재출판되었으며, Notes on Dhamma(Dehiwela, 2001) 및 Letters of Nanavtra(Dehiwela, 2002)로 별도의 책으로 재출판되었다. www.naravira.org에서 온라인 버전 참조.

203 Dhammadinnā, 재가자 피어스Pearce 또는 반 스텀Van Stemm(1881-1967)은 샌프란시스코에서 태어났다. 그녀는 몇 가지 법문을 들은 후 1920년대 후반에 불교신자가 되었다. 1931년에 그녀는 중국에서 비구니가 되었고, 1933년에 사르나트로 가서 마하보디지에 많은 글을 썼다. 샌프란시스코에서 불교 사원을 세우려는 시도가 실패한 후, 그녀는 스리랑카로 가서 숲 암자에서 몇 년 동안 살았다. 1953년에 그녀는 호주 시드니로 이사했고, 그곳을 방문하여 뉴사

우스웨일스 불교협회가 창립되었다. 1년 후 그녀는 하와이로 이사했고 그곳에서 사망했다.

204 U Nu(1907-1995).

205 불교 저술가 Edward Conze가 쓴 위원회에 관한 다음 기사는 1954년 5월 1일 The Manchester Guardian에 게재되었다.

제6차 불교 결집
미얀마에서의 2년
1954년 5월 17일 보름날, 제6차 불교 결집이 랑군에서 시작됩니다. 1956년 5월 보름날에 마무리될 예정이며, 미얀마에서 채택한 연대와 일치하는 2년 동안 회의가 진행될 예정입니다. 물론 붓다의 대열반 2천 5백주년을 맞아 불교의 "결집회의"는 기독교인들이 그 용어로 이해하는 것과는 크게 다릅니다. 기독교 공의회는 일반적으로 논쟁의 여지가 있는 특정 항목에 대한 토론에 전념했으며 신조, 교리문답 및 이와 유사한 문서의 형태로 교리에 대한 새로운 정의를 도출했습니다. 불교도들은 일반적으로 정통의 범위를 좁히는 것만으로는 세계 평화가 촉진되지 않는다고 믿어 왔으며, 불교 '결집회의'의 주요 관심사는 경전을 집단적으로 낭독하는 것입니다. 이러한 목적을 위한 승려들의 모임을 상가야나(samgayana)라고 하는데, 이는 "함께"를 의미하는 접두사 "sam-"과 "독송"을 의미하는 명사 "gayana"로 구성된 단어입니다.

우리는 불교가 매우 다양한 학파나 종파로 나누어져 있으며, 각 종파에는 고유한 조직, 전통 및 경전이 있다는 점을 더욱 명심해야 합니다. 아마도 이들 중 가장 오래된 전통은 미얀마, 스리랑카, 태국, 캄보디아, 라오스에 전해진 테라와다불교일 것입니다. 빠알리어는 그들의 신성한 언어이며 빠알리어 경전은 이 제6차 결집회의에서 암송될 것입니다. 테라와다불교에서는 지금까지 5번의 결집회의가 열렸는데, 처음 3번은 인도에서, 4번째는 스리랑카에서, 5번째는 미얀마에서 열렸습니다. 처음에는 부처님께서 돌아가신 직후에 그의 가르침이 암송되고 결정되었습니다. 계속해서 구전되었습니다. 기원전 20년경 제4차 결집회의에서 처음으로 종려나무 잎에 기록되었고, 1871년 제5차 결집회의에서는 만달레이에서 729개의 대리석 석판에 기록되었습니다.

승인된 문헌
대리석 석판에 새겨진 문헌은 이제 스리랑카, 태국, 캄보디아 및 영국에서 만들어진 다른 판과 대조(콜라주)됩니다. 오류가 제거되고, 본문이 철저히 "정화"될 것이며, 회의의 심의 결과 권위 있는 인쇄판이 각 400~500페이지씩 50책이 5,000부 발행될 것입니다. 이 목적을 위한 거대한 인쇄소가 이미 1953년 10월 랑군에 문을 열었으며, 그 인쇄기계 중 일부는 미국과 무관하지 않은 조직인 "자유 아시아 위원회"에서 기증했습니다. 경전의 첫 번째 책은 인쇄될 준비가 되어 있으며, 새 판이 나오면 미얀마의 공식판이 될 것이며 다른 모든 판의 판매는 금지될 것입니다.

결집회의는 또한 각각 500페이지 분량의 2~3권으로 구성된 경전 요약판을 준비할 예정입니다. 경전을 현대적이고 이해하기 쉬운 미얀마어로 번역하는 임무를 맡은 특별국이 있는데, 이는 미얀마어의 특성을 고려할 때 상당히 어려운 작업입니다. 미얀마 재가신도들의 작업인 번역은 이미 진행되었으며 학식 있는 승려 그룹의 최종 승인을 기다리고 있습니다. 인도가 700년 전에 폐기했던 불교에 대한 인도인의 관심을 다시 불러일으키려는 노력의 일환으로 힌두어로의 번역도 고려되었지만 결집이 끝나기 전에는 작업이 진행될 가능성이 거의 없습니다. 원래는 영어 번역도 계획되었으나, 이 작업에 적합한 학자의 부족으로 인해 당분간 계획이 취소된 것 같습니다.

이 결집회의는 단순히 몇몇 승려들의 일이 아니라 미얀마 국민 전체가 관심을 갖고 있습니다. 이는 1951년 미얀마 의회가 결의한 결과입니다. 이 결의안은 물질적 개선만으로는 사회 문제를 해결하기에 충분하지 않으며 "인간의 정신적, 도덕적 행복을 위한 조치"만이 효과적일 수 있다는 점을 고수했습니다. 100에이커의 토지가 의회를 위해 할당되었으며, 1952년에 건설되었으며 붓다의 두 직계 제자 사리뿟따Sariputta와 목갈라나Moggallana의 유물 일부를 포함하는 새로운 "세계 평화 탑"을 중심으로 그룹화된 건물에 백만 파운드가 지출되었습니다. 이 사리들은 빅토리아 앨버트 박물관에 40년 동안 보관되어 있었고 몇 년 전 아시아 전역으로 옮겨져 사람들을 크게 감동시키고 불교에 대한 신앙을 불러일으켰다는 사실이 기억될 것입니다. 어떤 종류의 사리는 모든 탑에 필수적입니다. 이전에는 지하에 묻혀 있었지만 오늘날 현대식 탑은 박물관처럼 지어져 모든 것이 진열장에 노출되어 있습니다.

기적

그 다음에는 2,500명을 수용할 수 있는 집회장과 호스텔, 도서관, 병원, 위에서 언급한 인쇄소 등이 있습니다. 집회장은 불교 역사상 유명한 라자가하Rajagaha 동굴을 모델로 지었기 때문에 "세계 평화의 동굴"이라고 불립니다. 집회장은 총리 우 누U Nu가 생각한 비전의 결과로 이런 형태로 지어졌습니다.

건기에 비가 딱 그 자리와 장소에만 내리는 기적에 의해 봉헌되었다고 전해집니다. 결집회의가 끝난 후 이 건물은 국제 불교 대학의 기초를 형성할 예정입니다. 이 돈은 정부 보조금과 대중의 기부금으로 모금되었으며, 수만 명의 미얀마인들이 현장에서 자원봉사를 했습니다. 경전의 새 판을 담당하는 수천 명의 승려들은 수백 개의 그룹으로 나뉘며, 각 그룹은 신성한 텍스트의 특정 부분을 담당합니다. 의심스럽고 어려운 경우 최종 결정은 미얀마, 스리랑카, 태국의 승려들로 구성된 편집위원회의 손에 달려 있습니다.

주로 경전의 보존과 수정에 전념하지만 수많은 학자 승려들의 모임은 그들의 메시지를 전파하는 데에도 사용될 것입니다. 네팔, 일본, 중국, 테라와다 영역 외부에 있는 티베트 국가에서 "참관인(observer)"이 초대되었습니다. 그들은 결집회의 활동에 참여하지 않을 것으로 예상되며, 단지 암송을 듣고, 불교의 결속을 인정하며 회의의 진행을 축복할 뿐입니다. 전법사들은 해외로 나가기 위한 훈련을 받고 있으며, 1953년 1월 결집회의 부지에 그들의 훈련을 위한 대학이 개설되었습니다.

결집회의의 또 다른 관심사는 미얀마 자체의 산악 부족들 사이에 불교가 확산되는 것입니다. 신자들을 위해 1953년에 아비담마(Abhidhamma)로 알려진 경전의 특별한 부분에서 시험을 조직했습니다. 그 중 12,000명은 1953년에 시험을 치렀습니다. 범죄율을 줄이기 위한 노력의 일환으로 결집회의는 그러한 시험을 마련했으며 수감자들은 사면을 받을 수 있습니다. 그들이 어느 정도 주의를 기울여 주의 깊게 경전을 연구했음을 문장을 통해 표현합니다. 마지막으로, 불교는 교리뿐만 아니라 명상 방법이라는 점을 고려하여, 의회는 미얀마 전역의 "명상 센터"에 보조금을 지급합니다. 그곳에서 사람들은 신성한 경전으로 선포된 진리를 직접 깨닫게 됩니다.

이 간략한 개요를 통해 동남아시아의 정신적 안녕을 증진하기 위해 모든 노력을 아끼지 않고 있으며, 공산주의나 미국식 생활 방식에 구애받지 않은 미얀마 연합은 지난 1,500년 동안 국민을 인도해 온 불교의 오래된 이상 속에서 여전히 활력이 넘친다는 것을 알 수 있습니다.

206 숲 암자(Forest Hermitage) 기록 보관소에서 다음 주소가 발견되었다. 아마도 이번 방문 중에 낭독되었을 것이다.

비구들과 친애하는 담마의 친구들이여,

우리의 평화로운 담마를 전 세계에 전파하는 최선의 방법과 수단을 고려하고 찾을 목적으로 우리를 당신의 나라로 초대한 저와 제 제자에게 큰 영광을 안겨준 데 대해 깊은 감사를 표하고 싶습니다.

존경하는 우 누U Nu 경과 우 트윈Thwin 및 귀하 국가의 다른 현명한 지도자들이 이 고귀한 목표를 실현하기 위한 첫 번째 조치를 취한 것에 대해 감사를 드립니다. 당신이 계획한 이 거대한 사업은 어느 나라의 오랜 역사에서도 거의 목격되지 않았습니다. 그러나 현 세상 상태에서는 그러한 조치를 취하는 것이 절대적으로 필요했습니다. 부처님의 가르침은 모든 이기심, 탐욕, 증오, 전쟁과 잔인함, 그리고 세상의 모든 비참함의 근본 원인인 물질주의적 관념을 멀리하는 유일하고 안전하고 확고한 길을 형성하기 때문입니다. 우리가 성공하여 부처님 열반 2500주년이 세상에 평화를 가져오기를 바랍니다.

한때 이렇게 행복했던 나라에 제가 온 것은 이번이 처음이 아닙니다. 내가 25세의 청년으로 이 나라에 와서 사미계와 비구계를 받은 지 49년이 지났습니다. 이제 여러분은 나를 74세의 노인으로 보고 있습니다. 그러나 그래도 나는 내가 태어난 독일과 세상에 참된 담마를 전파하기 위해 아침부터 저녁까지 일할 만큼 나이가 많지 않습니다.

이제 수많은 저술과 번역을 통해 빠알리어와 아비담마 학자로서의 그의 뛰어난 능력을 이미 입증한 우리 제자 U. 냐나뽀니까를 소개하겠습니다. 나는 그가 서양에서 담마를 조직적으로 전파하는 계획과 실행에 큰 도움이 되고 적극적인 역할을 할 것이라고 확신합니다. 그는 의도된 불교 전법 프로그램에 대해 매우 훌륭하게 작성된 각서 초안을 가지고 왔으며, 이를 미얀마 붓다 사사나 위원회에 제출하고자 합니다.

냐나띨로까가 언급하는 메모는 아마도 숲 암자 기록 보관소에서 발견된 다음 메모일 것이다.

각서 A
전법 사업 전반

냐나뽀니까 스님 초안
냐나띨로까 큰스님 추천

참고: 다음 페이지(1-5)에서는 주로 장기 계획과 그 구현을 위해 취해야 할 첫 번째 단계를 다룹니다.
몇 가지 제안이 추가되었습니다. p.6, 체계적인 전법계획이 시행되기 전에 법사를 파송하는 경우를 규정하고 있습니다.
체계적인 절차, 즉 먼저 해야 할 일을 효율적으로 처리하는 것은 전법에서도 중요한 성공 요인입니다. 그러한 조직적인 노력은 지금까지는 불가능했는데, 왜냐하면 선교 사업의 기본적인 필요만이 그 사업에 종사하는 조직과 개인의 수단을 넘어서는 지출을 요구하기 때문입니다.
붓다 사사나 위원회(Buddha Sasana Council)를 설립하고 지원하는 미얀마 정부 연합의 주도 덕분에 다른 불교 국가들도 불기 2500년을 준비하는 데 뒤따르기를 바랍니다. 불교(사사나)를 강화하고 그에 따라 자국과 세계 전체의 평화와 영적 복지를 강화하는 데 도움이 되는 건설적인 작업입니다.
이를 위해 모든 불교 국가, 더 큰 규모의 불교 공동체 및 조직에 호소하는 것이 고려될 수 있으며 가능한 한 협력 노력을 제안해야 합니다.
이러한 기대가 부분적으로나마 실현된다면 체계적이고 효율적인 선교계획이 가능해질 것이다.
세부적인 제안을 시작하기 전에 전법 원칙의 한 가지 근본적인 기초가 강조되어야 합니다. 모든 전법 활동은 테라와다로 알려진 불법(Buddha-Dhamma)의 독창적이고 진정한 전통에 기초해야 한다는 것입니다.
책이나 말로 설명하는 담마가 일관되고 직접적이며 명확할 경우에만 확신을 갖게 될 것입니다. 그러나 설명에서 다양한 대승 견해를 고려한다면 그 진술은 모호해질 것입니다. 그러한 견해를 포함시키거나 모순되지 않도록 노력함으로써 모호하거나 회피합니다.

우리는 테라와다를 "종파"나 "학파"로 간주하지 않고 진정한 부처님의 말씀을 충실하게 표현한 것으로 간주하므로 "테라와다"라는 용어는 역사적 맥락을 제외하고는 사용할 필요가 없습니다.

전법 사업은 크게 두 가지 종류가 있습니다. 말과 인쇄된 단어, 즉 법문 및 강의, 저술을 통해.

말을 통한 전법의 기본 요구 사항은 높은 수준의 중앙 전법 대학입니다. 말을 통한 전법을 위해 재정적으로 넉넉한 중앙 출판사이자 불교문학 배포선전센터입니다.

I. 말씀을 통한 선교(담마두타를 통한)

중앙전법대학(또는 담마두타) 대학은 대학에 버금가는 높은 수준을 갖추어야 합니다. 그러므로 불교대학에 편입시키는 것이 유리할 것입니다. 그렇게 하면 불교대학에서 많은 강의를 해야 하는 것처럼 전법대학에서도 중복되는 노력과 불필요한 지출을 피할 수 있을 것입니다. 후자는 법사 훈련에 필요한 특별한 과목만을 제공해야 할 것입니다.

오직 불교대학만이 앞서 언급한 목적을 달성할 것입니다. 일반적인 범위의 대학은 종교 문제, 심지어 불교학과에서도 중립을 준수해야 합니다. 그곳에서는 많은 필수 과목을 가르치는 강사가 담마와 완전히 다른 태도를 가진 비불교인일 수도 있습니다. 그리고 마지막으로 중요한 것은 일반 대학의 전체 분위기가 담마두타 학생들이 승려든 재가신도든 마음에 들지 않을 것입니다.

제6차 결집회의를 위해 건립할 건물이 이미 불교대학으로 지정되어 있는 데다가 다른 이유로도 마찬가지로 미얀마에 중앙법사대학을 설립하여, 그것과 함께 그 불교 대학에 부설하여 계획하는 것이 최선의 선택이 될 것입니다.

두 기관 모두 국제적인 성격을 가져야 하기 때문에 교육 매체는 영어이어야 합니다. 학생과 강사는 동양 또는 서양 국가의 승려 또는 재가신자일 수 있습니다.

승려, 강사, 학생은 계율을 준수할 것을 서약해야 합니다. 재가신도는 높은 수준의 불교 재가자의 계를 유지해야 합니다. 모범적인 행동과 연결될 경우에만 법사의 활동은 확신을 갖게 되고 존경을 받게 될 것입니다.

대학은 지식, 능력, 행실의 모범이 되는 법사를 배출하는 것을 목표로 해야 합니다. 따라서 직간접적인 방법을 통한 '인성 구축'은 대학 생활의 중요한 부분을 차지해야 합니다.

대학은 또한 다양한 불교 국가의 소규모 지역 전법 학교를 위한 교사 훈련을 염두에 두어야 합니다.

대학은 빠알리와 담마에 대한 고급 연구를 제공할 것입니다. 불교의 역사와 문화, 동양종교, 철학, 역사에 관한 강의; 아마도 서양 철학과 심리학 등에 관한 내용도 있을 것입니다. 전법 대학은 그 목적에 필요한 보조 과목을 제공할 것입니다. 웅변, 변증(비판에 맞서 법을 옹호함); 단일 국가 또는 지역에서의 전법을 위한 전문 교육: 해당 국가의 사회적 관습, 언어 등, 서양 종교의 기반인 기독교. 또한 전법대학에는 대학 강의에서 제공되는 자료를 전법 사업에 적용하는 학습 그룹이 있어야 합니다.

두 기관 모두 정말 유능한 강사를 확보하려면 비용을 아끼지 말아야 합니다. 특정 과목에 적합한 불교 강사가 없을 경우, 능력이 있는 비불교도도 선호되어야 합니다. 필요한 경우 강사는 앞서 언급한 불교 배경 연구 그룹으로 보충될 수 있습니다.

두 기관의 교과과정이 작성되자마자 전문가의 조언을 받아 적합한 강사를 체계적으로 찾는 일이 한꺼번에 이뤄져야 합니다. 사람들이 기관을 실제로 설립하기 훨씬 전에 먼저 몇 년 동안 스스로 훈련을 해야 할 가능성이 매우 높기 때문에 이는 특히 시급합니다.

II. 인쇄된 말씀을 통한 전법(저술을 통한 선전)
나. 출판사 및 배포센터
출판배포센터 설립이 시급한 이유는 다음과 같습니다.

i. 공부, 연구 및 전법에 중요한 많은 책은 민간 기업이 위험을 감수할 의지가 없기 때문에 출판되지 않은 상태로 남아 있습니다.

ii. 민간 출판사는 법을 전한다는 관점에서 체계적으로 배포하고 홍보하는 데 관심이 없습니다.

iii. 중요한 주제에 관한 많은 책은 저자가 자신의 책이 출판사를 찾을 것이라는 희망이 거의 없기 때문에 출판되지 않은 상태로 남아 있습니다. 그러나 불교 출판사는 다음과 같이 현대 불교 교육 등 중요한 주제에 관한 책 집필을 의뢰함으로써 주도권을 잡을 수도 있습니다.

iv. 기존의 불교 출판물 중 다수는 매우 불충분하고 비효율적으로 배포되어 도서 거래 등의 적절한 경로에 도달하지 못하고 있습니다. 따라서 작은 판이라도 부분적으로는 판매되지 않은 상태로 남아 있지만, 약간의 숙련된 조직적 노력을 기울이면 판매를 쉽고 상당히 늘릴 수 있습니다.

기업은 출판, 서적 판매, 인쇄 분야의 전문가가 관리해야 합니다. 가능한 한 빨리 현대적인 인쇄기를 갖추어야 합니다.

전 세계적으로 불교문헌에 대한 수요가 크다는 점을 고려하면, 이 사업은 곧 많은 부서에서 주목할만한 사업이 될 것입니다. 향후에는 그 활동의 연장선으로 주요 도시에 불교서점을 설립하는 것도 고려할 수 있습니다.

배포는 다른 불교 서적 출판사의 대리인 역할도 할 수 있습니다. 불교서적을 광고 등을 통해 체계적으로 홍보해야 합니다.

도서관, 학교, 대학교, 병원 등에 문헌을 무료로 배포하는 업무를 별도의 부서에서 담당해야 합니다. 민간 기부로 보조금을 받을 수 있습니다.

붓다 사사나 위원회(Buddha Sasana Council)는 삼장(Tipitaka)을 두 가지 문자인 미얀마어와 영어 번역본으로 인쇄할 계획이므로 제안된 중앙 출판사는 최소

한 로마 문자판의 출판 및 배포자 역할을 할 수 있습니다. 이는 기업에 특정 지위와 국제적 명성을 부여할 것입니다.

여러 가지 이유로 스리랑카는 해당 기업에 적합한 거주지가 될 것입니다. 예를 들어, 설립될 주요 불교 기관을 모두 한 국가에 집중시키는 것은 바람직하지 않을 수 있습니다.

II.2 『붓다의 말씀』

"성서 협회"의 불교 대응을 위한 핵심으로서 "붓다의 말씀"의 체계적이고 세계적인 배포에 우선 전폭적인 지원을 제공할 것을 제안합니다.

콜롬보의 "사사나다라 칸타 사미티야(Sasanadhara Kantha Samitiya)*"는 "붓다의 말씀(WORD OF THE BUDDHA)" 출판위원회를 설립하여 우선 스리랑카에서 모금된 기금에서 5~10,000부를 인쇄하는 일을 맡았습니다.

이는 양 당사자가 동의할 경우 나중에 해당 위원회가 통합될 수 있는 계획된 중앙 출판사를 위한 기반을 마련하고 조직적 네트워크를 제공할 것입니다.

Buddha Sasana Council이나 미얀마의 다른 불교 조직이 1952년 초에 나올 예정인 새로운 개정판의 사본을 미얀마에 배포하기 위해 인수할 것을 제안합니다. 앞서 언급한 위원회의 작업이 실행가능합니다.

자세한 내용은 부록 참조.

II.3 전단지(책자)

문서 전법의 기본 요건은 2~4페이지의 포괄적인 일련의 전단지(소책자, 폴더)이며, 먼저 영어로 작성됩니다. 심리학적 이해를 바탕으로 잘 작성되어야 하며 신뢰할 수 있는 정보를 제공해야 합니다.

다음 네 가지 시리즈의 전단지를 제안합니다.

A. 다양한 관점에 맞춰 담마에 대한 일반적인 소개를 제공하고, 부분적으로는 다양한 계층, 직업 등에 대한 전문적인 접근 방식을 사용합니다.
B. 담마의 모든 중요한 부분을 체계적으로 다루는 교육용 전단지로, 대중에게 설명하기에 적합합니다.
C. 불교적 관점(윤리적, 사회적 및 기타 문제)에서 볼 수 있는 주제.
D. 짧고 대중적인 경전의 번역(요약된 경전, 법구경, 신앙을 위한 경전 등)

그러한 전단지를 편집하고 배포 자금을 조달하기 위해 별도의 위원회가 구성될 수 있습니다.

III. 독일에서의 포교

서독에서의 전법 사업을 위한 출발점과 시험장을 선정할 것을 제안합니다.

자세한 내용은 각서 B를 참조하세요. 초기 금액은 15,000 루피가 제안되었습니다. 그러나 체계적인 작업을 수행하려면, 즉 모든 전법 활동 분야를 효율적으로 다루려면 100만 루피를 할당하고 특정 항목에 점진적으로 사용하는 것이 좋습니다.

그러나 소규모로 활동을 시작하는 경우에도 점진적인 구현을 위해 다음 항목을 권장합니다.

각서 B의 제안:

1. 도서관과 열람실 대여
2. 전단지
3. 베를린을 위한 특별 배정
4. 독일 출판물에 대한 환불 가능한 보조금 또는 기부.

추가 제안:

5. 순회 신도 법사 2명을 유지합니다.
6. 불교국가의 종교생활, 불교예술 등을 다룬 단편 다큐멘터리 영화를 제공합니다.

IV. 체계적 포교계획 실행을 위한 첫 단계

1. 전법대학

  1) 불교대학 임시교육과정 및 전법대학 보충교육과정 초안 작성

  2) 필요한 강사를 찾거나 교육합니다. 대학, 사원 대학 등에서 추천하는 유망한 학생이나 젊은 학자에게 필수 과목의 훈련을 위해 급여를 지급하는 것을 고려할 수 있습니다.

  3) 참고도서관용 도서 수집.

2. 출판사: 스리랑카의 불교도들이 스리랑카에 있는 불교출판사와 배포센터에 자금을 조달할 것인지 여부가 확인될 수 있습니다.

3. 독일에서의 선교: 규모에 상관없이 이 프로젝트가 미얀마에 의해 인수되지 않을 경우, 필요한 6가지 항목 중 하나를 제공하기 위해 다른 불교 정부, 조직 등의 도움을 요청할 수 있습니다(위 참조). 또는 단일 불교 국가가 독일 불교 전법의 후원자 역할을 할 수도 있고, 다른 국가에서는 다른 국가의 불교 선교 활동을 후원할 수도 있습니다.

4. 다양한 항목: 다른 불교 정부, 조직 등의 도움을 요청하여 작업을 인수할 수 있습니다.

  (a) 영어로 된 소책자

  (b) "붓다의 말씀"의 인쇄 및 배포

  (c) 해외 전법사 유지

  (d) 계획된 런던 비하라 설립

5. 전법사 파송: 전법사를 해외로 파견하는 경우 전법 계획을 실행하기 전에 다음과 같은 권장 사항을 제시합니다.

  1) 율을 준수하겠다는 승려 법사의 개인 서약. 그의 행동은 품위있고 자제되어야 합니다.

2) 비불교 국가의 승려 법사들에 대해서는 돈을 전혀 사용하지 않도록 사전에 조치를 취해야 합니다. 목적지 국가 또는 본국(보조 강사 또는 스님의 비서로 봉사할 수 있는 신도와 함께 여행)에 따라 적절한 규정을 마련해야 합니다.
3) 식사는 적절한 시간에 수행자에게 제공되어야 하며, 식사의 질과 양은 추운 나라에서도 저녁 식사를 생략할 수 있도록 해야 합니다.
4) 추운 나라의 승려들은 그러한 경우에 규정된 율(Vinaya) 규칙에 따라 보조 의복을 공급받아야 합니다. 해당 장비의 어느 정도 균일성이 바람직합니다.
5) 숙소는 승려에게 적합해야 합니다. 즉, 가족이나 여성과 함께 숙박할 수 없습니다. 가능하다면 그는 도시 외곽에 머물러야 합니다.
6) 법사의 활동은 해당 국가의 동시 문서 포교를 통해 뒷받침되어야 합니다. 그에게는 전법지와 기타 출판물이 제공되어야 합니다.

부록
"붓다의 말씀"의 전 세계 배포 계획
(4페이지 참조)
냐나띨로까 마하테라께서 쓴 『붓다의 말씀』의 영어 버전은 1967년 양곤에서 처음 출판되었습니다. 이후 10판으로 발행되었으며 6개 언어로 번역되어 출판되었습니다.

이 작은 책은 부처님의 말씀으로 법을 체계적으로 제시하는 가장 중요한 소형 출판물임이 입증되었습니다. 많은 사람들이 이 책을 통해 처음으로 법을 접하게 되었습니다.

그러나 지금까지 체계적인 배포가 이루어지지 않았기 때문에 잠재 독자의 소수만이 접했습니다. 영어판의 여러 판이 무료 배포를 위해 인쇄되었기 때문에 이 책은 오랫동안 서적 거래를 통해 구할 수 없었으며 일반적으로 서양이나 인도에 도달한 책은 거의 없습니다.

이제 이 책의 세계적인 배포를 시작으로 소박하지만 체계적으로 배포를 시작하기로 결정되었습니다. Dayaka-Sabha 또는 "섬 암자", 콜롬보의 "Sasanadhara Kantha Samitiya"("사사나 홍보를 위한 여성 협회")는 "붓다의 말씀 출판 위원회"를 구성하여 첫 번째 시작으로 5천~만권 인쇄할 것입니다. 하지만 첫 번째 목표는 100,000권이어야 합니다.

그 아이디어는 집중적인 전법과 배포의 아이디어입니다. 다음 조치를 통해:
지역 및 지역 위원회는 주요 서적 판매자가 해당 도서를 비축하는지 확인해야 합니다. 이는 일간지와 잡지의 광고(한결같이 매력적인 판(版)으로)를 통해 뒷받침됩니다. 대학, 불교학계 등에 교과서로 소개, 개인 축제 행사, 학교 경품 수여 등의 선물 도서로 공공 도서관, 학교, 병원, 교도소 등에 도서 무료 배포를 위한 기부금에 따라 무료 배포.

그러한 계획의 목적을 위해 이 책의 전체 개정판이 준비되었다. 여기에는 확대된 서문(삼귀의와 오계 포함), 추가 설명 및 불교 문헌 목록이 포함됩니다. 매력적인 커버와 함께 편리한 포켓 크기로 깔끔하게 인쇄됩니다. 판매가격은 최대한 낮게 유지하겠습니다. 출판된 책의 10%는 무료 배포를 위해 예약됩니다.

인도는 특히 불교 전법의 비옥한 지역이기 때문에 인도의 지원이 곧 있을 경우 특별 인도판이 계획되어 있습니다. 이 판에는 인도의 불교 사회, 사원, 기관 및 잡지의 다양한 인도 언어로 출판된 불교 문헌 목록이 포함됩니다.

이 계획은 법을 전파하는 데 있어서 광범위한 결과를 가져오기 위한 것입니다. 그것은 거대한 "성서 협회"에 대응하는 불교 단체의 핵심이 될 수도 있습니다. 1948년에는 인도, 파키스탄, 스리랑카에 백팔만 권의 성경이 배포되었습니다. 이것은 우리 불교도들에게 적어도 소규모로 체계적인 문헌 전법으로 시작하는 것은 확실히 어려운 일입니다.

이 제도는 점진적으로 확대할 수 있다는 장점이 있었고, 인쇄비의 상당 부분을 판매나 도서 판매를 통해 돌려받을 수 있다는 장점이 있었습니다. 그러나 처음에는 선전자금, 광고 등이 필요하다. 일단 시작되면 이 계획은 확실히 동료들의 관심을 끌 것이며 많은 국가에서 이 책에 대한 수요가 증가할 것입니다.

207 "냐나띨로까 마하테라의 메시지(냐나뽀니까 스님 읽음)", 6차 결집 기념품 앨범으로 출판, 랑군, 1956.

208 Alexander Sosso와 Pitt Severin이 쓴 "Begegnung im Lande des Wohlbehagens"라는 기사는 잡지 Stern, Nr. 21, V. 22.5. 1955, pp. 12-16.에 게재되었다.

209 Lord Soulbury, 1949년부터 1954년까지 스리랑카의 주지사.

210 Sam Wickramasinghe의 "독일 Swami Gauribala: 해방의 면도날 걷기" 및 "독일 Swami Gauribala: Jaffna의 보헤미안 Swami"(http://kataragama.org/sages/razorsedge.htm) 참조;
Patrick Harrigan의 "'비밀 독일'에서 비밀 랑카까지 - 독일 스와미의 삶과 시대"(http://sundaytimes.Ik/070916/Plus/plus00011.html).
숀펠트가 인도에서 스리랑카로 처음 왔고 티베트로 탈출했다는 등 이 기사의 모든 세부 사항이 신뢰할 수 있는 것은 아니다. 스와미는 제자들에게 자신의 어린 시절에 대해 거의 이야기하지 않았다.

211 독일 다르마두타 협회 기록 보관소에는 1953년 5월 25일 독일 다르마두타 협회 회의에서 냐나띨로까가 전달한 다음 메시지의 사본이 있다.

제가 이 섬에 처음 온 것은 불과 50년 전인 1903년이었습니다. 그 이후로 저는 이곳을 제 정신적 고향으로 여겨 왔으며 이제 스리랑카 시민이 된 것을 기쁘게 생각합니다. 그러나 내가 소유한 가장 좋은 것, 즉 담마를 내가 태어난 나라에 주는 것이 내 마음의 큰 소망이었다는 것을 이해하게 될 것입니다. 그리고 이를 위해 나는 승려 생활 50년 중 가장 많은 시간을 바쳤습니다. 나는 담마가 나의 조국인 독일에 뿌리를 내리고 그곳에서 위대한 미래를 맞이하게 될 것이라는 확고한 확신을 갖고 그렇게 했습니다. 이제 위라라트나(Weeraratna) 씨가 똑같은 확신을 가지고 독일에서 돌아와 그곳에서의 활발한 불교 활동에 대해 보고할 수 있다는 소식을 듣고 매우 기뻤습니다. 나는 이제 독일에서 불교전법의 기회가 그 어느 때보다 커졌다고 믿습니다. 그러므로 나는 랑카 다르마두타 협회가 잘 준비된 사절단을 독일에 파견하고 그곳의 전반적인 불교 활동을 지원하는 위대한 임무를 수행하게 된 것을 매우 기쁘게 생각합니다.

나는 지금까지 협회가 수행한 초기 작업과 특히 랑카 다르마두타 협회의 창립자이자 사무총장인 아소카 위라라트나Asoka Weeraratna 씨가 보여준 희생적인 일, 헌신 및 에너지에 크게 감사드립니다. 1956년, 즉 2500년 웨삭(Vesak)일에 독일에서 잘 확립된 사명을 보게 된다면, 나는 그것을 내 인생의 행복한 정점으로 간주해야 하며, 이는 다른 서구 국가들에 광범위한 영향을 미칠 것입니다. 나는 협회의 위대하고 고귀한 사업이 완전히 성공하기를 바랍니다. 법이 가장 필요한 사람들에게 법을 전하려는 사심 없는 노력은 주고 받는 사람들에게 큰 축복이 될 것입니다.

냐나띨로까

212 이전에 Bhikkhu Bodhi, Ñāṇaponika: A Farewell Tribute, BPS, Kandy, 1995로 출판.

213 Francis Story(1910-1972, a.k.a. Anagarika Sugatananda)는 어릴 때부터 불교의 가르침을 접하게 되었다. 그는 25년 동안 인도, 미얀마, 스리랑카에서 살면서 불교를 공부했다. 그는 불자출판협회에서 3책으로 된 상당한 양의 저작물을 수집하고 출판했다.

214 이전에 『냐나띨로까 100주년 기념집』으로 출판됨; 전기를 참조.

215 서론에서 말했듯이(p. 10), 이것들은 2006년 숲 암자 기록보관소에서 발견되었다.

216 냐나뽀니까가 준비한 참고문헌과 그의 『아비담마 연구』Abhidhamma Studies 서문에서 이 미출판 독일어 번역이 언급되어 있다. 그러나 스리랑카와 독일에서 검색했음에도 불구하고 원고는 추적되지 않았으며 복구할 수 없을 정도로 손실된 것으로 보인다.

BPS의 관련 관심 사항

『**붓다의 말씀**』*The Word of The Buddha*

부처님 가르침의 개요

빠알리어 경전의 말씀

냐나띨로까 큰스님

저명한 독일 학자이자 승려가 쓴 이 훌륭하고 작은 저서는 아마도 붓다의 기본 가르침에 대한 영어로 된 가장 압축된 자료집일 것입니다. 12개 언어로 번역되어 현재 영어판 16판이 되었지만, 마치 방금 쓴 것처럼 여전히 신선하고 명확하며 활력이 넘칩니다.

BP 201S 100페이지.

『**붓다의 해탈의 길**』*The Buddha's Path to Deliverance*

경장(Sutta Pitaka)의 말씀을 체계적으로 설명함

냐나띨로까 큰스님

붓다의 말씀보다 규모가 크고 처리가 더 발전된 이 책은 부처님의 설법을 도덕, 선정, 지혜의 삼중 틀과 7단계 청정으로 정리하고 있습니다. 평온함과 통찰 명상을 모두 다루는 선택 항목은 번역가 자신의 권위 있는 설명을 통해 더욱 많은 빛을 얻습니다.

BP 202S 232페이지.

『불교의 근본』*The Fundamentals of Buddhism*

냐나띨로까 큰스님

사성제, 업과 재생, 연기와 명상에 관해 독일 승려가 네 차례 강의합니다.

WH 394/396 88페이지.

『중심의 나라, 중도』*Middle Land, Middle Way*

부처님의 인도에 대한 순례자 안내서

Ven. S. 드바미까

부처님의 현존으로 인해 신성하게 여겨진 인도의 여러 장소에 대한 포괄적인 가이드북입니다. 저자는 불교 순례에 대한 감동적인 이야기를 시작으로 16개 장소를 자세히 다루고 있습니다. 지도와 컬러 사진은 순례자와 여행자의 필수 동반자입니다.

BP 609S 192페이지.

『신성한 섬』*Sacred Island*

Ven. S. 담미까

이 가이드북은 주로 스리랑카의 풍부한 문화 및 영적 유산을 탐험하고자 하는 불교도나 불교에 관심이 있는 사람들을 위해 작성되었습니다. 저자는 섬에 대한 폭넓은 지식을 바탕으로 고고학적 발견, 미술사, 테라와다 전통의 이야기와 전설을 함께 엮어 종교적으로 중요한 33개 장소에 생명을 불어넣습니다. 그는 또한 스리랑카를 여행하는 방법과 방문객이 불교와 명상에 대해 더 많이 배우기 위해 무엇을 할 수 있는지에 대한 실용적인 조언을 제공합니다.

BP 612 237페이지.

『아비담마 종합 해설』*A Comprehensive Manual of Abhidhamma*

비구 보디(Bhikkhu Bodhi), 일반 편집자

이것은 마음과 정신 과정에 대한 불교 철학인 아비담마(Abhidhamma) 연구에 대한 고전적인 입문서입니다. 이 작품에는 Acariya Anuruddha 의 Abhidhammatthasangaha 번역과 함께 빠알리 텍스트와 이 고대 철학 심리학에 대한 자세한 설명 가이드가 포함되어 있습니다. 긴 서론에서는 아비담마의 기본 원리를 설명합니다. 48개의 차트와 테이블이 포함되어 있습니다.

BP 304S 426페이지.

최신 카탈로그의 모든 가격: http://www.bps.lk

옮긴이 후기

　역자가 냐나띨로까 스님을 처음 알게 된 것은 대학교에 다니던 때입니다. 스님께서 1906년에 독일어로 출간하였고, 이듬해인 1907년 영어로 출판한 〈*The Word of the Buddha*〉라는 책을 보고 매월 조금씩 번역하여 서울 상도동 약수암에서 발행하던 〈약수법보〉에 연재하던 것이 계기가 되었습니다. 사성제를 기본 틀로 해서 빠알리 경전에서 선정한 붓다의 말씀을 재구성한 책입니다. 저는 연재했던 원고를 모아 2002년에 ㈔고요한소리에서 『붓다의 말씀』이라는 책으로 출간하게 되었고, 스님의 책이 비로소 한국에 알려지게 되었습니다. 번역 과정에서 정확한 빠알리어 원문의 위치를 모두 찾아 원본에는 없는 서지정보를 추가했습니다.

　1990년대, 일본에서 유학하던 시절 태국, 미얀마, 스리랑카의 테라와다불교의 교학과 수행체계를 조사하기 위해 세 나라를 방문한 적이 있었습니다. 당시 스리랑카에서 유학하던 일중 스님과 다른 스님들과 함께 도단두와의 섬 암자를 방문해서 냐나띨로까 스님의 오두막과 도서관 등을 보면서 이런 곳에서 서양인들이 20세기 초부터 테라와다불교를 접하고 수행했었음을 보았습니다. 이런 인연이 있던 차에 『냐나띨로까 스님의 생애』에 대해서 미주현대불교의 김형근 대표께서 번역을 제안하였고, 한국에도 스님의 생애를 소개할 인연이 되었다고 생각해 이 책을 번역하기로 했습니다. 번역하면서 냐나띨로까 스님이 겪은 일을 보게 되니 스님이 남기신 업적보다 어떻게 이런 어려운 상황에서 승려의 품위를 유지하면서 저술과 수행과 제자 육성을 하셨는지 저절로 감탄이 나오게 되었습니다.

비구 보디 스님의 한국어판 서문에서도 볼 수 있듯이, 냐나띨로까 스님의 번역이나 저술보다도 부처님의 길을 따르고 세상에 담마를 전하고자 하는 강한 믿음, 결단력, 인내심, 용기, 헌신을 가진 인격이 더 눈에 띈다고 한 점에 정말로 동의합니다.

역자가 일본 유학시절 시작한 『청정도론』 연구를 할 때, 냐나몰리 스님의 영역과 미즈노 고겐 박사의 일본어 번역을 참고하다가 불분명한 곳이 있어 냐나띨로까 스님이 번역한 독일어본 『청정도론』을 보면서 번역의 의미를 분명하게 확인한 적도 있었습니다. 스님의 독일어 번역의 가치를 발견한 계기가 되었습니다.

빠알리어로 전승된 붓다의 말씀과 『밀란다빵하』이나 『청정도론』 같은 중요한 테라와다불교 문헌을 독일어로 번역하고, 영어로 저술한 책들을 요즘처럼 연구 환경이 갖추어지지 않은 상황에서 작업하였다는 것도 놀라운 일이지만, 비구로서의 삶을 꼿꼿이 유지하면서 많은 서양 제자들을 육성했다는 점은 더욱 존경스러운 면입니다. 스님의 제자 가운에 우리에게 널리 알려진 분이 냐나뽀니까 스님과 냐나몰리 스님입니다. ㈔고요한소리를 통해 한국에 본격적으로 소개되어온 책을 출판하고 있는 스리랑카의 불자출판협회(Buddhist

Publication Society)를 설립한 냐나뽀니까 스님의 생애에 대해서는 비구 보디 스님의 글이 이 책에 있고, 『청정도론』을 영역한 냐나몰리 스님의 삶과 업적도 이 책을 통해 확인할 수 있었습니다.

현시대의 우리들은 세계 어디라도 가서 원하는 불교 공부나 수행을 할 수 있습니다. 굳이 가지 않아도 온라인이나 서적을 통해 세계 불교의 유명한 불교인들의 법문이나 저술을 접할 수 있습니다. 하지만 20세기 초는 전혀 다른 상황이었다는 것을 이 책을 통해 확인할 수 있게 될 것이고 냐나띨로까 스님에 대한 존경심이 생길 것입니다.

번역을 권해주시고 번역이 완성될 때까지 기다려주신 김형근 대표님, 번역권을 허락해주신 (사)고요한소리 활성 큰스님과 변영섭, 하주락 대표님, 추천사를 써주신 성오 스님, 미산 스님, 일중 스님과 번역문을 읽고 교정을 해주신 변혁주, 백미현, 김주석 선생님, 그리고 편집과 출판을 위해 애써주신 도서출판 씨아이알의 박승애 편집주간과 (사)고요한소리 여여심 불자께도 감사드립니다. 특히 결제 중임에도 한국어 번역 서문을 보내주신 비구 보디 스님께도 진심으로 감사드립니다.

2024년 2월 29일
정원 김재성

불자출판협회 The Buddhist Publication Society

BPS는 모든 사람들에게 중요한 메시지가 담긴 부처님의 가르침을 알리는 데 헌신하는 승인된 자선 단체입니다. 1958년에 설립된 BPS는 광범위한 주제를 다루는 다양한 책과 소책자를 출판했습니다. 이 출판물에는 부처님의 담론에 대한 정확한 주석 번역, 표준 참고 문헌은 물론 불교 사상과 실천에 대한 독창적인 현대 설명이 포함되어 있습니다. 이 작품들은 불교를 있는 그대로 보여줍니다. 이는 지난 2500년 동안 수용적인 마음에 영향을 미쳤으며 처음 설립되었을 때와 마찬가지로 오늘날에도 여전히 관련성이 있는 역동적인 힘입니다. BPS 및 간행물에 대한 자세한 내용을 보려면 당사 웹사이트를 방문하거나 다음 연락처로 문의하십시오.

Administrative Secretary Buddhist Publication Society

P.O.BOX 61

54 Sangharaja Mawatha

Kandy · Sri Lanka

E-mail: bps@bps.lk

web site: http:/www.bps.lk

Tel: 0094 81 223 7283 · Fax; 0094 81 222 3679

냐나띨로까 스님의 생애
- 한 서양 불교 개척자의 전기 -

초판발행 2024년 3월 10일

엮 은 이 냐나뚜시따 비구 · 헬무스 헥커
옮 긴 이 김재성
펴 낸 이 김형근 · 김성배
펴 낸 곳 미주현대불교 · 도서출판 씨아이알

편집책임 박승애
편　　집 김미린
제작책임 김문갑

등록번호 제2-3285호
등 록 일 2001년 3월 19일
주　　소 (04626) 서울특별시 중구 필동로 8길 43(예장동 1-151)
전화번호 02-2275-8603(대표)
팩스번호 02-2265-9394
홈페이지 www.circom.co.kr
I S B N 979-11-6856-227-1　93220